I0530456

كتاب مقامات

Ghamidi Center of Islamic Learning
www.ghamidi.org
AN INITIATIVE OF AL-MAWRID US.

Publisher: Ghamidi Centre of Islamic Learning - Al-Mawrid US

ISBN: 979-8-9916581-9-5

Address: 3620 N Josey Ln, Suite 230 Carrollton, TX 75007

Website: www.ghamidi.org

Email: info@ghamidi.org

محتويات الكتاب

الباب الأول

الباب الثاني

الباب الثالث

مُلحَق

مقدّمة الطبعة العربية

تتشرّف دار القلم اللبنانية بأن تقدّم للقُرّاء العرب ترجمة عربية لكتاب «مقامات» من تأليف الأستاذ المفكّر الإسلامي المُجَدِّد جاويد أحمد الغامدي.

والكتاب، كما ينبئ عنوانه، هو مجموعة بحوث ودراسات قصيرة ومتوسطة الطول، تُرجِم بعضها عن اللغة الأوردية ترجمةً مباشرة، وتُرجِم بعضها الآخر عن اللغة ذاتها عبر لغة وسيطة، هي اللغة الإنكليزية.

ويتناول الكتاب رؤية الكاتب لبعض القضايا القديمة المتجدّدة التي ما تزال تُحدِث أثراً، وتُحَرِّك أحداثاً، وتحظى باهتمام جمهور المسلمين حتى الآن، كقضايا علاقة الإسلام بالسياسة والاقتصاد والمجتمع والحضارة والعلم والحكم، ومسائل الجهاد، والشورى، والحجاب، ورؤية هلال رمضان، وغيرها من الأمور التي ما تزال تلقي ظلالها على واقع المجتمعات الإسلامية، وربّما غير الإسلامية.

والشيء الذي يلفت الانتباه في تلك القضايا أنّ المؤلّف يقدّم رؤية تختلف اختلافاً جذرياً عن رؤية بعض فقهاء الدين الذين ما زالوا يقرؤون النصوص الدينيّة بعقلية جامدة منغلقة، وأخصّ بالذكر هنا الرؤية الفكرية المتقدِّمة التي بلورَها في إحدى مقالاته المناهضة للفكر الجهادي المتطرف الذي يستقي منه بعض المتشددين المبرّرات التي يتمسكون بها لتسويغ أفعالهم المناقضة للقيم الإنسانية التي نادى بها الدين أصلاً، ويرتكبون باسم الجهاد في سبيل الله أعمال العنف التي شوّهت صورة الإسلام في أذهان الكثيرين.

ويتّضح في مقالات الكتاب جهد الكاتب في إبراز تهافت منطق التطرف الديني بأدلة عقلية ونقلية، في محاولة حميدة منه لتصحيح صورة الدين الإسلامي الذي بات اسمه ـ للأسف ـ يقترن في أذهان الأمم الأخرى بالعنف والتعدّي.

وإذا كان معظم مقالات الكتاب يتناول قضايا فقهية وبحثية وفلسفية جدلية، فإنّ في الباب الأول منه ما يستثير بعض إعجاب القارئ واستمتاعه، إذ خصّص الكاتب قرابة مقالاتٍ عشرٍ، استعاد فيها فصولاً ومواقف طريفة من نشأته وسيرة حياته في الطفولة والشباب والنُّضج، بلغة أدبيّة جميلة وأسلوب سرديّ شائق، وهو ما أضفى على الكتاب لمسةً ذاتية وجماليّة لطيفة، لعلّها تخفّف عن القارئ عناء الاستغراق في القضايا الفقهية والفكرية الجادّة التي غلبت على الكتاب، وهي قضايا تستحق الاهتمام والتركيز بكلّ تأكيد.

وتكشف المقالات أيضاً عن إلمام الكاتب الواسع بقواعد اللغة العربية وأساليبها البلاغية، ويظهر ذلك من خلال مناقشاته للأحكام الفقهية التي كانت تستند أساساً إلى طريقة فهم الفقهاء لمعاني كلمات اللغة وأساليبها، وعلاقاتها بالسياق الذي وردت فيه.

ولم تقتصر مقالات الكاتب على القضايا القديمة المتجدّدة، وإنما تناول أيضاً قضايا معاصرة فرضّها التطور الحتمي للمجتمعات البشرية على الصعيد الاجتماعي والاقتصادي والسياسي، كقضايا الرّبا، والتأمين على الحياة، وزرع الأعضاء، والتشريعات البرلمانية... وقد تصدّى الكاتب في تلك القضايا إلى أحكام التحريم المتسرّعة التي صدرت عن بعض علماء الدين، وبيّن خطأها الناجم ـ في رأيه ـ عن عجزهم عن إجراء القياس اللازم، أو تدبّر الأحكام الصالحة من الاجتهاد الذي يُعَدّ أحد مصادر التشريع في نظر الكثيرين.

وصفوة القول: إنّ هذا الكتاب جدير بالقراءة، لأنّه يسلط الضوء الكاشف على جوانب جوهرية مهمة في تراثنا الإسلامي وفي حياتنا المعاصرة، ويفتح باباً لحوار عقلاني حول معظم القضايا والمشكلات التي تؤرق حياة المجتمعات الإنسانية، من منظور إسلامي متجدِّد.

بين يدي الكتاب

هذه مجموعة كتابات لي مختلفة، قسمتها إلى ثلاثة أقسام:

في القسم الأول، وضعت أمام القارئ ما انطبع في نفسي من إحساسات ومشاعر، وما مرّ بي من أحوال وأحداث وظروف. واشتمل القسم الثاني على بعض القضايا الاجتهادية في الدّين. أمّا القسم الثالث، فاختصّ بالبحوث والمقالات النقدية.

إنّها رحلة علمية امتدّت قرابة ربع قرن في عالم المعرفة والفكر والعلاقة بالقلم والكتابة، وقد سُلِّط الضوء على مراحل مهمّة منها في هذا الكتاب. ومن هنا سميته «مقامات»، وقد قال الشاعر الفارسي ما معناه:

ومرت قافلة، ومن آثار معالم طريقها التي يمرّ بها كلّ الراحلين، نقدّر وزنها وقيمتها.

المورد لاهور
اكتوبر 2008م
جاويد

الباب الأول

مراحل الحياة

تقديم

لا أملك قلم أديب، ولا أحمل عقل عالِم. ولستُ إلّا طالباً متواضعاً، أبدأ هذه الرّحلة معتمداً على الله عزّ وجلّ. وأنا أعلم أنّ المتقدمين قد قطعوا هذا الطريق باعتزاز كبير. أضع نصبَ عينيّ خطوات أقدامهم، وأرى منازل ومقامات، ولديّ إحساس بزلّات نفسي. وما كنت لِأختار هذا الطريق لولا علمي أنّ أيّ طريق غيره هو طريق الخسران. وقد علمتُ أنّ الله ينصر مَن يخطو هذا الطريق. وشرعت أكتب اعتماداً على الله موقناً أنّ الخيال والتفكير والقلم كلّها سيُسأَل عنها المرء يوماً أمام الله (سبحانه وتعالى).

وأسأل المولى الكريم أن يوفّقني إلى قول الحقّ ونصرته دوماً، عليه توكلت وإليه أنيب.

1-- اسمي

يرتبط اسمي بحكاية لا تخلو من الغرابة والعجب، فقد أحبّت والدتي أن تسمِّيَني «جاويد». ولمّا ذهب بي والدي، بعد أن وُلِدتُ، إلى شيخه ليدعوَ لي، قال

له: «ينبغي أن يكون اسمه على طريقتنا نحن الدراويش[1]. سمِّه «كاكو شاه» (شاه كا كو جيشتي، من فئة القديسين)، إنّي أرى أنّ الملوك سيزورنه زيارة مفداة».

كانت خالتي الصغيرة تقيم عند والدتي لسنوات عديدة، وكان أبي وأمّي يحبّانها حبّاً جمّاً. وكان لها ابن أكبر مني بثلاث سنوات، وقد سمّته «رفيق». ولذلك أصرّت على أن أُسمَّى «شفيق» للمناسبة والتناغم بين الاسمين، ولم ترضَ لي اسماً آخر. ثمّ جاءت خالتنا الكبيرة تزورنا، وقالت: «إنّي سمّيتُه «كاكا محمد» من قبل». فماذا نفعل إذاً؟

لقد توصّل أهل البيت إلى حلّ سهل، وهو أنّهم قبلوا كلّ هذه الأسماء. وعليه، كان كلٌّ من هؤلاء الكبار يطلق عليّ الاسم الذي اختاره وارتضاه لي، وظلّوا ينادونني بهذه الأسماء المختلفة طوال حياتهم.

ولمّا حان وقت الالتحاق بالمدرسة، لم يكن أبي في البيت، لأنّه كان يرحل في ذلك الزمان لزيارة زاوية شيخه في «كوتلي مغلان»[2] لشهور عدّة في بعض الأحيان. وكان له صديق حميم ندعوه بالعمّ، فذهب بي، في غياب الوالد، ليُلحقَني بالمدرسة، وقد وُفِّقتُ في اختيار المدرسة نفسها التي كان يدرس فيها ابن خالتي «رفيق».

وعند تسجيل اسمي في المدرسة، سألني العمّ عن الاسم، فأخبرته بتلك الأسماء كلّها! فاضطَرب اضطراباً شديداً، وحار في الأمر، ونظر إلى «رفيق» مستفسراً، فأجابه: «كلّهم يدعونه في البيت «شفيق»» . فتوقف العمّ قليلاً، ثمّ أُدرِج هذا الاسم في سجلّات المدرسة.

وعندما بلغت سنّ الرُّشد، أحببتُ الاسم الذي أطلقته عليّ أمي، ولكن ماذا نفعل بتسجيل المدرسة؟ فلمّا كلمتُ في ذلك الأمر أحد أساتذتنا، واسمه محمد صادق، قال لي: إنّ تغيير الاسم في هذه المرحلة صعب، ولكن بما أنّك تميل إلى

---

(1) الدراويش:

(2) كوتلي موغلان (بالإنجليزية: KOTLA MUGHLAN): بلدة في مقاطعة راجانبور، جامبور تهسيل، مقاطعة البنجاب، باكستان.

قول الشعر، فأقترح أن تختار «جاويد» كاسم أدبي مستعار، واكتب اسمك: «شفيق أحمد جاويد» أو تختار الاسم المستعار «جاويد أحمد» إذا لم ترضَ بـ«شفيق»، فاستجبت لاقتراحه. وكان أصدقائي يدعونني باسم «جاويد» من قبل، فاشتُهِر هذا الاسم منذ أيام الدراسة الجامعية. ثمّ حين جاء وقت الحصول على بطاقة الهويّة وجواز السفر كُتِب الاسم نفسه في كلّ مكان.

ربّما كنتُ في الصفّ التاسع، في غالب الظنّ، حين زرت لاهور بمناسبة زواج أحد أبناء عمومتي. وهناك، أتيحت لي، لأول مرّة، فرصة اللقاء بعمِّي الأكبر محمد لطيف خان الّذي بقيتُ في صحبته خمسة عشر يوماً. كان عمِّي يحب أباه الّذي هو جدّي «نور إلهي» حبّاً شديداً إلى حدّ العشق، فأخذ يحكي لي عنه، ويروي قصصه صباح مساء، فذكر لي أنّه كان كبير القرية والمصلح الاجتماعي فيها، وأنّ الناس كانوا يرجعون إليه للفصل في نزاعاتهم وخلافاتهم، ويُذعِنون له فيما يحكم لهم بفضل صلاحه وتقواه وحكمته. وقد ترك كلام عمّي عن أبيه أبلغ الأثر في نفسي، حتى صرتُ أفكّر في جدّي (والد عمّي) في كلّ وقت، حتّى إذا لجأتُ إلى النوم رأيته في منامي، واستمر ذلك لأيام عدّة.

وفي تلك المناسبة، التقيت، أيضاً، رجلاً آخر من كبار الأسرة اسمه «مقبول أنور الداؤدي»، وكان كاتباً يؤلِّف بعض النصوص والقصص الدينية للأطفال، واشتُهِر بلقبه «داؤدي» نسبة إلى قريتنا «داؤد».

كان الاسم الكامل لوالدي «محمد طفيل الجنيدي»، إلّا أنّ بعض الأشياء تثير انتباه الإنسان إليها فجأة؛ فعند لقائي الشيخ «الداؤدي» خُيِّل إليّ لأول مرة، أنّه ينبغي أن تكون لي مثل هذه النِّسبة. وفي أيام الصِّبا ينشغل الإنسان ببعض أمثال هذه الأمنيات التي كنتُ أتفكّر فيها ليلَ نهار. وكلّمتُ والدي في ذلك ذات يوم، فاقترح عليّ أن أضيف نسبة «داؤدي» إلى اسمي أسوةً بالشيخ «مقبول داؤدي». ثم أضاف قائلاً: إن حصلتَ على البيعة من شيخي، كنتَ «جنيديّاً» أيضاً. ولكنّ أمنيتي كانت أن أُنسَب إلى جدّي الذي سمعت عنه الكثير عن طريق العمّ، فقد صار الآن القدوة

والمثل الأعلى بالنسبة إليّ. وحين أفكّر في الانتساب إليه تتبادر إلى ذهني كلمات «نوري» و«مصلحي»، ولكن يأباها الذوق[1]، فوقعت في حيصَ بيص..

زارنا في هذه الأثناء شيخان. كان من عادة الوالد استضافة الفقراء الجوّالين والأطبّاء والرُّهبان لشهور عِدّة ومرات كثيرة، وكان هذان الشيخان من ضمن هؤلاء. كان أحدهما «غلام رسول وحشي» من أصحاب شيخ الوالد، والثاني فقير زاهد اسمه «عبد الله». وكان «وحشي» كاتباً جيّداً نسخ بيده كتاب شيخه «مجنون ليلى»، فكان يُسمِعنا ذلك الكتاب، ويُفسِّر لنا أسرار التصوف ورموزه أثناء شرحه له. أمّا عبد الله فكان شغوفاً بتاريخ العرب في الجاهلية، فكان يُحَدِّث والدي عن وقائعه وأيامه. وظللتُ أحضر مجالس هذين الشيخين، أستمع إلى أحاديثهما، وأصغي إلى ما يقولانه كلّ الإصغاء.

وقد حكى عبد الله في أحد هذه المجالس، وهو يقصّ قصةً، أنّ جدّ بني غامد كان قد حاول مرّة إصلاح ذات البين، فتستَّر لذلك على حادثة موغلة في القِدَم، فلُقِّب لأجل ذلك بغامد. وصارت عبارة «غَمَدَ الأمرَ» تُستعمَل بعدها في معنى «أصلحَ الأمر». وقد ثبت لي ذلك حين راجعتُ معاجم اللغة، فقد جاء في «أقرب الموارد»[2]: «غامدة أبو قبيلة يُنسَب إليها الغامديُّون. وقيل: هو غامد واسمه عمرو، ولُقِّب به لإصلاحه أمراً كان بين قومه». وأضاف أنّ هذه القبيلة يقال لها الغامدي في شبه الجزيرة العربية بسبب تلك النِّسبة.

فلم ألبث أن خُيِّل إليّ أنّ جدّي كان يقوم بالعمل نفسه: الحكم في القضايا والبتّ بها؛ وانطلاقاً منه جاء تعبير «غامدي». وسُرِرتُ به جدّاً، وذكرته لوالدي فرضيَ به، ولكنّ البيئة القروية لمنطقة «ساهيوال» لم تسمح لي بذلك، فلو استعملتُه

(1) يريد الكاتب أن يقول إنّه ليس من اللائق أن ينسب إلى نفسه أحد هذين الاسمين الجليلين، تواضعاً منه.

(2) «أقرب الموارد في فصح العربية والشوارد»: معجم لغوي شامل لمؤلفه سعيد الخوري الشرتوني اللبناني، يكاد يُعَدّ أضخم معجم ظهر في العصر الحديث، وجمع بين طياته مادة لغوية منتقاة من بدائع مصنفات أئمة اللغة العربية الثقات واللغويين القدماء، وخصوصاً كتاب القاموس المحيط للفيروزآبادي.

في ذلك الوقت لكان موضع سخرية. ولذلك بدأت أكتب هذه النِّسبة في اسمي بعد برهة من الزمن، رغم أنّي كنتُ قد نويتُ منذ ذلك اليوم أن يكون هذا اللفظ جزءاً من اسمي.

ومباهج الطفولة والصبا غريبة أيضاً، فحين نتذكرها فيما بعد، نعجب من أشياء كانت مُهِمّة في عالم الخيال والفكر والعمل في أيام الصبا. ما زلت لا أستطيع التعبير بالكلمات عن الفرح الذي شعرت به في ذلك الوقت لنيل هذا الاسم الذي ينسبني إلى جدّي. ولكنّ الزمان يتغير والأيام تمضي، فلا يثير اليوم أيّ حادث يقع، مهما كبر وعظم، اهتزازاً في القلب والعقل مثلما كان الأمر حينَها. وكلّ الأشياء التي من هذا القبيل تفقد رونقها بمرور الزمن، وتصبح مع تقدم العمر بلا معنى إلى حدّ كبير، كما قال الشاعر الأردي ما معناه:

فحكايات الدنيا الجديدة كلّ يوم

صارت رسماً لقصة عهد الشباب

(2007)

2 -- حكاية سفر

كنت أدرس في تلك المدرسة، لكن والدي لم يكن راضياً بها، فقد كان يريد لي أن أتعلّم اللغات العربية والفارسية والسنسكريتية، ولم يكن ذلك ممكناً في تلك المدرسة. وفي هذه الأثناء أصبح الوالد موظفاً في أملاك الشيخ محمد حسين بولدة في ضواحي پاك پتن[1]. وبعد شهرين أو ثلاثة أشهر من العمل هناك ارتاح والدي لهذه الوظيفة، فقرّرت والدتي الانتقال معه إلى قرية نانگپال الواقعة على مسافة

(1) پاك پتن (Pakpattan) مدينة وإقليم في مقاطعة البنجاب في باكستان. وتقع على بعد 190 كم من لاهور.

ميلين ونصف من محطة سكة الحديد «بكاسدهار»[1] التي تؤدي إلى بلدة «سَمَّه ستَّة»[2].

أُدخِلت في مدرسة «بكاسدهار» بعد مغادرة المدرسة الابتدائية في پاك پتن. كانت المدرسة تشتمل على غرفة واحدة من دون أثاث. فكنّا نقطع الأغصان والفروع من الشجيرات البرية والأعشاب النابتة على طول خط السكة الحديد، وننظف الأرضية بأوراقها ونجلس عليها.

كان في القرية مسجد صغير، وكان أبي يصحبني معه حين يذهب للصلاة. وكان المولوي نور أحمد إماماً وخطيباً لهذا المسجد، وهو ينتمي في الأغلب إلى المدرسة الدِّيوبَندية[3] كما أتذكر الآن. ولمّا كلمه الوالد في أمر دراستي قال: أنا مستعدّ لتدريسه العربية والفارسية، ففرح والدي أيّما فرح. وبعد أن استشار والدتي رأى أن آخذ بعض الراحة بعد عودتي من المدرسة، ثم أذهب إلى المسجد لأداء صلاة العصر، فأدرس على يد الشيخ نور أحمد العربية والفارسية من العصر حتى المغرب.

كنت في الصف الثالث حين ذهبنا إلى «نانگپال». واستمرّت سلسلة التعلّم والقراءة على الشيخ نور أحمد حتى الصفّ الخامس، فدرّسني كتاب «شرح الجامي»[4] في العربية و«بندنامه»[5] للشيخ عطّار في الفارسية. كانت امتحانات

---

(1) باكا سادهار (بالإنجليزية: Pakka Sadhar) بلدة في إقليم باكباتان، مقاطعة البنجاب، باكستان.

(2) «سمَّه ستَّة» (Samma Satta): بلدة تقع في منطقة باهاوالبور بمقاطعة البنجاب في باكستان. وفيها محطة القطار الشهيرة الواقعة على خط السكك الحديدية الرئيسي بين كراتشي وبيشاور في البنجاب.

(3) الدِّيوبَنديَّة مدرسة فكرية وطريقة أسَّسها مجموعة من علماء الهند، وتُنسَب إلى بلدة دِيوبَند شمالي الهند. وورد في تعريف مبادئ الدِّيوبَندية: علماء دِيوبَند مسلمون ديناً، وأهل سُنَّة وجماعة فرقةً، وأحناف مذهباً، وصوفية مسلكاً، وماتريدية عقيدةً، وجشتيون طريقةً، وهم يجمعون بين سلاسل الصوفية وطرقها كلِّها.

(4) شرح الجامي: الفوائد الضيائية المشهور بملا **جامي** في **شرح كافية** ابن حاجب لنور الدين عبد الرحمن **الجامي** وهوكتاب في النحوكان يدرس عموما في مدارس القارة الهندية.

(5) بند نامة (كتاب النصيحة): كتاب صغير لفريد الدين العطّار، وهو منظومة تحتوي على جملة =

الصف الخامس على وشك الانعقاد عندما وقع اختلاف بين والدي وصاحب العمل الشيخ حسين، فغضب أبي وغادر الوظيفة، ورجع إلى پاك پتن، واضطرت للرجوع أيضاً. وهكذا انقطعت دراستي على الشيخ نور أحمد، ولكن بقي الشوق إليه.

لم ينقطع شغفي إلى مواصلة الدراسة والتعلُّم، فهناك مثل فارسي يقول: «إذا كان هناك شغف في القلب، لا يحتاج الإنسان إلى مَن يرشده أو يقوده، بل يكون هو المرشد». وهكذا كان حالي، فأخذتُ أبحث عن أستاذ وتوصلت إليه، وعدتُ أدرس كتب المنهج الدراسي تحت إشرافه. وبحلول الصف التاسع، كنت قد انتهيت من جميع الكتب الاختصاصيّة المقرَّرة. وجاءت مرحلة الاختبار للصفّ العاشر، فأكببت عليه وانقطعت سلسلة دراسة العربية مرة أخرى.

كنتُ ـ بعد الانتهاء من اختبار الصفّ الخامس والنجاح فيه ـ قد التحقت بثانوية إسلامية للدراسات العالية؛ وهناك التقيتُ بالأستاذ نصير الدين همايون، وكان ذلك في مرحلة الصفّ السادس أو السابع، وكان يُعلِّمنا التاريخ. كان لقاؤه بالنسبة إليّ ينطوي على أهمية كبيرة، فمن خلاله تعرفت، لأول مرة، على اسم مولانا الشيخ أبي الأعلى المودودي[1] وأعماله ومآثره، وقرأت جميع كتابات الشيخ المودودي التي أخذتها منه، وكان هذا دنيا جديدة للعلم والعمل. ثمّ أقيم الحفل السنوي لجمعية الطلبة (التابعة للجماعة الإسلامية) في حديقة داؤد (داؤد غاردن ـ داروغه والا). وكنّا عدداً من الإخوان والأصدقاء اصطحبَنا الأستاذ همايون من الثانوية الإسلامية للاشتراك في هذا الحفل. وذهبنا إلى لاهور، فرأيت الشيخ المودودي لأول مرة في هذه المناسبة، وما أروع شخصيته وأعظمها! كأنّ الخالق

= من المواعظ. ترجم د. محمد عبد السلام كفافي مختارات منه إلى العربية.

(1) أبو الأعلى المودودي (1903 ـ 1979): عالِم ومفكِّر وفقيه ومُنَظِّر إسلامي كبير. وُلِد في ولاية حيدر أباد بالهند في أسرة محافِظة اشتُهِرَت بالتدين والثقافة. أسّس الجماعة الإسلامية في الهند عام 1941، وقادها ثلاثين عاما ثم اعتزل عام 1972 لأسباب صحية، وتفرغ للكتابة والتأليف. له أكثر من (120) مصنفًا بين كتاب ورسالة. وله أثر كبير في الفكر الإسلامي المعاصر، وتأثرت بأفكاره حركات وأحزاب إسلامية عدّة. توفي في نيويورك (الولايات المتحدة) عام 1979 إثر عملية جراحية.

المبدع قد استفرغ كلّ جمال الفطرة في خلق هذه الشخصية وتكوينها. ثمّ سنحت لى فرص عدّة للالتقاء به ورؤيته عن كثب. وقلّ أنّ نجد رجالاً مثله في العلم والعمل وحُسْن السيرة والسلوك والبصيرة والتفكير والجرأة والعزيمة. وليس هذا انطباعي فقط، بل هو أمر يشهد عليه كلُّ مَن تشرّف برؤيته ولقيَه وكلَّمَه وعمل معه. لقد كان الجميع سعداء بمعرفته ولقائه. وقال الشاعر الفارسي ما معناه:

لست أنا وحدي من يثني عليه

بل هناك كثير من العنادل تتغنى بمدحه من كلّ جانب.

ولمّا بدأ العام الدراسي للصفّ العاشر ازددتُ شغفاً بدراسة كتب الفلسفة والتصوف والأدب والتاريخ تأثراً بوالدي وأولئك الذين يقابلونه، فكنت إذا عثرتُ على كتاب في أيّ موضوع من تلك الموضوعات لا أهدأ قبل أن أنهيَ قراءته. وكنتُ أحاول أن أجد الوقت لذلك رغم انشغالي بواجباتي المدرسية التي كانت تعيقني عنه إلى حدّ ما، ثمّ أخذت أفكر في الخروج من هذا القيد، فتجاسرتُ ذات يوم على الالتماس من أستاذي ومدير مدرستنا السيد شير محمد أن يستثنيَني من حضور الدروس في الصفّ، لأنّي أريد أن أطالع الكتب بكامل التوجُّه والانهماك، وأحتاج إلى الوحدة الكاملة. وقلت له: إذا خصَّصتَ لي حجرة في دار الإقامة، فلن أخيِّب ظنّك في نتائج الصف العاشر إن شاء الله. وكان السيد شير محمد معلماً غير عادي، فاستجاب لطلبي. وحين أتذكر هذا الموقف منه اليوم أستغرب وتأخذني الدهشة من كيفية استجابته، فقد توقَّف ثواني عديدة، ثم قال لي: هل ستُخَيِّب أملي وثقتي بك؟ فتعهدتُ له أن أكون على قدر المسؤولية، وجعلته مطمئنّاً، فوافق على منحي هذه الفرصة وتسهيلاتها في اليوم التالي، بل زاد من فضله أن سمح لي باستعارة جميع الكتب التي أريدها ونقلها من مكتبة المدرسة إلى تلك الحجرة. ومع أنّ تلك الحجرة لم تكن مكاناً نضراً، ولكنّها أتاحت لي فرصة كاملة تفرغتُ فيها لقراءة الكتب. وبقيت مقيماً فيها حتى حان موعد اختبارات الصفّ العاشر. وإذا ما تذكرت تلك الأيام، ذكرت الأستاذ السيد. ولو أردتُ أن أصوِّر شخصه النادر لَمَا تمكنتُ

من ذلك، فأين يمكنني أن أجد اليوم أستاذاً ومعلّماً مثله؟ فأقول على سبيل التشبيه والتصوير:

أنت يا أستاذ مجموعة الكمالات... بأيّ اسم أدعوك؟

بعد نجاحي في الصفّ العاشر، التحقت بالكلية الرسمية بلاهور، واخترت دراسة الفلسفة والأدب الإنجليزي. وبعد اجتياز مرحلة البكالوريوس، اخترت الأدب الإنجليزي في الماجستير أيضاً. كانت الكلية الحكومية آنذاك مجرّة تملؤها نجوم زاهرة للعلم والأدب من أمثال البروفسور مرزا منور، صابر لودهي، غلام الثقلين رضوي، ملك بشير الرحمن، الأستاذ سراج، الأستاذ سعيد شيخ، الأستاذ بختيار حسين الصديقي، والدكتور محمد أجمل. وكانت فرصة مصاحبتهم متاحة لطلاب العلم. وكان البروفيسور أشفاق علي خان مديراً للكلية آنذاك. وكانت المكتبة الثرية للكلية متاحة وميسّرة للراغبين والطالبين، كما أن المكتبات الأخرى مثل مكتبة جامعة بنجاب ومكتبة بنجاب العامة لم تكن بعيدة أيضاً. كانت مدينة لاهور في ذلك الزمان مدينة العلم ومركز الثقافة، فكان فيها أساطين العلم والأدب من أمثال الشيخ أبي الأعلى المودودي، وأبي الخير المودودي، وحنيف الندوي، والشيخ إدريس الكاندهلوي، وعطاء الله حنيف البوجياني، والدكتور الصوفي ضياء الحق، والدكتور السيد عبد الله، والدكتور برهان أحمد الفاروقي، وعلم الدين سالك، والبروفسور يوسف سليم الجشتي، وفيض أحمد فيض، وشورش الكاشميري، وحفيظ الجالندهري، وعابد على عابد، وإحسان دانش، وأحمد نديم القاسمي وآخرين... وكان في وسع مَن يشاء أن يزورهم ويستفيد منهم.

وكان بعض هؤلاء الشيوخ على استعداد للتدريس، ويستجيبون إذا طلب أحدٌ منهم التتلمذ عليهم. فالتمست ذلك من الدكتور الصوفي ضياء الحق، فدرَّسني «المقامات» لبديع الزمان الهمذاني، ودرستُ على يد الشيخ عطاء الله حنيف البوجياني جزءاً من سُنَن الدارمي. وكان الشيخ عالماً جليلاً منتمياً إلى «أهل الحديث»، كما كان الدكتور ضياء الحق عالماً جيداً ومحققاً كبيراً للّغة العربية وآدابها. فقد كان والده الشيخ أصغر علي الروحي تلميذاً رشيداً لأديب الهند وشارح

«الحماسة» و«المعلقات السبع» الشيخ فيض الحسن السهارنفوري، وأستاذاً لشبلي والفراهي. ولذلك كان الدكتور ضياء الحقّ أميناً لذلك التقليد في اللغة والأدب ووصيّاً عليه.

ظلَلتُ أدرس في الكلية الرسمية لخمس سنوات على الأقّل. كنتُ أخرج من البيت صباحاً، وأحضر دروس الكلية، ثم أجلس في أية مكتبة إلى المساء، أو أذهب من المكتبة لأكون في صحبة هؤلاء الشيوخ الكبار. كان لدى متجَرَي الكتب فيروزسونز[1] ويونايتيد پبلشرز (الناشرون المتّحدون) في لاهور تسهيلات تتيح للزائر أن يقرأ الكتب الجديدة متى شاء، ولم يكن عمال المتجر يتدخلون في ذلك. فكنت أزور هذين المتجرَين وأتصفح الكتب لساعات وساعات.

وفي ذلك الزمان، كنتُ قد وضعت خُططَاً لتأليف بعض الكتب، وكتبتُ بعض الأشياء، ولكنّ معظمها بقي مجرَّد خُطَط ومشاريع. وكنت ميَّالاً إلى قرض الشعر منذ صباي، فنظمتُ الشعر في ذلك الزمان أيضاً، ونشرتُ بعضاً منه في أعداد مجلة (Pakistan Revieve) الإنجليزية بين عامَي 1968و1969، كما نشرتُ بعضها الآخر في مجلات أخرى. ولكنّ معظم اهتمامي ظلّ ينصرف إلى الدراسة والقراءة. ومضت أيام الكلية على هذا النحو من العيش، وكانت كما قال الشاعر الفارسي ما معناه:

كانت أيّاماً خصبة عشتها مع صديق

أمّا ما بقي سواها فأيّام عقيمة لا طائل تحتها

وبعد النجاح في امتحان العام الأول للماجستير، انتقلت إلى السنة الأخيرة، وأتيح لي حينها أن اطّلعتُ مصادفةً على بعض كتب الإمام حميد الدين الفراهي[2] وألممتُ بها. وكان هذا بالنسبة إليّ عالَماً جديداً رائعاً للعلم والمعرفة والرؤية والفهم والبصيرة، يظهر نوره بمجرَّد أن يُقلِّب المرء تلك الأوراق. وكان في

(1) فيروزسونز: Ferozsons)): شركة أبناء فيروز الدين، دار نشر ومتجر كتب في لاهور.

(2) انظرللاستزادة في حالات الإمام الفراهي صفحة 65 ومابعدها من هذالكتاب نفسه.

مقدّمة بعضها ذِكرٌ لتلميذٍ رشيدٍ من تلاميذ الإمام الفراهي، وهو الشيخ أمين أحسن إصلاحي وأغلب ظنّي أنّ العبارة عنه كانت: «ثاني اثنين إذ يتأدبان بآداب الإمام الفراهي». وقد حفّزَني ذكره، وامتلأ قلبي رغبةً في لقائه.

وأخبرني صديق لي في جمعية الطلبة الإسلامية أنّه مقيم في قرية بعيدة عن لاهور، وكنت على علم بأنّ الدكتور أسرار أحمد له علاقة بالشيخ أيضاً. وكان الدكتور في تلك الآونة يسكن في حيٍّ من أحياء كرشن نگر[1] وله مستوصف فيه. فانطلقت من المكتبة ووصلت إلى بيته سائلاً عنه، وكان الدكتور يتحدث إلى أصدقائه في الحجرة الخلفية لمكتبه الطبي، فسألته عن مولانا، فقال: من حسن حظك أنّه قد جاء اليوم من قريته رحمان آباد، وهو مقيم الآن عند صهره نعمان علي في مُستعمَرَة «وافدا». وكانت عندي دراجة، فعرفتُ العنوان ثم خرجت. وصلتُ إلى هناك مع حلول وقت المغرب، واستفسرت عنه من شخص سائر في الطريق، فدلّني عليه بإشارة إليه قائلاً: ها هو الشيخ. وكان مولانا يخرج إلى الصلاة، فتقدّمتُ منه وسلمتُ عليه، وكان ذلك أول لقائي به. وظلّ الشيخ مقيماً في لاهور لأسبوعين على الأغلب، وكنتُ آتي لزيارته كلّ يوم، وأعود وكأنني دخلتُ عالماً جديداً. وعن طريق هذه اللقاءات بالأستاذ الإمام، انشرح صدري لما قاله من «أنّ الدين ليس مجرَّد اعتقاد يجب قبوله، بل هو شيء يُدرَك كلُّه ويُعقَل كلُّه». واتضح لي أنّ القرآن قول فصل وميزان لكلّ شيء يتصل بالدين والشرع والقانون، وهو هبة الله للعالم كلِّه، وحُجّة الله على العالمين. وفي ضوء ذلك يمكننا دراسة الحديث والفقه والفلسفة والتصوف والتاريخ والسِّيَر، وكلّ شيء آخر في ميزانه.

كان ذلك اكتشافاً لقرآن جديد بالنسبة إليّ، فقلت له: إنني أريد أن أكون طالباً للقرآن على طريقتك. وأخبرته ببعض التفاصيل عن خلفية تعليمي السابقة، وسألته: ماذا عليّ أن أفعل؟

فوضع لي قائمة طويلة بأمهات الكتب في مختلف العلوم والفنون، وهي تحتاج إلى بذل أعوام عديدة لدراستها وفهمها وهضمها هضماً جيداً، ثم قال لي:

---

(1) كرشن نگر (Krishan Nagar): حيّ في لاهور، في الباكستان.

«إذا كنت تريد أن تدرس على طريقتنا، فهذا يتطلب منك أن تنعزل وتعتكف للعلم والنظر والتفكّر والتدبُّر مُخلِياً ذهنك من سائر الأفكار المُسيطِرة. وعليك أن تقطع بأنّك تقوم على الحقّ وتلتزم الحقيقة حتى وإن خذَلَك ظلُّك. فلا يدخل شخص في مدرستنا دون أن يمتلك هذا العزم القوي والإرادة الجازمة».

كان ذلك آخر يوم لبقائه هنا، وفي اليوم التالي، كان مولانا في طريق عودته إلى القرية. فتفكرت كثيراً واستعرضت ما يقوله القلب والعقل، وقدّرتُ النتائج والعواقب، واعتزمتُ يومذاك أن أغادر الكليّة، وأدخل في المدرسة العلمية للشيخ، وألّا أدَّخر جهداً في تحصيل العلم منه والحصول على المعرفة المطلوبة لذلك.

وهكذا ابتدأت المرحلة الثانية من حياتي الدراسية، وكان ذلك في أحد الأمسِيَة من سنة 1973. واستمرّت هذه السلسلة فيما بعد إلى عشر سنين على أقلّ حدّ. وفي هذا الأثناء درّسني الشيخ بنفسه ـ مثلاً ـ القرآن الكريم من سورة الزُّخرف إلى آخر المصحَف، والمؤطّأ للإمام مالك في الحديث، ومبادئ التدبُّر في القرآن والحديث، وبعض المباحث حول الفلسفة الجديدة لمنهجه، فقرأت هذا كلَّه عليه ووفق منهاجه هو.

كان الشيخ يقول: «إنّ في هذا الزمان أناساً كثراً يقرؤون قليلاً ويكتبون كثيراً»، وكان يقول: «يجب أن يكتب شخص ما حينما تظهر له وجهة جديدة». وبناء على قوله، قلّما اجترأت على الكتابة في أيام الدراسة هذه. وقد كنت أقرض الشعر، ولم أرغب رغبة كبيرة في كتابة النثر. وبالرغم من ذلك فقد كتبت أشياء بالأردية والعربية، ولكن كانت كلّها نتاج كاتب مبتدئ.

وفي سنة 1983 للميلاد انتهت هذه المرحلة من التعليم، وقد تغلغل في داخلي قلق واضطراب، وتضعضع كلّ شيء في معتقداتي من أساسه. وكان كلٌّ من الفقه وأصول الفقه، والتصوف وعلم الكلام يفتقد أسسها في القرآن الكريم، و السؤال يبقى: ما هو التفسير الصحيح للدين؟ لأنّ كافة الإجابات عن هذه التساؤلات ظلّت مُعَرَّضةً للشكّ والارتياب. وقد انهدم قصر تصوراتي، وأصبح البناء الجديد يتطلب تنظيماً جديداً، فمضت السنوات السبع التالية في هذا التنظيم.

وخلال هذه المدة، لم أعرف كم من الوديان نزلت، وكم من طريق قطعته، وكم من منعطف ذهبت فيه، وكم من حجر قلبته، وأين تم إطفاء عطش الأشواك بدمامل القدمين!

كانت رحلة غريبة يتخللها انتقال من منزل إلى آخر، ولم أكن أعرف ماذا سيحدث بعد ذلك. ولعل الشّاعر الفيضي[1] قال معبراً عن حالة كهذه في موقف مماثل، ما معناه:

ليس هناك من يخبرني ماذا حدث للمنزل الأول..

فإني قطعت مئة صحاري وأمامي صحراء آخر.

أمّا ما كتبته في ذلك الزمان، فقد أملته حاجة ماسّة. لأن ما حدث لمركز أفكاري من حالة «نحتُ وسجدت وكسرت» لم يُبقِ مكاناً وسعةً من القول للآخرين. ومضت هذه المرحلة هكذا، حتى مُهِّدَت الأرض في عام 1990 للميلاد حين أمكن تأسيس بناء جديد. وكدت أكمل الأربعين من سنِّي، وقد زاد الوضوح فى الفكر والنظر، واتضحت لي خريطة العمل أيضاً. فوضعت مشروعاً للكتابة والتأليف، وبدأت العمل وفقاً له. وقد مضى علي 17 عاماً منذ ذلك ومازلت أعمل عليه. لقد أُنجِزَ الكثير، وما زال هناك الكثير مما ينبغي عمله. وسوف يتمّ إن رافقني التوفيق من الله عزّ وجلّ. وقبل أيام عديدة، حين انتهيت من كتابي «ميزان» خيل إليّ أن أقصّ هذه القصة بهذه المناسبة.

وانطلاقاً منه، أعرض هنا مشروعاً مطروحاً لي ولعملي التأليفي. فهي كتابات أُنجِز بعضها، وما يزال بعضها قيد التأليف.

1. **البيان**: ترجمة و تفسير للقرآن الكريم.
2. **الميزان**: وصفٌ وبيان للإسلام كما فهمته.

---

(1) أبو القاسم فيضي (Faizi) (1547 ـ 1595 م): شاعر، ودبلوماسي، وخطّاط، وعالم، ومترجم، وكاتب من سلطنة مغول الهند.

3. **برهان**: خاصٌّ بتنقيح المباحث التي اختلفت فيها وجهة نظري عن وجهات نظر العلماء الآخرين.

4. مقامات: أردتُ أن أجمع فيه منتخَبات مما كتبتُ أو ما عزمتُ بالكتابة عنه.

5. **الإسلام**: ملخص «الميزان».

6. **علم النبيّ** (معرفة النبيّ).

7. **فقه النبيّ**.

8. **سيرة النبيّ**.

وهذه الكتب الثلاثة الأخيرة أريد فيها جمع الأحاديث والآثار وتدوينها وتحريرها وتنقيح متونها وتفسير نصوصها.

9. **خيال وخامه**: ما زلت أقرض الشعر، وهذه المجموعة ديوان شعري.

وقد تم طبع «برهان» و«مقامات» و«خيال وخامه» ولكنّي أضيف إليها المنظومات والمقالات. وأرجو أن يصدر كتاب «الميزان» نهاية هذا العام. أمّا «البيان»، فقد بلغت فيه إلى سورة النساء؛ فإذا فرغتُ منه، سأقف ما بقي من العمر على خدمة الحديث النبوي إن شاء الله[1].

وإذا كنت أتمنى الحياة، فإنني أتمنّاها من أجل إتمام ذلك العمل فقط. وإذا قُبل تصرف أبي الكلام آزاد[2]، فهذا الشعر لزماني يزدي[3] يترجم لحالتي بكلّ معنى الكلمة:

وإنّي إذ أقصّ قصة ذاك الحبيب اللبيب

فليس إلّا لأطيل عمري في تلك الحكاية اللذيذة.

(2007م)

---

(1) قد تم كلاالعملين الجليلين «الميزان و البيان» وقد تم نشرهما أيضاً (المترجم).

(2) كان أبو الكلام آزاد من أبرزرجالات الهند المتحررة ووزير معارفها الأول ـ وكان أديباً ارديباً وكاتباً قديراً كبيراً وخطيباً مصقعاً.

(3) زماني يزدي أحد من شعراء الفارسية.

3 -- قافلة بعد قافلة

كانت الفترة التي تفتّح فيها وعيي وأنا شابّ، هي فترة نشوء التنظيمات والمؤسسات التي أقامتها الثورة الإسلامية. والإنسان يتأثر بما حوله من نظريات وأفكار. وانطلاقاً منه كنّا مجموعة من الإخوان والأصدقاء في أيام الدراسة في الكلية، فعزمنا على إقامة مؤسسة باسم «دائرة الفكر». وكان الأبرز في هذه المجموعة صديقنا الحميم الدكتور ساجد علي، وهو الآن يترأس قسم الفلسفة في جامعة البنجاب.

كان عندي حجرة مستأجَرة على طريق «لنك ميكلود»، وكنتُ قد عزمتُ على إصدار مجلة شهرية تحمل اسم «خيال» من هناك. فانطلقت بدايات تلك المؤسسة من هذه الغرفة. وكانت تهدف إلى بناء حركة ثقافية للثورة الإسلامية تعمل لها هذه المؤسسة كمركز علمي وقيادي. رغبنا أيضاً في تأسيس دارالعلوم، لأنّنا نريد أن يصبح خريجو هذه الدار قادة الحركة في المستقبل. وكان هذا تصوراً رومانسيّاً، فقد اعتقدنا أنّ أوجه القصور والخلل التي شابت عمل جماعة مولانا سيد أبي الأعلى المودودي يمكن تداركها بهذه الطريقة، فما زلنا نتلاقى في تلك الحجرة، ونتدارس الأمور لمدة ثلاثة أشهر أو أكثر، ثم شعرنا أنّ الهدف الذي نسعى إليه يتطلب أن نعطيَه معاً وقتاً أكثر؛ ولذلك قرّر إخواننا الذين يسكنون في دار الإقامة مغادرة مكان إقامتهم لاستئجار منزل ودفع نفقاته ومصاريفه بمبلغ نتعاون على جمعه وتوفيره، بحيث يكون هذا المنزل مركزاً للحركة. كان بيتي يقع في حيّ سلطان بورا بالقرب من محطة سكة حديد لاهور. وبعد البحث وجدنا بيتاً قريباً منه، فانتقل جميع الأصدقاء إليه.

اقترحنا لذلك المشروع الذي كنا نريد إقامته اسم «جامعة الحمراء». وبمناسبة هذا الاسم اعتزمنا إخراج مجلة «الحمراء»؛ وبالتشاور مع الأصدقاء، تقرَّر طباعة المجلة بطريقة تنضيد الحروف لا الكتابة. وهي طريقة مُعرَّضة للكثير من الأخطاء التي تحتاج إلى العناية وتدقيق النظر في التصحيح. وبعد أن سلّمنا

التجارب المُصحَّحة إلى أصحاب المطبعة، كنّا مطمئنين إلى أنهم سيقومون بتصحيح الأخطاء، ولكن حين جاءتنا المجلة مطبوعة وجدنا أنّ تلك الأخطاء لم تُصَحَّح، فلم يكن أمامنا سوى إتلاف تلك النسخ المطبوعة والتخلص منها. وكان ذلك أول موقف واجهناه بسبب قلة الخبرة، ثمّ اضطُررنا إلى إخلاء الدار التي استأجرناها لتكون مركزاً لحركتنا. ولم نعثر على دار جديدة إلّا بعد مشقة ومرور أشهر عدّة، وهي المبنى رقم 29 في القسم J لمادل تاون. فشكرنا الله لأنّ فترة الركود لم تطل، وبدأنا العمل من جديد.

التقينا في شهر حزيران (يونيو) من عام 1971 بمحامٍ من لاهور اسمه جودهري محمد أنور، وكان معه صديقه سيد بدر بخاري. وأعجِب كلاهما ببرنامجنا وتأثرا بمشروعنا؛ فجاءنا باقتراح إقامة حلقة لدرس القرآن الكريم في حيّه بشارع «العلّامة إقبال» للتقدم بهذا العمل الدَّعَوي. وأقيمت الحلقة في السابع من يوليو لتلك السنة نفسها، وهكذا حصلنا على رعاية وإرشاد من رجال كبار وشيوخ، كان أبرزهم السيد أرشد بخاري والشيخ محمد أرشد، وهما صديقان يعملان في هيئة تنمية المياه والطاقة (وافدا)، وكانا يحضران من قبل دروس الدكتور أسرار أحمد بصورة منتظَمَة، وكان الدكتور يلقِّبهما بـ«الأرشدين».

واستمرت هذه السلسلة من المدارسة سنتين تقريباً، وقد ارتبط بنا الكثير من الناس، وصاروا على استعداد للعمل معنا. ولذلك تمّ تنظيم الحركة رسميّاً بإمارة السيد بدر بخاري. وكان الشيخ عبد الرحمن المدني أحد كبار علماء أهل الحديث يسكن قريباً منا، فشارك في هذه الحركة أيضاً، كما انضمّ إليها بعض المشاركين الآخرين. ولكن لم تستمرّ الحركة طويلاً، لأنّ الشيخ بدر البخاري كان في مرحلة متقدمة من العمر لا تساعده على قيادة الحركة بصورة فعّالة، ولذلك أُنهِيَت الحركة خلال بضعة أشهر بعد التشاور مع الأعضاء.

وفي مارس 1973، قمنا بإصدار مجلة «إشراق» عن «دائرة الفكر»، وكنا نرى أنّه إذا حصلت المجلّة على ترخيص رسمي، فسوف نصدرها كمجلة شهرية منتظَمة، ونبلغ رسالتنا عبر هذا المجلة إلى الجماهير، ولكنّنا علمنا بعد أيّام أنّ

الحصول على هذا الترخيص عسير صعب، فلم نتمكن من العمل بهذه الخطّة. وبعد أشهر عدّة طلب منا صاحب الدار زيادة على الإيجار، و لم نكن قادرين، في تلك الظروف الصعبة، على الاستجابة لطلبه، فاضطررنا للتخلي عن تلك الدار في مادل تاون. ثم بقينا مُشَتَّتين لعدة أشهر، وتمّ تعليق عمل المؤسسة.

وبعد المشقة الشديدة وجدنا داراً آخر في حيّ أحمد بلاك بمنطقة غاردن تاون، واجتمع الأصدقاء مرة أخرى، وأُصلِحَت المُعِدّات، واستُؤنِفَت سلسلة الدروس من جديد. إلّا أنّ بعض الإخوان لم يَرُق لهم اسم «دائرة الفكر» لمؤسّستنا، فاخترنا اسم «دار الإشراق» بدلاً منه. كنّا أنا وساجد علي الوحيدَين اللذين بقيا من الطلبة القدامى الذين ارتبطوا بالمؤسسة منذ البداية. أمّا الشيخ أفضال أحمد، ومستنصر مير، وجودهري إلياس أحمد، ومحمد رفيق، فكانوا زملاء جدداً انضموا إلينا.

وصديقنا ذو الفقار أحمد خان هو من رموز ذكريات تلك المرحلة أيضاً، وكان يسكن قريباً منّا. واعتُبِر على الدوام عضواً في المؤسسة على الرغم من عدم ارتباطه رسميّاً بها. وكذلك كان أصغر نيازي ومحمد طارق ميكش، فقد كانا قريبيَن منّا بحكم علاقة الصداقة.

وفي تلك الأيام، أتيحت لي مشاهدة الشيخ المودودي أثناء حضوره، فذهبت إليه وحدّثته عن عملنا هذا، فاستفسر عن التفاصيل، وطلب التعرف على الرفقاء والزملاء، وذكرت له الصعوبات التي تواجهنا، وشرحت المشكلات والعقبات التي أدّت إلى توقّف العمل أكثر من مرّة، والتمست منه أن يرعى نشاطاتنا ويشرف عليها فتفضل بالقبول. ثم تمّ ـ وفقاً لتعليماته ـ فتح حساب مشترك للمؤسسة باسمه واسمي في بنك «حبيب» في لاهور، وبدأ مولانا الشيخ يدفع ألف روبية شهريّاً من جيبه الخاص. وانتقلنا من حيّ أحمد بلاك إلى مبنى قدّمه لنا، وهو المبنى 1ذيلدار بارك اچهره. وكان يرىٰ أنّ معهدنا سوف يقوم بفعالياته كفرع «لإدارة المعارف الاسلامية» أو كإدارة جديدة أخرى. وفي وقت سابق، كنتُ قد أصبحتُ عضواً في «الجماعة الإسلامية» بناء على طلب الشيخ المودودي، لكنّ قرار مولانا لم

يلقَ قبولاًعند بعض شيوخ الجماعة. وبدأت حملة جديدة ضدّ ذلك كلّه، ولم تكد تمضي سبعة أو ثمانية أشهر حتى أدركتُ بأنّه لم يعد من الممكن لنا العمل في هذه الظروف. وقد أبلغني أسلم سليمي رغبة الجماعة في تحويل مبنى معهدنا إلى مكتب انتخابي للجماعة الإسلامية. وهو ما حتّم علينا أن نخطوَ خطوة جديدة. فتشاورنا وأخذنا الإذن من الشيخ المودودي، ثمّ ارتحلنا إلى قرية «مريدكے» المجاورة للاهور، وهي قرية الأخ إلياس أحمد التي انتقلنا إليها بناء على دعوته. ووصلنا إليها في أواخر سنة 1976م.

وفي 11 كانون الثاني (يناير) من عام 1977م تلقيتُ كتاباً من الشيخ فتح محمد، أمير حلقة البنجاب للجماعة الإسلامية، يبلغني فيه أنّ عضويتي في الجماعة الإسلامية قد تمّ إنهاؤها. وكانت رسالته عبارة عن سطرين فقط أنهيا عضويتي في الجماعة دون أدنى إشارة إلى الأسباب الداعية إلى ذلك. وكان الشيخ ميان طفيل محمد أمير الجماعة الإسلامية الباكستانية في ذلك الوقت، فكتبت رسالة إليه، وأردتُ أن أعرف أسباب هذا القرار، ولكن لم أحصل على أيّ ردّ على الإطلاق.

كان هذا الاتصال تجربة هامة في حياتي، فأثناء هذه الفترة من الزمن شاهدتُ عن قرب رجلاً عظيماً جدّاً، صلّيت معه صلوات كثيرة، وتحدثتُ إليه طويلاً، وتأدبتُ بآدابه وأخذت منه دروساً في الصبر والحكمة، وفهمت منه دقائق البيان واللسان. وسمعتُ منه، شفاهاً، وجهة نظره عمّا جرى في «ماچهى گوته»، وما حدث قبله وما بعده، وتبادلت معه الآراء عن اختلافه العلمي مع الشيخ الإصلاحي. وسمعتُ منه انطباعاته الودية للإمام الفراهي، كما سمعتُ منه حكايات حبه لأبي الكلام آزاد ومحمد علي جوهر والعلامة إقبال. فهذه اللقاءات معه هي رأسمال الحياة عندي، وأنا ما زلتُ أذكر مولانا المودودي حتى الآن كما يذكر الولد المهجور أباه، وأرى جماعته بمنزلة إخوان لي؛ فعلى الرغم من الخلافات الكثيرة في النظرية وأسلوب العمل، أشعر بعلاقة المودة معهم كما يشعر أيّ شخص مع أسرته. أمّا الذين حملوا لواء حملة المعارضة لي، فلعلّهم لايعرفونني، ولذا، فإنني لا أشتكي منهم، بل أُحسِن الظنّ بهم، وأُقَدِّر أنهم لم يفعلوا ما فعلوه إلّا لصالح

الجماعة في ظنّهم. وقد قال لي الشيخ المودودي قبل سفره إلى أمريكا في اللقاء الأخير لي معه:

«يا أخي! إنّ لي فيك آمالاً كبيرة: عليك أن تصغي كلّ الإصغاء إلى منتقديك، فإذا نزلوا إلى الحضيض، فترفّع عنهم واختر معهم طريق ﴿وَإِذَا مَرُّواْ بِٱللَّغْوِ مَرُّواْ كِرَامًا﴾[1]. فإن أرادوا استفزازك وإثارتك، فلا تستجب لهم مهما بلغ افتراؤهم وتشهيرهم، ثم يكون الله معك، وتهزم أعداءك في مجالك أنت إن شاء الله».

كانت نصيحة مولانا هذه أمامي دائماً في جميع تقلبات الحياة. وكان من أثر ذلك أنني كما قال الشاعر:

أسير في هذه الغابة المظلمة صباح مساء دون مصباح وأألد من كل شجرة الببول اشجاراً للسرو والسمن.

وقد كنت أذكر كيف انتقلنا إلى «مريدكے» من لاهور، إذ تذكرت اللقاءات مع الشيخ المودودي، وأسهبتُ في السرد، وكما يقال: «كانت الحكاية لذيذة فأطلت بيانها».

كان زميلنا الجديد مالك محمد أشرف متزوجاً، وبعد المجيء إلى هنا أنا ومستنصر مير، تزوّج كلّ منّا، فلم يعد ممكناً لنا الاستمرار في الحياة على طريقة دار الإقامة. واقتضى تغيّر الأوضاع أن نبحث عن تدبير معقول لدعم الزملاء، فحاولنا ذلك جاهدين، ولكن لم نتمكن من توفير الموارد التي نحتاجها. ولذلك، توصّلنا بعد عامين من الكفاح من أجل البقاء في «مريدكے» إلى نتيجة حاسمة هي أنّه لا يوجد أمامنا خيار آخر سوى إنهاء هذه المؤسسة، وأن نطوي بساط هذا المعهد مرة أخرى. كان ذلك في إحدى أمسيات شهر إبريل 1978م، اتخذنا هذا القرار بعد أيام من المناقشة والبحث والتمحيص. واضطُرّ الزملاء الذين قضوا معنا سنوات للرجوع إلى بيوتهم وفي قلوبهم قلق وأسف.

وخلال هذه الفترة، تمّ الحصول على الترخيص الرسمي لإصدار مجلة

---

(1) سورة الفرقان، الآية:72.

«إشراق»، وكان باسم مستنصر مير. فصدر عددها الأول في يناير 1979م. وكانت افتتاحية العدد عن الموضوع نفسه، فقد كتبت فيها:

«في نوفمبر عام 1975م، ولدت أكاديمية دار الإشراق، وظلّت تعمل بانتظام إلى إبريل 1978م في قرية مريدكے التي تبعد عن لاهور مسافة 26 كيلومتر، وهي الآن متوقفة منذ أشهر. لقد رجع بعض زملائي إلى بيوتهم بعد بذل جهود كبيرة لشهور عديدة، وسوف يرجع بعض منهم أيضاً. كان هذا عملاً بدأ ومرّ بمراحل عديدة من السعي الحثيث للإبقاء على وجوده، لكنّه وصل إلى نهايته. وأحبّائي يُلِحُّون عليّ أن أكتب شيئاً عن بدايته ونوعيته، والأسباب التي أدّت إلى توقفه، لكي يهبّ الناس الذين يريدون إحياءه، فإذا كان لديهم العزم والإرادة قاموا بتفعيله. إني لا أعلم متى يمكن أن يُستأنَف العمل مرة أخرى، ولكني أستطيع أن أقول إنّ عزمي لم يتضاءل، وأنا موقن بأنّ هذا العمل يستحق العمل من أجله، ولديّ شعور كامل بأني أستطيع أن أقوم به. وسوف تستأنف هذه القافلة عملها إن شاء الله تعالى. لا أعتقد أنها تبعثرت، بل أشعر أنّها نزلت أرضاً لتستريح قليلاً وتلتقط أنفاسها، لعلّه للتزود وأخذ زمام المبادرة، من أجل استئناف سفر جديد وبدء رحلة جديدة، وأنا أسمع صوت الجرس وأخذت القلم بيدي.

وأضفت قائلاً:

«كان من الواضح لي منذ البداية أنّ هذا العمل ليس وظيفة بدوام جزئي. فمن يأتيني لأجله، عليه أن يأتي للنهار والليل والحياة كلِّها. وكنت أعلم أنّه يجب على المعهد أن يتكفّل بكلّ حاجيّات مَن سوف يأتون ورعايتهم كي يبذلوا كلّ ما يمتلكونه في سبيله، ولهذا السبب انطلقت منذ بداية الأمر في اتجاهين: البحث عن العناصر والقوى العاملة، والعمل من أجل توفير الموارد والبحث عن الوسائل اللازمة لهؤلاء العاملين.

وأشعر الآن أنّ طبيعتي أنسب للمهمة الأولى، وهي غير مناسبة للأمر الثاني على الإطلاق. فقد نجحتُ في شحذ الإرادة وفي جمع أرباب العزم وأولي الهِمّة نجاحاً بارزاً، ولكنّي فشلتُ كلّ الفشل في الحصول على الموارد والوسائل

والإمكانيات. ليس هذا هو الوقت المناسب لسرد هذه القصة بالتفصيل، وهي حكاية فرهاد بيستون[1] وقصة إرواء غليل الأشواك بدم القلب. وأنا ألخّصها هنا بإيجاز شديد.

كتبتُ عن بداية ذلك العمل. كانت البداية صعبة، وقد ظلّ الأصدقاء والإخوان مرتبطين بهذا العمل من حين إلى آخر على نحو متقطع، حتى بلغ عددهم عام 1975م سبعة زملاء، ومن بينهم كان أفضال أحمد ومحمد أشرف في علم الاقتصاد، والأخ ساجد علي في الفلسفة، وإلياس أحمد في علم السياسة، ورفيق أحمد في اللغة العربية، ومستنصر مير في اللغة الإنجليزية، والأخ منصور الحميد يحمل شهادة بكالوريوس في الطب والجراحة. وبالإضافة إلى ذلك، كان الأخ مستنصر مير قد أحرز أيضاً شهادة (CSS) في تصميم المواقع، وبعد الانتهاء من تدريبه في أكاديمية الخدمة المدنية، قرّر ترك الوظيفة قبل أيام قليلة من موعد تعيينه، والتحق بنا في دائرة الدراويش (قافلة الفقراء). كان إيثار كلّ واحد من هؤلاء لا نظير له، فكلّهم شباب ناجحون يحملون كفاءات كبيرة ويتمتعون بمؤهلات عالية. وفي الحقيقة، فإنّ تاريخ الأكاديمية اغتنى بكلّ ما لديهم من إرادة العمل، وذوق العلم، وجمال السلوك، وطيب القلب، والشغف بنجاح هذه المؤسسة. وأعتقد أني استفدت منهم استفادة جيدة، وتعلمتُ منهم الكثير. ولديّ إحساس بأنّهم كانوا قادرين على تقديم الكثير، ولكنّهم لم يتمكنوا من القيام بأعمالهم بطمأنينة حتى لعدة شهور، لأنّ قلة الموارد المالية تسببت في تعطيل هذا العمل وتوقفه مراراً وتكراراً، فكلّ تاريخ هذا المجمع مُفعَم بالأزمات المتواصلة، فقد انطلق التدريس هنا ثمّ توقف، وابتدأ من جديد ثم انتهى مرة بعد أخرى. ومع ذلك، نحمد الله على أنّه قد تمت بعض الأعمال وبقي بعضها، وأعتقد أنّه لو أتيحت الفرصة لسنة أو سنتين لاكتملت المرحلة الأولى من جهدنا. أمّا الآن فكلّ شيء متوقف. ونحن والعديد من عباد الله (عزّ وجلّ) ساعون ـ رغم ضعف إمكانياتنا ـ في إحياء هذا

(1) فرهادهو الفنان والعاشق الولهان اللذي كلفه الإمبراطورالفارسي بشق جبل بيستون الصلد العملاق من المنتصف في قصة غرامية طويلة.

العمل بعزيمة جديدة في أرض «مريدكے» القاحلة هذه، ولا نعلم متى تنتهي مرحلة التوقف هذه، ولكن أرجو الله (عزّ وجلّ) ألّا يضيع هذا العمل».

وهنا انتهت المرحلة الأولى من جهدي، وكنت أرى بعد الرجوع إلى لاهور أنني سوف أكتفي بإصدار المجلة فقط. وقد حصلتُ على الترخيص الرسمي لمجلة «إشراق» باسم مستنصر مير، غير أنّنا لم نصدر إلّا عددين، قرّر بعدهما الأخ مستنصر أن يسافر إلى أميركا، ثم كان بيني وبينه بعض الخلافات حول سياسة المجلة، ولهذا لم تكتمل أمنيتي هذه، واضطُرِرنا إلى إغلاق «إشراق» مرة أخرى.

وفي ذلك الوقت، كان بعض الطلبة يزورونني لقراءة بعض الكتب في آداب اللغة العربية، وكان من أبرزهم الشيخ أبو شعيب صفدر علي، وسعود أكبر پاشا. وكان أبو شعيب ولد الشيخ غلام نقش بند الذي كان تلميذاً رشيداً لمولانا حسين علي في بلدة «وان بهجران». ونظراً إلى قدراته الاستثنائية وكفاءاته الكبيرة، أردتُ منه أن ينتقل إلى لاهور. ومن الذين تعاونوا معنا تعاوناً كبيراً خلال فترة معاناتنا في مريدكے، الدكتور فروخ حسين ملك، وكان ينتمي إلى «طبقتنا»؛ وحين حولت انتباهه إلى ضروريات العمل الدَّعَوي، قام بتأسيس «مؤسسة فروخ» تلبيةً لدعوتي، وأوكل إدارتها إلى الشيخ صفدر مير والد مستنصر مير. وبإيعاز مني، أراد إصدار مجلة باسم «الإعلام»؛ ومع أنّ اسمي كان يظهر على غلاف المجلة، تمّ تعيين الأخ أبي شعيب مديراً لها، وذلك نظراً إلى الضروريات العملية. وقد سُرِرت جدّاً أن تيسرت الأسباب الضرورية لإقامة أبي شعيب في لاهور كنتيجة لإصدار المجلة، ولكن لم تستمر هذه هي الأخرى لمدة طويلة، فقد حصل الأخ أبو شعيب على وظيفة في جامعة البنجاب بعد سنة أو سنتين، وأغلقت المجلة.

وكنتُ في تلك الأيام قد عرضت على الأستاذ الإمام أمين أحسن الإصلاحي ضرورة أن تُحَوّل حلقة تعلم القرآن إلى مؤسسة مُنتَظَمة. وقد قامت هذه الحلقة بعد مغادرته الجماعة الإسلامية، فاستجاب الشيخ لاقتراحي، وقد كتبت دستور هذه الحلقة بطلب منه، فقامت المؤسسة باسم «إدارة تدبر القرآن والحديث» وصدرت مجلة «تدبّر القرآن» الفصلية عن هذه المؤسسة، وقد أزمعت على العمل فيها تحقيقاً للمقاصد التي نهدف إليها. ولكن اتضح لي على عجل أنّ شيوخ الحلقة لا يرتضون

بي. وبعد ذلك، وجدت من المناسب العمل بطريقتي الخاصة من خلال الانفصال عن المنظمة بدلاً من خلق أي نزاع معهم.

وكانت جماعة من الطلاب آنذاك يدرسون معي، وكان منهم نعيم رفيع، وكان كلّما زارني، يُلِحّ عليّ بشدّة لإحياء ذلك العمل الذي توقّف في عام 1978م. ولم أكن مستعدّاً لذلك بسبب التجارب السابقة، ثم انضم إليه أصدقاء مثل خالد زهير وآفتاب شمسي، ودعموا الفكرة، فاستجبت لدعوتهم ووافقتُ أخيراً.

تم تشكيل هيئة تنظيمية برئاسة الأخ سعيد نواز الذي كان أكبرنا سنّاً. وعقدت اللجنة جلستها الافتتاحية في قاعة جناح بلاهور برئاسة الأستاذ الإمام أمين أحسن الإصلاحي، وحضرها كثير من العلماء والفضلاء وأصحاب الفكر والقلم. وظهرت المؤسسة إلى حيّز الوجود في يونيو عام 1982م وهي تقع اليوم في 51 مادل تاون (المدينة النموذجية) في لاهور، وحملت المؤسسة اسم «المورد». ثم تمّ، بعد مدة قصيرة، إحياء مجلة «إشراق» من جديد في عام 1985م، واستمرت تصدر كمجلة لسنة أو سنتين، ثم حصلتُ في عام 1987م على الترخيص الرسمي لها. وأحمد الله على أنّ هذه المجلة ما تزال مستمرة بالصدور حتى اليوم دون انقطاع. ثمّ صدرت مجلة رينى سان (النهضة) بالإنجليزية ابتداءً من عام 1995م، وما تزال تصدر، وأوكلت إدارتها منذ بداية صدورها إلى الأخ شهزاد سليم. أمّا مجلة «إشراق» فكنتُ مسؤولاً عنها، لكنني سلمتها الآن لابني جواد أحسن. وآمل أن تستمر المجلتان بالصدور بإذن الله وعونه.

وأُسِّسَت في السنوات الخمس والعشرين الماضية هيئات أخرى ارتبط اسمها بي، ومنها هيئتان تنظيميتان هما «الأنصار المسلمون» و«مركز المعرفة» (دانش سرا). وتولى رئاسة هذه الهيئات رجال كبار من أمثال الشيخ وصي مظهر ندوي والدكتور محمد فاروق خان، ولكنّها لم تستمر أكثر من بضعة الأعوام. غير أنّ مؤسسة «المورد» لا تزال قائمة منذ ربع قرن من الزمن، وأتوقع أنّها ستظلّ قائمة بفضل الله. ورغم ما مرّ عليها من فترات ركود وانقطاع وتعثر بعد عام 1987م، تمّ إحياؤها في عام 1991م بفضل المساعي الجبّارة والمساعدة المشكورة لصديقنا الكريم الأخ ألطاف محمود (رحمه الله)، واستمرت بعد ذلك دون أيّ انقطاع في أعمالها.

لقد أُنشِئَت هذه المؤسسة على أساس إدراك أنّ ممارسة التقوى في الدين لم تكن قائمة على النهج السويّ والطريق الصحيح بين المسلمين. ولذا فإنّ الدعوة الدينية المبنية على أسس القرآن والسُّنّة الخالصَين، والمنعزلة تمامًا عن التحزبات المذهبية والتعصبات السياسية، صارت غريبة على المسلمين. وأصبح القرآن الكريم، وهو أساس الدين، مجرّد حفظ وتلاوة. وصارت العلوم التي قد تكون وسيلة توصلنا إلى القرآن مقصودة بالذات. أمّا الحديث النبوي، فقد تم قطعه عن أساسياته الموجودة في القرآن والسُّنَّة، واتجه التركيز إلى تأسيس مبادئ وفروع لمدرسة فكرية معينة وإثبات علوها وتفوقها مقارنة بالمذاهب الأخرى.

وقد أُنشِئَت هذه المؤسسة لإصلاح هذا الوضع. ولذلك، فإنّ الهدف الرئيسي منها هو تنظيم العمل الأكاديمي والبحثي المتعلّق بالعلوم الإسلامية، ونشرها على نطاق واسع من خلال جميع الوسائل الممكنة، والاهتمام بتعليم الناس وتربيتهم وفقاً لذلك.

ويتلخص المنهج المختار لتحقيق هذا الهدف في النقاط الرئيسية الآتية:

1. الاهتمام بالتذكير بالقرآن على الصعيد العالمي.
2. تعليم شرع الله وعقيدته وأخلاقه وفقا للكتاب والسُّنّة.
3. إتاحة الزمالة العلمية للعلماء والباحثين، وتوفير التسهيلات اللازمة لهم للقيام بعملهم العلمي والبحثي والدعوي.
4. يجب إقناع الناس وتشجيعهم، حيثما أمكن ذلك، على:

(أ) إنشاء مدارس ومعاهد للعلوم الدينية، تهدف إلى إعداد وتخريج علماء وباحثين يحملون آراء صحيحة عن الدين.

(ب) إنشاء مدارس عالية الجودة ذات مستويات متميزة تصل إلى درجات FA، وFSC، ودرجة A، تهدف إلى تنمية القدرات الإبداعية للطلبة وتربيتهم الدينية والثقافية وتهذيب أخلاقهم إلى جانب تعليمهم.

(ج) إقامة أسابيع للتعليم الديني لطلاب المدارس العامة، ترسِّخ فيهم دعوة

القرآن من خلال القرآن نفسه بطريقة تُمَكِّنهم في أوقات لاحقة من التمسك بدينهم باحترام كامل.

(د) إقامة زوايا وتكايا يلتجئ إليها الناس تاركين أشغالهم الدنيوية من حين إلى آخر، ليستفيدوا من صحبة العلماء والصالحين، ويتعلموا منهم الدين، ويهتموا بتزكية قلوبهم وتهذيب نفوسهم معتكفين للذكر والعبادة لأيام عديدة.

فهذه المؤسسة هي اليوم محور كل أعمالي ونشاطاتي. وقفت ما بقي من أيام حياتي لها، بصرف النظر عن عملي الأكاديمي، فقد جعلته مخصَّصاً لهذا الهدف. وأدعو المولى تعالىٰ أن يرزقنا الإخلاص فى العلم والعمل.

ما أعجب أن ار الملوك يعطون المتسول المحتاج.

(2007م)

4 -- الأستاذ الحارس

على الرغم من أن موطني الأصلي أباً عن جدّ هو قرية (داود) ـ وهي بلدة في مقاطعة (سيالكوت) ـ فقد ولدت في قرية بالقرب من (باكباتان)، ونشأت وترعرعت في هذه البلدة وضواحيها وفي هذه المدينة. وبلغت من العمر الحدّ الذي يتوقف فيه العقل عن التفكير في بعض الأحايين، ويجمد القلب عن التأثر بالعواطف النابضة. ونتيجةً لذلك نأتي بالأعاجيب التي نستغربها جدّاً فيما بعد، وقال الشاعر الأردي ما معناه:

إنّي في هُيام الحب أتردّد هنا وهناك، ثم أقضي العجب من ذلك.

فمنذ عشرين عاماً، كنتُ طالباً في الصفّ السادس أو السابع في إحدى مدارس هذه المدينة. وقد وصلتُ آنذاك في التعليم المدرسي الرسمي إلى كتابَي الدراسة النظامية «الكافية» و«شرح الجامي» كما يغلب على ظني. وقد أصبحت

المدينة بوابة للعلم والمعرفة، فقد كنت أذهب إلى المكتبة المدنيّة كل يوم بعد العصر، وأشاهد خلال ذهابي الشوارع والأسواق، فقد كان بيتي في الضاحية، وكنت أخرج منه، وأقصد المكتبة كلّ يوم مشياً على الأقدام، فما أغرب وأجمل شوق الطالب وشغفه! فقد ظلّ هذا هو شأني أعواماً وأعواماً، ولم يكن من طبعي أن أشتكي التعب والاكتئاب، وكما قال الشاعر الفارسي:

التعب والاكتئاب لا يلحقان بطالب صادق

لأنّ العشق مرشده في الطريق، بل العشق هو منزله.

وفي طريقي إلى المكتبة، رأيت ذات يوم حارساً لأحد البنوك تتعقّبني نظراته إلى مدى بعيد، وكنت صغيراً، فوقعت في نفسي هواجس الخوف وأحاسيس الحيرة الناشئة من هذا الوضع لأول مرة. ولكن لمّا تكرّر ذلك لأيام عديدة، غلب عليّ إحساس التوجّس والحيرة. وكنت أريد أن أستفسره عن ذلك فما أجترئ، وقد شعرتُ أيضاً أنّه كان يريد أن يقول لي شيئاً، ولكنّه لا يصل إليه، وكأنما كان الأمر شبيهاً بما وقع لغالب الشاعر الأردي في معترك العشق:

إذا كان الأدب متردّداً وفي الصراع فما ذا يكون؟

وإذا كان الحياء مانعاً من القول فماذا يكون؟

ومضت أيام كثيرة. وفي ذات مساء كنت عائداً من المكتبة أحمل كتاباً علميّاً في موضوع الخلافة. وكنت أتصفّح أوراقه أثناء عبوري الطريق، ولم أنتبه إلى أنّني اقتربت من الوصول إلى مبنى البنك. ونظرت، فإذا بالحارس يقف في طريقي، ثمّ نظرت إلى وجهه، فكانت قطرات الماء تقطر من لحيته، والأغلب أنّه كان قد توضّأ، وكانت نظراته برّاقة، وجبهته تتلألأ من جمال السجود. فسألني بأسلوب ودّي: هل تقرأ هذا الكتاب؟ أنت تقرأ الكتب العلمية هذه مع الكتب الدراسية؟ فأومأت بالإيجاب، فقال: رأيت ذات يوم في يدك كتاباً عربيًّا. ألك معرفة باللغة العربية؟ أجبته: نعم لي إلمام بها. فسألني: أين تعلّمت اللغة العربية؟ لمّا سألني هذا بالعربية شعرتُ بالعجب، ولم أصدّق ما سمعت. وأخذتُ أنظر إليه مرة، وأنظر إلى بذلة الحراسة مرة، فإني قد رأيت الكثير من الجهلاء في ملابس خاصة ومميّزة، ولكني

لم أكن قد رأيت عالماً في ملابس العامة. وتابع يقول: اقرأ الكتاب الذي تحمله فإنّه كتاب رجل كبير، وسأعطيك كتاباً آخر في نقد هذا الكتاب نقداً علميّاً. ومن الضروري أن تقرأه أيضاً قبل تكوين أيّ رأي. ففي دنيا العلم، لا أهمية للأفراد والأشخاص، فالحُجّة والدليل هنا لهما الأهمية كلّها.

قدّم لي في اليوم التالي كتاباً، وقرأته في اليوم نفسه، وهذه كانت أول فرصة لي لأتوقف عند أهمية الدليل، وهذا الوقوف أكبر رأسمالٍ لي وأثمن متاعٍ حياة لي حصّلته من هذا الحارس. وفيما بعد حصلت على الشهادة العُليا من أكبر معهد علمي بلاهور في الفلسفة والأدب الإنجليزي، ولكني لم أحصّل هناك على أكثر من ذلك الذي قدّمه لي ذلك الأستاذ الحارس. وهذه هي الحقيقة، فكم تمنيت أن يمرّ جميع زملائي وأساتذتي بتلك التجربة أيضاً وهم في طريقهم إلى المكتبة.

وبعد مرور سنوات، وفي الشهر الماضي، ذهبتُ إلى (باكباتان)، ولقيت الشيخ ولي محمد واقفاً على باب ذلك البنك. كان لا يزال حيث رأيته قبل عشرين عاماً، ولا أعرف هل تخّرج من مدرسته شخص آخر سواي ؟

أم أنه ـ كما قال شاعر ـ ترك أسلوبه وهجر التعليم من بعدي؟

1986م

5 -- رفيق الصباح

قال الشاعر الفارسي ما معناه:

أنا لم أهجر السفر مع الأصدقاء.. ورغم ذلك،

كم هو أمر مؤسف أن أطويَ القفار وحدي...

كان قدوم الشتاء، وما يزال مصدر قلق كبير بالنسبة لي. فحينما أرى النيران صاعدة وأنا جالس أمام مدفأة الغاز، قبل غروب النجوم، وأحاول أن أربط بين

الخيال والقلم، وأقرض الشعر، تسكن همومي أمام ما حصل لي آنذاك من أسباب الطمأنينة وسكون الخاطر:

القلب ممتلئ، والحزن ليس بسبب الإهمال

إذا لم يكن هناك قلق، فلن تعاني ضيق القلب والروح

ولكن في صباح السابع والعشرين من نوفمبر من عام 1988م خلال ذلك الشتاء، حين أشعلتُ النيران الخامدة، أحسستُ أنّ عالم مشاعري كان خالياً من ذلك الاتقاد. فإنّ مدفأة المجمرة الساكتة جرت فيها الحياة بإشعال عود الثقاب، ولكنّ صدى القلب الذي ارتفع ذلك اليوم كي يتناغم معها كان أشبه بنغمة دامية. وقال الشاعر الأردي:

أين نار الجحيم من حرقة القلب الذي يحترق بسبب الغم والهموم ؟

وحينما نبدأ رحلة الحياة يتيسر لنا رفقاء وأصحاب يسيرون معنا في أغلب الأحوال. وهؤلاء الزملاء كثيراً ما يتعاهدون عهود الوفاء، وكثيراً ما يعقدون فيما بينهم توقعات كبيرة وفاءً لتلك العهود. ولا تمضي أيام إلا وتتناثر عهود الوفاء كبيوت بُنِيَت على الرمل، ويصبح عالم التوقعات مقفراً مثل صحراء نجد. وفي بداية الرحلة، لا يتخيل أحدٌ أن حقائق الحياة ستكون مريرة للغاية. ولكن، ولكن عندما ينزل سمّها إلى الأوردة وتتشرّبه الأمعاء، يخرج الشخص الموجود في الداخل ويعرف الناس بعضهم بعضاً على الحقيقة. وفي ذلك الوقت إذا ظلّ الإنسان مخلصًا لإيمانه، فلن يبقى معه إلّا الحزن والإيمان. فالذاهبون يذهبون شوقاً إلى مذاهبهم المختلفة، وذلك الشخص القليل الحظّ يودّعهم وينظر إليهم يركبون القطار ويغادرون المحطّة، وهو واقف وحيداً على الرصيف قائلاً:

لا أشكو الأصدقاء والزملاء، ولا أشكو جفاء الزمان.

وقبل تسعة أعوام من اليوم تقريباً، كنتُ قد ودّعتُ بعض أصحابي وزملائي الأحبّة في هذا التاريخ من شهر نوفمبر. وذلك اليوم تتكرر ذكراه كلّ عام، ولكن لم تسيطر أوجاع تلك الذكريات على قلبي كما حدث اليوم. فهل يودّعني حبيب آخر ويركب القطار والمركب؟ وما زلت جالساً أمام المدفأة، وقد جرت على لساني

تلك الأبيات الأردية التي فاض بها خاطري قبل تسعة أعوام في ذكرىٰ أولئك الراحلين:

إذا قمت بتفسير الحب حصل لي من الحظّ والشهود الكثير.

وإذا خلوتُ بنفسي ناديت وحدي ذاك النداء في منتصف الليل.

وكلّ نظري يرنو إلى سراب أرقبه بشوق، لماذا لايتذوق الندماء ما أشتاق إليه؟

ورفقاء السفر يشتكون أني لا أرعى المصالح..

أولئك الرفقاء الذين تأجج الزمان بصوتهم..

وكان جبينهم كالقمر في الليل البهيم..

فهل أقرض معلقاتي بلسان الشعر؟

وللأسف، فإنّ ندمائي لم يبقَ عندهم شوق لمعرفة أصدائي..

فيا أيها النديم، لقد بقيتُ واحداً في مدينة الجنون...

وما زلتُ أبحث عن صاحب لي يشاركني فرح الصباح

ومازالت حقيقة قدحي مستترة.

1988م

6 -- الخمرة الباقية

قال حافظ الشيرازي (الشاعر الفارسي) ما معناه:

أسعفني أيها الساقي بما تبقى من الخمرة واسقني حتى الثُّمالة...

فلن تجد في جنة الخلد مكاناً أحلى من ضفة نهر «ركن آباد» وعرائش روضة «المصلّى» حيث يلتفّ الورد.

لا أعلم إن كانت أمنية شاعر «شيراز» هذه اكتملت أم لا، ولكنْ رأيتُ مراراً أنّ الساقي عند ضفاف نهر ركن آباد يصبّ الخمور كلّ يوم. ونهر ركن آباد بناه وشقّه الديلمي، وكلّ جرعة من مائه الزلال تمنح الشارب عمراً نضيراً، فعند ركن آباد ـ لا أوحشها الله ـ يمنح الماءُ الشاربَ عمرَ الخضر عليه السلام.

أمّا نهر لاهور فلم يُجرِه ديلمي، ولا يجري فيه الماء الزلال العذب. سبيل مائه مُشرَّب بالطين كالملح في مياه البحر، ولكنّ المشهد الذي يتولد من جريه البطيء والأشجار الخضراء على طرفيه تمنحه جمالًا خالداً يجذب الأنظار إليه. ويستقر هذا المشهد في الأبصار إلى حدّ أنه لو ألقى إليه شخص ما نظرة خاطفة لعاد إليه ولسانه يفيض بالأبيات الشعرية تلقائيّاً كما قال الشاعر:

تـخـطـئ الـعـيـن ويـكـسـب الـقـلـب الـكـثـير

وماء ركن آباد يتفجر من «منبع الله أكبر»، ويقال إنّ ماء الخضر منبعه «موضع ظلمات». وكما قال الحافظ وتفنن فيه، ما معناه:

لا تَعِبْ شيراز، وماء الركن، وهذا النسيم العليل. إنّها الخال على وجه المدائن السبع

نبع ماءِ الحياةِ ينبع من ظُلْمةِ الظُّلُمات ماؤنا نحن سالَ مِن منبعِ الله أكبر(1)

لم أحاول قط معرفة منبع نهر مدينتنا هذا. غير أنّي على علم بماهيته، فركن آباد. كما قال الحافظ يبتدئ من «دارة الله اكبر». وهذا النهر بالنسبة لي ينتهي دوماً على مقام «الله اكبر». نعم لم تبدعه الطبيعة، ولكنّه في خضم أبنية المدينة الحجرية مكان تأمّلي ساحر لكلّ متذوق. رأيته مراراً عند انبثاق الفجر، حين ينتشر النور في الفضاء، وكأنه يرتفع من حضيض إلى آفاق السماء. وسكان المدن الحاضرة

(1) يقول: الفرق بين ماء الحياة الذي كان للخضر عليه السلام ومائنا، أنّ ماء الحياة منبعه بحر الظلمات، وماؤنا ينبع من منبع «الله أكبر». وقيل إنّ الخضر عليه السلام وجد ماء الحياة في بحر الظلمات. وقصة لقاء موسى عليه السلام به ومصاحبته إياه مذكورة في القرآن الكريم. و«الله أكبر» هنا اسم منبع نهر ركن آباد الواقع بين جبلين شمال شيراز. ينظَر: «مجموع ديوان حافظ الشيرازي»: ترجمة وشرح د. علي عبّاس زليخة ـ الهيئة السورية العامّة للكتاب ـ دمشق ـ 2014 ـ ص54.

الذين ينتهي يومهم بعد منتصف الليل، ويطلع الصبح قبل قليل من منتصف النهار، لايستطيعون إدراك ما قلته. فإنهم لو رأوا يوماً مشهد طلوع الشمس على حافة النهر في ظلّ النجوم الغاربة، لعلموا أنّ ذلك ليس نهراً بسيطاً بل إنه طريق الاهتداء إلى خالق الأرض والسماء.

إن الحضارة الجديدة لم تحرمنا ـ فقط ـ القرآن الذي تأتي فيه الحقائق في لباس الألفاظ والعبارات، بل حرمَتنا أيضاً ذلك القرآن الذي نلمس آياته في كتاب الفطرة والطبيعة الذي كان الإنسان في وقت ما يقرؤه ويتلوه ليلاً ونهاراً. واليوم إنه يستقيظ من النوم في الصباح، ويشرب الماء الذي غُمِرَت فيه الأوراق السود (الشاي)، ويقرأ صحف اليوم التي تحدِّثه عن أخبار العالم كلّه دون أن تخبره بشيء يخصّه هو بالذات.

ففي مثل هذه الأيام والليالي، كيف له أن يعرف ذلك الشراب الصَّبوحي الذي يُسكَب على شاطئي نهرِ ركن آباد بلاهور؟ ما أجمل شعر تذكرته الآن؟ أظنّ أنّ الذي قاله كان قد رأى الصبح يشرق في مكان مماثل، فقال ما معناه:

إن لأهل النظر كأمثالنا لولم يات الرسول لكفانا الصبح لإثبات الحق جل وعلا.

(1986م)

7 ـ‌ـ الشعلة والدار

اضطُرِرتُ في الأشهر الماضية إلى تبديل بيتي مرتين. ارتحلتُ أوّلاً من نيو غاردن تاون إلى إقبال تاون. ولم يمض على ذلك إلّا خمسة عشر أو عشرون أسبوعاً حتّى قرّر صاحب البيت الجديد في إقبال تاون بيعه، فكان حالي كما قال الشاعر:

جئنا ولم نكد نجلس حتى أُخرِجنا

وكنتُ قد تجشّمتُ الكثير في الحصول على هذا البيت وتزيينه، ولم يدُر في خَلَدي أنني سأضطَرّ إلى التخلي عنه على عجل. وكان صاحب البيت يحسّ بذلك أيضاً، إلّا أنّه جاءني وذكر لي أعذاره وهو آسف جدّاً. فلو كنتُ قد رفضتُ لبقي صامتاً ولَما فعل شيئاً. ولكنّي شعرت أنني وقعت بين نارين: الرفض وإخلاء المنزل. وخُيِّل إليّ أنني لن أجد الطمأنينة هنا إذا بقيت في هذا البيت رافضاً المغادرة. لذا وعدته بالتخلي عن الدار. وقال الشاعر ما معناه:

انظر كيف جمعتُ الأسباب لتعمير البيت، ثمّ أنظر كيف أتوق إلى تلك الشعلة التي تلتهب في داخلي.

قمت بتغيير العديد من المنازل في السنوات الخمس عشرة الماضية، والمرء مضطَرّ إلى مغادرة المنزل الذي يسكنه. وكلّما طالبني صاحب بيت بأن اتخلّى عنه، شعرت بأنّه تذكير بحقيقة كبرى. وهو أننا نسكن في هذه الدنيا في بيت غيرنا، وهو سيطلب منّا لا محالة أن نتخلّى عنه في يوم ما. وإذا كنّا نجادل هنا في الدنيا صاحب الدار، فلا مجال هناك للجدال أمامه. هنا نغادر البيت بكلّ متاعنا، وهناك لا يكون ذلك ممكناً، فنحن مضطَرون أن نتنازل عن مسكنه يوماً، وسنكون مسؤولين عن كيفية عملنا وتعاطينا خلال وجودنا في هذا المسكن. هذه حقيقة كبرى في هذا العالم، ولا يمكن لأحد الهروب منها. وكلّ ما يحدث هنا في الواقع يمثل هذه الحقيقة ويؤكّدها. وكما قال الشاعر الفارسي ما معناه:

إنّ الحوادث تكون بمثابة مدرسة لأهل العقل والفكر،

وإنّ لطمة الموج لا تقلّ عن عصاً في يد المعلم.

(1986م)

8 -- معجزة الفن

قال غالب أكبر شعراء الأردية ما معناه:

إنّ الجمال الكامل لا يتمّ لكلام يا أسد[1] حتي لا يحترق قلب المتكلم له.

ما تزال واجهة المسجد الجامع في الحيّ الذي أعيش فيه قيد الإنشاء منذ عدة أشهر. لم يكن هناك سوى عدد قليل من الأبواب البسيطة التي اعتادوا الدخول من خلالها إلى رواق المسجد. وقد تقرّر الآن تحويلها إلى أقواس، وصنع سوار وأجزاء مسقوفة عليها تاج في المقدمة، وقد بدأ البناء قبل ثلاثة أو أربعة أشهر.. ورأيت أن جدران الواجهة قد هُدِمَت في أيام، وقام البناء الجديد من الأساس إلى السقف في بضعة أيام. وكان ظنّي أنّ صحن المسجد سيكون خالياً من اللبنات والطين وغيرها في أسابيع قليلة. ولكن حين وصل الأمر إلى بناء أبراج التاج والمآذن والمنارات، حدث شيء من الركود، وكأنّ أيدي الصُّنّاع والمهندسين قد توقفت عن العمل. ففي وقت سابق لم يكن بناء الجدار يستغرق من الوقت إلّا القليل، أمّا الآن، فيستغرق بناء البرج وملحقاته شهوراً عدّة. إنّه مسجد صغير في الحيّ. ومن غير المعروف عدد المرات التي رأى فيها بناؤوهم شروق الشمس في الأفق عند الصباح على أقواس وأبراج مسجد عالمكيري والحصن المعلي والتاج محلّ، وكم أمسوا وأصبحوا على هذه البنايات، فإن جلس فنّان لينحت شفتين من جوهرة لا يمكنه إبراز زاوية الفم ما لم تمر عليه شهور في هذا العمل. وكما يقال:

العقيق تم تشقيقه وصقله مئة مرة حتى صار جوهرة.

وهكذا يحتاج كلّ عمل كي يبلغ مرتبة الكمال. فإنّ من الشعر ما يجتمع منه ديوان كلّ شهرين إذا توافرت لك لوازمه من الوزن والقافية. ومنه ما تحتاج في قوله إلى:

أن تُردِف الليل بالنهار حتى تستيقظ الديوك والطيور والأسماك.

---

(1) أسد الله بيك: اسم الشاعر ميرزا غالب.

ففي الحالة الأولى، إذا لم تفتقر إلى اللوازم تحصل لك النتيجة في بضعة أيام. أمّا في الثانية، فلا تأتي الثمرة من اللبنات والتوابل، بل تتولد من دم القلب. وكما قال الشاعر الأردي:

لوناً كان أم لبنة وحجراً، قيثارةً كانت أم حرفاً وصوتاً

إنما تولد المعجزة والبراعة في كلّ فنّ من حرقة القلب.

ليست هذه المرةَ الأولى التي يعجز فيها الناس عن التمييز بين نتائج الأمرين. إنّ تاريخ البشرية معظمه مفعم بتلك الحوادث. فقد حاول الناس تقييم جعفر زتلي[1] وغالب بعدد شعرهما. وأرادوا تقييم يوحنا والمسيح عليهما السلام بعدد من آمنوا بهما. فمن يستطيع أن يقول لمثل هؤلاء إنهم مخطئون؟ وكما قال الشاعر:

إنّ نظرك قاصر ويدك مغلولة

فهل هذا ذنبك أم ذنب النخل الطويل العالي؟

(1989م)

9 -- على وفاة الوالد

توفي والدي في صباح التاسع عشر من يناير عام 1986م. لقد ارتحل من الدنيا الشخص الذي كان وجوده بمثابة ظلٍّ للرحمة وتقوى الله بالنسبة إلينا. وكان يتمنى أن يلقى ربّه وهو يسير على قدميه، واستجاب الله دعاءه، فحين ذهب إلى فراشه، ما كان أحدٌ يظنّ أنّه لن يرى صبح اليوم التالي. لقد نهض من النوم لصلاة التهجُّد حسب عادته، وتوضّأ، لكنّه أخبرَنا أنّه يجد صعوبة في التنفس. وذهبنا كلُّنا إليه، وكنّا نرى أنّه سيُعافى، وأنّ حالته ستستقر عن قريب. ولكنّ ذلك لم يحدث. كنا نقف

(1) جعفرزتلي شاعرأردي مستهتروشاعرالسوقة.

بجانب سريره، كان يريد أن يستلقي، فساعدناه في وضع رأسه على الوسادة، ولفظ أنفاسه الأخيرة وغاب عنّا في لحظات.

لقد بدأ رحلة حياته مع بداية القرن العشرين. ولما تجاوز عمره العشرين عاماً بقليل دخل مجال التصوف. وظلّ طوال حياته على ولائه له. ولم يتوخّ سبيل الرّخصة فيما اعتقده ديناً. وكان يحبّ شيخه حبّاً شديداً. ويستشهد أحياناً ببيت من الشعر معناه:

لقد شَغَفَ قلبي حبُّه منذ صغري وكان ما كان

كان هناك تباعد كبير بين أفكاره وأفكاري بُعدَ السماء عن الأرض. وكان يحاول أن يقنعني بمذهبه، ويتقدم بما يثبت ذلك من الكتاب والسُّنّة، وجرّ ذلك إلى قيام الجدل والمناظرة بيننا. ولكنْ، بحمد الله، لم يتولد تنافر وتباعد في علاقتنا الودية قطّ. وظلّ مقيماً عندي. ومن الحقّ أن أعترف بأنني لم أوفه حقّ خدمته كما يستحق، ولا ريب أنّه استوفى حبّه لي استيفاءً كاملاً.

وكانت حرفته، أباً عن جدّ، إدارة الأراضي. وبعد وفاة المرحوم الجدّ شُغِف بمهنة الطب، وظلّ مهتماً به. وما أقلّ ما بذل منه على نفسه وعلى أهله وعياله ممّا اكتسبه منه. فقد نذر كلّ ماله لشيخه. وكان زاهداً غير متعلق بالدنيا وما فيها من زخارف. وظلّ مطمئنّاً وقائماً على دأبه وعادته في السرّاء والضرّاء. يغدو صباحاً ويعود مساءً في أكثر الأوقات. وكلّما رأيتُه خارجاً أحسستُ أنه شغوف بسفر لا ينتهي في زمان أو مكان، كأنه يقول بلسان الشاعر الفارسي ما معناه:

ذقتُ لذة السفر والطيران فلم أستقرّ في منزلي،

فتارة جلستُ عند أغصان زهرتي، وتارة وجدتني على شاطئ النهر.

فكما كان يجلس عند شخص ما لحظات عديدة وهو في طريقه، كذلك هدأ وانتهت رحلة حياته. لا نعرف ـ بالطبع ـ متى ستنتهي رحلتنا، ولكنّنا نعلم علم اليقين أنها ستنتهي لا محالة، وهذه هي الحقيقة الكبرىٰ في هذا العالم:

كلنا نسير إلى ذلك الوادي الصامت، وهو نهاية سفرنا.

(1986م)

10 -- مدرسة شبلى الفكر ية

قال الشاعر الفارسي ما معناه:

يا مخلوقات الماء والزهور ..تعالي وضعي حلقة حولي،

فإني أجد ناراً في صدري ورثتها من آبائك وأسلافك.

لقد مضى ثلث الليل وأنا عاكف على طاولة دراستي. وقد ألقى جهاز التكييف بالحرّ كلّه خارج الحجرة، ولكن كيف يجد الطريق إلى حرقة الصدر التي مازالت نارها تشتعل منذ أعوام طويلة. وقد أردتُ مراراً أن ألقي ببعض جمراتها في الرماد الخامد هنا وهناك، كي أحصل على بعض السكينة. ولكن هل سيقلّل هذا من حرارة الشعلة الملتهبة؟

أنشدتُ شعراً غزليّاً على أمل القراربالغزل

ولكن هل يقلّ الاكتواء بنار الشعلة بفتور شرارتها.

غير أنّ هذه الشرارات تندفع اليوم جيّاشة لتتشارك بهذه النار مع الآخرين، كما صور ذلك الشاعر الفارسي بقول ما معناه:

تجيش شعلة اللهب وتندفع من قلوبنا الممزقة

لقد جاشت اليوم واندفعت من قلوبنا المحترقة.

كان عام 1857م وقت غروب شمس السيادة الإسلامية عن القارة الهندية. لكنّه يبقى عاماً مشهوداً أيضاً، بزغت فيه شمس أخرى في تاريخ الأمة الإسلامية، فقد ولد الشيخ الشبلي في العام نفسه. فهو كما قال تلميذه الرشيد العلّامة السيد سليمان الندوي:

«ولد في اضطراب الشرق، وودّع الدنيا في اضطراب الغرب وفوضاه في سنة 1914م. فهذا هو عهده الذي تعرفنا فيه على الحضارة الغربية تعرفاً ملموساً لأول مرة، وكانت النتيجة أن افترقت الأمة (في القارة الهندية) إلى فئتين مختلفتين تماماً:

فإنّ الفئة الأولى منهما قد أصرت على أنّه لا يمكن فهم القرآن والسُّنّة وتعليمهما منعزلَين عن أصول ومبادئ مدرستنا الخاصة، بعيداً عن آراء ومذاهب علمائنا الكبار من جهة. ولا تستحق الحضارة الغربية وعلومها أن ينظر إليها أهل الدين والمِلّة، ولا يجدر بهم أن يدرسوها من جهة أخرى. وكان من عظماء رجال هذه الفئة: قاسم النانوتوي ورشيد احمد الگنگوهي ومحمود حسن الديوبندي وأنور شاه الكشميري وحسين أحمد المدني وأشرف على التهانوي وشبير أحمد العثماني وآخرين. وكانت هناك طائفة أخرى تعطي كل الاعتبار لهذه الحضارة (الغربية) وعلومها، وتعتبرها معياراً للحقّ والباطل. وكان يتزعمهم ذلك الشيخ المبجل (اي السيد أحمد خان مؤسس جامعة علي كره المسلمة) الذي قال عنه شبلي نفسه:

ينحني بقليل من الاعوجاج في ظهره بسبب الشيخوخة وهو متجسِّد كله في التوقير والتبجيل.

وصار شبلي مؤسِّساً لمدرسة فكرية ثالثة بالمقارنة بهما. وابتنيت مدرسته على مبدأين: أوّلهما مبدأ الرجوع إلى عصر الرسالة حين ينزل القرآن، وكان الرسول يدعو الناس بنفسه إلى الإسلام، والثاني أنّه من مقتضيات ومتطلبات القديم أن نطّلع على الجديد أيضاً اطّلاعَنا على القديم. وكان من رجالات الفكر لهذه المدرسة: السيد سليمان الندوي، ابوالكلام آزاد، ابوالاعلى المودودي وحميد الدين الفراهي وأمين أحسن الإصلاحي. أُطلِق على هذه المدرسة اسم «مدرسة شبلي». وكان إقبال أيضاً منتمياً إلى هذه المدرسة في أكثر الأحايين. وكان لإقبال صوت من أجمل الأصوات وأروعها. وشعره يُعَدّ من الأدب العالي. ولكن بسبب افتتانه بالفلسفة والتصوف، كانت حالته ـ كما رأينا سابقاً في تاريخنا ـ تشبه على سبيل المثال، حالة الغزالي. لقد شغف قلبَه غزال جميل، وأراد اصطياده، فلمّا أخرج نبله من كنانته، ووضعه في قوسه ورمق صيده، أخطأ ووقع النبل في صدر صيد آخر. وكان ذلك كما قال الشاعر الفارسي:

اليوم كنتُ أحوز في قوسي نبلاً بتوفيق من اللّه
ووقع نظري على غزال جميل جدّاً وأخطأت

وكان السيد سليمان الندوي قد خلِف شبلي، لكنّه كان في الحقيقة من الفئة

الأولى، فقد أثبت فعلاً هذا الأمر بأن بايع الشيخ أشرف علي التهانوي. وربّما نعتقد أيضاً أن الشيخ عبد الماجد الدريابادي كان فرداً من مدرسة شبلي، ولكنّ قصة حياته تحكي لنا حكاية أخرى، فقد خرج من مدرسة الإلحاد وبلغ رأساً إلى زاوية تهانه بهون[1]. وكان أبو الكلام آزاد عبقريّ هذا العصر، فقد أثرت كتاباته وخُطَبه على جيل بأكمله. فكان شأنه إذا طلع في ذلك الوقت أن يطوي اتساع الصحارى، وتنكسر أمامه أمواج الأنهار، إلّا أنّ علمه وأعماله ضاعا في غبار ذلك الطريق.

وكان أبو الأعلى عالماً كبيراً، كما كان كاتباً قديراً وأديباً فذّاً له طراز خاص في الإنشاء والكتابة. وكان يتمتع بجمال الفطرة وحسن المزاج. فقد سار على درب أبي الكلام بعده بحيث أنّ كلّ من رأه فكّر أنه لا ينتهي إلّا عندما يقطع الطريق كلّه ويبلغ وجهته. ولا ريب في أنّه قطع شوطاً بعيداً. ورغم ذلك ما يزال هناك مدى تركوه وراءهم. يُقَدّر ذلك كلّ مَن يلقي نظرة خاطفة على ما ذهب إليه في تفسير ﴿فَقَدْ صَغَتْ قُلُوبُكُمَا﴾[2] مقارناً ما كتبه في هذا المقام الشيخ الفراهي. فقد رأيته في أواخر أيامه عن كثب، ومنعني الأدب وإكرام الكبار من مجادلته، ولكن دار في خلَدي مرات عديدة أن أقول له ما عبّر به الشاعر الفارسي بقوله:

أنشر جناحيك وأطلق صفيرك من شجرة الطوبىٰ

إنه لأمر مؤسف أنك طائر حبيس في قفص

إنّ الشخص الذي يصدق عليه أن يقال إنّه إمام العصر في هذه المدرسة هو حميد الدين الفراهي وحده. فكان آية من آيات الله في هذا الأرض، واستمع إلى السيد سليمان الذي رثاه في وفاته:

«الصلاة على ترجمان القرآن كانت نداء ارتفع من منابر مصر والشام إلى حدود الصين للصلاة على جنازة ابن تيمية (رحمه الله) قبل ستمئة ونصف عام من اليوم. ويجدر أن يعلو هذا النداء مرة أخرى اليوم، وأن ينتشر من الهند إلى أنحاء مصر

---

(1) تهانه بهون (Thana Bhawan): هي قرية في منطقة سكنية في ولاية أوتار براديش في شمال الهند.

(2) سورة التحريم، الآية: 4.

والشام، لأنّ ابن تيمية العصر الحاضر قد غادر الدنيا في الحادي عشر من نوفمبر 1930م (19جمادى الآخرة 1349 هـ) والذي لا نتوقع أن يولد شخص آخر في العالم الإسلامي بمثل فضله وكماله، والذي كان معجزة العصر الحديث في الجمع بين قديم الشرق وجديد الغرب، نابغة العربية، وخريج اللغة الإنجليزية، صورة الزهد والتفاني والورع، تجسيد للنعمة والفضل والكمال، بلبل شيراز بالفارسية، وسوق عكاظ بالعربية، شخصية فذّة، وهو عالم من المعرفة بالعالم والكون، ومجمع للكمال، وسلطان للأدب. مرجع في العلوم الأدبية، ومخزن العلوم العربية، ناقد بصير فى العلوم العقلية، وخبير حاذق في العلوم الدينية، مُطَّلِع على أسرار علوم القرآن، استغنى عن زخارف الدنيا وثرواتها، لايبالي ولا يكترث بأخذ وردّ، ولا يعنيه قبول الناس وثناؤهم.

الشخص الذي ظلّ عاكفاً على فهم القرآن والتدبُّر فيه ودرسه وتدريسه، كان منصرفاً عن كلّ شيء، وراغباً عن كل شغل سواه منذ ثلاثين عاماً، ونأسف لأنّ علمه قلّما انتقل من صدره إلى عالم الواقع والكتابة. فقد خلّف أعمالاً مخطوطة ومسودات كثيرة، وللأسف، ليس هناك من يقوم بتدوين وترتيب تلك المؤلفات ونشرها. والعديد من الرسائل التي صدرت له هي في اللغة العربية التي لا يقدر عليها العلماء أنفسهم فضلاً عن العوام. وكانت حياته مصدر ثقة لنا، وكان وجوده دعماً للكُتّاب، ونأسف لغياب هذه الدعامة، فقد بقي الاعتماد على الله سبحانه الذي لا اعتماد على غيره في الحقيقة. ومما نزداد له أسفاً أنّ هذه الشخصية جاءت وذهبت ولم تعرف الدنيا قدرها ومنزلتها، ولم تعرف حقّ فضلها وكمالها، كما قال الشاعر الفارسي ما معناه:

لقد جئتَ من السماء مثل المسيح يا نظيري(1)

ثم ذهبت راجعاً ولم يعرف أحد حقّ قدرك.

لقد تشرف وحده بهذا التكريم، فقد بدأ رحلته ولم يترك الطريق، ولذلك كان هو الوحيد الذي وصل إلى وجهته بين جميع السالكين لهذا الطريق. والأستاذ

---

(1) (نظيري هو شاعرفارسي شهيرللقرن الحادي عشرالهجري، المتوفي 1021هـ/ 1612هـ)

أمين أحسن هو تلميذ رشيد لنابغة العصر هذا، وهو إن لم يبلغ منزلة أستاذه، فإنّه لم يتخلف عنه أيضاً، فإنّ المقام الأعلى الذي وصل إليه حميد الدين قد قضى أمين أحسن طول عمره في شرح رموزه وكشف أسراره. فجاء تفسيره «تدبر القرآن» كتاباً فذّاً في مجال العلم والتحقيق، وهو مصدر لا نظير له للمعرفة والبحث بين كتب التفسير. وإذا استمعتَ إلى ما جرى تحت ريشة قلمه الرشيق في سنواته الخمسين تذكرتَ ما قاله الشاعر الفارسي عرفي بما معناه:

رمحه يقول إنه إذا كانت هناك حرب أو سلام، فأنا أنا

وفي وقت الصلح تتوسع جبهته توسع الملوك.

والناس الذين ظلّ بينهم طوال عمره قلّما كان فيهم من هو قادر على معرفة فضله وكماله، وكم شهدت في مجالسه كيف تُحَلّ عُقَد وتشابكات عمرها قرون وتتكشف في لحظات. وكم اعترفت مراراً بأنّ:

هذا الطريق يقضيه في لمحة وميض البرق

ونحن ننتظر بفارغ الصبر الشموع والمصابيح

ونعود إلى موضوعنا، فإنّ الطائفة الأولى اكتمل عمرها، وهي تشبه الآن المبنى المتهدم الذي ستهجره عند ظهور البناء الجديد. والطائفة الثانية وإن كانت لا تزال تحتل قاعات الشرف والسلطة، إلّا أن حكم التاريخ هو أّن هذا الخطأ، مثل أخطاء القديم، لن يبقيَ لها إلّا بعض الأثر في صفحاته. فإمامة العهد القادم مُقَدَّرَة لمدرسة شبلي. كأنّ التاريخ يستعد خلف الستور لاستقبال ظهور هذه المدرسة على مسرحه. وقال إقبال:

إنّ العالم الجديد في خفاء الآن

ولكنّي أنظر طلوع سحره بلا حجاب.

ولكن ما هي أحوال هذه المدرسة نفسها؟ فقد توفي السيد سليمان الندوي وخلفه أبو الحسن علي الندوي، ولكنه مثل أستاذه هو في ديوبند أكثر منه في الندوة. وودع أبو الكلام آزاد هذا العالم وحيداً فريداً. وخلّف أبو الأعلى المودودي

جماعتين: جماعة ادّعت وراثته، وأخرى تدّعي أنها هي وارثته الحقيقية، وتدعو أتباعها إلى أخذ البيعة للسمع والطاعة باسمه. وكلتا الجماعتين ورثتا أشياء كثيرة من أبي الأعلى المودودي، ولكن للأسف لم يرث هؤلاء شيئاً من علمه وأدبه وجمال فطرته. ولذلك لم يكن لهم بدٌّ من أن يأخذوا من المدرسة الأولى، ولا ينالون منها إلا الطرد والرفض، إلى أن يدفعوا ثمن «كل خطأ» ارتكبته مدرسة شبلي. نعم في هذه الجماعة أناس يستطيع المرء أن يقول عنهم ـ إذا شاء ـ إنّهم متعلمون مثقفون، ولكن الحقيقة هي أنهم لم يبلغوا مكانة أبى الأعلى المودودي (رحمه الله)، فهم يقومون بشرح وتفسير متونه، ولعل العرفي قد قال فيهم قبل قرون:

لا تخرج قدميك من الجهل أو كن فلاطونا

لأنّ البقاء فى الوسط هو السراب والعطش.

إنّ آخر علامة من علامات مدرسة شبلي الآن هو الأستاذ أمين أحسن، ولكن كم من تلامذته وأحبائه يعرفون هذه الحقيقة ويدركونها؟ أراني أحترق بنار هذا الإحساس المشتعل في صدري منذ عشر سنوات وأكثر. فإنّ نيرانها تكاد تَخمُد في رمادها ولا تَخمُد، وهي دائمة الاشتعال في قلبي. ولذلك أشتهي أحياناً أن أنادي من خَلِفوا أبا الأعلى:

لقد أضعفَكم كلّ الأفراد غير المؤهلين،

فهلمّوا إلى أمّكم لتكون لكم شفاءً

وتارة يخيل إلي أن أنادي حلقة أمين أحسن.

لا أريد أن أترككم وأمضي وحيداً

ولكن ماذا أفعل بالمتكاسلين إذا كانت قافلة الوقت سريعة جدّاً.

وأرى أنّ قلمي قد جفّ هنا، وليست هذه هي المرة الأولى التي يحدث فيها هذا لي. ففي كلّ مرة بدأت في سرد هذه القصة، كانت تنتهي هنا. فتارة لم تستجب لي الكلمات، وتارة تعقدت المعاني، وتارة نام المستمعون. واليوم لم يكد القلم يبلغ هذا المقام حتى انكسر. ولعل ذلك تذكير لي أن:

لا تقل حكاية اشتعال واحتراق الشعلة للكوخ والخس

1987م

11 -- أمين أحسن(1)

ارتحل عن الدنيا العالم الثاني الكبير للعهد الجديد للإسلام. ففي عام 1930م لمّا انتقل الإمام حميد الدين الفراهي من هذا العالم الفاني إلى رحمة الله، رثاه صاحب «المعارف» السيد سليمان الندوي رثاءَ عالم أول لهذا العهد الجديد. ونحن اليوم بعد 67 عاماً على الأقل نرثي خليفة الفراهي أمين أحسن الإصلاحي. فكما أنّ سقراط وأفلاطون، وأبو حنيفة وأبو يوسف، وابن تيمية وابن القيم لا يمكن التفريق بين كلّ اثنين منهم، سيظل الفراهي والإصلاحي أيضاً اسمين لمسمّى واحد في هذه الدنيا دوماً.

عندما تكتمل الكبرياء تصبح حاجة،

فإنّ كلّ الصحارى بالنسبة إلى قيس ليست إلّا ليلىٰ.

كان الإصلاحي قد جمع بين جلال العلم وجماله، ووقار الفقر وقوة العجز، وتجسيد التواضع، ومحبة الله، وكونه مفسراً ملهماً للوحي الإلهي الأخير، وداعية للعالم الجديد في الدين والشرع. وهو المنشئ البارع، والخطيب المفوّه، والفريد في طراز حسن تكلمه، ولذلك تشتاق الأسماع للإصغاء إلى كلامه، فقد كان كما قال الشاعر الأردي:

مثل الشمس المشرقة عند الفجر في بريق فكرتــه
بــسيط وحــرّ في حـديـثـه، ودقـيـق في معـانيـه.

رأيت أمين أحسن الإصلاحي أول مرة في عام 1973م، ولم التفت بعد ذلك إلى جانب آخر. وكان بابه مغلقاً آنذاك، ولكنّي تجرأتُ وجلستُ عند ذلك الباب المغلَق مثلما قال شاعر فارسي:

56

ابقَ جالساً عند ذلك الباب المغلّق، ولا تبحث عن أيّ باب آخر.

ثم انفتح ذلك الباب حتى صار لي مثل باب داري التي أملكها. فمنذ ذلك اليوم، كل ثروة العلم والعمل التي ورثتها، أخذتها من ذلك الباب ومن عناية الله عزّ وجلّ. كما عبر به شاعر:

مـمـلـكـة الـحـبّ وكـنـوز الـطـرب..
كـلّ مـا نـلـتُـه مـنـهـا كـان بـيـمـن بـركـاتـه.

وإنني حينما حكيتُ قصة مدرسة شبلي في عام 1987م، كنت قد كتبتُ في تذكرة الإمام الفراهي:

«والأستاذ أمين أحسن هو تلميذ رشيد لنابغة العصر هذا، إن لم يبلغ مرتبة الأستاذ، فهو لم يتخلف عنه أيضاً. فإنّ المكانة العليا التي بلغها حميد الدين قد قضى أمين أحسن عمره كلّه في تفسير رموزها وكشف أسرارها. فجاء تفسيره «تدبر القرآن» كتاباً فذّاً في مجال العلم والتحقيق. وإذا استمعتَ إلى ماجرى في الأعوام الخمسين الماضية من معارك على لسانه الرشيق تذكرتَ ما قاله الشاعر الفارسي عرفي بما معناه:

إن رمحه يتكلم في ميدان القتال وفي وقت الصلح يتوسع جبينه تفسح الملوك.

وقد كتبت:

«إنّ آخر علامة من علامات مدرسة شبلي الآن هو الأستاذ أمين أحسن، ولكن كَم من تلامذته وأحبائه يعرفون هذه الحقيقة ويدركونها؟ أراني أحترق بنار هذا الإحساس المشتعل في صدري منذ عشر سنوات وأكثر. فإنّ نيرانها تكاد تَخمُد في رمادها ولا تَخمُد، وهي دائمة الاشتعال في قلبي».

ولم تبق هذه العلامة الأخيرة في الدنيا أيضاً. ففي الخامس عشر من ديسمبر 1997 عند الساعة الثالثة صباحاً، انتقل إلى رحمة الله في الوقت نفسه الذي كان يهب

فيه من النوم للتهجُّد. فقد بذل حياته كلها في تدبر مشكلات القرآن أسلوباً ومعنىً. فماذا نفعل الآن، حيثما نواجه صعوبة؟ سوف نسأل صاحب القرآن نفسه.

أمّا هو فقد سكن اليوم العالم حيث كل الحجابات قد ارتفعت.

مَن هو أمين أحسن؟ قبل أعوام عديدة من اليوم، لمّا أراد بعض المتاجرين بالدين تحديد مقامه ومكانته بعدد المعتقدين بفكره، قلت لهم:

«إنني لا أريد أن أقول شيئاً عن نفسي، يُشرِّفني فقط أن أكون تلميذ أمين أحسن. أمّا أمين أحسن، فإنّه لم يهدف في حياته الأشياء التي يعيش هؤلاء ويموتون لأجلها، لقد احتقر دائماً النظر إلى زخارف الحياة الدنيا. والطريق التي يختارها الناس لحصول القبول هنيئاً مريئاً لو ذكرها شخص أمامه لنُبِذَ من مجلسه، فقد ظلّ شعاره طول عمره: «اصحب الحق على كل حالّ ولو تركك ظلّك». إنّه لم يهتم لمساوئ المجتمع الفاسدة بعد جمعها، بل حاول تطهير النفس والفكر والعقيدة من تلك الخرافات والمفاسد. لم ينزل مع الناس إلى كلّ حضيض ومنحَدَر، بل ظلّ يدعوهم إلى ارتقاء المعالي التي رآها منذ أول يوم لوعيه وإيمانه . فعالَمه عالم العلم والديانة، ولا مكان في عالمه للمتزيين بالدين والمرتزقين بالسياسة. لقد كان على اتساع وشمول كاتساع البحر والصحراء. وله انشغالاته الفكرية الخاصة به، فلم يكن لديه وقت لمثل هذه الأشياء الصغيرة. فإنّ مجاله الذي بذل فيه عمره هو مجال العلم والتحقيق لا مجال المشيخة والنفوذ. فإن أراد شخص أن يرى ثمرة جهوده الشاقة، فليرَ أروع ما جاء به علماً و تحقيقاً، وهو كتابه الذي يعرفه العالم اليوم باسم «تدبر القرآن». فإنه ليس رجل اليوم، إنه رجل المستقبل.

وقد بدأ هذا الرجل المستقبلي كتابة «تدبر القرآن» في وقت ما من عام 1957م. وكان يُعِدّ نفسه لذلك منذ زمن حينما قال له الإمام الفراهي في 1925م، وكان قائماً في زاوية بيته: يا أمين ألم يأن لك أن تقرأ عليّ القرآن أم ستبقى على عملك في الصحافة؟ وكان أمين أحسن، حسب قوله هو آنذاك، مديراً لجريدة يومية يحظى بشهرة طيبة، ويتقاضى راتباً شهريّاً جيداً. وقد أخبر عن نفسه: «وبالرغم من ذلك فقد أجبتُ دون أدنى تردد: بل أقرأ عليك القرآن. فأشار الإمام الفراهي إلى

حجرة متواضعة من بيته: إنّك سوف تقيم هنا. قال: «فقمت بالاستقالة من وظيفتي، وصرت مقيماً في تلك الحجرة. ثم اقترح الشيخ سليمان الندوي اسمه للأستاذية في إحدى الكليات، واتفق مع مسؤوليها على إقناعه بذلك العمل، وأخبر أمين أحسن به، فذهب إلى دار المصنفين[1]

ماشياً في ظهيرة محترقة، وقال للسيد سليمان الندوي: لقد اقترحتَ اسم هذا الفقير فشكراً لك، لكنني آسف لأنني لن أستطيع قبول هذا العرض، لأنني لا أستطيع أن أترك الإمام الفراهي. وكان يقول إن السيد سليمان فوجئ وتملَّكه العَجَب،فلم يكن يتخيل أنّ طالباً فقيراً سيرفض عرضاً كبيراً كهذا. ثم إنّه حكى هذه الحكاية بتأثر كبير أمام الطلبة في دار العلوم ندوة العلماء بلكناؤ، وقال لهم: أنظروا إلى الطالب كهذا.

وكان وجه الشيخ أمين يمتلئ باعتزاز عجيب، إذ حكى لنا أنّه بلغه فيما بعد أنّ الأستاذ الإمام قد ذهب إلى هناك، وقد كلَّمَه السيد سليمان في ذلك الأمر أيضاً، ولكنّه صارحه بكلّ حزم قائلاً: لماذا أنت تتعرض لأمين أحسن هكذا؟ فلِمَن أقوم بهذا العمل الشاقّ وأتجشم العناء في آخر الأمر؟

وآتت جهود الفراهي هذه أكلها، ففي عام 1930م، إذ حانت منيّته، دعا أمين أحسن، وكان تحت العلاج في مطب بمدينة ماتهورا. ولمّا دخل أمين أحسن حجرته رآه الفراهي وقال: جاء أمين. وكان أمين أحسن يقول: «لقد نطق اسمي بلسانه لا يريد مجرّد الاسم الظاهر، بل كان كأنّه يسلمني أمانة علومه وأفكاره مشيراً إلى معنى كلمة أمين». وبذل أمين أحسن حياته كلّها في تأدية حق هذه الأمانة. وكان يقول دائماً: «إني أخاف أن ألقى الفراهي في حضرة الله سبحانه، فلا يطمئن إلى عملي ولا يرضى عنه».

---

(1) دارالمصنفين بأعظم كره مجمع علمي كبير للعلم والثقافة في الهند.أسسه الشيخ شبلي النعماني.

ما هو «تدبر القرآن؟». يُعَرِّفه أمين أحسن بذاته ويقول:

«أسَلِّم، دون أدنى شك بالفخر، على سبيل الحقيقة، أنّ هذا الكتاب هو نتيجة جهودي على مدى أربعين عاماً. لقد قضيت أفضل فترة شبابي في إعداد هذا الكتاب، والآن أقضي مرحلة شيخوختي في كتابته ومراجعته وتحريره. في هذه الفترة الطويلة، عاينتُ الكثير من تقلبات الحياة، وذقتُ الكثير من مرارتها وحلاوتها، ولكنِّي أشكر الله سبحانه لأنّ علاقتي القلبية والفكرية بهذا الكتاب لم تنقطع يوماً، بل ارتبط ذهني وقلبي به، ولم ينفصل عنه. فما قرأته في هذه المدة كان محوره كتاب الله، وما تفكرتُ به كنتُ أضع فيه أمامي هذا الكتاب، وما كتبته بصورة مباشرة أو غير مباشرة كتبته عنه. كلّ ما تمّ التفكير فيه، فكرتُ في إبقائه في المقدمة، وكلّ ما كُتِب، تمت كتابته بشكل مباشر أو غير مباشر له. لقد وقفتُ على كلّ سورة من القرآن الكريم، وتأملتُ في كل آية، وحاولتُ قلب كلّ حجر توقعتُ أن أجد دليلًا تحته، لتحليل أية كلمة وصيغة أدبية أو نحوية. وأكشف عن هذا السرّ، وهو أنني لم أشعر أبداً بأيّ انزعاج أو اكتئاب في إنجاز هذا العمل، بل شعرتُ دائماً بسعادة كبيرة وارتياح عميق. وقال الشاعر الفارسي:

إنّ لـكـلّ زمـــان رجـل يـأتـي مــن الـغـيـب

وذلك بالإضافة إلى ثمرات جهود أستاذي حميد الدين الفراهي الممتدة إلى ثلاثين عاماً، مع نتائج محاولاتي ومساعِيَّ لأربعين سنة. وسأكون فخوراً جدّاً إذا كان بإمكاني القول: إنّ هذا الكتاب كلّه هو مجموعة إفادات الأستاذ المرحوم، فهذا هو الواقع في الحقيقة. غير أني أحتاط في مثل هذا الدعوى فقط، كي لا يُنسَب أي خطأ من أخطائي إليه. ثمّ إنّ صورة استفادتي منه لم تكن في تبني الآراء والأحكام القطعية، بل تجلّت فيما تعلّمته منه من مبادئ التأمل وأصول التدبر في القرآن. وقد بذلت خمسة أعوام كاملة في إعمال تلك المبادئ والمناهج في إرشاده هو، ثم جربتُ تلك المبادئ في أعمالي حتى اليوم. وبهذا المعنى، لا أخطئ إذا قلتُ: إنّ ذلك هو غيضٌ من فيض علمه وتقواه. ولكن بما أنه يشتمل على إفاداته المباشرة وافاداته الحاصلة بالواسطة، كان من الأسلم أن أقول: إذا رأيت في هذا الكتاب

جزءاً مُحكَماً موثوقاً فانسبه إلى الأستاذ الجليل. وإذا لمست فيه شيئاً ضعيفاً أو خطأ فينبغي أن ينسب ذلك إليّ. (1/ 41).

وأضاف قائلا:

«وأشهد المولىٰ سبحانه أنّي لم أفسر في هذا الكتاب آية من آيات القرآن تفسيراً تردَّدتُ فيه أدنى تردد. وإذا أحسست بأي تردد أشرت إليه بلا تكلف. كما ينبغي لي أن اذكر أني لم أتكلف في أيّ مقام أن أحمّل آية معنى لا تحتمله، وأن أستخدمها في تأييد نظرية لي أو فكرة أتبناها بتحريف معناها الحقيقي إلى معنى آخر. فإني لم أتبنَّ شيئاً من خارج القرآن الكريم قطّ، وإذا علقت في ذهني وقلبي فكرة فللقرآن وبسبب القرآن فقط. وسيرى دارسو هذا الكتاب أنني حيثما اختلفت مع أستاذي أعربت عنه دون أي تردد. (1/ 42)

لقد كُتِب هذا التفسير في لاهور، وظلّ تحت التسويد والتبييض في قرية رحمان آباد البعيدة عند زاوية «دوكران» خارج لاهور سنين عديدة، تحت أشجار الساسم والساسر. حيثما لا توجد كهرباء ولا مروحة ولا أية تسهيلات أخرى هناك تساعد على التصنيف والتأليف. ورأيتُ المسودة مبللة بالعرق مراراً وتكراراً، ولكنّ قلم المؤلف كان يجري ويسير في مساره، فقد كان يعرف جيداً أنّه للحصول على الوردة لا بدّ من تحمّل الأشواك. ولذلك ظلّ مستعدّاً لمواجهة جميع الصعوبات في حل مشكلات القرآن وتقديم استنتاجاته الفكرية حوله. وهو كما قال الشاعر الفارسي:

التعب والاكتئاب لا يلحقان بطالب صادق
لأنّ العشق مرشده في الطريق، بل العشق هو منزله.

لا يمكن وصف الحالة الإيمانية التي كتب فيها أمين أحسن هذا التفسير للقرآن بالكلمات، وأنا أذكر حين بلغ إلى الآية الكريمة: ﴿يَخْرُجُ مِنْهُمَا ٱللُّؤْلُؤُ وَٱلْمَرْجَانُ﴾[1] عرضت له هذه القضية، وهي أنّه وفقًا للاعتقاد الشائع، فإنّ اللؤلؤ لا يخرج إلّا من المياه المالحة، لكنّ القرآن واضح جدّاً في أنّه يخرج من كلا المائين:

---

(1) سورة الرحمن: الآية 22.

العذب والمالح، فطلب مني أن أقوم بالبحث والتحقيق في هذا الأمر، ولكنّ وجهَه كان خالياً من أيّ تردد أو اضطراب. وكان يظهر على وجهه طمأنينة عجيبة وضياء إيماني نادر. ومما قاله لي في تلك المناسبة قد لا أكون قادراً على تذكره بلفظه الحرفي، لكنّ مراده كان كما يأتي: أقسِم بالله العظيم، إذا جاءتني اللآلئ تقول إنّها تخرج فقط من المياه المالحة، فسوف أقول لها إنك مشتبهة في خلقكِ، فإنّ بيان القرآن لا يمكن أن يكون خاطئاً.

وكان قد ولد في قرية «بمهور» بمديرية أعظم جراه باترابراديش في عام 1904م. وكان أحد أبناء عمومته الشيخ شبلي المتكلم الندوي عميداً لمدرسة الإصلاح آنذاك. فأدخله والده مدرسة الإصلاح في يناير 1915م بإيعاز منه. فكان كلّ تعليمه قد تمّ في هذه المدرسة الواقعة بسراي مير أعظم جراه فقط. وكانت مدرسة دينية، ولكنّه تمكّن رغم ذلك من اللغة الإنجليزية بحيث يستطيع أن يقرأ ويدرس كتب العلوم العالية في هذه اللغة دون مشقة، بل كان يستطيع أن يشرح تفاصيلها الدقيقة للآخرين. وكان طلبة المدارس الدينية غير قادرين على التكلم باللغة العربية في عامة الأحوال، ولكن الأستاذ أمين أحسن كان يتكلم العربية بلا تكلف، وقد تعلّمها حين كان مقيماً عند الإمام الفراهي تلميذاً. ولمّا زار الهند الشيخ موسى جار الله[1]، ذهب إلى مدرسة الإصلاح كي يلتقي الإمام الفراهي، وكان أمين يقوم باستضافته، فلما رأى قدرته على استخدام العربية محادثة وخطابةً، سأله ذات يوم: كم سنةً بقيتَ في البلاد العربية؟ فأجابه أمين أحسن: ما مسّت قدماي هاتان بلاد العرب قَطّ، فظلّ الشيخ موسىٰ جار الله يُعبِّر عن دهشته وإعجابه مدة طويلة.

وذات مرة، ألقى الشاب أمين أحسن كلمة في في حضرة أشخاص كبار من أمثال الزعيم محمد علي جوهر والشيخ السيد سليمان الندوي، وأجاد في خطابه ألواناً، فأثنى عليه سيد عطا الله شاه بخاري، وهو الخطيب الذي لا مثيل له في عصره، فقال له: أنا خطيب، ولكنّك تجمع بين العلم والخطابة. صفّق الناس

---

(1) موسى جار الله، شيخ مسلمي روسيا في أواخر حقبة القياصرة وبداية الثورة البلشفية، عرف
      بتضلعه في الشريعة والعربية، ولعب أدوارا سياسية ودينية مهمة.

إعجاباً، وأثنوا عليه ثناء عاطراً، لكنّهم كانوا ينتظرون سماع ما سيقوله الإمام الفراهي. وفي المساء عندما حضر الإمام، استمر في الاستماع إلى الآخرين لبعض الوقت، ثم قال بطريقته الخاصة مشيراً إلى الأستاذ أمين أحسن: نعم، هذا مثل الشيخ أبي الكلام آزاد. اعتاد أمين أحسن أن يقول إنّ الإمام استخدم كلمة «آزاد» بطريقة تحمل من التنبيه إلى تحميل المسؤولية أكثر مما تحمل من المديح. كان هذا هو أسلوب أستاذي في التعليم.

في وقت سابق، كان الإمام الفراهي قد أشاد بإحدى خطبه في المدرسة بقوله: «لقد ألقى هذا الطالب خطاباً جيداً للغاية، لقد أبلى بلاءً حسناً». فاقترح أستاذه عبد الرحمن النجرامي على الإمام الفراهي قائلاً: «ينبغي أن ينال هذا الطالب تذكاراً وثناء منك يا شيخ». فقدّم له الفراهي «مجموعة تفاسيره» وكتب عليها: «تقديراً للخطابة الحسنة»، ووضع توقيعه عليها.

في عام 1925، كتب رسالة إلى صديقه وزميل دراسته أختر أحسن الإصلاحي حول بعض جوانب الدراسة، وردت فيها عبارة:

«هذه أيام الربيع التي يهتاج فيها البحر». وقرأ الإمام الفراهي ما كتبه، وقال: «إنّ أمين أحسن أديب». ويقول أمين نفسه إنّه كان حينما يسأله شخص في أيام المدرسة: «ماذا تريد أن تكون في المستقبل؟» يجيب: «أديب الهند».

كما كان مولعاً بالشعر خلال هذه الفترة، وكان مطبوعاً على المرح والدعابة منذ صباه. فكتب قصيدة يتندّر فيها على أحد معلِّميه في المدرسة، فاستدعاه الشيخ النجرامي ونبَّهه عليها، مع فرض بعض العقوبة المالية، ولكنه قال له أيضاً: إنّ نظمك جيد بلا شكّ. ومع ذلك، غادرهذا الاهتمام بعد تلك المرحلة، وكان يقول: لقد قارنتُ نظمي بنظم شبلي، فخُيِّل إليّ أني لستُ في مكانة تسمح لي أن أقول الشعر مثله، فتركتُ هذا المجال من أساسه ولم أقترب منه ثانيةً.

وفي مرحلة المدرسة جرى اختبار للمعلقات السبع، وكان السيد سليمان الندوي ممتحناً، فعلّق على كراسة أمين أحسن: «هذه ورقة طالب. من أين لي أن أجد أستاذاً كهذا لندوة العلماء؟». وكان يخوض حالة تنافس مع زملائه الطلبة.

فقال بعضهم للفراهي: إنّ أمين أحسن ليس متمكّناً من قواعد النحو. فقال: حضرتُ الدرس فسألني الأستاذ الإمام: يا أمين ما صيغة كذا؟ ولما أجبتُ جواباً صحيحاً نظر إلى المعترضين نظرة لوم، وقال: مَن الذي قال إنّ أمين أحسن لا يعرف النحو.

وفي إحدى هذه المناسبات، سأل الإمام الفراهي الطلبة من هو الأصغر سنّاً بينكم؟ فأجابه الحاضرون: أمين أحسن. ثمّ سأل: من الذي التحق أخيراً بالدروس؟ قالوا: أمين أحسن، فأجاب: «يقول سيدنا المسيح عليه السلام ما معناه: كم من شخص أتى لاحقاً، لكنّه سيسبق الآخرين الذين جاؤوا أولاً».

كان يذكر اعتماد أستاذه عليه وثقته به بهذا الأسلوب، فذكر ذات مرة أنّ بعض الناس اشتكوا إلى الإمام الفراهي أنّ أمين أحسن يقول إنّ الشعر العربي ليس شعراً في الواقع، لأنّك لا تميِّز فيه ما إذا كان الشاعر يصف حبيبته أو يصف ناقته. فأجاب الفراهي: أرى أنّه لم يلقَ شارحاً يقوم بتعليمه الشعر وفق فهمه ومناسبا لعقله. يقول: «فحين جئتُ سألني الأستاذ عن ذلك، فذكرتُ له رأيي، فقال الأستاذ الإمام: اقرأ شعراً ما، فقرأتُ عليه مطلع البيت الأول من معلقة امرئ القيس:

قفا نبك من ذكرى حبيب و منزلِ

فقال الإمام: ترجِمه، فترجمتُه على نحو ما يترجمونه في المدارس الدينية عموماً. قال الإمام: لا لا، ليس كذلك، بل قُل: «قِفا قِفا يا صديقَيّ لأذرف دموعاً على ذكرى حبيبتي ومنزل حبيبتي». ، فهتفتُ: لا ريبَ في أنّه صار شعراً الآن». وكان أمين يقول: «لقد أصبح الشعر العربي هو الشعر المفضّل عندي بعد ذلك».

وإذا ما ذُكِرَت شخصية الفَراهي التمعت عيناه بوهج عجيب. وقد اعتاد التحدث عن معرفته به لساعات، يسرد فيها بعض الحوادث بأسلوب ودّي دافئ كأنّه يذكر ملاكاً.

كان يقول:

«كنت أدرس المعلقات السبع، فلم أفهم معنى الأداة «لا» في أحد المواضع. ونظرت في الشروح الكثيرة، ومنها شرح أديب الهند الشيخ فيض الحسن السهارنفوري فما اطمأننتُ إلى رأي. فحضرت ومعي الكتاب إلى حضرة الإمام

الفراهي وعرضت عليه سؤالي. وكان يقف خارج مكتبه. توقّف لحظة ثم أخرج قلم رصاص وكتب في كتابي: (لا) هي نادرة هنا. كما تقولون: يا ترى لا تأتي لحظة موتي، فهذه «لا» من مثل ذلك. وكان هذا أسلوباً خاصّاً للإمام للتوصل إلى غوامض اللغة».

«وفي آخر أيام حياته، أفتى عالم كبير من الهند بتكفير الفراهي بسبب بحث من بحوثه. وكان ذلك باعثاً على الاضطراب في المنطقة كلّها. وكان الطلبة وأساتذة مدرسة الإصلاح كلهم قلقين لذلك. وكان ذلك حدثاً كبيراً لي أيضاً. ففي هذا العالم، عالم الحيرة والقلق أسرعتُ إلى مكتبته بحثاً عنه، ورأيته واقفاً على سلّم البيت، فأخبرته مسرعاً وأنا أتوقع أن يُظهِر اضطراباً وقلقاً، غير أنّه بعد أن استمع إليّ وتوقّف لحظة، قال: حسناً. إنّ هذا الشخص الذي تذكره لا يعرفني، ثم ذهب في سبيلي وبقيت الحيرة من جوابه قائمة في نفسي، لأنّه لا يمكن أن يكون هناك تعليق بليغ على فتوى التكفير أقوى ممّا قاله». وكان أمين يقول بنبرة عالية: «كان الفراهي هذا أين سنجد الآن شخصاً مثله؟!»

درس الشيخ أمين القرآن على الإمام الفراهي، ونال من فصاحة لسانه التي قلّما وُجِدت عند شخص غيره، وإذا كانت فكرة نظم القرآن اكتشافاً للفراهي، فإنّ الشيخ أمين وظّفه في تفسيره «تدبر القرآن»، وارتقى به إلى مكانة لا يمكن لأحد إنكارها. كانت معرفة أمين أحسن تضاهي معرفة المجتهدين في مختلف العلوم والفنون في هذه الأمة، في مجالات اللغة والأدب والفلسفة والحكمة وتعاليم القرآن، وقد كان لا ريب إمام عصره في هذه العلوم، واحتلّ مكانة لا يمكن أن يحقِّقها غيره. . وعندما سأله أحدهم عن الإشارة إلى بعض تحقيقاته الجديدة، كان يقول بثقة: «كن مطمئنّاً، فبعد مرور بعض الوقت سنصبح متقدمين أيضاً». وقد كتبتُ في موضع سابق: «وكم شهدتُ في مجالسه كيف تُحَلّ عُقَدٌ وتشابكات عمرها قرون، وتتكشف في لحظات.. وكم اعترفتُ مراراً بأنّ:

هــذا الـطـريـق يـطـويـه فـي لـمحة ومـيـض الـبـرق
ونـحـن ننتظر بـفـارغ الصبر الـشـمـوع والمصابيح

كانت هذه مكانته، ولكنه كان إذا جاء أمامه حقّ ثابت يخالف تحقيقه ورأيه المحكم، يقبل الحقّ ويخضع له بصورة تبعث على الإعجاب. وقد كنتُ طالباً يجلس في الصفّ الأخير لمدرسته العلمية، فلم أطمئن لما فسّر به «الأشهر الحرم» في سورة التوبة. وكنت أرى أنّ الأمر بسيط جدّاً، ولكنّه ازداد بتفسيره تعقيداً؛ وذات مرة اجترأت على بيان رأيي في ذلك حذِراً خائفاً في ضوء ما وجدته من فيوض تربيته العلمية. واستمع إليّ بهدوء وألقى بعض التساؤلات في ذلك، ثم سكت لحظات وقال: لقد تفكرتُ في هذه الآية لأعوام طويلة، ثم توصلتُ إلى رأيي، لكنّ رأيك أصوب. ثم استشهد بشعر فارسي قرأه بانفعال كبير. وفيه ما معناه:

لا تظن أنّ مآثر الكبار قد انتهت،

فإنّ الآلاف من الخمور ما تزال في انتظار من يشربها.

وبعد وفاة الإمام الفراهي، رأى أنّه كما قرأ القرآن على مثل الشيخ حميد الدين الفراهي في عظمته وجلالة قدره، يجب أن يقرأ الحديث النبوي الشريف على عالم جليل الشأن في هذا الفن. وكانت قرية الشيخ عبد الرحمن المبارك فوري الشارح الشهير للجامع الترمذي ليست ببعيدة منه. فذهب والد أمين أحسن به إلى الشيخ، وأظهر رغبته في القراءة عليه، فقال له المحدث المبارك فوري: لقد قرأتَ جميع الفنون، فإن أردتَ أعطيتُك إسنادي، فأبى أمين أحسن قائلاً: يا شيخ، هذا تاج الملوك، ولا يريد هذا الفقير تتويجه به بهذه الطريقة، فلست أريد السَّند بل أريد التفقه في الحديث على يديك. فسأله أيّ كتاب تريد قراءته؟ فأجاب: إنّكَ شارح الترمذي فأقرِئنيه. فبدأ دراسة الترمذي، ثمّ ظلّ يحضر عند الشيخ المبارك فوري بانتظام، ويأتيه مشياً على الأقدام دون اكتراث لِفصل الشتاء وموسم الحرّ. وقال الشاعر الفارسي ما معناه:

وشـوقـك يـنـيـر الـطـريـق، ووجـعـك يـتـيـح الـزاد

وكان يُحَدّثنا بما وقع له في زمن تتلمذه على الشيخ المبارك فوري بلطف

كبير، أنّه قرأ ذات يوم عبارة الترمذي في الدرس: عرِف بكسر الراء، فأنكره الشيخ وقال: «لا أعرف عرِف (بكسر الراء)». قال: «فأجبته: أمّا أنا فلا أعرف عرَف (بفتح الراء)»، فأرشدني الشيخ قائلاً: «راجع القاموس». ففتحت المعجم (الصِّحاح للجوهري غالباً) فوجدت أنّ الأستاذ هو المصيب فى قوله، فشعرتُ ببعض الندم، فابتسم الأستاذ وقال: «استأنف، فللجواد زلّة».

وبعد وفاة الإمام الفراهي، قام أمين أحسن بتأسيس «الدائرة الحميدية» للمضيّ قدماً في عمله، وأصدر مجلة «الإصلاح» الشهرية. وقام في تلك المرحلة بترجمات لكتابات الإمام. وقد ترجمها بغاية من الصحة والبراعة، حتى أثنى عليها الشيخ أبو الأعلى المودودي الأديب البليغ والكاتب الفذّ، وقال: «إذا أراد شخص أن يتعلّم كيفية نقل العبارات العربية العلمية إلى الأردية السليمة، فعليه أن ينظر في هذه الترجمات».

وفي عام 1941م، أطلق الشيخ أبو الأعلى المودودي دعوته لإقامة الحكومة الإلهية، فوافق أمين أحسن على هذه الدعوة، وانتقل معه إلى دار الإسلام تاركاً وراءه مدرسة الإصلاح، والدائرة الحميدية، ومسودات الأستاذ الإمام، ومبلغاً ضخماً قدره خمسون ألفاً في ذلك الوقت، وقد تمّ جمعه باسمه بهدف إنفاقه على الأعمال العلمية.

فظلّ مع الشيخ المودودي موافقاً ومؤيِّداً له مرة، ومخالفاً له مرة أخرىٰ. وفي وقت توافقه معه، حينما أراد بعض العلماء الاستخفاف بعلم المودودي، جاءت شهادة أمين أحسن له كبرهان قاطع في حقّه. وكان يقول فيما بعد: أنا شهدت لعلمه في مواجهة العلماء التقليديين لا بمقابلتي أنا. فظل لستة عشر عاماً على الأقل مصاحباً معتمداً عليه للشيخ المودودي. وقام معه بترشيد الجماعة الإسلامية ترشيداً علميّاً وفكريّاً، وتحمل في سبيل ذلك مصاعب السجون ومشاقّ الزنازين أيضاً باستقامة وعزيمة.

وكان يخبر عنه بأنّه قد أكمل عمله في تجزية مطالب القرآن وتقسيمه إلى مقتبسات في زنزانة ملتان. وفي عام 1953م صدر الحكم بإعدام الشيخ المودودي،

فترك ذلك في نفسه مشاعر هائلة من الألم والتأثر. وحتى في زمن خلافه معه حينما كان يطلق على المودودي لقب «أمير المؤمنين» بأسلوبه الخاص، وينتقده نقداً لاذعاً، رأيته يعبِّر مراراً عن عواطف الحبّ له رغم كلماته الناقدة، وكان يأسف كثيراً لأنّ صديقه الذي كان يراه عظيماً عالياً قد هوت به الحال إلى هذا الهوان.

وفي عام 1975م كنتُ مقيماً في مواجهة مسكن الشيخ المودودي إذ زارني الاستاذ الإصلاحي. وبعد الفراغ من تناول الطعام خرج إلى فناء البيت ليغسل يديه، فسألني: هل هذا منزل مولانا المودودي؟ فأجبته بنعم، ثم سمعته يكرر هذا البيت الأردي بما معناه:

كنّا، أنا وأنت، متعارفَين في زمن لا أعرف إذا كنتَ تذكره أم لا؟

في يناير 1958، انتهت هذه الصحبة بكلمات أمين أحسن: «أعرف جيداً ما أفقده بفقدان رفاقتك، ولكن يجب أن تتذكر أنه إذا لم تُقَدِّر نصيحة شخص مخلص وحسن النية مثلي حق قدرها، سوف تضطر إلى قبول رأي «مستشاري السوء». وقد كنتُ أتمنى من صميم القلب أن أبقى رفيقاً لك، لكنني غير قادر على دفع الثمن الباهظ الذي طلبته».

ولمّا انتقل الشيخ المودودي إلى رحمة الله، تأسف أمين أحسن جدّاً، وقال: «اليوم ارتحل من الدنيا شخص تُسَرّ بالاتفاق معه والاختلاف أيضاً». وكان في بيتي حين جاء نعي المودودي، فتذاكرنا مزاحه، فروى أمين بعض الطرائف والحوادث التي حصلت في زمن إقامته بباتانكوت. وكان من بينها، قال: «كنتُ قد تزوجتُ، وجاءني صهري (والد زوجتي) السيد عبدالرحمن زائراً، ولم أحضر لسبب ما في صلاة العصر ذلك اليوم، فسأل شخص: ألم يحضر الشيخ أمين أحسن اليوم؟ فقال الأستاذ المودودي: بداهة يا أخي هو مبتلىً منذ صباح اليوم في ﴿إِنَّ ٱلۡإِنسَٰنَ لَفِي خُسۡرٍ﴾[1]. (خُسْر تُقال للصهر في الأردية).

وكان أمين أحسن نظيره في المزاح والمرح أيضاً. وفي زمن سجنه انكسرت

---

(1) سورة العصر، الآية: 2.

أسنان الشيخ المودودي كما يغلب ظنّي. ولم يكن الشيخ أمين يعرف أنّ أسنانه صناعية. فلمّا أخبره أحد بذلك. ذهب إلى مولانا المودودي ليعزّيه «في أسنانه» وتوقف قليلاً عند باب الزنزانة متأسفاً في مظهر كئيب، ثم قال: «يا شيخ أنا آسف جدّاً. لم أكن أعرف أن عندك قسمين للأسنان، أحدهما للأكل، والثاني للتظاهر بها».

كان معه شخص بنى عليه الشيخ أمين آمالاً فيما يتعلق بمسألة خدمة الدين. وكان هذا الشخص يعقد مؤتمرات وندوات باهتمام كبير، ويدعو علماء وباحثين من مدارس الفكر المختلفة، ويكلِّفهم بإلقاء الخطابات فيها، وهو الأمر الذي لا مكان له في التصور الذي يتبنّاه أمين أحسن لخدمة الدين. وجاءه ذلك الشخص يوماً يدعوه لإلقاء الخطاب، فسأله أمين أحسن: ما هو هدفك من عقد هذه المؤتمرات؟ فأجاب: أريد أن يجتمع أناس منتسبون إلى مدارس نظرية مختلفة في رصيف واحد، فقال أمين أحسن بديهيّاً: «إنّ قطاع قطار السكك الحديدية يقوم بخدمة جمع أناس متباينين في رصيف واحد منذ مئة سنة، ولذا أعتقد أن ذلك لايحتاج إليك».

وكان لطيفاً صاحب طراز خاص في الكلام على الناس، فلمّا غضب على عالم كبير ومصنِّف شهير، قال: «إنه قليل القراءة كثير الكتابة». وحينما وصف أسلوب البحث والتحقيق عند المستشرقين. قال: «أسلوبهم يشبه تحويل نحلة إلى جاموس، ووضع خرطوم فيل على ساق جرادة». وفي ذلك الزمان اشتُهِرت جملة مولانا المودودي في الرئيس الباكستاني الجنرال محمد أيوب خان ومقابلته السيدة فاطمة جناح وكانت مرشحة لمنصب الرئاسة،

«هناك رجل ليس له فضيلة سوى كونه رجلاً، ومن ناحية أخرى هناك امرأة ليس لها خطأ سوى كونها امرأة»

فعجب منه أمين أحسن، وقال: «يا للعجب! لا يوجد رجل واحد بين هؤلاء يستطيع أن يقف في وجه رجل لا فضل له سوى أنّه رجل». وبعد حدث افتراق «ماجهى گوته» (Machi Goth) في شورىٰ «كوت شيرسنغ» قام الأستاذ المودودي يطلب سلطات كبيرة لأمير الجماعة. وكان أمين أحسن يختلف معه اختلافاً كبيراً في

هذا، وكان يرىٰ من البداية أن أمير الجماعة مسؤول عن التزام ما تتفق عليها شورىٰ الجماعة من الأوامر. ولذا قام بالاستقالة من الجماعة. وعلى ذلك كتب إليه الشيخ المودودي قائلاً:

«إذا أردت تخطئة رأيي هذا فافعل. وأنت حرّ تماماً في الإتيان بالدلائل ضد رأيي هذا، حتى إنّ لك الخيار الكامل أن تحمل رأيي على أسوأ معنى يراد منه، ولكن ليس لك أن تتهمني بأنني كنت أخفي سوء النيّة كقطة خبيثة في حقيبة ضمير آثم، وأخرجتها في «كوت شيرسنغ» انتهازاً للفرصة المناسبة. أنا أراه حقّاً أظهرته دائماً، وظللت عاملاً به بعد تشكيل الجماعة حتى اليوم. ولك كل الحقّ في أن تحاول تخطئة هذا الرأي. ولا حاجة لك إلى مغادرة الجماعة بسببه. ويمكنك التأثير بحرية في عقول أعضاء مجلس الشورى لصالح أي رأي مختلف.

وانظر كيف أجاب أمين أحسن. فقد كتب في الردّ عليه:

«إنك لاتحتاج إلى بيان تاريخ مولد» قطتك، فإني لست جاهلاً أنك لم تزل تتمتع بحيازة هذه القطة في حقيبتك، ولكنك تذكر أني في جلسة شورىٰ اله أباد قبل انقسام البلد، قد حاولت خنقها، فراجِع مذكرة جلسة الشورىٰ المذكورة. ولكنّ هذه القطة لم تمت آنذاك. غير أني وأصحاب الفكر والنظر في الجماعة مازلنا نفكر في إماتتها، وقضية حياتها وموتها مازالت تثار مرة بعد أخرى، حتى إننا بعد الانقسام، قمنا بوضع دستور للجماعة قضى نهائيّاً بموتها. أجمعنا على ذلك واضعين أمامنا ما يقضيه الشرع الشريف، ومصالح العصر والديموقراطية الإسلامية. وقد تمّ الحصول على آراء العلماء وفتاواهم وآراء أهل النظر. ولا ريبَ في أنّك مازلت تحييها من وقت لآخر، ولكنّ دستورنا لم يُسلِّم بحياتها. وفي صدد ذلك حينما خالفتَ الدستور، أثبتتَ في عامة الأحوال عدم البصيرة في اتخاذ خطواتك، ولذا أجمع أهل الرأي في الجماعة أنه من الأفضل أن تظلّ «القطة» ميتة.

أما أنتَ فكان موتها شاقّاً عليك جدّاً. فما تزال تفكر لإحيائها من جديد، حتى قدمتَ استقالتك أنتَ في عشقها. وتآمرت لذلك في ماچهى گوته بطلبك أصحاب سِرّك في الخلوة. ثم قرأتَ عليها الطلسم الإحيائي الأخير، وهي تنفست الحياة

فعلاً. والآن تدعوني أن آتي إلى الشورى من جديد، وأحاول إماتتها مرة أخرى. وإني أعتذر عن ذلك، فإنّ قطة قتلتُها بعد سنوات من العمل الشاقّ، أنتَ أحييتَها وقام مجلسك بتبعات إرضاعها ورعايتها، فإنِّي إن سعيتُ لإماتتها من جديد، فذلك يعني أن أنذر حياتي كلّها في عملية إماتة القطط هذه، فما هذه المهمة النبيلة؟

فهذا كان أسلوبه حين يقوم بتجزئة الأمور واستعراضها وتحليلها ومحاكمتها. والكتاب الذي كتبه إجابة على اتهامات المودودي «لمجلس الاستعراض» يمثله خير تمثيل. ولما قرأه سفير كبير لسوريا علّق عليه بقلمه: «يا مولانا أنت لم تكتب كتاباً، وإنما كتبت قراراً يقضيه القاضي». وترى الأسلوب نفسه الأسلوب حين أجاب على اتهامات الشيخ محمد منظور النعماني التي وجّهها إلى الجماعة الإسلامية. وقد قام بتحليل نظرية المصلحة عند الشيخ المودودي بالأسلوب نفسه. كما استعمله حين قام بدراسة استعراضية على تقرير لجنة العائلة. فكتاباته هذه تنمّ عن طراز إنشائه المُشَرَّب بالدعابة والمرح إلى حدّ أنّه إذا قرأه شخص لم يكن له بدٌّ من الثناء على قلمه الساحر.

وقد شهدتُ شيخوخته. والناس الذين كانوا يستمعون إلى خطاباته في زمن انتمائه إلى «الجماعة الإسلامية» يذكرون اليوم خُطَبَه أيضاً. ويقول بعض سامعيه إنّ خطابته كانت مثل فيضان طفيف في النهر، أو بحر تتلاطم أمواجه بعض التلاطم، وكأنها عين انفجرت من الجبال، ونبع يتدفق من فوق الجبل إلى الوادي ويجري الآن إلى الميادين. فكلّ كلمة ينطق بها لسانه تدخل مباشرة إلى القلب. لقد كان يتكلم بنبرة نبوية ويُذَكِّرنا بخطباء العصور القديمة. فيتكلم الاستدلال والعقل بلسانه ويُظهِر إيمانه. وتمثل هذه الكيفيةَ جملةٌ من خطبه التي ألقاها عام 1945، وجاء فيها:

«إذا شئتم، ضعوا السيف على عنقي، ولكنّكم لن تتمكنوا من إقناعي في أن أحيل عملية طاهرة كتزكية النفس إلى الجهلاء الذين يجلسون في الزوايا والتكايا ويبيعون دينهم».

وأخبرني صحفي كبير أنّ الشيخ أمين أحسن كان يخطب في ميدان ككري

بكراتشي، وأنا اكتب خطبته فصدر منه فجأة «إنّ الإسلام يُصدِر فرماناً يقول»، ثم وقف لمحة، وأضاف: «ليست هذه فلتة لسان، بل يحقّ للإسلام ذلك فقط»، فأحدث بذلك بحراً موّاجاً للفظ والمعنى. وبقيت أنظر إليه وأصغي إلى كلامه، ونسيت أن عليّ كتابة كلامه أيضاً.

12 -- أمين أحسن (2)

كان يدعو إلى الدين بهذه الحماسة وبتلك الحرارة الإيمانية. وقد حدثت معه حادثة لطيفة في هذا الباب. ففي انتخابات 1951م قامت «الجماعة الإسلامية» بترشيحه. وكان يقول: إنّي قلت لهم مراراً وتكراراً إنّه لم تلد أم رجلاً لا يصلح لهذه العملية غيري، ولكنّ «أمير المؤمنين» لم يستجب لي، فارتضيتُ له طوعاً وكرهاً، فقيل لي يوماً: إنّه يجب أن تقوم بإلقاء خطبة في الدائرة الانتخابية لهذا الغرض. فذهبت وبدأت خطابي بما يأتي:

«أيها الحضور عليّ لعنة الله وملائكته والمؤمنين أجمعين إن كنتُ قد جئتُ لأطلب تصويتكم. وإنّما جئتكم فقط لأخبركم ما هي واجباتكم كناخبين». وبعد ذلك، صار من الواضح أنهم لن يكونوا من الحماقة إلى درجة دعوتي لإلقاء خطاب في هذه الانتخابات مرة ثانية.

وقد مضى جزء كبير من حياته في الجماعة الإسلامية، وظل أعواماً طويلة نقيباً لهذه الدعوة ومنادياً إليها. ففي هذه الخلفية يثور سؤال طبيعي هو: ماذا كان رأيه الأخير عن الفكرة التي عليها قامت الجماعة؟ وماذا قال عن ذلك في أيام حياته الأخيرة؟ أقول قولاً أكيداً وبكلّ مسئولية بناء على أساس ماسمعتُه منه وما فهمتُه إنّه لم يَعُد مقتنعاً بمعنى الدين الذي تشير إليه الجماعة، ولم يَعُد يصحّ لديه معنى إظهار الدين بحسب المفهوم الذي بيَّنه الشيخ المودودي، ولا يعتبر أنّ من الصواب تشكيل أحزاب مثل «الجماعة الإسلامية»، ولا يقبل في فكره أشياء مغلوطة كالجهاد والإمارة وبيعة السمع والطاعة دون حكومة إسلامية مستقلة. وكذلك لا تصحّ عنده

مسألة وصول علماء الدين إلى السلطة، ولا يُقِرّ باستخدام سياسة القوة من أجل تحقيق مثل هذه الأهداف.

وقد تبنى الآن رأياً أكيداً وهو أنّ هدف العلماء يجب أن يكون إحداث ثورة عقلية وفكرية فقط. فعالم الدين ما دام عالماً وما دام يريد أن يكون عالماً لا ينبغي أن يتجاوز هذا الدور إلى غيره. وجاء كلّ ذلك بصراحة تامّة في خطبه وكتاباته وأحاديثه، ويمكن الاستشهاد على كل شيء منه بألفاظه الصريحة.

ما هو تفكير أمين أحسن؟ إنّ مَن أتيح لهم الاطلاع على فكره يعرفون أنّه اتخذ منحى جديداً في عالم الفكر الديني. ففي رأيه، ترتكز جميع السلطات وكلّ شؤون الحكم على القرآن الكريم، فكلّ كلمة تخرج من لغته تصبح قانوناً وشريعة. لقد نصب ميزاناً في كلّ مكان يرجع إليه الجميع، فكلّ ما قاله أبو حنيفة والشافعي والبخاري ومسلم والأشعري والماتريدي والجنيد والشبلي يوضَع ويوزَن في هذا الميزان القرآني. أمّا مَن لديه شيء أقل وزناً، فلا يمكنه بيعه في أي مكان. فهنا يقف العلم والفكر والعقل والفلسفة والحكمة كلّها مصغية في حضرة القرآن. وكل لفظة منه هي مدينة للعجائب لا تنقضي أبداً. ينطق بلفظ مُحكَم أولاً ثم يُفَصِّل تفصيلاً، وإذا أشكل شيء من منطوقه بيَّنه بياناً شافياً في مكان آخر، والقرآن إيوان كريم مكتوب على أبوابه وجدرانه بألفاظ جلية أنّ من لم يؤمن بالنظم والترتيب في كلامنا لا يدخل في إيواننا هذا. وقد قضىٰ أمين أحسن كلّ حياته في هذا الجوّ الفكري، كما قال الشاعر ما معناه:

إنّ أسلوب تفكيره لمختلف عن سائر زمانه

ولا يعرف أحواله مشايخ الطريق.

ولكن يوجد أحيانا من بين مشيخة الطريقة مَن يعرف السرّ أيضاً. ومثل ذلك أنّ الشيخ محمد منظور نعماني زار لاهور، فقال له أمين أحسن: «إن زوجتي تقول إنني لا أفهم ما تقوله في كتاباتك، ولكن أفهم جيداً ما يكتبه الشيخ النعماني»، فأجاب النعماني: «يا مولانا! نحن نكتب لهم وأنت تكتب لنا». وحين أتمّ إكمال «تدبر القرآن» أخبر الشيخ النعماني عن رؤيا رآها، وهي أنّه (النعماني) جاء يزور

أمين أحسن، وقد تمّ في بيته تحضير قدر من «مزعفر» (طعام خاصّ يصنع في الهند) تنبعث منها رائحة طيّبة. وكتب النعماني إليه يخبره أنّه يعبر في رؤياه عن «إكمال تدبر القرآن» على نحو رائع.

وكان الشيخ أمين أحسن شخصاً جميلاً يتمتع بحسن الذوق وأناقة الملبس، مع بساطة كبيرة في المجالسة والتعايش. وقد أخبرني زميل قديم له أنّه: «قد أُرسِل إلى ميانوالى (Mianwali) من قبل «الجماعة»، وكنت زميلاً في سفره. ولما توقفت الحافلة عند محطة سرگودها (Sargodha) قال لي: من الأفضل أن تأكل الزيت كزيت، من أن تأكل الزيت كسمن، فاذهب وأتِنا ببعض الأخباز والفطائر».

ولم يكن ملكاً بل إنساناً، ولذا يوجد فيه بعض النقائص بالطبع، ولكنّه لم يُفتن قطّ برفع مستوى حياته. وكان علاقته بالله تعالى علاقة تفويض وتوكُّل عليه ممّا يبعث على الغبطة. وكان لسانه يرطب بذكر الله. وتشرّف بأداء فريضة الحج مع الشيخ عبدالرحيم أشرف الذي قال عنه مرة: إنّه حين وصل إلى بيت الله الحرام، تعلق به كلّ التعلق، وانقطع إلى الله كلّ الانقطاع راغباً عن كلّ شيء سواه.

واطمأنّ إلى رضا الله سبحانه في السرّاء والضرّاء. وأصيب بفاجعة موت ولده الشاب الصالح مثل «أبي صالح» في حادثة حدثت في القاهرة بمصر، فنشر معبِّراً عن بعض عواطفه في مجلة «الميثاق»، ولكنّ لسانه لم ينطق بكلمة جزع وفزع. وفي آخر أيامه قضى عامين أخيرين في فراش المرض، ولم يكن من السهل عليه تحمل ألم العجز والشيخوخة، ولكن في هذه الحالة أيضاً قال إنه إذا لم يكن هناك ألم في الآخرة، فلا ألم في الدنيا.

وكان يتمتع بمكارم الأخلاق من الغيرة والوقار والاعتزاز ونكران الذات، فقد سأله الجنرال أيوب خان في زمن رئاسته: يا شيخ أيّ خدمة أقدّم لك؟ فأجاب: ما أرجو منك أن تقوم به أكتبه في افتتاحيات «ميثاق»،(مجلة شهرية كان يرأس تحريرها) فاعمل به. فهذه أعظم خدمة تقدّمها لي. وقد أرسل إليه رئيس الوزراء بوتو أنّ الحكومة تريد أن تخدمك خدمة ما، فأجاب: لطالما قلت في حق المرتزقين بالحكومة بأنهم باعوا دينهم، فهل سأفعل مثلهم الآن؟ وكذلك سعى الجنرال ضياء

الحق للارتباط به، فقال له يكفيني أن ترسل كلّ ما كتبتُه من كتابات إلى المكتبات. فكان في كل تحركاته ونشاطاته ينادي نداءً:

لا تُـــفَـــوِّت أغـنـيــة حـبـي وأنـــغـــام اشـتـيـاقـي

فـإنّـك تـجـد فـيـهـا رمــوز الـفـقـر وغـنــاء الـمـلـوك

غير أنه كان بطبيعته متواضعاً عطوفاً على الأصدقاء والأصحاب. فحين كان مقيماً في رحمان آباد ذهبتُ أزوره، فأقمت ليلةً عنده، فأحسستُ أنّ هناك شخصاً على مسافة مني يملأ دلواً من صنبور الماء اليدوي ثم يفرغه، وما كنت أظنّ أن يكون أمين أحسن. ثم جاءني بعد برهة قليلة عند سريري وقال: لقد أخرجتُ الماء العذب، فقم وتوضأ. فلم أكن أعرف ماذا أقول وماذا أفعل.

وكان شديد الصدق والصراحة إلى حدّ أنّ صراحته تُعتَبَ خطيرة إذا ما قيست بمعيار النفعية ومراعاة المصالح. فكان يصارح غيره بما كان يراه دون أدنى تردد، ولا يتسامح مع أيّ تناقض في الفكر والعمل. كان حبّه بلا حدود، ولكن كما كان حبه يتفجر من عمق إخلاصه، فإنّ الحزن والغضب سيغليان بالطريقة نفسها دون أن يشوبهما أيّ شائبة من البغض والمكر والعداوة، وكأنه كما قال الشاعر الأردي:

إنّ قـهـره أيـضـاً يـكـون عـطـفـاً عـلـى عـبـاد الـلَّـه

إلى أين أنتهي في الحديث عنه؟ اليوم حين أنظر في بلاغة كلماته، أواجه عجزي في البيان والتعبير، وأتمنى لو أنّ شرف لقائي به والتتلمذ عليه لخمسة وعشرين عاماً على أقل تقدير، قد حصل لشخص آخر قدير على اللغة والبيان مثل قدرة أمين أحسن عليهما، فمن سوء الحظّ أنّ نادرة الزمان كمثله لم يتوفر له للتعريف به إلّا شخص مثلي لا يستطيع أن يفيَه حقّه في البيان والكتابة، وهو في ذلك كما وصف الشاعر الفارسي:

ليس هناك كلمات على قدر بيانه، ولكنّ الحديث عنه باقٍ

ولم يكن عالماً دينيّاً فقط، بل كان له نظرة ثاقبة في قضايا الدستور والقانون والسياسة الراهنة إلى حدّ أن الباحثين يستطيعون أن يتعلموا منه الكثير عن هذه

الأمور. فقد كان له أسلوب خاص للنظر في هذه القضايا، وكان مختلفاً جدّاً عن أهل زمانه. فحين أُعلِن إعدام ذي الفقار علي بوتو، أعربت الأوساط الدينية عموماً عن رضاها وارتياحها. وزرتُه في اليوم التالي في رحمان آباد، فوجدته مغموماً عليه مضطَرباً، فسألته عن سبب ذلك، فسكت برهة قليلة ثم قال: «أي تعاطف يكون لي مع السيد بوتو؟ لكنّ الحمقى الذين تبنوا هذا الأسلوب في تصفية زعيم وطني، لا يعرفون أنهم قد وضعوا بهذه الطريقة أساس عداوة وصَدع دائم في سياسة البلاد».

كما كان يفهم جيداً خفايا ما كان يحدث في أفغانستان في بداياته، واليوم يراها الناس بأم أعينهم. وكذلك كان يرى أمور واتجاهات الحركات السياسية الإسلامية في تركيا ومصر والشام والجزائر بنظرة لعلّ زعماءنا الدينيين سوف يرونها بها حين يغرق الكثير، ولا ينفع بعدها الاعتذار والندم. فإنّ الموقف الذي اتخذه حين غادر الجماعة الإسلامية ثبتَ صوابه، ولا يحتاج الآن إلى دليل على صحته، فقد ثبت ذلك بما فعله المعارضون له من بين مستشاري المودودي اليوم. فقد رأينا بأعيننا وسمعنا بآذاننا أنهم يقولون لأميرهم اليوم الشيء نفسه الذي قاله أمين أحسن «لأمير المؤمنين لهم» في تلك الأيام قبل أعوام كثيرة.

وكان إنساناً حيّاً يرى معضلات الحياة كما يراها إنسان حيٌّ متيقظ. ومرتبته العلمية الكبيرة لا تسمح له أن يكون لديه شغف بالألعاب الرياضية، ولكنّه كان محبّاً لوطنه حبّاً كبيراً، فحين كانت هناك مباراة بين الهند وباكستان، كان يسأل كثيرا عن النتيجة. ولا يطمئن إلّا حين يستيقن أن باكستان قد أحرزت الفوز.

وكان يمدح شعراء أرديين أمثال غالب وإقبال وشبلي مدحا كثيرا، ويردّد شعرهم في أكثر الأحايين، وكان في طبعه دعابة ومرح، حتى إذا تحدث عن مرضه ذكره بلهجة وأسلوب مرح يبعثان على ابتسامة في الوجوه.

وكان يتعرض كثيراً للحماقات التي ترتكبها الجماعات الدينية، فإذا ذكر ذلك في مجلس فلا تسأل عن حديثه الباسم عنها، فكانت لديه معانٍ مليحة وتعريضية من كلّ لفظة ينطق بها، فإذا كان مَن يستمع إليه صاحب ذوق كلامي أُعجِب به إعجاباً كبيراً. وكان من أصحابه القدماء صديق وزعيم ديني صدرت منه بعض الحماقات،

فعلّق عليه بأساليب جديدة ممتعة جدّاً. ولو لم يكن هناك خوف من فساد واضطراب خلق لذكرت ذلك الآن. ويرى الناس ما متّعتهُ به القدرة الإلهية من مقدرة على ربط اللفظ بالمعنى بأعلى درجة من الكمال في ذلك، فإنه رحل من هذه الدنيا وهو كما قال الشاعر:

لقد صمت الشاعر الذي كان يتحدث بأسلوب ساحر

كان الشاعر حالي تلميذاً لغالب، وقد رثاه بعد موته وختم رثاءه بأبيات شعر، حملها الناس غالباً في ذلك الزمان على حسن اعتقاد حالي بغالب، ولكنّ التاريخ أثبت أنّ غالب كان هو الذي رأه حالي بعينيه. وكذلك شهدتُ الكثير من العلماء، وقرأتُ الكثير عنهم، واستمعت إلى الكثير منهم، ولكن كان أمر أمين أحسن وأستاذه حميد الدين الفراهي كما قال حالي:

وأنّى لهم من» غالب «عارف!

وأين الأرض من السماء!

1997م

13 -- في عيد مولد النبي ﷺ

ذا شهر ربيع الأول الذي ولد فيه مَنْ نعته الله عزّ وجلّ بقوله: «رحمة للعالمين». ورأى ابن مريم اسما له مكتوباً على أحد فخذيه وفي لباسه: «ربّ الأرباب وملك الملوك»، الذي هو سيد العالم ورائد الكون إلى يوم الدين الذي طُوِيَت له الأرض كلّها، وأُعطِيَ جوامع الكلم، وجُعلَت له سائر الأرض مسجداً. وارتعب له الكفر، وأعطيَ الميزان ومعه الحديد كي يُتِمّ به حُجة الله وسلطانه على الناس، وختم به النبوة، وأنزل عليه القرآن، وقضى فيه أنّه لا يمكن حصول الهداية الثابتة إلى سبيل الإيمان بالله إلّا بكتاب منزَل منه.

فهذه الشخصية العملاقة قد ظهرت على مسرح العالم في هذا الشهر، ولاريب في أنّ هذا الشهر كلّه هو وقت للغبطة ونشتهي أن نمضي كلّ ساعاته في الاحتفالات السّارّة، ولكن من الغريب أنّ الصحابة الكبار الأبرار أمثال أبي بكر الصديق والفاروق عمر وعثمان وعلي وأبي ذرّ وبلال ﷺ الذين أحبوه حبّا ليس فوقه حبّ لم يحتفلوا بهذا الشهر، ولم يجعلوا اليوم الذي خرج في صباحه المشرق من بطن آمنة كدعاء للخليل ووعد للمسيح ﷺ، عيداً لميلاده. ولمّا كان الرسول يعيش في الدنيا طلع عليه هذا اليوم مراراً وتكراراً، وحان هذا الشهر حيناً بعد حين، ولكن جرى نهر حياته جرياً عاديّاً، ولم تشهد أنظار السماء أيّ مجد فيها ولو للمحة، فيا للعجب لماذا كان ذلك؟

نحن نحتفل بيوم «إقبال» وبيوم «جناح». فمن هم هؤلاء مقارنةً بهذه الشخصية العظيمة؟ فإذا كان جائزاً لمريديهما أن يحتفلوا بيوم ميلادهما، فلماذا لا يجوز الاحتفال بشخصية تتسم بصفات عارف السبل وخاتم الرسل وسيد المُرسَلين

الذي منح تراب الطريق الحقير شأناً كشأن طور سيناء في الرفعة؟

لقد عانيت هذه المعضلة لسنوات حتى انحلت هذه العقدة بحمد الله تعالى، وبرزت لي الحقيقة أنّ جميع أوجه القصور في تفكيرنا تنشأ من وجهات نظرنا، كما قال الشاعر الفارسي ما معناه:

إذا كان وجه الحقيقة مستتراً عنّا

تمثلناه وتعبدناه وهو من مأثم نظرتنا العابدة للتمثيل

واتضح لي أنّنا أكبرناه، ولكن من جملة فئة الأشخاص الذين كنا نستأنسهم، وهو لم يكن شخصاً من تلك الفئة أساساً. فنتج من ذلك أنّ سائر أيامنا في الأرض كانت له، ولكن خصَّصنا يوماً لمولده. وكان قمراً نيّراً في كلّ شهر، ومع ذلك رأيناه فقط في مطلع ربيع الأول. وكان كلّ عام من التقويم الإلهي معنوَناً باسمه، ولكن تقرر يوم لعيد ميلاده في تقويمنا بعد 570 عاماً من ميلاد المسيح ﷺ، فكان من آثام أنظارنا أننا تمثّلناه وتعبدناه.

فقد أردنا أن نُفرِغ البحر في بئر، وأن نُنزِل الصحراء في صحن الدار، ونجعل السماء رداءً، ولكن الذين كانوا معه واصطحبوه من صديق وفاروق وعثمان وعلي وبلال وأبي ذرّ رضي الله عنهم، رأوا البحر بحراً والصحراء صحراء والسماء سماءً، فاتضح لهم أنّ الذي يجب أن يذكرَه كلّ قلب، وأن يُرفَع اسمه فوق كلّ منارة مسجد كلّما انفلق الصبح، سيكون حطّاً لشأنه الكريم أن يُخَصَّص له يوم ميلاد، وأن يُحتَفَل به في شهر ربيع الأول، لأنّ حبيب كلّ نفس، وحبيب العالم كلِّه لا يُخَصَّص لشهر ولا ليوم.

إنّه شخصية لكلّ يوم وكلّ شهر وكلّ عام، ولذا لا يحتاج إلى «عيد مولد نبوي» ولا احتفال ربيع الأول، ولكن يجب أن يكون هناك نداء واحد صباحاً، وظهراً في ﴿لِدُلُوكِ ٱلشَّمۡسِ إِلَىٰ غَسَقِ ٱلَّيۡلِ﴾[1]. ويجب أن تهتز نغمة واحدة هي نغمة «أشهد أنّ لا إله إلّا الله، وأشهد أنّ محمّداً رسولُ الله» لأنّ هذه النغمة، كما قال الشاعر، لا تحتاج إلى موسم:

فلا إله إلّا الله هو نغمة لكلّ موسم ربيعاً كان أم خريفاً.

1990م

14 -- الدينية واللادينية

كان ذلك في منتصف القرن السادس عشر، عندما اندلعت الحرب في الغرب وأنهت أخيرًا حكم البابا المقدس الذي كان -بحسب دعواه- وكيل الله في هذه المملكة الأرضية، وادّعى أنّ ما يقوم به في الأرض يبقى في الجنة والسماء أيضاً. كان قد مرّ زمن مكث فيه الإمبراطور الروماني هنري الرابع لمدة ثلاثة أيام وثلاث ليال في الثلج حافي الرأس والقدمين، عند باب الحصن الإيطالي الذي أقام فيها البابا، متوسلاً بتذلل صفح البابا ومغفرته، لكنه لم يفتح له الباب.

---

(1) سورة الإسراء، الآية: 78.

وفي أواخر القرن الخامس عشر وأوائل القرن السادس عشر، تحدى مارتن لوثر سلطته، ونقل إيراسموس (Erasmus) وكالفن (Calvin) وزوينجلي (Zwingly) الحركة إلى أجزاء أخرى من أوروبا. ونتيجة لذلك، اندلعت حرب كبيرة، ودعم الشعب الإصلاحيين في هذه الحرب، حتى هُزِم البابا وانحسرت سلطته إلى الأبد.

ووصلت حركة النهضة العلمية (Renaissance) في الغرب إلى ذروتها نتيجة لهذا الانتصار الملموس. وقد جاءت هذه الحركة بفتوحات لا نظير لها في التاريخ الإنساني كلِّه. فكشفت عن أسرار الطبيعة التي لا تُحصىٰ ولا تُعَدّ، وقدّمت للناس تسهيلات كثيرة، وأقامت سلطة الإنسان على البحر والبرّ، وجعلته قادراً على أن يجيء بخبر الثريّا، وأن ينزل إلى الثرىٰ، حتى إنّ الإنسان نفسه ليعجَب من إنجازاته الخطيرة، ويشعر بسلطانه على العالم الطبيعي إلى حدّ يُحيِّر العقول، فقد تحولت رؤياه إلى حقيقة قائمة اليوم.

والحرب ضدّ النظام البابوي، ونشوء حركة النهضة العلمية، كلاهما ممّا يفخر به الإنسان، فلا ريب في أنّ ادعاء البابا كان باطلاً، لأنّ الدين الحقّ لا يُسلِّم لبابا ولا لكاهن أن يحول بين الله وعباده، فإبطال هذا الادّعاء كان واجباً، والذين قاموا بهذا العمل إنّما قاموا بإثبات حقّ. وكذلك كان أمر النهضة العلمية، فإنّ العلم والمعرفة أكبر متعة وأعظم فضيلة للإنسان؛ وكلّ محاولة لإيجادهما والاكتشاف فيهما تُقَدَّر حقّ تقديرها بلا شكّ.

ولكنْ من سوء حظّ الإنسان أنّ نفسية ردّ الفعل في هذه الحرب وهذه الحركة لم ترفض البابا فحسب، بل رفضت الحقيقة الكبرىٰ لهذا الكون، وهي أنّ الإنسان هو مخلوق الله سبحانه وتابع لحكمه ومسؤول أمامه. ولم تُردّ هذه الحقيقة بناء على دليل مُحكَم وحُجّة مقنعة، فقد مرّت على هذا الحدث الضخم أربعة قرون. وبعد دراسة متأنية لما كُتِب عن هذا الموضوع في الغرب كلّه، يمكننا أن نقول بثقة كاملة: إنّ ذلك الرفض كان مبنيّاً على التحيّز الأعمى والكراهية الجامحة. وما كتبته الأقلام وقالته الألسن في ذلك هو عار على الإنسان، وهو شيء يبعث على الاستحياء. فقد

مورس الجهل في عصر العلم والدليل والمنطق، والباحثون عن الحقيقة أعرضوا عنها، ومَن يعبدون العلم رفضوا العلم والمعرفة. فهذه هي أكبر مأساة في هذا العصر، ولا ينبغي لأحد أن يفاجأ بعجب إذا بكت الأرض عليها وحزنت السماء لأجلها.

1987م

15 -- الفتنة الجديدة

بدأت قافلة السياسة والاقتصاد في الغرب رحلتها من المدن التجارية الجديدة المأهولة التي استقرت على ضفاف الأنهار. ولم تكن هذه المدن بعيدة عن القرى التي كان فيها الإقطاعيون في العصور الوسطى يعيشون حياة النعيم. وكانت قمم أبراج وقلاع أرباب الكنيسة تلمس فلك الأفلاك، كان ذلك في بداية القرن السابع عشر، ويدخل الآن القرن العشرون في رُبعه الأخير، بعد أنْ مرّ هذا السفر بمراحل صعبة جدّاً. فالإقطاعيون الذين ارتدوا عباءات القرون الوسطى المظلمة قد حلّ محلّهم اليوم صُنّاع وتُجّار العصر الحالي الذين يحملون السيجار في أيديهم.

وأصبح نضال العمل ضد رأس المال درسًا في متحف التاريخ نعتبر به، فحيث وصلت هذه القافلة في مطلع هذا القرن، انشطر الإنسان إلى نصفين، فدماغه محروس في غرف أمن الكرملين، وجسمه يتغذى ويرتقي في مطابخ الدولة. وفي الطرف الثاني، أصبحت مدن تجارية أوروبية مراكز للفكر والفعل الانساني. وفي الزمان القديم كانت ثروات القرى سبباً في نشوء المَلكيّة، والملك بدوره كان يدعم الآلهة. أمّا في العصر الحاضر، فإنّ ثروات المدن قد ساهمت في نشوء البرلمان الذي يقوم بحفظها وحراستها. وتفشّت شهوة امتلاك الثروة في الكيان البشري كالشيطان. وهذه الروح الفاسدة قد سيطرت على أبنية الكرملن المتحجّرة وعلى عمارات نيويورك الشاهقة كذلك. والفارق بينهما فقط أنّها أعلنت سلطتها هناك. أمّا

هنا، فتنطق بحكمها على لسان حكّامها وجبابرتها. والبابا يستريح في زاوية آمنة من إيطاليا، وأبراج قصره تطاول الأفلاك الآن: ولكن في الغرب الآن:

صـــروح الـبــنــوك تـعـلـو عـلـى الـكـنـائـس

كان الشرق مركز هذا الفيضان لفترة طويلة. وعند الوقوف على قمة جبال الهملايا، تظهر علامات على انحساره من المغرب إلى إندونيسيا. لقد انحسرت المياه، لكنها تركت وراءها رواسب صعوداً وهبوطاً. وحين يمضي قلم المؤرخ في قصته، سيظهر عالم من الدروس والعجائب. فبعد ثلاثة قرون من الهيمنة والسيطرة الشاملة، عاد هذا الوحش إلى موطنه، لكنّ إغراء جديداً نشأ من جانبه، فيأجوج ومأجوج يلعقان جدار جبال الهملايا، وشعب الله يقف مرة أخرى في مرمى التاريخ.

1979م

الباب الثانى

مباحث في الدين والمعرفة

1 -- الإيمان بالغيب

الإيمان بالغيب يعني أنّ الإنسان يعتقد بالحقائق المستورة عن الأنظار على أساس الدلائل العقليّة. وعلى سبيل المثال، فإنّ الذات الالهية لا نستطيع رؤيتها، والقيامة مستورة عن أنظارنا أيضاً، ولم نرَ جبريل عليه السلام ينزل بالوحي على النبي (صلّى الله عليه وسلّم) كذلك. ومع كلّ ذلك نؤمن بهذه الأشياء جميعاً، لأنّ هناك دلائل قويّة في الكون المادي والنفس الإنسانية، وفي كلام الله الذي جاء به رسول الله ﷺ التي لا يُنكِرها صاحب عقل. فهذه الأشياء لا نؤمن بها بإعمال البصر، وإنّما نؤمن بها بلا شهود ولا رؤية، والشيء غير المرئي لا يُدرَك إلّا بالعقل، ومَن يطلب رؤيته فهو مخطئ جدّاً. إنّ هناك حقائق كثيرة أثبتها العلم في زماننا هذا، ولا نستطيع الإحاطة بها بحواسنا، ولكنّنا نقرّ بها كإقرارنا بطلوع الشمس وقت الظهيرة تحت السماء الصافية، حتى وإنْ كانت حرارة الشمس منتشرة في كلّ مكان.

والحقائق التي جاء بها القرآن قد بُني عليها إيماننا أيضاً. إنّها بلا شكّ خارج نطاق حواسنا، ولكنها ليست وراء العقل. وإذا وازنّاها بميزان العقل، لم ينقُصْ منها قدر رطل، ولذا آمنّا بها بوصفها من عالم الغيب. ومعنى ذلك أنّنا اعترفنا بها بناءً على دلائل قطعيّة نستمدها من العقل والفطرة، ولا نشترط أن يكون الإيمان بها بعد الشهود والرؤية بالعين.

1987م

2 -- المعرفة الاضطرارية

تنقسم المعرفة إلى حدسية (بدهية) ونظرية. ويُعَرّف الحدسي بأنّه ما يتم الحصول عليه منك دون تفكير ولا تدبُّر، والنظري هو ما يتم اكتسابه من خلال التفكير وإعمال النظر. نتيجة هذا التقسيم هي أنّ الحدس يتخذ موقع الأصل والأساس، وكلّ شيء آخر يُعتبَر فرعاً له.

وقد ابتدأت الفلسفة من بحث وتمحيص عن الحقائق الخارجية، ثم بدأ الكلام عن ماهية المدارك، وصارت حقيقة الدليل موضوعاً للنقاش، وأُعلِن عن الحدس أنّه الأصل، وعلامته أنّه لا يختلف فيه أحد. إلّا أنّ الإنسان يفكر ويختلف في كل شيء. ومن ثم تولد الظنون والشكوك والشبهات في هذه التعريفات والتقسيمات. والآن يُصِرّ فريق على أن المعلوم هو المحسوس فقط، وهو الأصل الذي تتفرع منه سائر الأفكار والمشاعر ممّا نعلمه بحواسنا فقط، فدماغ الإنسان هو اللوح الفارغ (Tabula Rasa) أو الصفحة البيضاء، لا يوجد فيه شيء قبل إدراكنا. والجماعة الثانية تقول إنّ العلم في الحقيقة هو واردات النفس وخلجات الصدر، ولا نوقن بوجود موجود إلّا النفس المدركة. وهناك فريق ثالث يدَّعي أنه ليس هناك شيء يقيني ما عدا الأثر المحسوس الملموس. في حين أنّ الفريق الرابع يعلن عدم قطعية الاثنين: الحدس والفكر، ولذا فلا يوجد عندهم شيء يقال له اليقين والقطع في هذا العالم.

ما هي النتيجة من هذه المناقشة؟ الفريق الأول أنكر العقل والروح والإله والمعاد. والثاني لا يؤمن بهذا العالم المحسوس، والثالث ينكر كليهما ولا يثبت إلّا العلم المحض، والرابع ينفي العلم واليقين مطلقاً فلا يؤمن بهما. وحينما قال ديكارت (Descartes): «أنا أفكِّر فأنا موجود»، حاول إخراج العلم والتفلسف من هذا التشكيك[1]، كما أنّ هذه السوفسطائية في عصر ما بعد الحداثة تريد إثبات

(1) وعبر عنه ديكارت بقوله المشهور: «Cogito, ergo sum»، ولكن لم تثبت محاولة ديكارت هذه ثبوتاً مبرَماً، لأنه لم يبنِ رأيه على أساس بديهيات الطبع الإنساني، ولذا نقده جاك دريدا

مدلولها عن طريق تحليل اللغة، فهي تقول إنّ الدالّ، وهو أية علامة أو لفظة (Signifier) لا يُبيِّن معنى معيَّناً مستقلاً لشيء معين هو المدلول (Signified) لأنه ليس هناك محتم لشيء معين. إنك تعني أي معنى لِلفظ عبر الفاظ أخرى موجودة في جملة ما، فإذا أضفتَ إليها لفظاً أو أسقطتَ منها لفظاً، تتغير دلالة الجملة بأسرها. وهذا يعني أنّ لا وجود لأية دلالة، لا في الألفاظ ولا في الجمل، ولا في أي شيء. وكلّ لفظة في جملة ما لا تحتمل دلالة بكلّ معنى الكلمة، ولذا تُؤخّر الدلالة إلى وجود لفظ أو ألفاظ أخرى في الجملة.

وكذلك فإنّ المعنى يتخذ وجهة ما عن طريق ألفاظ مختلفة. وسياق العبارة يغير المعاني دائماً، فلا تكون قطعية دوماً. ولذا، فإنّ القيم المتصلة بالمعاني هي بلا معنى أيضاً ولا تكون حتمية. وللأسف، فإنّ حاملي هذه النظرية لم ينتبهوا إلى أنّ استدلالهم هذا بنفسه ينم عن يقينهم بصحة النظر والدليل. فمن الحقيقة التي لا تُنكَر أنّ إبطال اليقين لا يحصل إلّا بيقين آخر أكبر منه، وهذا اضطرار الإنسان، فإنّه يُنتِج كلّ إبطال إحقاقاً لشيء آخر. ومن مأساة الإنسان أنّه ربما يُعرِض عن ذلك مغلوباً بعواطفه. فالحرية الشخصية والفردية التي يموت لأجلها هؤلاء، هي أيضاً قيمة من القيم. والإصرار على نفي كلّ القيم والأقدار لا تهدف إلّا إلى إثبات قيمة أخرى كأنها في واقع الحال ما يعبِّر عنه المعجز المطلق. فهذه هي حكاية رحلة الذين خرجوا بحثاً عن الحقيقة من غير ترشيد للوحي الالهي. ولم يكن إقبال على خطأ حين قال ما معناه:

إنّ العلم القائم على العقل والدليل ليس هو إلّا فرط الحيرة.

وعلى خلاف ذلك، فإنّ القرآن يؤسس استدلاله على علم طبيعي مفطور عليه وملهَم في النفس الإنسانية. فإنّ هذا العلم هو في الواقع أساس لكلّ علم وعمل للإنسان وفكره واستدلاله. فلا شكّ في أنّ الإنسان أول ما ينظر إلى شيء بديهي ينطلق بطريق ابتنائه أصلاً وأساساً في بحثه وتفتيشه. ولا ينتبه إلى أنّه في الحقيقة

لأنه يقوم على مكانة الوجود ما بعد الطبيعي. ويلح دريدا على أنّ «وجودي أنا» أيضًا لا يحمل حقيقة، فلا يكون له أيضا معنى قطعيّ.

علمه الفطري الذي يوصله إلى البديهيات ويهديه إلى النظريات. وإنْ لم يكن هذا العلم المفطور، لَما وُجِد هناك بداهة ولا نظر ولا استدلال. لأنّ الشيء الوارد من الخارج هو الموضوعات. وحكمها لا يأتي من الخارج، بل يحصل في النفس من قبل. وهو الذي يحكم ويبدل موضوعات إلى مواضيع حديثة ليحكم عليها حكماً ثانياً. والذوق والإدراك كلاهما ظهور لذلك. والأول منهما مصدر للعمل والثاني مصدر للعلم. وهو مرجع ومنبع لكلٍّ من الذات والصفات، والحامل والمحمول، والفعل والانفعال، والحسن والقبح، والمدرَك وغيره، وهو مصدر الفرق والامتياز في الذات وعوارضها.

أمّا الآثار التي تصل إلى النفس الإنسانية عبر الحواس فإنّ العلم الملهَم هو الذي يقوم بالاستدلال عليها، وبه يتحصل اليقين بالوجود الخارجي. فالإنسان لا ينكر قضاءه ما دام إنساناً، وهو يحكم ويسيطر على النفس الإنسانية. ولذا فإنّ هذا التسليم والانقياد ليس شيئاً خياريّاً، بل إنّه مجبول على التسليم بمقتَضيات ذلك العلم بمثل ما يُسَلِّم وينقاد لمقتضيات تكوينه. وأنت تقول إنّ الإنسان ينكر كل شيء، فلماذا لايستطيع إنكار ذاك العلم؟ والجواب على هذا التساؤل أنه يستطيع إنكاره بلسانه بلا شك، ولكن حينما يُنكِره بلسانه يكذبه في الحال عمله وجوارحه وأحواله. فكلّ إنسان سليم الطبع يتوضح له أنّ إنكاره ليس إلّا مكابرة صريحة محضة. ولذلك عبّر الإمام حميد الدين الفراهي عن هذا بالعلم الاضطراري، وأصاب حينما قال إنّ هناك مهبط إلهام في نفس الإنسان، وفيه يوجد العلم الذي نقول له الفطري، ويليه البديهي والنظري. وانطلاقاً منه، فإنّ تقسيم العلم ليس فقط بين البديهي والنظري، بل ينبغي أن يكون العلم مُقَسَّماً إلى الجذري، الفطري ثم البديهي والنظري، فإنه هو الحقيقة.

ويقول القرآن إنّ المخلوقات مجبولة على إقرار الخالق، وجودها يقتضي وجود الخالق ويحتاج إليه. وإنّها لا تحتاج إلى استدلال منطقي لإثبات الخالق، وإنّما تحتاج إلى التوجيه والتنبيه إليه. فمن الحقيقة التي لا تُنكَر أنّ مخلوقاً لا يُنكِر خالقه، بل إنّه إذا وُجِّه إليه، يندفع نحوه ويشتاقه كما يندفع العطشان إلى الماء. فقد

قال القرآن إنّ الله سبحانه تعالىٰ حين سألهم: ﴿أَلَسْتُ بِرَبِّكُمْ قَالُواْ بَلَىٰ شَهِدْنَآ﴾[1]. ولكنّنا نعلم أنّ الإنسان في هذه الحياة الدنيا ربّما ينكر الله بسبب المكابرة فقط. ولكنّه حين يُنكِر الخالق، فإنّه يبحث في الوقت نفسه في دائرة علمه عن فاعل لكلّ انفعال، وعن مريد لإرادة، وعن موصوف لصفة، ومؤثر لأثر، وعن ناظم عليم حكيم لكلّ نظم. وعلمه كلّه حكاية عن بحثه وفحصه هذا. إنّه تكذيب عملي يوضح حقيقة إنكاره وجحوده أتمّ توضيح.

وهكذا شعور الخير والشرّ، فقد قال القرآن إنّ تمييز الخير والشر وشعور خيرية الخير وشريّة الشرّ ملهَم في النفس الإنسانية مع خلقها، ولكن الإنسان ينكر في بعض الأحيان وإنكاره ليس شيئاً إلّا المكابرة. فهو حين يُنكِره، إذا أسيء إليه، فإنه يرى تلك الإساءة إساءة دون أدنى تردد، ويحتج عليها. وليس هذا فقط، بل إذا أُحسِن إليه يظهر مشاعر العز والاحترام إلى مُحسِنه. كما أنه إذا وُجِد في مجتمع قام بتنظيمه وإداراته للقانون والعدالة والمؤسسات العالمية، كلّ ذلك يشهد له.

وكذلك دلالة الألفاظ على معانيه، يقول القرآن عن نفسه إنه نزل كميزان وفرقان وحكم فاصل في النزاعات والخلافات. وإنّه قد بلَّغ أمانته إلى درجة قاطعة أن يكون الإنسان مسؤولاً على أساس ذلك، ويدخل الجنة أو النار وفقا له. فإرشادات القرآن هذه مبنية على اليقين الفطري الطبعي الذي ما زال الإنسان موقناً له بسبب صلاحيات النشر بالنطق والبيان وقطعية الإبلاغ من خلال النطق. ويبيِّنه أئمة الفقه والحديث كقاعدة أصولية مُجمَع عليها: «ما ثبت بالكتاب قطعي موجب للعلم والعمل». وهذه القاعدة لا يُذعِن لها المتكلمون المتأثرون بزيغ الفلسفة وضلالها، ويُصِرُّون على كون دلالة الألفاظ على مفاهيمها ظنيّة، ولذا، فإنّ ألفاظ القرآن لن تكون فارقاً بين الحق والباطل، بل تكون تلك البراهين العقلية[2].

وهذا هو الآخر إذاتدبرنا رأينا فيه مكابرة صريحة، إذ حين يقولون ذلك

---

(1) سورة الأعراف، الآية: 172.

(2) يحاول مفكرو ما بعد الحداثة انتزاع ركن الإيمان هذا من الإنسان، وبذلك لا يجني إلا الخواء والإلحاد، ولا يمكن لأحد أن يقدّر مدى العواقب المؤلمة التي يمكن أن يتمخّض عنها هذا الأمر.

يُبيِّنون لنا وجهة نظرهم بتلك الألفاظ نفسها بغير أدنى تردد أنّ قولهم هذا لا يصل إلى المخاطبين لهم بقطعية كاملة. وليس ذلك فقط بل إذا استمعوا إلى الآخرين أو قرؤوا كتاباتهم، فلا يلحق بهم هذا التردد أبداً. وإذا كان هناك بحث أو نقاش يدخلون فيه، وكلّ لفظ لهم يُصدِّق ما أقول. فهذه شهادة النفس الإنسانية على النفس الانسانية، ولا شهادة أكبر منها. وقال تعالى: ﴿ بَلِ ٱلْإِنسَٰنُ عَلَىٰ نَفْسِهِۦ بَصِيرَةٌ * وَلَوْ أَلْقَىٰ مَعَاذِيرَهُۥ ﴾[1].

ويقول ابن القيِّم (رحمه الله):

من ادّعى أنّه لا طريق لنا إلى اليقين بمراد المتكلم، لأن العلم بمراده موقوف على العلم بانتفاء عشرة أشياء[2]، فهو ملبوس عليه مُلَبِّس على الناس، فإن هذا لو صحّ لم يحصل لأحد العلم بكلام المتكلم قطّ، وبطلت فائدة التخاطب، وانتفت خاصية الإنسان، وصار الناس كالبهائم، بل أسوأ حالًا، ولَمَا عُلِم غرض هذا المصنِّف من تصنيفه، وهذا باطل بضرورة الحسّ والعقل، وبطلانه من أكثر من ثلاثين وجهاً مذكورة في غير هذا الموضع[3].

2011 م

3 -- أساس العلم

ما هو موضوع العلم الأول؟

هناك رأي يقول إنّ موضوع العلم الأول هو الوجود نفسه، لأنّ العلم يُعَدّ من جملة الموجودات، ولذا يجب أن يبحث عن الوجود بالذات قبل البحث عن

---

(1) سورة القيامة، الآيتان: 14 ـ 15.

(2) يريد بها الاشتراك، المجاز، النقل، الإجمال، التخصيص وأشياء غيرها. انظر لتفصيل ذلك: شرح المواقف للجرجاني: 2 / 51.

(3) (أعلام الموقعين 159/ 3).

الموجودات، وهناك مشكلة أنّه إذا صُرِف النظر عن مكانة الموجود المعلومة فكيف يكون البحث عنه؟ وإذا لم يكن هناك معيار متعين لتمييز الحق من الباطل، والصحيح من الخطأ، فكيف نطمئن إلى نتائجنا العلمية؟

ويمكن أن يقال إنّ موضوع العلم الأول هو النفس، ولكننا، إذا افترضنا ذلك، نواجه المشكلة نفسها التي ذُكِرت من قبل فيما يتصل بالوجود. فوجب أن نفرض أنّ موضوع العلم الأول هو العلم نفسه. وممّا لا شكّ فيه أنّ العلم من أحوال النفس، والذات تتقدم على الصفات والأحوال أبداً. ولذا يمكن أن يقال إنّه ينبغي أن يتبع البحث عن الصفات البحثَ عن الذات، ولكن ما هو البحث عن الذات؟ هذا ـ إذا نظرنا ـ إلى الآخر البحث عن الصفات، وبخاصّة عن الصفة الأخصّ والأقدم والأدخل في ماهيتها في الصفات كلِّها. والعلم يجوز بهذه الحيثية في أحوال النفس، فلا بدّ أن نحاول لفهم حقيقة العلم أول كلّ شيء.

هذا هو موضوع علم الإمام حميد الدين الفراهي و معرفته، وقد تمّ تعريفه بالمنطق أو التوازن. وقد نبّه الإمام إلى أنّه ليس بذلك المنطق الذي بدأ بمصنف أورجانون (Organon)[1]، لأنّ ذلك المنطق يبحث عن العلم الذي يُكتسَب عن طريق الاستدلال بالأوليات. فهذه الأوليات ليست موضوعاً له، وإنما نفرضها كأصول موضوعة.

اعتقد أرسطو أنّ الأوليات ينبغي أن يُبحَث عنها في العلم ما بعد الطبيعي (الميتافيزيقا)، ولكن إذا نظرنا إلى هذه المعرفة، فإن موضوعاتها هي العدد والوجود وغيرها من الموضوعات المشابهة التي يمكن أن تسمى المعرفة العامة. ما هو أساس المعرفة؟ لم يكن هناك نقاش حول هذا أيضاً، ولذلك، فإنّ البناء كلّه مبني

---

(1) أراد به أرسطاطاليس الذي وضعه كفنّ مستقل باسم الحُجَج الجدلية أو الدلائل الديالكتيكية (Dilectical Arguments). والمترجمون الأقدمون يعبرون عن مباحث أورجانون بتعبيرات إيساغوجي (Catagories) أنولوطيقا (Analytics) وطوبيقا (Topics). وهذه كانت بداية، وارتقاءات الفن التي جاءت فيما بعد مدينة لجهود ومساعي الاسكندر الأفروديسي التي بذلها في تفسير وشرح «أورجانون».

على الفراغ. وهذا الجهد كلّه ذهب سدى، وباب الشكّ والجهل الذي أريد إغلاقه بهذا العلم ظلّ مفتوحاً.

وقال الإمام إنّه يجب البحث، تحت هذا العنوان، عمّا يتعلق بالمعرفة قبل كلّ شيء، ويتم تحديد قضاياها الأساسية. ولا ينبغي لأحد أن يسيء الفهم هنا بأنّ الإمام يريد به الأوليات.ليس هذا طبعاً، بل هو شيء سابق يسمونه المعرفة المبنية التي إذا انهارت، ينهار بناء المعرفة، بل ينتهي وجود المعرفة والعقيدة، وينعدم العلم واليقين من أساسه. إنه يقول إن الذين أخطأوا فى هذا يتيهون في ظلمات الحيرة والأوهام والاضطراب، فقد جعلوا المعلوم مجهولًا والثابت معدوماً.

ولذلك، من أجل الخروج من هذه الظلمة، من الضروري أن نفهم أولاً ما هو الأساس الذي تقوم عليه المعرفة والحكمة كلّها، والذي يتعلق به إيماننا تعلقاً فطريّاً وانعكاسيّاً. وينبغي ثانياً فهم النمط الطبيعي للتفكير الذي تخلى عنه المنطق. فمنه تُفتَح أبواب جميع العلوم، ونكتشف قاعدة يجب أن تُسمَّى ميزان الحكمة.

يستند كلّ علم وكلّ حكمة إلى إلهامات مستودعة في النفس الإنسانية، والإنسان مفطور عليها، فهي تصل إلى المدارك، وتكون منبعاً للعلوم والأعمال والنظر والاستدلال. وهي التي تحكم على العقل فهو لا ينحرف عن أحكامها. وحياة الإنسان هي عبارة عن اليقين بها، فلا بدّ من فهم حقيقة اليقين. وقد وجَّهَنا الإمام حميد الدين الفراهي إلى المبادئ التالية:

1. كلّ كائن حيّ يؤمن بالعالم الخارجي. لا شكّ أنّ هذا الاعتقاد لا يظهر إلّا بعد المعرفة الحسية، ولكنّ هل الإدراك المنفصل هو سبب ذلك؟ الحقيقة هي أنّ الأمر ليس كذلك. فعلى سبيل المثال، عندما نلمس جسماً، فإنّ إحساسنا هو مجرد حالة تنعكس في الحسّ البشري. وأيضاً، إذا لم يكن هناك حاكم يأمر بوجود حاكم فعّال لهذا التأثير، فلا يمكننا أن نتأكد من أي شيء في ظاهرتنا. من هو هذا الحاكم الذي تخضع إرادة وسلطة الإنسان أمامه؟ هذا، إذا فكرتَ في الأمر، هو الإلهام الذي يحكم الروح البشرية. وبالتالي، فإنّ الإحساس الذي ينتقل بعد لمس شيء ما، يكون مصحوبًا بنوع من التفكير الغريزي الذي

يأخذنا من التأثير إلى التأثير .لم يتم إجراء أي قضايا لهذه الحُجّة . إنه يأتي إلى الوجود دون تفكير ونية، وهو قوي جدّاً لدرجة أننا حتى لو أردنا الاختلاف معه، فلا يمكننا ذلك، هذا يوضح الحقيقة أنّ معرفتنا لشيء ما والحصول على اليقين من وجوده هو مظهر من مظاهر قوة المعرفة والاعتقاد المتأصلة في طبيعتنا. هذه القوة مُنحت للإنسان من قبل خالقه بالطريقة نفسها التي أعطي فيها حواسّه وقوى أخرى. فأصبح ذا روح يستيقن العالم الخارجي.

2. إن اعتقاد النفس البشرية بوجود عالم خارجي هو، في الواقع، مبني على اعتقادها بأنّه منفصل عن الخارج. وهذا يعني أنّ الذات تتعرف على العالم والمعلوم، وتميِّز المحسوس من الذي يحسّه أي ما يشعر به ومن يشعر به، بشكل منفصل. هذه حقيقة قاطعة، لأنّه لو لم يكن الأمر كذلك، لكان قد وحّد الشعور مع نفسه، ولم يستطع أبدا أن يخلق في نفسه الاعتقاد بأنّ المحسوس شيء خارج من ذاته.

هذه المعرفة بالذات لا تتعارض مع تفكيرها في فعالية التأثير، ولكنّها أحد شروطها وحالاتها. وهكذا، كما تميز الذات بينها وبين العالم الخارجي، فإنّها تميز أيضاً بينها وبين التأثيرات التي تأتي عليها كمشاعر داخلية. وهذا التمييز، إذا تمّ النظر فيه، ممكن فقط لأنه يستطيع رؤية المالك والذات واضطراباتها كلّاً على حدة. لم تكتسب الذات هذا الشيء من الفكر والنظام، بل استوحته من خالق الطبيعة. وهذا يجب اعتباره أكثر عمقاً، وقبل إيماننا بالعالم الخارجي، لأن هذا هو الأصل أو المبدأ الذي يقوم عليه إيماننا بالخارج.

3. وهذا الإلهام يتضمن أيضا أنّه لا يمكن تصور الذات بغير صفات. ولذا كما تستيقن النفس أنّ الذات تحمل صفات، فكذلك يؤمن بوجود صفات قائمة أنشأتها هذه الذات نفسها.

4. ليس هذا فقط، فهو ينجذب إلى شيء ما ويتجنب شخصاً ما. وبالطريقة نفسها يقرّر الجمال في بعض الأمور والقبح في أمور أخرى. فما تفسير ذلك؟ لأنه يستطيع أن يميز بين التخلّي والاختيار وبين المكروه والمرغوب،

ويؤمن بالسلطة والتصرف. حياته مبنية على هذا الاعتقاد. ولو لم يكن راضياً عن ذلك، لَما كان يتخيل صراعاً من أجل أيّ شيء، ولا النية في أيّ عمل. فالحقيقة أنه كما أن يقينه في أمر العلم والادراك هو ملهم فكذلك إنه ملهم في أمور الاختيار والإرادة والفعل والتصرف واللذة (المتعة) والألم والحب والكره.

5. يقع تحت هذا أيضاً، حقيقة أنه يؤمن بالسلبية في المشاعر الخارجية. إنه يدرك دائمًا أن الحواس الخارجية تتلقى انطباعًا عن أفعاله. فهو عندما يرفع يده أو يلتقط شيئاً ما، يعبر عن معرفته وإيمانه. وهو لو لم يكن قد صدق هذا، لما كان بإمكانه فعل أي من هذه الأشياء. فجميع أفعاله تستند إلى حقيقة أنه يؤمن بأفعال الآخرين وانطباعاتهم. ومن هذا الاعتقاد، نشأ استخدام أدواته الجسدية وقواه الطبيعية والحسية. ولذلك، فإنّ تكرار الأفعال التي نشأت عنه، هو الذي أدّى إلى اعتقاده بأنه قادر على التخلص من المحسوسات الخارجيّة والتصرف بها.

6. الأشياء التي لا تتطابق مع الذات، يمكنه أن يميز بينها وبين نفسه. وهذا يعني أنّ لديه القدرة على التمييز بين الإثبات وغير الإثبات. لذلك يرى أنّه بصرف النظر عن صفاته، هناك بعض الصفات التي يدركها، لكنّه لا يمتلكها. وبالتالي مَن الذي يملكها؟ من الواضح أنّه لا يمكن لأحد أن يضاهيَه. لقد ذكرنا بالفعل أنّ إلهامات الـذات تشمل أيضاً أنه لا يوجد مفهوم للصفات دون الذات. ولذلك فإنّ هذا هو المكان الذي يُستمد منه الاعتقاد بوجود كائنات حوله تتمتع بصفات متميزة عن صفاته ومختلفة عنها.

7. وتمييز الخير من الشرّ أيضاً من جملة إلهامات النفس. والكلّ يعرف أنّ النفس الإنسانية لا تميز فقط بين المرغوبات والمكروهات، بل تحكم عليها بالخير والشرّ والبر والإثم. فلا يكون أبداً أن ترى النفس كلّ المرغوبات خيراً، وترى المكروهات كلّها شرّاً. ومن نتيجة ذلك أن تجد النفسَ مندفعة إلى العلو تارة، ومنجذبة إلى الأسفل أخرى، وتجد اختلافاً كثيراً في ميولها وعواطفها. وليس

ذلك فقط، بل إنها تعلم أن الطيب يتميز من الخبيث، والعالي من السافل. ولذلك فهي أيضاً تنزل وتتردد، وتمدح وتُدين، وتعترف بالعظمة وتلوم. وبالطريقة نفسها تُظهِر الشرف والتواضع والاحترام. كلّ هذا، إذا فكّرتَ وجدت، أنه نتيجة وحي الفضيلة وإلهام التقوى الذي تمّ غرسه وترسخ في طبيعة النفس البشرية.

فإذا قُسِّم العلم من حيث درجاته، يكون إمّا اضطراريّاً وإمّا استدلاليّاً. فعلم الله تعالىٰ، وعلم النفس وخارجها يأتي في الدرجة الاولى. ويأتى في الدرجة الثانية علم صفات الله تعالىٰ وعلم النفس وأحوال خارجها. وبناء الاستدلال ضروري لهذا القسم الثاني. وهذا قد يكون عبارة عن إلهامات الفطرة أو ما نعبر عنه بالعلم الاضطراري وقد يكون نتائج الفكر والاستنباط التي تبلغ إلى درجة المعلوم. وكذلك علم الماضي الذي انتقل إلينا من طريق العلم والتعلم. فإذا نظرتَ فكلّ هذه الأشياء هي التي صارت يقينَنا وإذعانَنا من قبل. فأصبح كذلك أن تكون نسبة اللازم والملزوم في البناء والمبنى، يعني هذا أنّك إذا سلمت البناء لزمك أن تسلم المبنى أيضاً.

ثمّ هذا البناء الاستدلالي يكون فرعاً لأصل أو أصلاً لفرع ويتحقق اللزوم بينهما. يقول الإمام الفراهي إنّ أقسام الاستدلال التي تنتج من ذلك هي الثلاثة الآتية:

أولاً: الاستدلال على الأصل بالفرع، لأنّ وجود الفرع يلزم وجود الأصل أيضاً.

ثانياً: الاستدلال على الفرع بالأصل، لأنّ الأصل يتضمن الفرع. فإذا نظرتَ في الأصل تجده يدلّ على الفروع المتضمنة كلّها، ومن أجل ذلك ندعو الأصل أصلاً والفرع فرعاً.

ثالثاً: الاستدلال بالفرع على الفروع الأخرى. وذلك عن طريق ثبوت الأصل، فالفرع يدل على أصله أولاً، ثم يفضي ذاك الأصل إلى الفروع الأخرى كلّها. والإنسان يستخدم طرق الاستدلال هذه في كل أفكاره وأعماله

فطريا. ويخطئ فيها حين يُعرِض عن الفكر والنظر في النسبة التي تكون فيما بين الأصل والفرع.

2012م

4 -- قطعي الدلالة

القرآن قطعيّ الدلالة. ولذلك، حين لم يستسلم مخاطَبوه المنكرون لهذه الدعوى أجابهم بقول فصل: الحقّ من ربّكم فلا تكونوا من الممترين. وإذا أصرّوا على إنكارهم تحدّاهم أنْ تعالوا إلى المباهلة (الملاعنة) في هذا، لأن العلم جاءكم من ربّكم، وكلّ شيء خلافه ليس إلّا كذباً وافتراءً وظنّاً. وإنّ الظنّ لا يُغني من الحق شيئاً.

فهذه مكانة القرآن حتى اليوم، لأنّ ألفاظه نُقِلَت إلينا بالتواتر، و تواترت إلينا معاني ألفاظه أيضاً. وعلماء القرآن لا يختلفون في معاني ألفاظه فحسب، بل في اختيارمعنى من معانيها في مناسبة خاصّة. فهذه المعاني ما زالت متداولة فهماً وتفهيماً، ودرساً وتدريساً، في مدارس المسلمين وزوايا مساجدهم ومجالس العلم والأدب، وثبتت في الكتب، ونقلها العلماء والفقهاء، وبيّنها الأدباء والمفسّرون أكثر من مرة. وسلسلة ذلك كلّه سنّة جارية متواترة من لدن عصر الرسالة حتى اليوم بلا انقطاع. وقواعد لغة القرآن وأساليبه نُقِلَت وفُهِمَت ودُرِسَت بمثل هذا التواتر أيضاً. وإذا كان هناك استثناء شاذّ في ذلك فهذه المتواترات ترتقي به إلى درجة اليقين بسبب دلالتها. فيقال عن القرآن باطمئنان كامل: إنّ الإنسان إذا قبل هدي ألفاظه، فإنّها تصل به قطعاً إلى مدلول وُضِعَت له.

وثمة مشكلات تتصل بنقل اللغة وروايتها، وترابط اللفظ والمعنى التي قد تزلّ بها عقول الناس، وقد سبق لنا توضيح ذلك في مقدمة كتابنا «الميزان». ولا نشعر بأية حاجة إلى التعليق على بعضها. وإذا كانت النظريات السوفسطائية

96

قد هُزِمَت من قبل بإزاء حقائق الكون المُجرَّدة، فسوف تذهب هذه السوفسطائية الجديدة أيضاً إلى النسيان والتجاهل، ولذا لامجال لتضييع الوقت في تغليطها وترديدها. كما أنّ مقولة بعض الكتاب الجدد لا تستحق الالتفات إليها، وهي «أنّ العام لا يكون قطعي الدلالة، وبما أنّ معظم آيات القرآن مشتملة على ألفاظ عامة، فلا يكون القرآن إذاً قطعي الدلالة». ولا يخفى على أهل العلم أنّ مقولتهم هذه بعيدة عن العلم والنظر! وقائلوها للأسف لايدركون الفرق بين أصل الوضع اللغوي والاستعمال السياقي للألفاظ.

ويبرز هنا اعتراض يجدر أن نشير إليه. يقول بعض العلماء: إنّ الناس قد اختلفوا في فهم آيات القرآن الكثيرة، ومعنى ذلك أنّها محتملة الوجوه، وكلّ كلام يحتمل الوجوه لايكون قطعي الدلالة، لأنّ قطعي الدلالة هو ما لم يكن في تأويله اختلاف.

وهذا الاعتراض صحيح من حيث إنّ الكلام المحتمل لعدة وجوه لا يكون قطعي الدلالة. ولكنَّ كلَّ كلام في تأويله اختلافات هل يكون بذلك فقط محتملاً لعدة أوجه؟ وجوابنا لا. فإنّ كون الكلام محتمِلاً لأوجه عدّة صفة مستقلّة له لا عارضة. فإذا قررت أن كلام فلان هو حمّال أوجه، فعليك أن تثبت أولاً أنّ الخلافات في تأويله ما زالت ولا تزال قائمة دائماً، ولا تنفكّ عنه بأيّ حال من الاحوال بناءً على العلم والاستدلال. فمثلاً هناك شخص يقرأ كلاماً أو يستمع إليه ويخطئ في لفظة أو محاورة أو تأليف. ويأتي شخص آخر بمفهومه الخاطئ بصرف النظر عن نظمه. ويأتي ثالث ويقدِّم له مفهوماً آخر معرضاً عن نظم الكلام وسياقه، آخذاً كلّ جملة منفردة منقطعة عن سياقها. فهل هذا كلّه من وجوه الكلام؟ ومن أجل ذلك، يُقال لذلك الكلام: إنّه حمّال أوجه؟ فجميع الاختلافات كلّها في تأويل القرآن من هذا النوع. فليست هناك آية من آيات القرآن يقال: إنّها محتملة الأوجه أصلاً، وقد أجمع العلماء كلّهم سلفاً وخلفاً أنّه من اللازم أن يكون لها احتمال لمعانٍ كثيرة متعددة.

وعلى العكس من ذلك، فالواقع هو أنّ الأقوال الواردة في تفسير آية ما، قد

اختِير بعضُها، وتُرك بعضها الآخر. على أنّ طائفة من أهل العلم قد اختاروا الأقوال المتروكة، وتركوا المختارة. وعند العلماء أسباب لهذا الأخذ والترك، فأحياناً يُقال: إنّ اللغة لا توافق ذاك المعنى الذي اختير في هذا القول. وأحيانا يُعزى الخطأ إلى التأليف، وتارة إلى صرف النظر عن نظام الكلام، وتارة يُستدلّ بسياق الكلام ونظمه. وكتب التفسير والفقه والكلام مفعمة بتلك المباحث.

وابن جرير هو الأكثر نقلاً لأقوال الناس، ولكنّ دارسيه يعرفون أنّه ينقد الأقوال، وينقّح الأراء في أكثر من موضع. وجاء ابن كثير، فقام بتلخيص تفسير إبن جرير ،على أن تلخيصه هو مبتنى على أصول الترجيح.وتشهد بذلك تفاسير كلّ من الزمخشري والقرطبي والألوسي والطباطبائي وأبي الأعلى المودودي.

وقد تُرجِم القرآن إلى العشرات من لغات العالم، وقد ترى أنّ مترجماً لم ينقل آية على أنّها تحتمل الوجوه الكثيرة، بل إنّه أقام أولاً ترجيحاً لوجه من الوجوه، ثم قام بعملية الترجمة طبقاً لذلك الترجيح. وقد بلغ ذلك منتهى الكمال في مجموعة تفسير الإمام الفراهي، وفي «تدبّر القرآن» للأستاذ أمين أحسن الإصلاحي اللذين رجّحا قولاً واحداً، ليس في الترجمة فقط بل في التفسير أيضاً. ولكَ أن تختلف مع هذا الترجيح، ولكن هذا الاختلاف سوف يدلّ على أنّ المخالف فيها لا يُقرّ بأنّ الكلام محتملٌ للوجوه. وإنّما يُصِرّ على أنّ المعنى المختار لم يكن صحيحاً بسبب الوجوه الفلانيّة و الفلّانية، ويخطئ الناس في أنّهم لا يفرّقون بين اختلافات التأويل واحتمالات الكلام. فهما شيئان مختلفان جدّاً. وقد تنشأ اختلافات التأويل من قلّة العلم ومن قلّة التدبّر أحياناً. ثم إنّ قلّة التدبّر لها أيضاً أسباب تنبعث من التربية العقليّة للناس، ومن أهوائهم وألوان تعصّبهم وعجلتهم، ومن انشغالهم بالأدنى على حساب الأسمى أحياناً، وما إلى ذلك من أشياء أخرى.

وإن لم يوجد شيء منها، فإنّ الحيطة وحدها تقتضي ألّا يكون هناك خطأ في ترجيح أيّ معنى من معاني كتابٍ كالقرآن في عظمته وقداسته، قد يكون باعثاً على النقد والجرح في المُحتمل. وعلى عكس ذلك فإنّ احتمالات الكلام تكون مودعة فيه منذ إنشائه. وإذا اكتشفها قارئ أو مستمع له، فإنّه لايمكن له فصلها عن

الكلام. فإذا اتّضح ذلك العيب، فكلّ شخص يضطر إلى الاعتراف أنّه عيب تكويني في الكلام لا يمكن إبعاده منه.

والقرآن الكريم مُبرّأ من هذا العيب كليّاً. لا شيء يماثله في قوّة البرهان، إنّه العلم الحّق والميزان والفرقان نزل بلسان عربي مبين نذيراً للعالمين وحجّة للّه على الدنيا كلّها. ودليلنا أنّ كتاب الله خالٍ من التناقضات والاحتمالات، وهو دائماً قاطع الدلالة، فيقول: ﴿وَلَوْ كَانَ مِنْ عِندِ غَيْرِ ٱللَّهِ لَوَجَدُوا۟ فِيهِ ٱخْتِلَـٰفًا كَثِيرًا﴾[1].

(2010م)

5 -- القطعي والظني

القطعيّة في اصطلاح الأصوليين هي نفي الاحتمال. وتُستعمَل لفظة القطعيّة في بحث دلالات الألفاظ في معنيين: أولهما ألّا يكون هناك احتمال بذاته. وثانيهما أن يكون دليل الاحتمال ضعيفاً لا يُلتفَت إليه. ومثال الأول المُحكَم والمتواتر. ويقدّمون ظاهر النص والخبر المشهور مثالاً للثاني[2].

ويقول الأستاذ مخلوف في تعليقاته على «الموافقات»:

«يُستعمَل القطع في دلالة الألفاظ فيما يأتي على نوعين: أولهما الجزم الحاصل من النصّ القاطع، وهو ما لا يَرِد فيه احتمال أصلاً. وثانيهما العلم الحاصل من الدليل الذي لم يقمْ بإزائه احتمال يستند إلى أصل يُعتدّ به، ولا تضره الاحتمالات المستندة إلى وجوه ضعيفة أو نادرة[3].

وهذه القطعيّة يمكن تعريفها بأنّها العلم بالصفة التي بها يحصل التمييز

---

(1) سورة النساء، الآية: 82.

(2) (انظر: التوضيح والتلويح لابن مسعود الحنفي مسعود بن عمر التفتازاني/ 242. وكشّاف اصطلاحات الفنون للتهانوي 2/ 1200).

(3) (الموافقات للشاطبي 1 / 13).

بين الحقائق التي لاتحتمل نقيضاً. وما يقول القرآن عنه: إنّه هو "العلم والحقّ" أو ينفي التضادّ فيه، فهو الحقيقة. ويقابله «الظنّ» الذي لا يمكن فيه نفي الاحتمال، وإنّما يُرجَّح فيه معنى واحد. ويرى الجاهلون أنّ كلّ علم يتحصّل بطريق التفكير والتفحّص، أو يحصل فيه إمكان الخطأ فهو ظني. لكنّني لا أعتقد ذلك، لأنّ العلم النظري الحاصل من التفكّر والبحث قد يكون قطعيّاً، وقد يكون ظنيّاً، ولذا يُعرّف بقولهم: هو الفكر الذي يطلب به مَن قام به علماً أو ظنّاً. وأوضحه الآمدي في قوله:

هو علم النظر المتضمّن للتصوّر والتصديق والقاطع والظني. (انظر لهذه التعريفات والمباحث: الإحكام في أصول الأحكام، الآمدي 1 /10، كشّاف اصطلاحات الفنون للتهانوي 2/ 1386).

أمّا إمكان الخطأ، فإنه يُتصوَّر حتى في المحسوسات والمجرَّدات، لأنّ الإنسان ما دام إنساناً لايبرأ من الخطأ. ومصطلح "ظنّي الدلالة" عند الأصوليين لا يُطلق على هذا الذي ذكرناه آنفاً، بل يُستخدم للكلام الذي يُتصَّور فيه احتمال النقيض. فمثلاً هناك مفهوم عام مُرجَّح لقوله تعالىٰ «هو الله أحد» بلا شكّ. ولكنْ، قد يُراد منه أنّ الله ليس بواحد. إنّ هذا الاحتمال هو الذي يجعل الكلام ظنّي الدلالة.

أمّا هذه الاحتمالات، فهي أنّ الضمير «هو» مبتدأ، والله خبرٌ له، وأحد خبرٌ ثانٍ، أو «هو» ضمير الشأن، والله أحد مبتدأ وخبر على التوالي، وما إلى ذلك من الخلافات. إنّ هذه هي احتمالات التأليف لا احتمالات المدلول، والتي لا تؤثّر على قطعيّة الكلام. وهكذا الخلافات التي نراها في الأقوال التفسيريّة لأئمة السلف. فقد أصاب الإمام ابن تيميّة حين قال في كتابه «مقّدمة في أصول التفسير» : «فإنّ منهم مَن يعبّر عن الشيء بلازمه أو بنظيره، ومنهم مَن ينصّ على الشيء بعينه، والكلّ بمعنى واحد في أكثر الأماكن، فليتفطّن اللبيب إلى ذلك[1].

والحقيقة أنّ آيات القرآن كلّها تصدق عليها القطعيّة بكلّ معنى الكلمة التي أشرنا إليها آنفاً. وأكثر الآيات لا احتمال فيها بذاتها. فألفاظها هي نفسها تفسيرات لها. فلا يُتصَّورأيّ نسخ، أو تخصيص، أو تغيير فيها. وبعض الآيات القليلة هي

(1) (تفسير القرآن لابن كثير 1 / 10).

مظنّة للاحتمال. وسبب ذلك يرجع إلى كونها محلّاً للتدبّر. فإذا لم يُوفَ حقّ التدبّر فيها خفي المعنى والمدلول. وذلك يعني أيضاً أنّه إذا وُفِّيَ حقّ التدبّر، فإنّ الدليل يقوم على عدم وجود احتمال بإزاء ذلك، وهو احتمال يُقال له: إنّه «يستند إلى أصل يُعتدُّ به»، ولذا قال الإمام حميد الدين فراهي العالِم الجليل والمحقِّق الكبير للقرآن الكريم في العصر الحاضر: «إنّ القرآن لايحتمل إلّا تأويلاً واحداً، وإنّه قطعيّ الدلالة، وإنّ قلّة التدبُّر هي التي تبعث على الخلافات. ولينتبهْ دارسو القرآن إلى أنّ معانيه كلّها كامنة في البحث عن هذه القطعيّة الدلاليّة. ومن ثم يجب ألّا يتزلزل إذعانهم ويقينهم به أبداً.

2011م

6 -- العام والخاص

ليس من المعتاد في أيّة لغة من لغات العالم أن يُوضع كلّ لفظ لمعنى خاصّ واحد، ويُوضع كل أسلوب لغوي لمدلول واحد فقط. فهما يدلّان عموماً على معانٍ متعدّدة. والتحقّق من معنى اللفظة أو الأسلوب يعتمد على أساس القرائن المختلفة، كتأليف الجملة وأسلوب المتكلّم ونظم الكلام وسياق العبارة وما إلى ذلك. وتكون طريقة العمل أن الذهن يضع أمامه كلّ هذه الاحتمالات، فيصدر حكمه في هذا الصدد تارةً بأدنى تأمّل فيه، وتارةً بعد التفكر والتدبّر العميق. ومن أجل هذه الحقيقة اللسانية، قال الإمام الشافعي في كتابه «الرسالة» عن الخاصّ والعام في القرآن ما مفهومه:

إنّ اللغة حمّالة للمعاني، فإذا ما كان عامّه أو خاصّه جزءاً من الكلام، فليس من الضروري أن يؤدّيا على كل حال المعنى نفسه الذي وُضع لهما أصلًا. فقد نزل

كتاب الله على النهج الذي يقضي أن يكون هناك لفظ عام، ويُراد به الخاص، ويكون اللفظ خاصًّا يُراد به العام[1].

وهذا الأمر لم يفطن إليه بعض الناس، وفهموا منه خطأً أنّ الإمام الشافعي أيضاً يرى دلالة الألفاظ على معانيها ظنيّة. على أنّه يقول فقط: إنّ اللغة تحتمل مفاهيم ووجوهًا مختلفة، ولذا لا ينبغي المبادرة إلى تعيين معنى يأخذ باحتمال واحد فقط، بل يجب التدبّر في تعيين مقصد المتكلم ومراده نظرًا إلى سياق العبارة وسياق الكلام. وعليه لا يُقال لخاصٍّ: إنّه قاطع على مدلوله، ولعامٍّ: إنّه يدلّ باللزوم على المعاني كلّها التي يرمز إليها.

وهناك طائفة من الأصوليين اختلفوا على هذا المذهب في اللغة. ولكنّ الصحيح فيه هو ما رآه الإمام الشافعي. وسبب ذلك أنّه ليس مُجرّد اللفظ هو الذي يوصل القارئ، ويبلغ السامع إلى نتيجة حاسمة متّصلة بمضمونه، بل إنّ مواقع استعماله في الكلام هي التي تقوم بذلك، وقد بيّنا في ذلك البحث في مقدمة كتابنا «الميزان» ما يُسمّى بالأصول والمبادئ: «وقد اختار القرآن الكريم في أمكنة كثيرة أسلوبًا جاءت فيه ألفاظه عامّة بظاهرها، ولكن يُراد بها الخاص بدلالة السياق القاطعة، فمثلًا يذكر القرآن «الناس» فيه، ولكن لم يُرِد به شعوب العالم، وأحيانًا لم يُرِد العرب كلّهم دون سائر العالم، بل أراد مجموعة منهم، وورد فيه تعبير «على الدين كلّه»، ولكن لم يُرِد به أديان العالم كلّها. ويُستعمل لفظ «المشركون»، ولايستخدمه في الذين أشركوافي العالم كله. ويأتي بألفاظ «وإنّ من أهل الكتاب»، ولم يُرِد به أهل الكتاب في العالم كلّه. وأحيانا يأتي بتعبير «الإنسان»، ولم يُرِد به جملة بني آدم. وهذا هو أسلوب القرآن العام، فإنّه إذا لم يُراعَ ذلك الأسلوب ينتهي المرء إلى إساءة فهم المغزى العامّ من القرآن، وهكذا فمن الأهميّة القصوى أن يظلّ تفسير كلمات القرآن مرهونًا بسياقها واستعمالها.

وهذا هو نوع اللغة التي من أجلها يطالب علماء القرآن وباحثوه وجوب فهم بواطن الألفاظ كي تصل إلى مراد المتكلم، ولا تحكم بظواهر الألفاظ فقط.

---

(1) (انظر الرسالة للشافعي: ص 230).

وقد قام رسول الله ﷺ بهذه الخدمة لكتاب الله، وأوضح بأقواله مايتضمّنه القرآن من مُضمَرات قد يَصعُب الوصول إليها على الذين يقصّرون في فهم دقائق اللفظ والمعنى. والإمام الشافعي يصرّ على أنه لا ينبغي الإعراض عن تفسيرات النبي ﷺ وتوضيحاته على أساس ظواهر القرآن، وهو مصيب فيها، فإنّه بيانٌ للقرآن الذي لا يمكن أن يكون مخالفًا له. والرسول تابع لكتاب الله ومُبيِّن لمدلوله، لا مُغَيِّر له. ويجيء الإمام مّرة بعد أخرى بأمثلة على ذلك في كتابه، وينبّه على ما جاء به النبي ﷺ ممّا يتّصل بأحكام القرآن، وهو أنّه بيان للقرآن لا غير. وإن لم يُذعِن له، فلا يكون ذلك اتّباعًا للقرآن، بل هو انحراف عنه، لأنّ نيّة المتكلم ومراده هو ما يتضح من تفسيرات وتوضيحات الرسول، ولا يختلف عنه.

ومَنْ أصدق قولاً من الإمام الشافعي في ذلك؟! ولكن قد تسرّب الضعف إلى استدلاله العقلي من حيث أنّه لم يتمكّن من إثبات العلاقة بين اللفظ والمعنى في أكثر المواضع التي يعبّر عنها بالبيان، وكذلك من إثبات كيفيّة حدوث العلاقة بينهما. فكانت النتيجة أنه اقتنع ببيان روايات عن النبي ﷺ لا يمكن أن تكون تفسيرًاوبيانا بأيّة طريقة. على أنّه كان من الممكن أن يبحث في أن رواتها هل فهموا مراد النبي ﷺ ورووه بطريقة صحيحة أم لا؟

وقد حاولنا في «الميزان» أن نبرهن على موقفه برهنة تامة، لأنه صحيح مبدئيًا، ويمكن لأهل النظر أن يقرؤوا هذه المناقشات في مبحث «الميزان والفرقان» في مقدمة (الميزان) باسم الأصول والمبادئ. ويتضح من هذه الحقيقة أنّ ما جاء عن الرسول ﷺ في الروايات عن أحكام القرآن هو مضمون ألفاظ القرآن التي قد بيّنها النبي ﷺ في تفسيراته. ولذا يجب على باحثي القرآن أن يتربّوا على فهمه بالخوض في بواطن اللفظ، وألّا يجسروا على نسخ القرآن بها أو ردّها مطلقًا.

م

7 -- مصدر الدين

حين خلق الله الإنسان أودع فيه شيئين: أحدهما إدراك أنّ له خالقًا ومالكًا، وثانيهما شعوره بالخير والشرّ. وأودع في نفسه أشياء أخرى أيضاً، إذا ذُكِرت ظهرت في علم الإنسان وعمله مع مرور الوقت. وهذان أيضاً من قبيل تلك الأشياء.

فهذا هو أصل الدين الذي أعطاه الله إيّاه حينما خلقه. ثم اختار الله (سبحانه وتعالىٰ) من بني آدم رسلًا آتاهم رسالته،وبعثهم إلى الناس مبشّرين ومنذرين. فهم أنبياء ورسل، جاؤوا وفصّلوا للإنسان عقائد وقواعد وضوابط للدين الذي قد أودعه الله فيه. وبدأت السلسلة من آدم، وخُتمت برسالة محمد ﷺ، الذي كان خاتمًا لهذه السلسلة، فلا نبيّ بعده ولا رسول. ولذا فالدين يصدر عنه وحده. والدين الحق هو الذي قاله بلسانه من حيث أنّه دين، أو عمل به، أو صوّب ما فعله أحدٌ أمامه من فعل ديني، ولم يمنعه من ذلك.

وقد أخذ آلاف من الناس هذا الدين عن محمد ﷺ، وعملوا به أمامه، ثم أخذه منهم الملايين، وعملوا به، ولم تنقطع سلسلة التواتر هذه، فلا يزال المؤمنون به ينشرون هذا الدين درساً وعلماً وكتابةً وعملاً وتبليغاً إلى الأجيال القادمة حتى انتقل إلينا، ولنا أن نقول بثقة كاملة: إنّه وصلنا بنفس الطريقة التي بلّغ بها صحابته الذين آمنوا به، وصحبوه في حياته ﷺ.

والباعث على يقيننا هذا أن العدد الجم الغفير في كلّ جيل قد نقله إلى الأجيال القادمة في مختلف المناطق بلسانهم وقلمهم وبعملهم، ويتعذّر إجماعهم وتواترهم على الكذب أو الخطأ. وذلك يُقال له في الاصطلاح العلمي الإجماع والتواتر. وقد أجمع العقلاء على أنّ الأمر الذي ينتقل عبر هذا الطريق من جيل إلى جيل يكون يقينيًّا قاطعًا. وعليه فالدين قد انتقل إلينا من مصدرين: أحدهما القرآن، وثانيهما السُّنّة.

فالقرآن هو الكتاب الذي يعتبره المسلمون قرآنًا، قد نزّله الله (تعالى) بطريق

ملك خاصّ، هو جبريل عليه السلام على قلب محمد صلى الله عليه وسلم. وقد قرأ النبي صلى الله عليه وسلم هذا الكتاب على الناس بنفس الألفاظ ونفس الطريقة التي نزل بها عليه. وقد سمعه آلاف من المؤمنين، وحفظوه، وكتبه بعضهم أيضاً، وحفظ البعض سورة، والبعض سورتين، والبعض عشر سور أو أكثر، والبعض جمعوا القرآن كله، أو كتبوه، وحفظوه مكتوبًا عندهم. وقد فعل ذلك الجيل الثاني، ثم تناقلته على المنوال نفسه كلّ الأجيال المسلمة حتى اليوم. وهذا موجود اليوم مكتوبًا في كلّ بيت. وهناك مئات الآلاف في العالم كلّه يحفظونه من أوّله إلى آخره. وكان من نتيجة ذلك أنّه لم يطرأ عليه تغيير من قبل، ولن يطرأ عليه ذلك الآن مع كلّ المحاولات الأثيمة لتغييره. فمن اليقين أنّ القرآن الذي بين أيدينا اليوم هو الكتاب بعينه الذي أُنزل على محمد صلى الله عليه وسلم، والذي خلّفه لصحابته.

وهكذا السُّنَّة، فإن القوم الذين وُلد فيهم محمد صلى الله عليه وسلم هم من نسل إبراهيم عليه السلام، وقد أمره الله باتّباع ملّة إبراهيم عليه السلام. فقد بقيت بعض الشعائر الأصليّة لملّة إبراهيم عليه السلام على ما خلّفها لهم إبراهيم عليه السلام، وبعضها قد نُسي، وأصاب الانحراف بعضها، جاء النبي صلى الله عليه وسلم مذكّراً لهم بتلك السُّنن، مُصوِّباً ما كانوا يخطئون فيه، وأضاف إليها بعض التعديلات بإذن الله، وألزمهم اتّباعها، فهذه الأشياء هي التي يُقال لها سُنّة الرسول صلى الله عليه وسلم، ومعظمها أشياء سبقت القرآن، وعرفها كلّ العرب، ولذا إذا ذكرها القرآن، ذكرها كأشياء معروفة عندهم، ولا تحتاج إلى تعريف وتفصيل، لأنّها قد بلغتنا بطريقة بلغنا القرآن بها. وتناقلتها أجيال المسلمين جيلاً بعد جيل منذ عهد الرسالة وعصر الرعيل الأول، وما دامت هذه السلسلة قائمة حتى يومنا هذا، وهذا أيضاً يقيني، فلا فرق بينها وبين القرآن من حيث الثبوت والقطع.

2015م

8 -- الأصول والمبادئ

إنّ منهجنا في فهم الدين يُبنى على ثلاثة مبادئ وأصول ذات أهميّة مركزيّة بالنسبة إلى مدرسة الإمام الفراهي، وهي كالتالي:

- المبدأ الأول أنّ القرآن هو ميزان الحق والباطل والفرقان بينهما في حقل علوم الدين في الإسلام، وهو مهيمن على أشكال الوحي كلِّها، أنزله كي يفصل بين الناس فيما اختلفوا فيه من أوامر الدين والشريعة، وأن يثبتوا على الحق تبعًا لذلك، وقد بيّن القرآن الكريم مكانته هذه بنفسه، وما يتفرّع عن ذلك من أصول ومبادئ هي الأمور التالية:

أولاً: إنّ متن القرآن مُعرَّف قطعاً، وهو الذي ثبت بالمصحف الشريف الذي يتلوه اليوم معظم المسلمين باستثناء بعض المناطق الغربية (في قارة أفريقيا)، وهذه التلاوة تتبع القراءة المتداولة العامة التي ليست هناك قراءة أخرى سواها يمكن أن تُعتبَر قرآناً، ولا يمكن تقديمها كقرآن.

ثانياً: القرآن قطعي الدلالة. ومعنى ذلك أنّ ألفاظ القرآن صالحة كليًّا أن تفضي بالإنسان إلى مدلول ومعنى وُضِعَت له بقطعيّة تامة إذا اتّبع تعليماتِه. ويقصّر الإنسان أحياناً في فهم ذلك بسبب قلّة العلم وقلّة التدبّر. وليس لذلك علاقة ما بلسان القرآن وأساليب بيانه، لأنه لا يقصّر أبداً عن بيان مدلوله.

ثالثاً: إنّ كلّ آيات القرآن التي تتوقف عليها هداية الإنسان وضلاله هي آيات مُحكمات، أمّا الآيات المتشابهات فهي التي تعبّر مجازيًّا عن نعمة من نعم الله التي أسبغها الله على عباده الصالحين يوم القيامة، أو تعبّر عن عقوبة يُنزِلُها بعباده الطالحين، وقد صِيغَت على شكل حكايات رمزية، أو صِيغَت بواسطة التشبيه البياني، وتتضمّن أيضاً الآيات التي تعبّر بأسلوب رمزي عن صفة من صفات الله أو فعل من أفعاله أو عن أية حقيقة

متعالية أخرى، وهذه لا يمكن إلا أن تُحدَّد بعيداً عن الشكّ في مدلولها. والأسلوب الذي يستخدمه كتاب الله هو اللسان العربي المبين واللغة التي يمكن فهم معانيها ودلالاتها بكلّ وضوح. والفرق الوحيد بين الآيات المحكَمات والآيات المتشابهات أنّ حقيقة مرجعيّات الآيات الثانية لا يمكن للعقل البشري أن يدركَها في هذا العالم. وهذا الأمر لا يعوق فهمنا للقرآن، ممّا جعل النقاشات والمماحكات المثيرة للشقاق فيها أمراً محرّماً.

رابعاً: لا بديل لحكم القرآن، ولا مُغَيِّر له من خارج القرآن سواء كان وحياً خفيّاً أم جليّاً، حتى إنّ الرسول ﷺ الذي أُنزِل عليه القرآن ما كان له أن يفعل ذلك. وكلّ شيء يُقبل أو يُردّ في ضوء آيات بيّنات من القرآن نفسه. وكلّ بحث للعقيدة والإيمان يُقبل منه وينتهي إليه. ويجب أن يكون كلّ وحي وكلّ إلهام وكلّ تلاوة وكلّ تحقيق أو رأي تابعاً له. فإنّ القرآن هو الذي يحكم على أمثال أبي حنيفة والشافعي، والبخاري ومسلم والأشعري والماتريدي والجنيد والشبلي كلّهم، ولا يقبل من أيٍّ منهم رأياً يخالف القرآن أبداً.

هذا عن القرآن، أمّا المبدأ الثاني، فيتعلق بالسُّنة التي تعرَف بأنّها تعاليم الدين الإبراهيمي الذي أرساه الرسول ﷺ بعد إصلاحها وتجديدها مع بعض الإضافات إليها بين أتباعه. وقد أمر في القرآن باتّباع ملة إبراهيم عليه السلام، فهذه التعاليم جزء من ذلك الدين أيضاً، ولافرق بينها وبين القرآن من حيث الثبوت. فكما أنّ القرآن بلغَنا بطريق إجماع الصحابة وتواترهم العملي، فإنّ السُّنّة أيضاً قد وصلتنا بإجماعهم وتواترهم العملي في كلّ عصر ومصر فلا مجال لنزاع أو نقاش فيها.

- والمبدأ الثالث أنّ الدين إنّما هو الذي بيّنه القرآن والسُّنّة فقط، وما عدا ذلك ليس بدين، ولا يُقال عنه: إنّه دين. أمّا أخبار الآحاد التي تتّصل بقول النبي ﷺ وفعله وتقريره التي يُقال لها «الحديث» عمومًا، فإنها لا تضيف عقيدة وعملًا إلى الدين، ولكنّ ذلك لا يعني أنها غير ذات أهمية، بل هي أشياء متعلّقة

بالدين جاءت في هذه الأخبار لتفسير وتبيين الدين المحصور في الكتاب والسُّنّة. كما هي بيان أيضاً لكون السُّنّة النبوية أسوةً للعمل والتطبيق، فهذه هي دائرة الحديث. لا يكون شيء خارج هذه الدائرة من الحديث، ولا يُقبَل لمُجرَّد أنّه منسوب إلى النبي ﷺ.

ولكنْ تقوم حُجّة الحديث في هذه الدائرة على كلّ شخص يقبل الحديث من حيث كونه قولاً أو فعلاً أو تقريراً أوتصويباً من رسول الله ﷺ بعد الاطمئنان الكامل إلى صحته. ولا يجوز له الانحراف عن الحديث بعد ذلك، بل يجب عليه أن يُذعِن ويستسلم له، إذا جاء فيه حكم أو أمر لرسول الله ﷺ.

2010م

9 -- اختلاف القراءة

كتبنا في مقدمة كتابنا «الميزان» المُسمّاة بـ«الأصول والمبادئ» أنّ القرآن يُطلق فقط على ما ثبت في المصحف الذي تتلوه الغالبيّة العظمىٰ من المسلمين في العالم كلّه، باستثناء بعض المناطق الأفريقيّة ومناطق أخرى، وبغير أدنى اختلاف فيه. ويمكن أن يُثار حول هذا سؤال وهو أنّه إذا سلّمنا على سبيل النقاش بأنّ القرآن فقط هو الذي لم يزل يتداوله جمهور المسلمين درساً وتدريساً، فلماذا يتعامل معه العلماء تعاملًا مختلفًا؟ وكيف حدث أن أئمة التفسير والحديث والفقه يرجّحون قراءة ما على قراءات مختلفة له على أساس الذوق والميل الشخصي واضعين تلك القراءات في درجة واحدة، حتى إنّ الأئمة الأجلّاء أمثال الشافعي ومالك لايتردّدون في ترجيح قراءة نافع أو قراءة ابن كثير المكّي على القراءات الأخرى؟

والجواب على ذلك أنّ الغالبية العظمىٰ من علماء المسلمين قد أجمعوا قبل هؤلاء الأئمة بوقت طويل على أنّه لا يتوجّب على عامة المسلمين أخذ العلم الحاصل من أخبار الآحاد بلا شكّ. ومن الضروري للعلماء والخواصّ أن يقبلوها،

وبعد اقتناعهم بإسنادها ليس هناك فرق بين اكتساب المعرفة واستنتاجاتها التي ينالونها من خلال أخبار الآحاد وبين المعرفة السائدة بين عامة المسلمين التي تتناقلها الأجيال جيلًا بعد آخر، ويقول الإمام الشافعي في كتابه (الرسالة):

«وعلم الخاصّة سُنّة من خبر الخاصة يعرفها العلماء، ولم يكلّفها غيرهم، وهي موجودة فيهم أو في بعضهم بصدق الخاصّ المُخبِر عن رسول الله بها وهذا اللازم لأهل العلم أن يصيروا إليه». ولذلك، إذا أخبر بعض الثقات بعد وفاة الرسول ﷺ أنهم سمعوا من صَحابيّ قراءة كلمة ﴿ مَٰلِكِ ﴾[1] (مَلِك) و﴿ يَكۡذِبُونَ ﴾[2] (يُكذّبون) بتشديد الذال و﴿ يُوحِي ﴾[3] (يُوحَى) مبنيًا للمجهول، قُبِل ذلك عند أهل العلم كما كانت تُقبَل أخبار أخرى عن النبي ﷺ وأفعاله، وكان ذلك لسبب واضح، فإذا كانوا لم يقبلوا هذه الآثار، فلماذا كانوا يقبلون أخبارًا متّصلة باجتهادات النبي ﷺ وأحكامه وتفسيراته وتبيينه وأسوته الحسنة؟ إلا إذا كانت تناقض القرآن.

ونالت القراءات المختلفة في القرآن الذِّكر والصيت بناءً على هذا المذهب الذي انتهجه العلماء التابعون. ولم تمضِ مدة طويلة حتّى برز في علم القراءات الحاذقون الذين لم يكتفوا بدورهم في أن يتعلّموا قراءة القرآن بمختلف الطرق التي يختارها العرب في لهجاتهم من الإظهار والإخفاء والإدغام والإمالة والتفخيم والإشمام والإتمام وغيرها، بل مضوا في ذلك قدمًا، ودوّنوا قراءات مستقلة لهم مرجّحين بعضها على بعض بناءً على الأخبار والآثار المتصلة بعلم الخاصّة التي قد ذكرناها فيما مرّ. واشتُهِرت قراءاتهم الخاصّة بأسمائهم، كما اشتهرت مذاهب الفقه المختلفة كفقه مالك وفقه الشافعي وفقه الأئمة الآخرين. ولذا يُقال لهؤلاء الخبراء في علم القراءة «أصحاب الاختيار». وكانت النتيجة طبعًا أنْ قصَدَهم طلّاب العلم لأخذ القراءة المختارة منهم، كما يقصدون أئمة الفقه لأخذ الفقه منهم، وأئمة الحديث ليتعلّموا الحديث منهم.

---

(1) سورة الفاتحة، الآية: 4.

(2) سورة البقرة، الآية: 10.

(3) سورة الأنفال، الآية: 12.

ثمّ لم يتوقّف الأمر عند ذلك، بل اختار أئمة القراءات هؤلاء أو تلامذتهم واحدةً من مختلف المدن التي كانت مراكز العلم في ذاك الزمان مثل مكة المكرّمة والمدينة والكوفة والبصرة ودمشق وغيرها. وانهال علماء تلك البلدة وقرّاؤها عليهم، وأقبلوا على قراءتهم المُختارة، حتى قيل: إنّ أهل هذه المدينة على قراءة ذلك الإمام. أُريد بكلمة (الأهل) في هذا التعبير العلماء والقرّاء لا عامّة الناس، لأنهم لا يختارون أشياء كهذه، ولا يتركونها بهذه الطريقة، ولذا كانت الأوضاع تتغير أيضاً في بعض الأحيان؛ فعلماء هذه البلدة يختارون قراءة قارئ آخر بعد برهة من الزمان. وهو السبب في عدم وجود قراءة أخرى في معظم العالم الإسلامي خارج تلك المراكز العلميّة المذكورة قبل قليل. ولا يوجد دليل تاريخي على ذلك القبول أوالتَّرك. نعم، لقد استُثنيت (القيروان) وما جاورها من المناطق من هذا التعميم، إذ أصدر القاضي عبدالله بن طالب في أواخر القرن الثالث للهجرة أمر تدريس قراءة نافع فقط لعامّة الناس، كما جاء في (ترتيب المدارك) للقاضي عيّاض بن موسى (1/ 13/ 4) فاضطُر عامّة الناس أيضاً أن يتّبعوا قراءة نافع في تلاوة القرآن في (القيروان) وما جاورها من المناطق المغربية، ولا يبرحوها. وأغلب الظنّ أنّ هؤلاء الناس كانوا أتباع الفقه المالكي، وقد سبق في ما مرَّ أنّ الإمام مالك كان يرجّح اختيار قراءة نافع. وقد كان ذلك في بعض المناطق الصغيرة الأخرى التي كانت تحت تأثير العلماء، إلا أنها كانت قُرى ومناطق محدودة، ولا تزال موجودة حتى اليوم. أمّا ماعدا ذلك من بقية العالم الإسلامي فلم تتأثّر جماهير المسلمين بهذه التغيّرات، ولم يحاول العلماء تغييرها في هذا المجال. ولم يزل الاثنان يسيران على طريقتهما. ولذلك كانت رواية الاستفادة من القراءات المختلفة للقرآن في العلوم الإسلامية كالتفسير والحديث والفقه والعلوم الأخرى قائمة لقرون عديدة دون أيّ انقطاع، ولا تزال قائمة حتى اليوم إلى حدّ كبير.

والعلماء يذكرونها في مباحثهم وكتاباتهم ومجالسهم ومدارسهم حتى اليوم، كما أنّ القُرّاء يتلُون القرآن حتى اليوم حسب القراءات السبع أوالعشر، وأحيانًا أكثر من ذلك. وبالرغم من ذلك يرى كل امرئٍ أنّ القرآن الكريم الذي هو شائع وذائع في جماهير المسلمين هو مصحف واحد. أخذوه من عامّة الصحابة، ونقلوه حسب

تعبير الشافعي جيلاً بعد جيل إلى العامة. و يُطلق عليه تلاوة (حفص)، ولكن ينبغي ألّا ينشأ منه سوء ظن، لأنّها قراءة محضَة، ويُهتَمّ فيها بحسن الأداء ومراعاة الدقائق الفنية للهجات العرب نحو الإمالة والتفخيم والإشباع والاختلاس والصّلة والإشمام والرَّوْم والترقيق والتفخيم، وما إلى ذلك. ولا يسبّب ذلك أيّ فارق في دلالة الكلام ومفهومه.

وهذا هو الشيء الآخر الذي يُؤخذ من رواية (حفص) في هذا المصحف. وبناءً عليه يُنسَب إلى (حفص) الذي أخذه من أستاذه (عاصم) الذي كان بدوره تلميذًا في هذا الفن لتابِعِيّ جليل الشأن هو (أبو عبد الرحمن السّلمي) الذي ظلّ يعلّم تلاميذه في الكوفة تفاصيل هذا الفن لأربعين سنة على الأقل. وقد نقل عنه (أبو بكر بن مجاهد) المُدوِّن الأول للقراءات السّبع أنّه ما كان يُعَلِّم ويُدَرِّس قراءته الخاصة به، بل كان يُقرِئهم القراءة نفسها التي كان قد سعى سيدنا عثمان ﵁ أن يجمع الناس عليها، فقال: أول مَن أقرأ بالكوفة القراءة التي جمع عثمان ﵁ عليها أبو عبد الرحمن السلمي[1].

وهذا هو الشيخ الذي قال منبّهًا الناس حين رأى شيوع القراءات المختلفة فيهم: «كانت قراءة أبي بكر وعمر وعثمان وزيد بن ثابت والمهاجرين والأنصار واحدة، كانوا يقرؤون القراءة العامة، وهي القراءة التي قرأها رسول الله ﷺ على جبريل مرّتين في العام الذي قُبِض فيه، وكان زيد قد شهد العرضة الأخيرة، وكان يُقرئ الناس بها حتى مات»[2].

وهذه القراءة ثابتة في مصاحفنا اليوم. ويشهد التاريخ كلّ الشهادة أنّ المساعي المشكورة لسيدنا عثمان ﵁ والحجاج بن يوسف لجمع المسلمين كافة على قراءة واحدة (قرآن واحد) احتاجت لترويجها بين المسلمين إلى رتبة عالم أو سلطة حاكم أو نفوذ قاضٍ، كما ساهمت في المناطق الأفريقية في ترويج قراءة نافع. وقد روّجها رسول الله ﷺ بعد العرضة الأخيرة وصحابته الأبرار، الخلفاء

---

(1) (السَّبع في القراءات أبو بكر بن مجاهد 1 / 67).

(2) (البرهان للزركشي: 1/ 331).

من بعده، وما زالت على تلك الحالة. ولذا، فإنّ قرّاء المسلمين حين كانوا يدوّنون مختاراتهم، وكان المحدّثون من بعدهم يجمعون أخبار «علم الخاصّة»، وكان الفقهاء والمفسّرون يحاولون حلّ مشكلات القرآن وتذليل صعوباته، كانوا يَتلُون القرآن بهذه القراءة نفسها. وحينما توغّلوا في الهند في أواخر القرن الأول للهجرة كانوا يتلونها، ولما نزلوا على جزائر جاوا و سوماطرة والملايو والجزائر الأخرى في الشرق الأقصى كان هذا القرآن في متناول أيديهم، وسوف يظلّ إلى يوم القيامة، إن شاء الله تعالى.

وهنا يمكن لأحد أن يثير قضيّةً هي أنه إذا كان نهج المسلمين هو قبول أخبار «علم الخاصّة» رغم هذه الحقائق المذكورة في هذا الباب، فلماذا يختلف أهل العلم في مدرسة الإمام الفراهي عن ذلك النهج؟ وجوابنا أنه لم يكن ردّ أخبار الثقات سهلاً يسيراً لأهل العلم، لأنّ ذلك يحتاج إلى نصٍّ قرآني. فإنْ كان قد اتّضح المفهوم الصحيح لآيات سورة القيامة في البداية، فالأغلب على الظنّ أن يكون تعامل علماء المسلمين وفقهائهم ومفسّريهم منتهجاً نفس المنهج نفسه الذي يتّخذه اليوم علماء مدرسة الفراهي، فقد قدّم الإمام حميد الدين مفهوماً صحيحاً لتلك الآيات، وعليه يمكن أن يُقال اليوم اعتماداً على تفسيره: إنّ الأخبار التي جاءت عن قراءات القرآن المختلفة، إن كانت صحيحة أيضاً، فإنها صارت منسوخة بقراءة العرضة الأخيرة لمخاطَبي القرآن الأبديين، فلا تُقبَل إذاً بصورة ما. ويؤيّده ما رواه البخاري، إذا كان صحيحاً، أنّ سيدنا عمر ﵁ قد ردَّ قراءات أُبيّ بن كعب ﵁ المختلفة التي كان يلح عليها قائلا:

«لا أدع شيئاً سمعته من رسول الله ﷺ»(1).

إنّ حكم القرآن المُحكَم بهذا الصدد الآن هو أنه يجب على المسلمين كافة الأخذ بالقراءة الإلٰهية للقرآن بعد جمع القرآن وترتيبه، إلى يوم القيامة، وينبغي لهم

(1) (المرجع نفسه: 1 / 4481) بنفس الدليل.

عدم الانحراف عن هذا الحكم القرآني المُحكَم، فقد قال تعالى: ﴿لَا تُحَرِّكْ بِهِۦ لِسَانَكَ لِتَعْجَلَ بِهِۦٓ * إِنَّ عَلَيْنَا جَمْعَهُۥ وَقُرْءَانَهُۥ * فَإِذَا قَرَأْنَٰهُ فَٱتَّبِعْ قُرْءَانَهُۥ﴾ (1).

2015م

10 -- الاجتهاد

ظهر مصطلح الاجتهاد إلى حيّز الوجود من حديث منقطع الإسناد عند الأئمة. ولكنّ جملةً من هذا الحديث قد صارت مصدراً لهذا الاصطلاح المهم في الفقه الإسلامي. فيُروَى أنّه ﷺ لما بعَث معاذًا إلى اليمن عاملًا عليها سأله: بماذا تقضي؟ قال: أنظر في كتاب الله، قال: فإن لم تجد فيه، قال: أنظر في سنة رسول الله، قال: فإن لم تجد فيها، قال: أجتهد رأيي ولا آلو جهداً. (روى أحمد معناه، رقم 21502). فألفاظ «أجتهد رأيي» هي مصدر لهذا المصطلح. وقد استعمل علماء الأصول هذا في مدى الحدود التي تتعيّن من الحديث؛ أي أنْ يكون الاجتهاد فيما سكت عنه القرآن والسُّنّة من أمور. فلا علاقة له بما قد صّرح به الكتاب والسُّنّة. وسبب ذلك أنّ وصايا القرآن والسُّنّة هي محلّ للتدبّر، لا محلّ للاجتهاد. ولأهل العلم أن يراجعوهما مراراً وتكراراً لتعيين المنشأ والمناط. ولهم أيضاً أن يختلفوا عن السلف في تأويل الكتاب والسُّنّة. ولكن ليس لهم تبديل أو تعطيل أوامر الكتاب والسُّنّة أو أحكامهما باجتهادهم.

فهذه هي دائرة الاجتهاد. وفي رواية معاذ أيضا، إن صحّت، قد أوضح رسول الله ﷺ هذه الحقيقة بسؤاله عنه: فإن لم تجد في القرآن، فإن لم تجد في السُّنّة، فإذا وُجِد شيء في الكتاب والسُّنّة، فليس لمسلم أن يحيد عنه، فإنّ إيمانه يقتضي أن يُسلِّم به دون تردّد. فحقيقة الإسلام هي الانقياد الكامل للّه ورسوله. وقد أخطأ بعض مفكّري العصر الحاضر الكبار في فهم أحكام وآراء الخلفاء الراشدين. وفي

(1) سورة القيامة، الآيات: 16 ـ 18.

الواقع لم يكن أحد من الخلفاء يفكر في أن يجترئ على تبديل أو تعطيل حكم الله. وما يراه الناس تعطيلاً أو تبديلاً إنّما كان من تضمّنات ومُضمَرات الحكم الأصلي الذي أوضحه الخلفاء الراشدون بتطبيقاتهم العملية، فينبغي أن نتعلّم منهم أساليب الفهم والتدبّر في القرآن الكريم والسُّنّة بدلًا من توليد جواز التعطيل أو التبديل في أعمال الخلفاء الراشدين.

فالاجتهاد في هذه الدائرة ضرورة لكلّ مسلم كالهواء والماء، ولا يمكن أن يُغلَق بابه أبداً، والواقع أنه لم يكن مُغلقًا قطُّ، على الرغم من إصرار البعض على إغلاق بابه بعد القرن الهجري الرابع، ويشهد الواقع أنّ العلماء والفقهاء ما زالوا موجودين، ويبرعون في مختلف العلوم، وقد اجتهدوا سابقًا، ولا يزالون يجتهدون اليوم أيضاً.

وقد شرّف الله تعالىٰ الإنسان بنعمة العلم والعقل. وأُعطِيت هذه النعمة له كي يسترشد بها في أموره. وهذه الأمور متنوّعة وغير محدودة، وقد أنزل الله تعالىٰ شريعته فقط في أمور يحتاج العلم والعقل فيها إلى الإرشاد، ولأنّ الإنسان ليس أعمىٰ، فإنه يحتاج في كلّ شيء إلى إرشاد السماء المباشر، والأحكام الشرعية مُحدّدة جدّاً، فكان من الضروري أن يُصار إلى الاجتهاد. فسِرّ التقدم كله كامن في الاجتهاد. ولا تمضي الحياة قُدُماً من دونه. والسبب الكبير لانحطاط المسلمين أنّهم قد فقدوا القدرة على البحث في العلوم الطبيعية والاجتماعية، وتنقصهم كفاءة البحث العلمي فيها على صعيد الأمة.

يجب أن يبقى في الحسبان أنه ليس هناك شروط للاجتهاد، فعلى الناس أن يجتهدوا، فإذا أخطأ أحد منهم، صوّبه نقد الآخر. يجب أن يمضي الإنسان قدماً بهذا الطريق، ويبرز مجتهدون من الدرجة الرفيعة كنتيجة لهذا العمل. ولاشكّ أنه إذا سلّمتَ بمبدأ التقليد، يجب عليك أن تسلّم بكافة الشروط التي تُشترَط في بيان الاجتهاد، لأنه في هذه العملية، لا يكون الاجتهاد نفسه واستدلاله أصلاً متأسّساً عليه، بل يكون ذلك هو شخص المجتهد الذي يكون مصدراً للتقليد. ولكن إذا كان البناء على الدليل عند الكل سواءٌ أكان أحدهم عالماً أم عاميّاً، كما كان الأمر في

عصر الصحابة والتابعين، يكون الأساس هو الاجتهاد نفسه لا شخص المجتهد، فيُنظَر هل يتحقّق معتمداً على معايير العلم والعقل أم لا؟ ففي هذه الحالة إذا أتى شخصٌ غير مسلم بحلٍّ معقول لقضية ما، فلا اعتراض عليه، بل يُقبَل منه بوصفه ضالّةَ المؤمن.

إنّ الحقيقة التي لا تُنكَر هي أنّ معظم الاجتهادات فيما يتعلّق بالأمور السياسيّة والاقتصاديّة والإداريّة ومجالات أنظمة البلاد الاجتماعية وأصول المواطنة قد تمّت على أيدي غير المسلمين. والمسلمون قد سلّموا بها في عامة الأحوال. كنظام الديموقراطيّة وقيمها، والأنظمة الإداريّة المبنيّة على أسس الديموقراطيّة. نعم، إنّ القرآن قد قدّم مفهوماً لمبدأ الديموقراطية، ولكنّ المسلمين لم يؤسّسوا عليه نظاماً، بل أسّسه غير المسلمين. ورغم ذلك أنت ترى أنّ علماء المسلمين اليوم وفقهاءهم ومعظم الجماعات الدينيّة لا يُسَلِّمون بهذا النظام فحسب، بل يؤدّون دوراً طليعيّاً في تعزيزه وتقويته. وهذا هو المسلك الصحيح في الأمور التي سكت عنها القرآن والسُّنّة، وعلينا أن نسلكه.

2011م

11 -- الإجماع

إنّ المصدر الوحيد للدين هو شخص الرسول ﷺ فحسب. وقد انتقل إلينا هذا الدين منه بإجماع الصحابة والتواتر القوليّ والعمليّ وذلك بطريقين: أحدهما الكتاب والثاني السُّنّة. ويُؤخذ هذا الدين الآن من هذين المصدرين فقط بعد وفاة النبي ﷺ. وإذا أمكن أن يكون هنالك مصدر آخر للدين فهو الاجتهاد. ونحاول عن طريق الاجتهاد فهمَ الأحكام التي لم تَرِد في النصوص مباشرةً، إضافةً إلى الأشياء الكثيرة الأخرى، ولكنّها من حيث نوعها متروكة لتقدير آراء وأفهام الناس.

والقياس شكلٌ من أشكال الاجتهاد. وقد استخدم القرآن لذلك لفظة

«الاستنباط»، وما ينتج من ذلك يُطلَق عليه «الفقه». وقد ابتدأ من اجتهادات رسول الله ﷺ بالذات، وتزوّدنا أخبار الآحاد بذخيرة كبيرة لبيان ذلك الاجتهاد. وقد ظلّت تلك الرواية رائجة في عصر الصحابة والتابعين بعد الرسول ﷺ. ولكن لمّا بدأ عصر الفقهاء أُضيف إلى تلك المصادر الثلاثة مصدرٌ رابع هو إجماع الأمة. ويُعتبر هذا الإجماع عموماً مصدراً للتشريع منذ ذلك اليوم.

إنّ هذه الإضافة في مصادر الدين لهي بدعةٌ، لأنّك لا تجد لها أساساً في نصوص الكتاب والسُّنّة. وإذا استعرضتَ ما جنته هذه البدعة لَاتّضح أمامك أنّها قد قوّضتَ أبدية الشريعة الإسلامية، وأشكل على الناس إثبات علاقتها (Relevance) بالدور الجديد، وكما يقول الشيخ الداعية وكبير العلماء في القارة الهندية، مولانا وحيد الدين خان:

«لقد أجمع الفقهاء عامّة على كون الإجماع مصدراً مستقلاً للشريعة، ولكنّها نظرية لا أساس لها يقينياً. فإنّما يكون النصّ القاطع مصدراً مستقلّا للشرع، وهو هنا غير موجود. ففي غياب النصّ القاطع له، يُعَدّ جعله مصدراً مستقلاً كلاماً لا أساس له. ولاشكّ أنّ للإجماع مكانة كبيرة، ولكنها وقتيّة تماماً، لأنّ الإجماع قد يكون حلّاً لقضية عارضة في مناسبة خاصّة. وهذا الحلّ يكون حلّاً وقتيّاً لا مرجعاً أبديّاً للشريعة»[1]. (الرسالة 7 / 2011م).

والدلائل التي يُثبِت بها الفقهاء حجيّة الإجماع أنّه إذا أراد شخصٌ الوقوف على حقيقتها، فليراجع «إرشاد الفحول» للإمام الشوكاني، وسيتّضح له أنّها لا تمتُّ إليه بصلة. ولكن هناك آية من القرآن، وأحد الأحاديث استدلُّوا بهما. ويمكن أن يبعث هذا الاستدلال بعض الأذهان على التردد. وإليكم إيضاح ذلك فيما يأتي: قال الله تعالىٰ: ﴿**وَمَن يُشَاقِقِ ٱلرَّسُولَ مِنۢ بَعۡدِ مَا تَبَيَّنَ لَهُ ٱلۡهُدَىٰ وَيَتَّبِعۡ غَيۡرَ سَبِيلِ ٱلۡمُؤۡمِنِينَ نُوَلِّهِۦ مَا تَوَلَّىٰ وَنُصۡلِهِۦ جَهَنَّمَۖ وَسَآءَتۡ مَصِيرًا**﴾[2].

(1) (الرسالة هنا المجلة الدعوية الشهرية التي كان الشيخ وحيد الدين خان يرأس تحريرها ويصدرهامن نيودلهي الهند).

(2) سورة النساء، الآية: 115.

ووجه أو سبب استدلال الفقهاء بهذه الآية، أنّها توعِد بالجحيم مَن يتّبع غير سبيل المؤمنين، ومعنى ذلك أنه يجب على الكلّ اتّباع سبيل المؤمنين، فإن أجمعَ المؤمنون على رأيٍ ووجهة نظر، فلا يجوز الاختلاف منه. ويجب على كلّ مؤمن أن يتّبع إجماعهم ذلك. وهذا الاستدلال واهٍ جدّاً، ويتّضح لك ذلك إذا قرأت الآية في سياقها. إنّ الآيات السابقة تكشف عن نجوى المنافقين الداخليّة، وتقول الآية فيهم: إنّ الذين يشاقّون الله ورسوله، ويسعون إلى إقامة حزب مخالف للرسول، ويسلكون مسلك الكفر والنفاق، بدلاً من الإيمان، فإنّ مصيرهم النار. والآية تخاطب عناصر جماعة المؤمنين الذين يحاولون تقديم الأعذار لهم، فنبّهَهم الله أنّ مَن يبحثون عن الأعذار لهم يشاقّون الرسول، ومشاقّتهم ستفضي بهم إلى جهنم إفضاءً. فإن مَن يُشاقّون الرسول من بعد ما تَبيّن لهم الهدى يتّبعون غير سبيل المؤمنين، ومصيرهم إلى جهنم. فتعبير «غير سبيل المؤمنين» أُطلَق في الآية الكريمة على ذلك الكفر والنفاق. ويُراد بالمؤمنين هنا صحابة رسول الله الأبرار الذين وجدوا الحقّ، فأخلصوا للّه ولرسوله إخلاصًا كاملًا، فطريقهم، طريق الإيمان والإخلاص والاتّباع والانقياد والتسليم والرضا، هو الذي عبّر عنه في الآية بـ﴿ سَبِيلِ ٱلْمُؤْمِنِينَ ﴾[1].

فتركُه هو اتّباع غير سبيل المؤمنين، والذين يجترئون عليه لهم وعيدُ جهنّم. ولكن ذلك لا يعني أبداً أنّه لا يمكن الاختلاف من تعبيرات المؤمنين وآرائهم واجتهاداتهم، وأنّهم إذا أجمعوا على رأي في ضوء القرآن والسُّنّة، ثم نقده شخصٌ فإنّه يستحق الجحيم. والحقيقة أنّ الآية لا تعرض لهذه القضية أبداً. فالآية، كما ذكرنا، تقول فقط: إنّ مَن يتجاسر بعد ما تبيّن له الهدى على مخالفة الرسول، ويسعى إلى إقامة حزب مخالف، فإن عملَه كفرٌ، لا إيمان معه، ويولّيه الله طريق الضلال الذي اختاره هو لنفسه، ولذا قيل: إنّ مصيره جهنم. أمّا عن الحديث الذي ورد في ذلك:

«إنّ الله لا يجمع أمتي على ضلالة». فإنه، وإن كان ضعيفًا، لم يجد طريقه إلى أمّهات كتب الحديث مثل «الجامع الصحيح» للبخاري، و«الجامع الصحيح»

---

(1) سورة النساء، الآية: 115.

لمسلم، و«الموطّأ» لمالك. وإن سلّمنا بصحته، فإنّه لا يدلّ على أنّ الأمة لا تخطئ أبداً، فإنّ الفرق كبيرٌ، والبون شاسع بين الضلالة والخطأ. والحديثُ إنّما ينفي اجتماع الأمة على ضلالة لا على خطأ.

نعم لا يمكن اجتماع الأمة كلِّها على الضلالة، لأنه قد تبيّن الرُّشد من الغيّ لدرجة إتمام الحُجّة، فمحال عقلاً أن يجتمع علماء الأمة ومجتهدوها وأرباب الحلّ والعقد فيها على شرك وكفر، إذا تبيّن لهم أنّه كذلك، أو أن ينكروا رسالة رسول الله ﷺ، أو ينكروا حساب الآخرة، أو أن ينحرفوا عن أصول الدين كالصلاة والزكاة والحجّ والصوم والأضحية، وما إليها من الأحكام. فهذه كلّها الآن من بديهيات الأمة، ولا يمكن الإجماع على الانحراف عنها.

وعلى العكس منها، هناك أشياء اجتهاديّة، يمكن الخطأ في فهمها، ويمكن إجماع الأمة على ذلك الخطأ في الفهم كذلك، فلا مانع منه عقلاً ونقلاً. وعليه فإنْ صحّت نسبة الحديث إلى الرسول ﷺ، فمعناه يكون متعلّقاً بالإجماع على الضلالة التي يجب أن يُقال فيها: إنّه لا يجتمع عليها المسلمون كافّةً، ولكن لا يتعلق هذا الاستشراف بخطأ واقع في الفهم والاجتهاد.

2011م

12 -- الحديث والسُّنّة

لقد جاء النبي ﷺ بالقرآن إلى العالم. وما جاء به من أشياء أخرى علاوة على القرآن هي ثلاث فئات أساسيّة:

1. الأحكام والتعاليم المستقلّة التي لم تنشأ من القرآن.
2. الشرح والتفسير للأحكام المستقلة سواءٌ أكانت في القرآن أم خارجه.
3. التطبيق العملي النبويّ لتلك الأحكام والتعليمات.

مجموع هذه الفئات الثلاث هو الدين، وكلّ مسلم مُطالَب بالإيمان بها والعمل عليها من حيث هي دين، فلا يجسُر مؤمن بعد الاطمئنان إلى نسبتها إلى النبي ﷺ، ولا يجترئ على أن ينحرف عنها. فعليه أن يُذعِن لها، ويستسلم من غير تردّد، إذا أراد أن يحيا ويموت مسلماً.

ويطلق علماؤنا على هذه الفئات الثلاث لفظة «السُّنَّة» فقط. وأنا لا أعتقد ذلك مناسباً، ولذا أُطلِق على الفئة الأولى تسمية «السُّنَّة»، وأُطلِق على الثانية الشّرح والتوضيح النبوي «التفهيم والتبيين النبوي»، وأُطلِق على الثالثة الأسوة الحسنة. وأهدف من استعمال اصطلاحات مختلفة إلى إبعاد سوء الفهم الناتج من الخلط أو التداخل بين الأصل والفرع في الموضوع الواحد، ووضعهما في درجة واحدة. وهو محض اختلاف في الاصطلاحات، وإلّا فليس هناك أدنى فرق بين رأيي وموقف أئمة السّلف من حيث الحقيقة. والذين ينقدون موقفي هذا لو قرؤوا كتابي «الميزان» بتمعّن، وفهموا كُنْه هذا الاختلاف والتباين لتوصّلوا إلى الحقيقة، ولم يسيئوا الفهم. ولا يُتوقّع منهم ذلك حتى الآن، ولكن باحثي الدين المهتمين جديرون بأن أتقدّم إليهم ببعض الإيضاحات لموقفي هذا، حتى يكونوا على بصيرة تامة:

أولاً: إنّ جزءاً كبيراً من الدين الذي وصلنا بطريق السُّنّة مشتمل على تجديد وإصلاح الدين الإبراهيمي. وهو مذهب معظم المحقّقين. ولكنّ ذلك لا يعني أنّ النبي ﷺ قد قام بإضافات جزئية فقط، بل قد أضاف إليه أحكامًا مستقلةً أيضاً. فإذا أراد شخص أمثلة على ذلك، فعليه أن يراجع «الميزان». وهذا ثابت للقرآن أيضاً، فإنّ أحكام الدين التي صدرت من القرآن تحتلّ ثلاثمئة صفحة من «الميزان» على أقلّ تقدير. وأعتقد أنّ الإيمان يقتضي التسليم بكلّ شيء فيه والعمل به. ولذا فإنّ اتهامي بأنني أُنكِر أن يكون كلٌّ من القرآن والنبي ﷺ قد أضاف شيئاً جديداً إلى أحكام الدين ومضمونه ناهيك عن الأحكام المعروفة مسبقاً هو اتّهام باطل.

ثانياً: ما هي قواعد تعيين السُّنّة؟ لقد كتبتُ باباً كاملاً في مقدّمة «الميزان» التي تُدعى «بالأصول والمبادئ» باسم «مبادئ تدبّر السُّنّة» تفسيراً لتلك

القواعد الأصلية. وهي سبعة مبادئ. ولصاحب العلم أن يميّز بين ما هو مِنَ السُّنّة وبين ما ليس منها بناءً على تلك المبادئ. وقد وضعتُ فهرساً للسّنن وفقًا لهذه المبادئ أيضاً. وهو قابل للزيادة والنقصان. وقد كنت أزيد عليه، وأُنقِص منه بين الفينة والأخرى، إذا برز لي خطأ، ولم أنفِ إمكان وقوع الخطأ فيه.

ثالثاً: ما رُوي عن النبي ﷺ من إرشادات متصلة بالدين، علاوة على ذلك الفهرس في الأخبار والآثار، وضعتُ بعضها في ذيل «التفهيم والتبيين»، وبعضها في ذيل «الأسوة الحسنة».

وهذا يتعلّق بتفسير العقائد أيضاً. فما رويتُ في ذلك من الأشياء في الأخبار تستطيع أن تراها في باب «الإيمانيات» في كتابي «الميزان». وهو أيضاً يمتُّ بصلة إلى «التفهيم والتبيين». فهذا هو المصطلح الصحيح عندي لما رُوي عن النبي ﷺ من أخبار وآثار علميّة. فإذا ثبت إسنادها إلى النبي ﷺ، فإنني أعتبر كلّ توجيه أو حكم أو شرح صادر منه ملزماً لكلّ مسلم، وعليه اتّباعه. وأدنى درجة من درجات الانحراف عنه يعادل عندي إنكار الإيمان بالرسول ﷺ.

2009م

13 -- التدوين الجديد للحديث النبوي

(كُتِب إجابةً عن تساؤل متّصل بالتدوين الجديد للحديث النبوي في الجمهورية التركية).

لا بدّ لفهم عمل ما متعلق بالحديث من أن نفهم، أولاً، حقيقة أنّ المصدر الوحيد للدين إنّما هو شخص الرسول ﷺ فقط. وانتقل منه هذا الدين إلينا خلال مصدرين: القرآن والسُّنّة. وهما قطعيّان لايحتاج ثبوتهما إلى تحقيق. وتناقلهما المسلمون جيلاً بعد جيل بالإجماع والتواتر، ومعنى ذلك أنّ الأجيال القادمة أخذت

ذلك الدين من الرسول بغير ما اختلاف، ونقلوه إلى مَنْ بعدهم، ثم جرت هذه السلسلة، وقامت حتى اليوم دون انقطاع.

فمعظم الدين منحصر فيهما، ونأخذ كلّ أحكامه منهما، وقد تطرأ مشكلة ما في فهمهما، وكذلك قد نحتاج إلى الإرشاد والتوجيه في الأمور الاجتهاديّة، ولذلك نرجع إلى العلماء. ولم يكن محمد رسول الله ﷺ بصفته هذه أول وأكبر عالم للدين فحسب، بل كان إمام العلماء. وكان يتميز عن غيره من علماء الدين بكون علمه معصوماً ومُؤيَّداً من الله تأييداً، ويخضع دائماً لتصويب الوحي. وإذا كان علمه موجوداً في أيّ مكان، فإنّ كلّ مسلم يريد أن يستهديَه قبل كلّ شيء لفهم الكتاب والسُّنّة.

ومن حسن حظنا أن هذا العلم موجود، وقد بلغَنا معظمه، وتلقّاه صحابته الأبرار منه، ولكن بما أنّ نقله إلى الأجيال القادمة كان مسؤولية كبيرة وتَبِعة عظيمة فقد احتاط بعضهم لذلك وتجرّأ البعض على بيانه. وكان مشتملاً على أقواله وأفعاله وتصويباته، وأفعال الناس التي سكت عنها النبي ﷺ. فهذا هو العلم كلّه الذي يُطلَق عليه «الحديث». إنّه لم يُضِفْ إلى الدين عقيدة وعملاً، لكنّه شرحٌ وتفسير للدين، وبيان الأسوة الحسنة التي خلّفها لأتباعه في صورة الكتاب والسُّنّة.

أمّا عن كيفيّة انتقال هذا العلم إلينا، فالتاريخ يفيدنا أن الصحابة هم مَنْ أبلغوه إلى مَنْ جاء بعدهم أولاً. ثم رواه التابعون لهم على شكل أحاديث إلى مَنْ تبِعَهم، وكان ذلك سماعاً أحياناً وكتابةً أحياناً أخرى، وتَتابَع ذلك إلى جيل أو جيلين، ثم ظهر أنّه قد تحدث أخطاء كثيرة في بيانها، وأنّ هناك رواة يضيفون إليها أكاذيب وأباطيل على قصد منهم وعمد. وبهذه المناسبة ثار بعض عباد الله، وأخذوا يحقّقون فيها، وهم طائفة المُحدِّثين. وكانوا جهابذة، فقاموا بتمييز الصحيح من السّقيم، والصادق من الكاذب، بفحص كلِّ راوٍ وتمحيص كلِّ رواية إلى أقصى حدٍّ ممكن. وقام بعضٌ منهم بتدوين كتب ومجاميع يمكن أن يُقال عنها: إنّ الأخبار المنقولة فيها هي عبارة عن علم الرسول ﷺ إلى أبعد حدّ، والذي رواه الرّواة بعباراتهم وألفاظهم، ويُصطلَح عليه علميّاً بأخبار الآحاد، ويعني ذلك أنّها رواية آحاد من

الرواة، ولم ينتقل إلينا بالإجماع والتواتر مثل القرآن والسُّنّة. فيُقال عموماً: إنّ العلم الحاصل منها لا يبلغ درجة اليقين، وإنّما يُقال له على أكثر حدّ: إنّه يبلغ مبلغَ الظنّ الغالب.

ومجاميع الحديث كلّها هامّة، ولها مكانتُها، ولكنّ كُتب الإمام مالك والإمام البخاري والإمام مسلم مجاميع أساسيّة ذات مصداقية كبيرة، لأنها قد رُتِّبَت ودُوِّنَت بعد تحقيق كبير. ولكنّ ذلك لا يعني أنّها خالية من الخطأ. فالضالعون في علم الحديث يعلمون أنهم قد أخطؤوا أيضاً في البحث والتحقيق، ولذا فإنّهم لا يزالون يقومون بفحص ونقد مجاميع الحديث. فإن لم يجدوا رواة الحديث ممَّن يُوثَق بهم من قِبَل سيرتهم وحفظهم وتقواهم، أو لم يلتقوا بهم، أو وجدوا في روايتهم ما ينافي ما ورد في الكتاب والسُّنّة، أو ما يخالف مسلَّمات العلم والعقل، صرّحوا صراحة تامّة أنّه ليس من قول النبي ﷺ، وإنما نُسِب إليه خطأً. وكما هو الأمر في فهم الحديث وشرحه، فإنّ أهل العلم يقدّمون تقييماتِهم هكذا.

ولم يزل علم الحديث قائماً في كلّ زمان، حتى إنّ العلامة ناصر الدين الألباني قد قام في القرن الماضي بخدمات جليلة في هذا المضمار، لأنّه حاول تحقيق أكثر كتب الحديث مرّة ثانية، وتمييز صحيحها من سقيمها. وأهل العلم في جمهورية تركيا أيضاً يحاولون العمل على الحديث على هذا المنوال. وبما أنّ نتائج تحقيقهم لم تظهر بعد، فلسنا في حالة إبداء الرأي في ذلك، إلا أنّ التفاصيل التي جاءت عن نوعيّة عملهم هذا لم نجد فيها شيئاً قابلاً للاعتراض عليه ظاهريّاً. فإذا كان العمل التحقيقي مطابقاً للقواعد المُسلَّم بها ومتأسِّساً على مكانة الحديث التي مرّت آنفاً، وكان عملاً استقصائيّاً أو تدويناً جديداً، أو كان لفهم الحديث وتحليل مدلوله وتمييز الحكم العارض من دائمه، فلمَ الاعتراض عليه؟ فإنّه يجب ألّا يُغلَق باب العلم والتحقيق في أيّ عصر وفي أيّ حال.

ولا مناصَ من ارتكاب الأخطاء في هذا العمل، لأنّ الآخرين من أهل العلم سوف يدلّون عليها في نقدهم. فإنّه ليس هناك طريق لرقيّ العلم إلّا أن يكون أهل العلم والنظر أحرارًا في أعمالهم. فبهذا تُنار سبلٌ جديدة، ويُصلَح خطأ الأقدمين.

ولننظر إلى هذا العمل العلمي للباحثين الأتراك بهذه النظرة، وليكنْ هناك تشجيع للذين يقومون بهذه الخدمة بصورة مُؤَسّساتيّة لأول مرة في تاريخ المسلمين. فإن كان عملهم هذا معياريّاً يكون خدمة عظيمة، وإذا كان أدنى من المستوى المأمول طواه النسيان. فإنّ محكمة العلم لاترحم أحداً، وتقضي قضاءها عاجلاً أو آجلاً. ولننتظرْ قضاءها في أمور كهذه.

2013م

14 -- دعوتنا

إنّ الدين هو هدى الله سبحانه الذي غرسه في فطرة الإنسان أولاً، ثم أعطاه الإنسانَ عن طريق رسله وأنبيائه مع تفاصيله الضرورية التامة. وخُتِمَت سلسلة الرُّسُل بمحمدﷺ، ولذا فإنّ محمّداً رسول الله هو المصدر الوحيد للدين اليوم. والدين بهذه الصفة، يتحقق بقوله وفعله وتقريره وتصويبه لا غير حتى يوم القيامة. فندعو الناس جميعاً إلى الإيمان بهذا الدين، وأن يزكّوا حياتهم الفردية والجماعية طبقًا له. فمَن يقبل هذه الدعوة، فجزاؤه جنّةٌ سعتها كسعة الكون كلّه، لا يُتصوَّر فيها موتٌ مع الحياة، وألمٌ مع اللذة، وغمٌّ مع الفرحة، واضطراب مع الطُمَأنينة، وهمٌّ مع الراحة، ونقمة مع النعمة. راحتها دائمة، ولذّتها لا نهاية لها، وزمانها خالد، وسلامتها أبدية، وسرورُها غير فانٍ، وجمالُها لا زوالَ له، وكمالُها لا نهاية له. فقد وفّر الله فيها لعباده الصالحين مالا عين رأت ، ولا أذن سمعت ، ولا خطر في قلب بشر. (انظر الأعلى 87 : 14 ـ 17).

وندعو المؤمنين بهذا الدين أن يطابقوا عملهم بإيمانهم لاستحقاق هذه الجنة، وأن يؤدّوا ما عليهم من حقوق الله والعباد بإخلاص كامل، وألّا يعتدوا على نفس ومال وحرمة. (النحل 16:90)، وندعوهم أن يتناصحوا في بيئاتهم ودائرة عملهم بالأمر بالمعروف والنهي عن المنكَر. فهذه فريضة أوجبها الله (عزّ وجلّ)، وكلّ شخص مسؤول عن أداء هذا الواجب، الأب لابنه والابن لأبيه، والزوج

لزوجته، والزوجة لزوجها، والأخ لأخته، والأخت لأخيها، والصديق لصديقه، والجار لجاره. وبالجملة، فإنّ كلَّ شخص مُطالَبٌ بأدائه لِمَنْ يتّصل به من أشخاص وروابط، فالجميع مسؤولون عن الأمر بالمعروف والنصح بالخير ـ مطابقًا لعلمهم واستعدادهم وصلاحيتهم ـ لِمَن بغى على الحق، واعتدى عليه من ذوي القربىٰ.

وعليهم أن يَثبُتوا على الحقّ والإنصاف، إذا واجهتهم الأهواء والتعصّبات والمصالح والرغبات التي تحرفهم عنه. وإذا طُلب إليهم تأدية الشهادة، أدّوها حتى لو اقتضى الأمر التضحية بالنفس، وأن يقولوا الحق، ويستسلموا له، ويكونوا شهداء بالعدل، وألّا يختاروا إلّا العدل في العقيدة والعمل. (النساء 4:135، المائدة 5: 8). وإن تعرّضوا للاضطهاد الديني، فعليهم ألّا يردّوا على العنف بمثله، بل عليهم الصبر. (السّجدة 41: 33 ـ 35) وإذا أمكن انتقلوا من مكان الاضطهاد إلى مكان يتوفّر فيه العمل بالدين بحريّة تامة. (النساء 4: 97).

وقد قام علماء مدرسة «الفراهي» في العصر الحاضر، بعون من الله وتوفيقه الخاص، بتقديم الدين الحق مبنيّاً على القرآن والسُّنّة خالصاً من كلّ شوائب الفقه والكلام والفلسفة والتصوف كما هو في الواقع. وإنّه لجهاد كبير أن تكون هناك محاولات دؤوبة لنشر الدين في ضوء هذا الفكر والاهتمام بتعليم الناس وتربيتهم وفقاً له، والبناء الجديد للفكر الديني عند المسلمين في ضوئه. فندعو الناس أن يمدّوا إلينا يد العون والمساعدة عن طريق تأييدهم وتكريس وقتهم وتوفير وسائلهم في هذا الجهاد. وهذا العمل هو نصرة لدين الله الحقّ الذي لاينبغي أن يكون هناك شيء أحبّ إلى العبد المؤمن منه. فقد قال الله تعالىٰ: ﴿يَٰٓأَيُّهَا ٱلَّذِينَ ءَامَنُواْ كُونُوٓاْ أَنصَارَ ٱللَّهِ كَمَا قَالَ عِيسَى ٱبۡنُ مَرۡيَمَ لِلۡحَوَارِيِّـۧنَ مَنۡ أَنصَارِيٓ إِلَى ٱللَّهِۖ قَالَ ٱلۡحَوَارِيُّونَ نَحۡنُ أَنصَارُ ٱللَّهِ﴾[1].

2012م

---

(1) سورة الصف، الآية: 14.

15 -- سقوط المسلمين وانحطاطهم

ظلّ المسلمون لألف سنة على الأقل قوة عالميّة كبرىٰ، لا يضاهيهم قوم ولا أمة في العلم والحكمة والتدبير والسياسة والثروة والحشمة. وكانوا يحكمون العالم كلّه، وقد منحهم الله هذا المُلك، ثم استردّه منهم. وقانون الله الجاري في الأقوام والشعوب في صدد التقدم والانحطاط هو أنه يختار قوماً وفق قانون الابتلاء للرقي والتقدم. ولكنْ إذا اختير قوم لذلك الغرض، صحّ فيهم قوله تعالى: ﴿إِنَّ ٱللَّهَ لَا يُغَيِّرُ مَا بِقَوْمٍ حَتَّىٰ يُغَيِّرُوا۟ مَا بِأَنفُسِهِمْ﴾[1]، فلا ينحطّ قوم حتى ينحدروا إلى حضيض التخلّف في العلم والأخلاق انحطاطاً كاملاً.

ويختصّ بالمسلمين أمرٌ آخر أيضاً، وهو أنه ما برح العرب أن يكونوا أصلهم، ومعظم العرب هم بنو إسماعيل الذين هم ذرِّيّة إبراهيم (عليه السلام). ولذا ااقتضت السُّنّة الالهية التي جاءت في ذرِّيّة إبراهيم (عليه السلام) أن يكونوا أئمة للناس ما داموا قائمين على الحق. وإذا انحرفوا عنه عُزِلوا عن منصب الإمامة، وعُذِّبوا بعقوبة الذِّلة والخنوع. فإذا ابتُلي المسلمون بهذا العذاب، فليس الأمر إذاً هيّناً ليّناً. ولم يكن نتيجة مؤامرات الآخرين، كما يدّعي ذلك زعماؤنا السياسيون وقياداتنا الدينيّة عموماً، بل له أسباب مُحدَّدة أدّت الى حدوث ذلك. وتسهم القوانين الإلهية في العزل والتنصيب. فإذا رُحْنا نفهم هذه الأسباب في ضوء القانون الإلهي تتّضح الحقيقة أمامنا. وهي ثلاثة أسباب أساسية على النحو التالي:

أولاً: المسلمون هم حاملو كتاب الله الذي هو ليس مُجَرَّد كتاب، بل إنّه ميزان من الله. أُنـزِل ليحكم بين الناس، ويفرّق بين الحقّ والباطل. ويُحيل المسلمون كافة قضاياهم ومشكلاتهم الدينيّة إليه، لذا يجب أن يقبلوا ما يصدر منه من أحكام في اختلافاتهم من دون أي تردّد، وأن يكون للقرآن المرجعيّة المطلَقة في كل أمور الإيمان والعقيدة والدين والشرع، و وأن

(1) سورة الرعد، الآية: 11.

يكون هوالمركز الوحيد للعلم والعمل للمسلمين. فكلّ تحقيق وكلّ رأي وكلّ وجهة نظر تكون تابعة للقرآن أبداً، حتى إنّ أيّة مقولة من أقوال الرُّسُل لا تكون حكماً عليه، بل يكون القرآن هم الحَكم على كلّ شيء سواه. ولكن، من سوء الحظ أنّ المسلمين منذ قرون عديدة لم يتمكّنوا من إقرار مكانة كتاب الله هذه في علمهم ولا في عملهم. ومن ثم صاروا، نتيجة ترك القرآن، أذلّةً كما يقول العلّامة إقبال الشاعر الحكيم.

ثانياً: إنّ الدنيا هي عالم الطاقات الكامنة المثمرة، وهذه الطاقات تنشأ، على الأغلب، من براعة الإنسان في العلم والتكنولوجيا. فإنّ الخزائن التي أودعها الله في الأرض أو في السماء يمكن استخراجها فقط عن طريق هذه المهارة والبراعة. ويَشهد التاريخ الإنساني أنّ حياته ومماته تعتمد على مهارته في العلوم الطبيعيّة إلى حدٍّ كبير، فضلاً عن الصعود والانحطاط. وهذه الحقيقة ثابتة في كلّ صفحة من صفحات التاريخ منذ اكتشاف النار واختراع العجلة إلى الاكتشافات المذهلة في العصر الحديث. والمسلمون بدؤوا الاشتغال بهذه العلوم، ولكنْ ما لبثت عقولهم أن انصرفت إلى الفلسفة والتصوُّف، وظلّوا يشتغلون بهما على الأغلب دون حاجة إليهما، لأنّ الأسئلة التي تبحث فيها الفلسفة والتصوّف كان كتاب الله قد قدّم جواباً حاسماً وحُجَّةً بالغة عليها بما فيه الكفاية. فاشتغال المسلمين بهما قد جنى عليهم جناية كبيرة من ناحية، وحرمَهم من الاشتغال بكتاب الله من ناحية أخرى، وحرمهم من الاعتناء بالعلوم الطبيعيّة أيضاً.

وليس هذا فقط، بل إنّهم مازالوا يكرّرون في المدارس القديمة تلك المباحث العقيمة للفلسفة والتصوّف التي ليست إلا مثالاً واضحاً لِـ«علم لاينفع». فإنّ العالم قد قطع أشواطًا عديدة في التقدّم والرقي، وهم مندهشون له فقط.

ثالثًا: لقد تغافل المسلمون غفلة شديدة عن تربيتهم الأخلاقيّة، ومن نتائجها الوخيمة أن ترى كلّ رذائل الأخلاق من الكذب، والخيانة، والغبن،

وعدم الائتمان، والسرقة، والاغتصاب، والغشّ، وأكل الرِّبا، والتطفيف، والبهتان، وإخلاف الوعد، والاشتغال بعلوم السحر والتنجيم، وفتنة التكفير والتجبُّر، وعبادة القبور، وتقليد أهل الشِّرك، وأشكال التسلية التافهة، وما إلى ذلك من الجرائم والمهالك ـ تراها قد انتشرت في المجتمعات الإسلامية إلى حدٍّ محزن ومدهش. وهـذه كانت جرائم بني إسرائيل التي بسببها لعنتهم الأنبياء وحُرموا من رحمة الله. وقد بلغ المسلمون أيضاً ذلك الحدّ. وإذا كنت تريد أن ترى صورتهم، فعليك بصفحات الإنجيل، حيث سرد المسيح عليه السلام قائمة الجرائم التي كان بنو إسرائيل قد ارتكبوها، وعلماؤهم وأحبارهم، ومفكروهم وأرباب الحلّ والعَقْد فيهم. وإنّ قُرى المسلمين، وأبوابهم وجدرانهم، وأزقّتهم وأسواقهم كلّها تنادي بصوتٍ عالٍ: هاهم المسلمون يستحي اليهود إذا رأوهم. وعليه فسقوط المسلمين وانحطاطهم رهنٌ بهذه الأسباب التي سردناها آنفاً.

وإذا أرادوا الخروج من هذه الحالة الحرجة من الانحطاط، فلا يمكن ذلك إلّا بإزالة تلك الأسباب التي أفضت بهم إلى ذلك، وإلا ظلّوا على هذه الأحوال من الخنوع والذلّ والعبودية. ولا يحصل لهم ذلك عن طريق الجهاد والقتال، ولا عن طريق حركات المقاومة. وتاريخهم الممتد إلى مئتي سنة من سرنغاباتم (Seringapatnam)[1] إلى أفغانستان يشهد على ذلك، لأنّهم صاروا اليوم محكومين بقانون الله، وقانون الله عادل غير منحاز.

وإذا أرادوا أن يخرجوا من هذا المأزق بمقاتلة الآخرين، فإنهم في الحقيقة يحاربون الله الذي قد سلّط عليهم عباداً له أولي بأس شديد، فهذا عذاب الله، واجتنابُه والنجاة منه لايحصل بتلك الطرق التي تهديهم إليها قياداتهم الدينيّة والسياسيّة، أو الذين لقّبوا أنفسهم بالمجاهدين، فبهذه الطرق لايمكن لهم إنهاء

---

(1) سريانجاباتنا (Seringapatnam): مدينة هندية في ولاية كارناتاكا جنوب الهند، وهي ذات أهمية دينية وثقافية وتاريخية خاصّة.وكانت قلعة اخيرة لسلطان تيبوسقطت على يد الافرنج بسبب خيانة وغدربعض وزراء السلطان وجنوده.

نفوذ القوى الكبرىٰ في بلدانهم، ولا إخراج اليهود والهنود من فلسطين وكشمير المُحتلّتين.

على هؤلاء أن يطالعوا دعوات الأنبياء عليهم السلام في القرآن وفي الأناجيل، وسوف يرون أن رُسُل الله وأنبياءه سواء أتوا في زمن سَبْي بني إسرائيل ببابل أم جاؤوا في عهود الحكام الروم، لم يُهدوا قومهم إلى هذه الطرق. إنهم كانوا ينبّهون قومهم على ذنوبهم وآثامهم، وعلى العكس من ذلك، كان هؤلاء يتعرّضون لجرائم الآخرين ولعنِهم وسُبابهم. وعندنا كتاب الله (عّز وجلّ) القرآن الكريم. فلتنظرْ فيه من أوّله إلى آخره، فليس هناك إدانة ولاشجب لحكومات بابل والروم، بل سترى فيه آثام وأخطاء بني إسرائيل في كلّ مكان.

ولا بدّ لنا أن نقدّم للمسلمين هذا السرد عن جرائم يرتكبونها، لأنّ ما أوعده الله لبني إسرائيل أوعده للمسلمين أيضاً، أنْ أوفوا بعهدكم لي أوفِ بعهدي لكم. فإن رحمتي تنتظركم، وإن عدتُم وأصررتم على ما أنتم عليه عُدنا وجعلنا عذابنا يسوط ظهورَكم. فاعتبروا يا أولي الأبصار.

2010م

16 -- قضية الوطنيّة

إنّ شعور الوطنيّة على أساس اللون والنسل واللغة والقيم الحضارية، بجانب وحدة الموطن والمسكن، مغروس في فطرة الإنسان، وجُبِل عليه البشر. نعم، إنّ الناس كلّهم بنو آدم. ومع ذلك، فإنّ القرابة القريبة التي تشعر بها نحو أقربائك لاتشعر بها نحو أناس آخرين. وهو أمر يتعلق ويصدق على القوم والأمة أيضاً. فكما أنّ إنساناً ما يتظاهر بفرديته بالنسبة لشخصيته هو ولأسرته وأقربائه، ويتسابق مع الآخرين، ويحس في نفسه محركاً ودافعاً قويّاً يدفعه إلى الأمام والأسبقية، يشعر ذلك الشعور لقومه ووطنه أيضاً. وهذا الشعور بالتشخُّص الفردي يؤدي بالبشر إلى

أن يقيموا علاقات التواصل والعشرة العامة، ويتناصرون في أمور الحياة. وهو ما عبر عنه القرآن بمصطلح «التعارف» الذي وُجِدَت لأجله الشعوب والقبائل.

والإسلام دين الفطرة، والأمر المبغوض عنده هو الاستكبار الشعبي لا الشعب نفسه. واستكراه الأقوام ودعوات المقت والاحتقار والامتيازات والفوارق النسبية التي تفضي إلى إذلال الشعوب الأخرى وتحقيرها واستغلال ثرواتها.

ولا شكّ في أنّ الإسلام ينظر إلى كلّ شيء منها نظرة المقت والكراهية الشديدة، ويراها إثماً كبيراً وجناية شديدة ضدّ الإنسانية، ولكنّه لاينفي الوطنية، بل إنّه يسلِّم كلّ أساساته التي تثبت في علم السياسة. كما أنه لا يعترض على إظهار عاطفة الوطنية إظهاراً مهذباً، والتسابق بين الأقوام والأوطان في مختلف ميادين الحياة ومجالاتها. كما أنه لا يمنع أن تثور طائفة من المسلمين مطالبة بحقوقها، وأن تعرف نفسها بهوية قومية، أو أن تطالب بإقامة دولة مستقلة لها على أساس الإرادة الوطنية للشعب.

وعليه، فإنّ الفكرة القائلة بأنّ أساس الشعبية والوطنية في الإسلام هو الإسلام نفسه لا تصحّ. لأنّ القرآن لم يقل إن المسلمين هم قوم أو شعب واحد، أو يجب أن يكونوا شعباً واحداً، بل إنّه يثبِت فيهم وجود شعوب ومِلَل مختلفة. وإنما قال عنهم: ﴿إِنَّمَا ٱلْمُؤْمِنُونَ إِخْوَةٌ﴾[1]. فمن منظار القرآن، إنّ أساس العلاقات بين المسلمين هو الأخوَّة لا الوطنية. فإنّهم إخوة بالرغم من انقسامهم إلى عشرات الدول والممالك بإخاء الإيمان والإسلام.

ويمكن أن يُطلَب من المسلمين أن يكونوا على وقوف تامّ بحالة إخوانهم في الدول الأخرى، وأن يمدّوا إليهم يد العون والمساعدة في متاعبهم ومعاناتهم، وأن يقفوا معهم إذا واجهوا اضطهاداً وتعذيباً. وأن يُعطوا لهم الأولوية في العلاقات الاقتصادية والاجتماعية، وأن لا يُقفلوا أبوابهم عليهم تحت أيّ ظرف من الظروف، ولكن لا يمكن مطالبتهم بالتخلي عن دولهم القومية وهوياتهم الوطنية وجنسياتهم المتباينة، ولا أن يصبحوا أمّة واحدة ودولة مُوَحَّدة. ومثلما يمكن لهم إنشاء دُولهم

---

(1) سورة الحجرات، الآية: 10.

القوميّة المنفصلة، كذلك يمكنهم التعايش السلمي في دول وبلدان غير إسلامية كمواطنين وكأمّة على أساس الوطن، إذا توفرت لديهم حريّة ممارسة الدين والشريعة. فلا يكون شيء من هذا غير قانوني وغير جائز وفقًا للقرآن والحديث.

2008م

17 -- الحضارة الإسلاميّة

إنّ الحضارة التي وُلدت في العالم بعد بعثة الرسولﷺ كانت قيمتها الأساسيّة العبوديّة للّه (تعالىٰ). ويعني ذلك أنّ المجتمع الإسلامي كان يعطي الإيمان بالله والعبودية له المكانة المركزيّة في حياته التي تتمحور عليها كافة أمور الحياة. وكانت الحريّة أيضاً قيمة كبيرة في ذلك المجتمع، ولكنها لم تكن خالية من العبودية. وكانت تلك الحضارة خالية من كل إبهام في تصوراتها الأخلاقيّة، وكانت تتمتّع بتصويب مُلهَم من الله (تعالىٰ).

وكانت هذه الحقيقة واضحة جدّاً عند شعرائها وأدبائها وفلاسفتها وحكمائها، كما كان علماؤها وحكّام سياستها أيضاً مطّلعين عليها كلّ الاطّلاع، وكانوا يقدّمون ثمرات ونتائج فكرهم بالرجوع إلى تلك الحضارة. ومن هنا، فإن التقاليد الحضاريّة التي نتجت من ذلك قد ظلّت محيطةً بالوجود الاجتماعي للمسلمين إلى ألف سنة على أقلّ تقدير. وكانت مشتملة على العناصر الثلاثة التالية:

1. حفظ الفروج
2. حفظ المراتب
3. الأمر بالمعروف والنهي عن المنكَر.

وحفظ الفروج يعني أنّ الناس لا يُؤذَن لهم بنشر الفساد والدعارة والفحش في المجتمع، وألّا تكون هناك علاقات جنسيّة حرّة علانية، وعلاقات جنسية بين

الذَّكر والذَّكر، وبين المرأة والمرأة. وألّا يعيش الفتيان والفتيات معاً بغير عقود نكاح (زواج)، وألّا يكشفوا عوراتهم وأعضاءهم الجنسيّة أمام الآخرين.

وحفظ المراتب يعني أنّ البشر متساوون خلقيًّا بلا شكّ، ولكنهم ليسوا متساوين من حيث العلاقات. فإنّ للكبار على الصغار، والآباء على الأبناء، والأستاذ على التلاميذ، والزوج على زوجته مكانةً رفيعة متفوّقة، فلهم حقّ التأديب والتنبيه، ويُعطى لهم الاحترام والإكبار والتبجيل على كلّ حال.

والأمرُ بالمعروف والنّهي عن المنكر يعني أنّ المجتمع لا يعيش بغض النظر عن مُسلّمات الخير والشر. فما هو خير في فطرة الإنسان، وهو معروف في البشرية كلّها، يُوجَّه المجتمع إليه، ويُؤمَر به. وما هو شرّ في فطرة الإنسان، ويعرفه الناس جميعًا من حيث الأمور المبغوضة، يُنهى المجتمع عنه على كلّ حال. وهذه التقاليد الحضاريّة كانت جمالاً رائعًا للبشرية جمعاء، وحُسنَ وجهِها ورونقه، وزوالها هو زوال الإنسانيّة.

وإذا ما صار الإنسان اليوم يتوق توقاً شديداً إلى الحقوق الإنسانيّة، والديموقراطيّة، وسلطة القانون، فيا ليته يتوق أيضاً إلى استعادة تلك التقاليد الحضاريّة.

2008م

18 -- الحكومة الإسلاميّة

الإنسان مجبولٌ على العيش بطريق إقامة دولة وحكومة. وتجلّت هذه الغريزة، أولاً، في المجتمع القبلي في انتخاب رئيس للقبيلة، ثم تقدّم هؤلاء الرؤساء، وأغاروا على قبائل أخرى، ونجحوا في بسط سلطتهم عليها، وملكوا مناطق مفتوحة، وأدّى ذلك بالتدريج إلى ظهور أُسَرٍ ملكيّة. وفي العصور المتأخرة برز منهم بعض الملوك الجبابرة الفاتحين الكبار، وأسّسوا ملكيات جبّارة

وإمبراطوريات كبيرة. وظهرت دول إلى حيّز الوجود، عرفَها التاريخ البشري كالإمبراطوريّة السّاسانية والإمبراطوريّة الرومانيّة ودول أخرى مثلها. واليوم قد انتهى دورها، ولكنْ بقيت الملكيات في بعض بقاع الأرض، وقد تحوّل معظمها إلى ملكيات دستوريّة، باستثناء بعضها، ومنها المملكة السعودية التي مازالت قائمة في جاهها وأُبّهتها حتى اليوم. وفي هذه الممالك يُوضع القانون في أيدي الملوك وأعيانهم وأكابرهم.

وقد قامت الدولة السعودية نتيجةً لحركة الشيخ محمد بن عبد الوهاب الإصلاحيّة، فقد عزمت من أول عهدها أن يكون قانونها الملكي مبنيًّا على الشريعة الإسلاميّة. وبما أن معظم علماء السُّنّة لا يتصوّرون الملكيّة مضادة للشريعة، ويتّفقون مع مذهب الحكومة السعودية في تفسير الشريعة بالجملة، فهي حكومة إسلامية عندهم، ويظهرون لها عواطف الحب والوفاء، بناءً على ذلك التصور.

والفكر الثوري الإسلامي الجديد يتلخّص في أنّ الأقليّة الصالحة هي التي تستحق حكم الناس، وإذا كان الحكم في أيدي العاصين للّه تعالى، فهم في الحقيقة غاصبون له. والصالحون مسؤولون أن يبذلوا جهوداً جبّارة لاستعادة هذا الحقّ، وكانت الفكرة موجودة في التفسير الشيعي في شكل تصورات عن حكومة المعصومين وولاية الفقيه وغيرها. وقد أقام علماء السُّنّة والشيعة جماعاتٍ وأحزابًا مستقلة فاعلة لهذا الغرض. وما زال المسلمون المثقّفون الجُدد يسعَون إلى هذا الهدف بإيجاد أقليّة صالحة منظَّمة حسب تفسيرهم في البلدان المختلفة. وقد أحرز هذا الجهد بعض النجاح في بعض البلدان، فنجح العلماء في إيران مثلاً في إقامة دولتهم بقيادة الإمام الخميني، ولا يزالون يحكمون إيران منذ ربع قرن من الزمان بكافة السلطات. وفي أفغانستان أقام تلاميذ هؤلاء العلماء بمعاونة سخيّة من حكومة الباكستان دولتهم، ومن سوء الحظ، فقد ذهبت هذه الدولة ضحيّة كارثة 11 سبتمبر عام 2009م. واليوم هي في نزاع مستمر ضدّ قوات الناتو لإحياء الدولة من جديد[1].

(1) نجحت حركة الطالبان من جديد في استعادة دولتها والسيطرة على الحكم في أفغانستان

وهنا يثور سؤال هو ماذا يريد الإسلام؟ وما الذي يهدف إليه؟ فإذا نظرتَ في القرآن والحديث بإمعان، اتّضح لك أن الإسلام يخاطب الفرد في الأصل، ويريده أن يحكّم عقله وفكره، ويجعل الإنسان خاضعًا لحكم الله (سبحانه وتعالىٰ) خضوعاً تامّاً. فإذا كان الرّب (تبارك وتعالى) معبوداً للإنسان، فإنّه حاكم ومَلك له كذلك، فكان من الضروري أن يُطاع أيضاً مع عبادته، وأن يُذعِن الإنسان لكلّ ما أمر به أو شرّعه . ولا شكّ أنّ الإسلام يخاطب المجتمع أيضاً، ولكن عندما يسلّم أفراد المجتمع أنفسهم لحكمه، فلا يحتاج ذلك إلى تسمية الدولة «بدولة إسلاميّة جمهوريّة»، ولا «إلى قرار الأهداف» (2)، ولا إلى بنود دستوريّة، فإنّ المواطنين المسلمين إذا أسلموا أنفسهم لهذه الحكومة ظهر الإسلام مباشرة في اتّجاهاتهم الاجتماعيّة والحضاريّة وفي الرؤى السياسيّة، ولذا إذا وجدوا حكما إسلاميّاً متّصلًا بالحياة الاجتماعيّة، استعدّوا لإنفاذه دون أيّ تردّد.

فهذه الحكومة الإسلاميّة، إذا قامت بهذا الطريق، أظلّت رحمة الله الأرض، وإِنْ لم تقمْ فلا غضاضة فى ذلك أيضاً، لأنّ الإسلام لا يهدف في الأصل إلى هذه الحكومة، بل إلى تزكية النفوس. ودعوَتُه في الواقع هي دعوة إلى مملكة الله (سبحانه) التي تحصل يوم القيامة نتيجة لهذه التزكية. لقد جاء لحماية العباد من دخول النار، ولإدخالهم جنّة الله الخالدة، لا لإقامة حكومة المسلمين في العالم. إلّا أنّ التوّاقين إلى تحقيق هدف ﴿وَأُخْرَىٰ تُحِبُّونَهَا﴾[1] هذه، نرى أنّه يلزمهم اليوم، بعد أن شهدوا تجارب القرنين الماضيين، أن يُسَلِّموا بحقيقة أنّ الحكومة الإسلاميّة لا تقوم بطريق مرسوم ملكي، ولا بطريق استبداد العلماء، ولا بطريق جيش من جنود الله يتسلّط على رقاب الناس.

فوجودُ هذه الحكومة ليس هدفًا، بل هو نتيجةٌ تأتي من انشراح صدور الناس للإسلام وشريعته، ويجب أن تأتي هكذا. فإذا جاءت على هذا النحو قامت

أخيراً. (المترجم).

(2) يريد به «قرار الأهداف» الذي قد تم تمريره في الجمعية التأسيسية لباكستان في عهد رئيس وزراءها الأول لياقت علي خان في 12مارس 194 والتي أدت إلى تأسيس الدولة على الدين.

(1) سورة الصف، الآية: 13.

الحكومة التي يُقال لها الحكومة الإسلامية بكلّ معنى الكلمة. فإذا أُقيمت مثل هذه الحكومة، ينبغي أن تُصرَف الطاقات كلّها في شيئين، بدلاً من إضاعة الوقت في ألاعيب السياسة، وبدلاً من قتل الناس الأبرياء باسم الجهاد والقتال. وهذان الشيئان هما:

أولاً: إقامة هذه الحكومة بطريق الوعظ والتذكير والعلم والاستدلال، وبطريق التعليم وتربية قلوب الناس وأذهانهم، كى تنشرحَ صدور أرباب الحَلّ والعقد في المجتمعات البشرية للإسلام والشريعة الإسلامية، كما هو حاصل لدُعاة الإسلام ورافعي لوائه.

والثاني: أنْ تُبذَل الجهود لتعزيز وترقية الديموقراطيّة والقيم الجمهوريّة في كلّ مكان، حتّى إذا استعدّ الناس للعمل بما يقتضيه الإسلام في السياسة والمعيشة، لا يسدّ طريقهم أيّ استبداد، ولا يَحول دونَهم ودون هدفهم. فالجهاد ضدّ قوى الاستبداد والاضطهاد والعنف هو الجهاد ضدّ الفتنة في مُصطلح القرآن، والفتنة أشدّ من القتل عنده، ومرتكبوها سواء أكانوا ملوكاً أم طُغاةً يجدر بهم أن يودّعوا مسرح العالم إلى الأبد.

2011م

19 --الإسلام والدولة: الرؤية المضادة

إنّ الوضع الحالي الذي أوجدته بعض المنظمات المتطرفة المحسوبة علي الإسلام، للمسلمين في العالم من خلال أعمالها وتحركاتها، هو نتيجة التفكير نفسه الذي يتم قراءته وتدريسه في مدارسنا الدينية، والذي تُروِّجه الحركات الإسلامية والأحزاب الدينية السياسية ليلاً ونهاراً. وبالمقابل له، ما هي النظرة الصحيحة للإسلام؟

إنّها في الواقع رؤية مضادة له، وقد قلنا مراراً وتكراراً إنّه إذا تمّ إحداث

الفوضى المبنية على الدين في المجتمع الإسلامي، فليس علاجه الدعوة إلى العلمانية، ولكن يمكن تصحيح الوضع عن طريق تقديم رؤية مضادة للفكر الديني وقد كتبنافي ذلك بتفصيل. وليس هذا هو الوقت المناسب للخوض في التفاصيل، ولكن إليكم ملخص الجزء الذي يتعلق بالإسلام والدولة من هذا الفكر.

(1) دعوة الإسلام هي أساساً للفرد. فإنّه يريد أن يثبت حكمه على قلب الفرد وعقله. والأوامر التي أعطاها الإسلام للمجتمع موجهة أيضاً إلى أولئك الذين يقومون بمسؤولياتهم بصفتهم أهل الحلّ والعقد في المجتمع الإسلامي. ولذلك فإنّ الفكرة القائلة بأنّ للدولة ديناً، وأنّها بحاجة إلى أسلمتها أيضاً من خلال قرار «مقاصدي هادف»، وجعلها ملزمة دستوريّاً بعدم إيجاد قانون ضد القرآن والسُّنّة، هي فكرة لا أساس لها من الصحة تماماً. والذين تقدموا بهذه الفكرة ونجحوا في إقناع البرلمان بها قد وضعوا الأساس للخلاف والشقاق الدائم في الدول القومية لهذا العصر، وأرسلوا رسالة إلى غير المسلمين الذين يعيشون هناك بأنّهم في الحقيقة مواطنون من الدرجة الثانية. وهم في وضع الأقلية المحميّة على أكثر حدّ، وفي مكانتهم هذه يمكن لهم المطالبة بأي حقّ من الحقوق من المالكين الأصليين للدولة إذا استطاعوا.

(2) للدول ذات الأغلبية المسلمة أن تشكِّل الولايات المتحدة الخاصة بها. ويمكن أن يكون هذا حلماً لكلّ واحد منّا، ويمكننا أن نبذل الجهود أيضاً لتحيق هذه الأمنية، ولكن لا يوجد أساس لفكرة أنّ ذلك من أوامر الشريعة الإسلامية، وأن المسلمين يرتكبون خطيئة إذا لم يحققوا ذلك، بالتأكيد لا. والخلافة ليست مصطلحاً دينيًا، وتأسيسها عالميّاً ليس فريضة من فرائض الإسلام. فإنّه بعد القرن الأول الهجري نفسه، عندما كان هناك فقهاء المسلمين العظام، تم تأسيس دولتيين مسلمتين مستقلتين، دولة للخلافة العباسية في بغداد ودولة لبني أمية في الأندلس، واستمرتا قروناً عديدة، ولكن لم يَقل أحد من الأئمة والعلماء إنّه انتهاك لأيّ حكم من أحكام الشريعة الإسلامية، لأنّه لا يوجد حكم في القرآن والحديث في هذا الأمر. وعلى العكس من ذلك، فقد قال الجميع ـ ونقول أيضاً ـ إنّه إذا قام النظام الجماعي

للمسلمين في أيّ مكان وثبت، فإنّ تركَه والخروج عليه هو أبشع جريمة. وقد قال عنها النبي ﷺ: «من خرج قيد شبرة منه فقد مات ميتة جاهلية».

(3) وأساس الجنسية لدولة إسلامية ليس هو الإسلام نفسه كما هو مفهوم بشكل عام. فإنّه لم يذكر في القرآن والحديث أن المسلمين أمة واحدة بالمصطلح المعاصر، أو ينبغي أن يكونوا أمة واحدة، ولكن جاء في القرآن: [إنّما المؤمنون إخوة]، فالعلاقة بين المسلمين ليست علاقة عرقية، بل علاقة أخوية. وعلى الرغم من تقسيمهم إلى عشرات الدول والبلدان والدويلات، فإنّهم إخوة بالإيمان. ولذلك، يمكن أن يُطلَب من المسلمين أن يكونوا على وقوف تام بحالة إخوانهم، وأن يمدّوا لهم يد العون والمساعدة في متاعبهم ومعاناتهم، وأن يقفوا لهم لمساعدتهم عند الاضطهاد، وأن يعطوهم الأولوية في العلاقات الاقتصادية والاجتماعية. وأن لا يقفلوا أبوابهم في وجوههم تحت أي ظرف من الظروف، ولكن لا يمكن مطالبتهم بالتخلي عن دولهم القومية وهوياتهم الوطنية، وأن يصبحوا أمة واحدة ودولة موحدة. ومثلما يمكنهم إنشاء دولهم القومية المنفصلة، كذلك إذا كان لديهم حرية ممارسة الدين والشريعة، يمكنهم التعايش في دول غير مسلمة كمواطنين وكأمة على أساس الوطن. لا شيء من هذا غير قانوني وفقاً للقرآن والحديث.

(4) ومسلمو العالم الذين يعترفون بأنهم مسلمون، وليس ذلك فقط، بل يصرون على ذلك، لكنهم يتبنون معتقداً أو ممارسة لا يعتبرها أيّ عالم أو علماء أو جميع المسلمين صحيحة. ويمكن أن يوصف بأنّه زيغ وضلال، ولكن بما أنّ أصحابه يستد لون له من القرآن والحديث بذاتهما، فلا يمكن تسميتهم بغير المسلمين أوأنهم أصبحوا كفاراً. وحكم الله في كلّ هذه المعتقدات والممارسات أنه ينبغي الانتظار للبتّ فيها إلى يوم القيامة.

فأصحاب هذه المعتقدات في العالم مسلمون حسب معتقداتهم، وسيُعتَبرون مسلمين، وكلّ تعامل معهم سيكون كما هو مع أيّ فرد من أفراد المجتمع المسلم. نعم يحقّ للعلماء أن يكشفوا لهم عيوبهم وأخطاءهم، وأن يدعوهم لقبول الصواب،

وإذا كان هناك شيء من الشِّرك والكفر في عقائدهم ومعتقداتهم، فللعلماء أن يسمّوه بالشِّرك والكفر، ولهم أن يُحذِّروا الناس من ذلك، ولكنّ القرار بأنّهم لم يعودوا مسلمين منذ اليوم أو أن يُفصلوا عن مجتمع المسلمين ليس حقًا لأحد، لأنّ هذا الحق لا يمكن أن يمنحه إلّا الله. وكلّ من له إلمام بالقرآن والحديث يعلم أنه لم يمنح هذا الحقّ لأيّ شخص.

(5) إنّ الشِّرك والكفر والرِّدة هي بالتأكيد جرائم خطيرة، ولكن لا أحد يستطيع أن يعاقبها. هذا حقّ الله، ويعاقبهم يوم القيامة ويعاقبهم في الدنيا أيضاً إذا شاء. والقيامة ليست في معرض البحث هنا. أمّا الدنيا، فالحال في الدنيا أنّ الله تعالى إذا قرر ظهور عدالته في أمة، أرسل رسوله إليها. وهذا الرسول - بدوره - يقوم بحُجّة كاملة على هذه الأمة، حتى لا يكون لدى أحد عذر يعرضه أمام الله. وبعد ذلك يصدر قرار الله لمن يُصِرّ على الكفر بعد الانتهاء من هذه الحُجّة أن يعاقَب في الدنيا. وهذه سُنّة إلهية جاءت في القرآن على النحو التالي: ﴿وَلِكُلِّ أُمَّةٍ رَّسُولٌ فَإِذَا جَآءَ رَسُولُهُمْ قُضِىَ بَيْنَهُم بِٱلْقِسْطِ وَهُمْ لَا يُظْلَمُونَ﴾[1]. فهذا نوع خاصّ بنحو ما جاء في قصة أضحية إسماعيل وقصة الخضر عليه السلام، لاعلاقة له بالناس العاديين. فكما أننا لا نستطيع اقتحام قارب فقير لمساعدته بدون إذنه، وكما لا يمكننا قتل طفل رأيناه يعصي لوالديه، وكما لا يمكننا وضع سكين في عنق ولدنا بناء على رؤيا رأيناها، كفعل إبراهيم (عليه السلام)، كذلك لا يمكننا معاقبة إنسان لشِركه أو كفره أو ارتداده كذلك، إلّا إذا جاء الوحي وأمره الله بذلك مباشرة عن طريق أحد رسله. ويعلم الجميع أنّ بابه بعد النبي ﷺ مسدود مغلق إلى الأبد.

(6) لا شكّ أن الجهاد هو حكم الإسلام. يطالب القرآن مؤمنيه بمحاربة الظلم والعدوان إذا كانت لديهم القوة. وإرشادات القرآن عن الجهاد موجَّهة أصلاً لمكافحة الفتنة. والفتنة تعني بمصطلح القرآن محاولة إبعاد الإنسان عن دينه بالقمع، وهذا ما يسمى بالاضطهاد في اللغة الإنجليزية.

---

(1) سورة يونس، الآية: 37.

ويعرف أهل العلم والنظر أنّ المسلمين قد أُعطُوا هذه الوصية وهذاالحكم، ليس كأفراد بل كمجموعة. فإن الآيات التي جاءت عن ذلك في القرآن ليست موجهة إليه بصفتهم الشخصية. ولذلك، فإنّ نظامهم الجماعي له الحق في اتخاذ أي إجراء في هذا الشأن. ولا يحق لأيّ فرد أو مجموعة داخل المجتمع المسلم أن يشنوا الحرب نيابة عنهم. وقد قال النبي ﷺ على هذا الأساس: «إنّما الإمام جُنَّة يُقاتَل من ورائه».

(7) إنّ الجهاد الذي يأمر به الإسلام هو حرب في سبيل الله، فلا يمكن القيام به دون مراعاة الحدود الأخلاقية. والأخلاق لها الأسبقية على كلّ شيء وفي كلّ شيء، وحتى في حالة الحرب، لم يسمح الله تعالى لأحد بالخروج عنها. ولذلك فمن المؤكد تماماً أنّ الجهاد لا يكون إلّا مع المقاتلين. وشريعة الإسلام أنه إذا هاجم شخص باللسان، فالجواب يكون باللسان، وإذا قدم الدعم المالي للمقاتلين، فسيتم إيقافه عن المساعدة المالية، ولكن لا يُقتَل حتى يحمل السلاح، وحتى في ساحة المعركة، إذا أسقط سلاحه، يتم أسره، وبعد ذلك لا يمكن قتله. ومن الآيات القرآنية التي تأمر بالجهاد قوله تعالى: ﴿وَقَٰتِلُواْ فِي سَبِيلِ ٱللَّهِ ٱلَّذِينَ يُقَٰتِلُونَكُمۡ وَلَا تَعۡتَدُوٓاْۚ إِنَّ ٱللَّهَ لَا يُحِبُّ ٱلۡمُعۡتَدِينَ﴾[1]. والنبي ﷺ نهى عن قتل النساء والأطفال أثناء الحرب. والسبب في ذلك أنّ النساء والأطفال حتى لو خرجوا مع المقاتلين، فهم لا يقاتلون عادة، وإنّما يمكنهم تحفيز المقاتلين قدر الإمكان وتشجيعهم على القتال بألسنتهم فقط.

8 ـ وقبل قرون من طروحات المفكرين الغربيين المعاصرين، أعلن القرآن أنّ أمرهم شورى بينهم (النظام الجماعي للمسلمين سوف يقوم على التشاور المتبادل بينهم). وهذا يعني بوضوح أنّ حكم المسلمين يجب أن يؤسس بناءً على تشاورهم وتناصحهم، وأن يأتي النظام إلى حيز الوجود من خلال التشاور. ولكلّ فرد حقوق متساوية في إعطاء مشورته، وكلّ ما يُبنى بالمشورة

---

(1) سورة البقرة، الآية: 190.

يمكن كسره أيضا بالمشورة. فإنّ رأي كلّ شخص سيكون جزءاً من وجوده. فلذلك، إذا لم يمكن التوصل إلى نتيجة حتمية في قضية ما، يقبل حكم الأكثرية فيها، ولكن لا يمكن قبول الديكتاتورية، سواء أكانت من عائلة أو طبقة أو من مجموعة أو مؤسسة وطنية، ولا حتى من قِبل رجال الدين المستشارين في شؤون الإدارة الجماعية. وبالتأكيد، فإنّ لهؤلاء الحقّ في التعبير عن آرائهم وتوضيح أفكارهم، ولكنّ موقفهم لن يصبح قانونًا يتّبعه الشعب إلّا عندما يتم قبوله من قبل غالبية الممثلين المنتَخبين للشعب. وفي الدولة الحديثة، تقوم مؤسسة البرلمان نفسها بهذه العملية، فقد وُجِدَت للقيام هذا العمل.

فالقرار النهائي في نظام الدولة هو للبرلمان فقط ويجب أن يكون له. نعم، للناس الحقّ في انتقاد قرارات مجلس النواب، ومحاولة توضيح أخطائهم، ولكن لا يحقّ لأحد أن ينتهكها ويتمرد عليها. ولا يستطيع أحد أن يكون أعلى من البرلمان سواء كان من العلماء أو القضاة في الدولة، فهذه هي الطريقة الشرعية الوحيدة لتشكيل الحكومة وإدارتها، فإن الحكومة التي سيتم تشكيلها بعيداً عن ذلك، تكون حكومة غير شرعية مهما ظهرت علامات السجود على جبين رئيسها، وحتى إذا حمل لقب أمير المؤمنين.

9 ـ وإذا تمّ إنشاء حكومة إسلامية في مكان ما، يُطلب منها عادة تطبيق الشريعة فيه. ولكنّ هذا التفسير مُضَلِّل، لأنه يعطي الانطباع بأنّ الحكومة في الإسلام لها الحقّ في فرض جميع أحكام الشريعة على الناس بقوة الدولة، رغم أن هذا الحق في القرآن والحديث لم يثبت لأية حكومة. فهناك نوعان من الأحكام في الشريعة الإسلامية: أحدهما يُعطى للفرد كفرد، والآخر يُعطى للمجتمع الإسلامي. والنوع الأول هو فيما بين الله وعبده، فهو مسؤول أمام ربّه، وليس أمام أي حكومة. لذلك ليس لأي حكومة في العالم مثلا أن تجبر شخصاً ما على الصيام أو الذهاب للحج أو العمرة أو الختان أو تقصير شاربه، أو تُجبر امرأة على تغطية صدرها. فليس لديها سلطة تتجاوز التعليم والإرشاد والوعظ في مثل هذه الأمور، إلّا إذا خُشِيَ أن يفقد الشخص المواطن حقوقه، أو تُنتهَك

حياته وممتلكاته وشرفه. لقد أوضح القرآن بصراحة تامّة أنّ من بين الفرائض الإيجابية للدين، الصلاة والزكاة فقط، والتي يمكن لنظام جماعي للمسلمين أن يطالب بهما بقوة القانون إذا شاء. يقول القرآن إنه بعد ذلك يلزمه أن يخلي سبيلهم، ولا يحاول أن يفرض عليهم شيئاً. أمّا النوع الآخر من الأوامر فقد أعطي في الواقع للحكومة، لأنها تمثل المجتمع في الشؤون الجماعية. وإذا طلب العلماء من الحكام أن يعملوا بها، فإنّه يحق لهم ذلك، وعليهم أن يفعلوا ذلك بطبيعة منصبهم. ولكن، هذه دعوة للعمل وفقًا للشريعة، ولا يمكن اعتبار تفسير تطبيق الشريعة مناسباً لها أيضاً. وهذه الأحكام كالتالي:

أ ـ المسلمون ليسوا رعايا لحكامهم، بل مواطنون متساوون على مستوى القانون والدولة، ولن يُفرَّق بين كبير وصغير، وبين نبيل وحقير، و ستُقدَّس أرواحهم وممتلكاتهم وشرفهم. وحتى الحكومة لن تكون قادرة على فرض أية ضريبة عليهم دون موافقتهم غير الزكاة. وإذا نشأ نزاع بينهم في شؤونهم الشخصية، أي الزواج والطلاق والميراث والمعاملات والأمور الأخرى من هذا النوع، يتم الفصل فيه وفقًا للشريعة الإسلامية. ويجب تزويدهم بجميع التسهيلات اللازمة لأداء صلاة النهار والليل وصيام شهر رمضان والحج والعمرة. ويحكمون بالعدل تجسيدا لِلآية ﴿وَأَمْرُهُمْ شُورَىٰ بَيْنَهُمْ﴾[1]. وستكون ممتلكاتهم الوطنية حصيلة للاحتياجات الجماعية، ولا يتم منحهم الملكية الخاصة، ولكن سيتم تطويرها بطريقة تجعل أولئك الذين تخلفوا عن الركب في السباق الاقتصادي قادرين على تلبية احتياجاتهم أيضاً من دخل تلك الممتلكات. وعند مغادرتهم الدنيا يكون دفنهم على طريقة المسلمين، ويُصَلّى على جنازتهم، ويُدفَنون في مقبرة المسلمين.

ب ـ يتم إدارة صلاة الجمعة والعيدين وترتيبهما من قِبل الحكومة، وتؤدى هذه الصلوات فقط في الأماكن التي تحددها لهم الحكومة، وسيكون منبرهم

(1) سورة الشورى، الآية: 38.

خاصّاً بالحكام، فالحاكم يلقي الخطبة ويؤمُّهم. ويمكن أن ينهض بهذه المسؤولية أيٌّ من ممثلي الحكومة نيابة عنهم. ولن يتمكن أيّ شخص من إدارة وترتيب هذه الصلوات بمفرده داخل الدولة.

ج ـ ووكالات إنفاذ القانون هي وكالات الأمر بالمعروف والنهي عن المنكر. لذلك يجب اختيار أفضل أفراد المجتمع وأصلحهم كعاملين في هذه المؤسسات، ممّن يغرسون الخير في الناس، ويمنعونهم من كل الأشياء التي اعتبرها الإنسان شرّاً أبداً. ومع ذلك، لن تُمارَس سلطة القانون إلّا عندما ينتهك شخص ما حقوق الآخرين، أو يسعى إلى اتخاذ إجراءات ضد حياتهم أو ممتلكاتهم أو سمعتهم.

د ـ وستبقى الحكومة قائمة بالقسط حتى مع أعدائها. تقول الحقّ، وتشهد له، ولا تتخذ أيّ إجراء ينحرف عن الحقيقة والعدالة.

هـ ـ إذا كان هناك اتفاق مع شخص ما داخل الدولة أو خارجها، يجب الالتزام به بأقصى درجات الأمانة والصدق من حيث الكلمة والمعنى إلى ما بقي الاتفاق.

و ـ لن يتم الحكم بالإعدام على أيّ جريمة باستثناء القتل والفساد في الأرض. وإذا ارتكب مواطن مسلم من مواطني الدولة أية جريمة من الزّنا والسرقة والقتل والفساد في الأرض والافتراء وما إليها، واقتنعت المحكمة أنّه لا يستحق أيّ تنازل من حيث أحواله الشخصية والعائلية والاجتماعية، فستُفرَض عليه العقوبة التي أوجبها الله تعالى في كتابه لمرتكبي هذه الجرائم بعد قبولهم دعوة الإسلام بوعي كامل.

ز ـ ستُتَّخذ الإجراءات اللازمة على مستوى الحكومة لنشر رسالة الإسلام في العالم. وإذا قامت أية قوة في العالم بعرقلته واضطهاد المسلمين وتعذيبهم بالقوة، فإنّ الحكومة ستبذل قصارى جهدها لإزالة هذه العقبة ووقف هذا العنف، على الرغم من الالتجاء إلى حمل السلاح من أجل ذلك.

ختام القول

هذه هي أحكام الشريعة في الإدارة الجماعية، وقد أُعطِيَت بإنذارٍ وتهديدٍ بأنّ مَن لا يحكمون بما أنزل الله، ولا يحكمون وفق الشريعة التي أنزلها الله، فإنهم يُعتَبرون عند الله ظالمين وكافرين وفاسقين يوم القيامة. ولكن إذا استمرّ حكام المسلمين في إهمال هذا الأمر وعصيانه، فإنّ مسؤولية العلماء والمصلحين ليست إلّا أن يحذروهم من العواقب الوخيمة لذلك في الدنيا والآخرة، مع دعوتهم لهم إلى اتخاذ الموقف الصحيح بالحكمة وأسلوب الوعظ الحسن، وأن يواجهوا أسئلتهم، وأن يحاولوا إزالة مشاكلهم، ويشرحوا لهم بالحُجج والبراهين لماذا أعطى الله تعالى شريعته؟ وما هي علاقة ذلك بالحياة الجماعية؟ وما هو أساس الأحكام فيها؟ ولماذا يجد الإنسان المعاصر صعوبة في فهمها؟ وأن يتخذوا مثل هذه الخطوات التي تجعل حكمتها ومعناها وهدفها واضحًا لهم، وتجعل قلوبهم وعقولهم مستعدة لقبولها ومتابعتها برضا كامل. فإنّ القرآن وصف موقف العلماء من الدعوة بهذه الطريقة. ولم يجعلهم أوصياء ومسيطرين على أمتهم بأن يحقّ لهم تنظيم مجموعات من أتباعهم لمحاولة إجبار الناس على الالتزام بالقانون تحت تهديد السلاح.

(للبحث صلة، انظر الفصل «الإسلام والدولة» في ملحق الكتاب)

20 -- الدولة والحكومة

كتب هذا المقال إجابة على نقدات وجهت إلى مقالة «الإسلام والدولة: رؤية مضادة».

إنّ الدولة والحكومة شيئان مختلفان، ففي مصطلح علم السياسة تطلق الدولة على تنظيم سياسي للمجتمع البشري. وتطلق الحكومة على أهل الحلّ

والعَقد المسؤوليين عن إدارة ونظم وتنسيق ذلك التنظيم السياسي. خذ أولاً الدولة، فكلّ أقسامها وأنواعها التي برزت حتى اليوم تتلخص في أقسام ثلاثة تالية:

1. **القسم الأول**: يتمثل في دولة الجزيرة العربية التي حدّد حدودَها وثغورَها الله (عزّ وجلّ) بنفسه وخصصها لنفسه، ولذا تمّ تأسيس مركز عالمي لتوحيده وعبادته ودعوته في هذه الدولة، وأعلَن بلسان خاتم الرسل في القرن السابع أنّه لا يكون كافر ومُشرِك مواطناً دائماً لها حتى يوم القيامة، كما عبر به النبي ﷺ بقوله: «لا يجتمع فيها دينان». وكانت أرض فلسطين قبل ذلك تحتل المكانة نفسها، وظلّت عليها لقرون عديدة. ويكون أفراد الأمة مخاطَبون للإسلام والشريعة في حيثياتهم المختلفة، غير أنه إذا قيل لدولة كهذه إنّ ديانتها الإسلام، وإنّه يجب أن يحكمها الإسلام فهذا التفسير لا مشاحة فيه، إنّه قابل للفهم.

2. **القسم الثاني**: البلدان والدول التي ما زال الفاتحون يحددون حدودها بطريق فتوحاتهم، ويحكمون عليها بإخضاع مواطنيهم لسلطانهم، ففي مثل هذه البلدان والدول، فإنّ نظرية الأسرة المالكة أو الطائفة الحاكمة هي نظرية الدولة ودينها. فبغضّ النظر عن جواز وجودها أو عدم جوازها، إذا قيل عنها إنّها دولة مسلمة أو دولة مسيحية أو دولة شيوعية، فإنها تُقبَل، وليست غير قابلة للفهم.

3. القسم **الثالث**: البلدان والدول القومية الوطنية، تتحدد حدودها وثغورها بواسطة اتفاقيات عالمية، وتحوّل وجودها إلى سبب وعامل للهوية الوطنية لجميع مواطنيها. ومن هنا، وعلى الرغم من اختلافات واشتراكات الديانة واللون والنسل واللسان والمدنية والفروق الحضارية، فإنّ كلّ سكانها ومواطنيها يتظاهرون بوطنيتهم باسم أوطانهم، فيعرفون أنفسهم بالهندي، والمصري، والأمريكي، والأفغاني والباكستاني وما إلى ذلك من الأسماء. وليس هناك حاكم أو محكوم بل كلّهم متساوون في حقوق المواطنة، ومشاركون بهذه الحيثية في أعمال الحكومة. وهذه الدول في العصر الحاضر

هي التي كتبتُ عنها بأنها ليست لها ديانة خاصة، ودولة باكستان أيضاً دولة من هذا النوع. ويعلم الجميع أنه ما نزل أمر من السماء يُحَتِّم أنها بلد مسلم خاصّ كجزيرة العرب، كما لم يفتح المسلمون هذا الأرض، ولم يجعلوا المواطنين غير المسلمين محكومين لهم. ولا عاهدوا مع غير المسلمين، فصاروا مواطنين بسبب تلك المعاهدة. بل إنهم مواطنون لهذه الأرض منذ قرون مثل المسلمين، فالدولة لهم أيضا كما هي للمواطنين المسلمين.

فإنه لم يكن تقسيم البلد (الهند) على مبدأ أنّ جزءاً منه يملكه المسلمون وجزءاً آخر يملكه الهندوس. والمنتمون للديانات الأخرى يكونون ملكاً لهم، بل كان على مبدأ أنّ مناطق الهند البريطاني التي تسكنها الأغلبية المسلمة ستستقلّ وتصبح بلداً على حدة من مناطق الغالبية الهندوسية. والدويلات الهندية تكون حرّة للذهاب إلى أيٍّ من الهند أو الباكستان والالتحاق بهما، أو أن تبقى كدولة حرة مستقلة، بغضّ النظر عن كون الغالبية في رعاياهم منتمين إلى الإسلام أو إلى الهندوسية أو إلى أية ديانة أخرى.

فأسلمة هذه الدولة أو جعلها مسيحية أو هندوسية بسلطان الغالبية يكون ذلك تحكماً واستبداداً لا يؤيده شخص مأمور من ربّه تعالىٰ أن يقوم بالقيام بالحقّ ويشهد بالحقّ على كلّ حال ولو على نفسه. وقد حان الوقت اليوم أن تثبت هذه الشهادة في حقّ المواطنين غير المسلمين لباكستان في صفحات التاريخ. فإنّ هذا يكون إعادة للحقيقة التي قد صرّح بها مؤسس دولة باكستان محمد علي جناح في 11 من أغسطس عام 1947م وهو يخطب مجلس تقنين الدستور وجاء في خطابه:

«أنتم اليوم أحرار. أنتم أحرار في هذه الدولة الجديدة: باكستان. تذهبون إلى منازلكم، إلى مساجدكم أو إلى معابد أخرى. وتنتمون إلى أية ديانة، إلى أية عقيدة، وإلى أية فئة وقبيلة. فإنّ سياسة البلد لا تتصل بهذا أي اتصال. فنحن نبدأ بمبدأ أساسي أننا جميعاً مواطنون، ومواطنون متساوون في دولتنا.

إنّ مواطني إنجلترا اضطُروا أيضاً إلى فهم الحقائق الأرضية مع مرور الوقت، واضطُروا إلى التنازل عن المسؤوليات أمام الضغط الثقيل الذي ألقي عليهم من قِبل

حكومتهم. فمرُّوا تدريجيّاً بسلام في هذه المرحلة المشتعلة، وتكونون على صواب إذا قلتم إنّه لا يوجد اليوم كاثوليك وروميون ولا بروتستانت. فقد بقي الآن شيء واحد فقط، وهو أنّ كلّ شخص مواطن، والكلّ مواطنون لبريطانيا العظمى على التساوي.

وأرى أن نضع ذلك نصب أعيننا كهدف مطلوب، فسوف نرى مع مرور الوقت أنّه لم يبقَ هندوسي هندوسيّاً ولم يبقَ مسلم مسلماً، فليس وجود الدولة يقوم على اعتبار الدين، بل باعتبار السياسة، ومن حيث كون الجميع مواطنين في الدولة. وتبقى الديانة من الاعتقادات الشخصية الفردية».

(القائد الاعظم: مجموعة الخُطَب والبيانات 359/4 بالأردية).

وهنا يثور سؤال: هل يقبل الإسلام دولة كهذه؟ وإجابة على هذا اجترأت على القول بأنّ دعوة الإسلام (في مثل هذه الأمور) لأهل الحلّ والعَقد لمجتمع ما، فإن كانوا مسلمين يكونون هم مخاطبين لأحكام الإسلام التي تتصل بنظم وإدارة المجتمع. إنّه لا يأمر لبذل الجهود لأسلمة الدولة، فللمسلمين أن يتعايشوا مع الآخرين كمواطنين وكأمة على أساس الوطنية في الدول الوطنية، كما يعيشون فعلاً في أكثر بلدان العالم، ولا شيء في هذا يتصادم مع الإسلام وشريعته.

فهذا هو الموقف الذي أراه تجاه الدول الوطنية المعاصرة. ونأخذ بعد ذلك الحكومة، فهناك أمران من حيث العلم والعقل لاثالث لهما. الأول أن يجيء الخالق تعالى ويُنَصِّب حاكماً على الدولة وأهل الحلّ والعَقد فيها، والثاني أن يقوم المواطنون في الدولة بتنصيب الحكومة والمسؤولين. وقد خُتِم الأمر الأول إلى الأبد بعد ختم النبوة على النبيّ ﷺ. وبقي الإمكان الثاني الذي ينتج منطقيّاً في حكومة الغالبية. فإن كانت هذه الغالبية للمسلمين، وحصلت لهم السلطة بسبب ذلك. فيحقّ لهم كحقّ ديموقراطي وكحق إنساني أن يقوموا بتنظيم وإدارة شؤون الحياة وفقاً لدينهم وتعليماته الاجتماعية، ولهم تطبيق الشريعة الإسلامية التي أنزلها الله تعالى بواسطة خاتم رسله وأنبيائه. فإذا ذكر القائد الأعظم الإسلام وشريعة الإسلام وحضارة الإسلام فيما يتصل بباكستان فإنه يريد بذلك ما ذكرناه آنفاً.

ووصولاً إلى هذا المقام تتعلق الشريعة بالدول الوطنية إلى وقتنا الحاضر بهذه الطريق. وقد حاولتُ إفهام الناس ذلك. فتقدمتُ بفهرس جامع لأحكام الشريعة التي تتصل بالحياة الاجتماعية، وقد كتبتُ أنّ هذه الأحكام قد أُعطيت للمسلمين بتحذير أنّ من آمنوا بكتاب الله ولم يحكموا بما أنزل الله في حياتهم، فسوف يُعَدُّون يوم القيامة من عداد الظالمين والفاسقين والكافرين عند الله.

ولأهل العلم أن يختلفوا معي بالنسبة لذلك الفهرس إذا كان عندهم دليل عليه. ولهم أن يتقدموا بالحذف والإضافة فيه أيضاً. ولكن بعد أن فهموا الفرق بين الدولة والحكومة، وبعد رؤية ذلك الفهرس، إذا ادّعوا بأنني قمتُ بتضييق دائرة الشريعة إلى الحياة الفردية الشخصية فقط، أو أني قد رفضتُ وأنكرت أحكام الشريعة المتصلة بالحياة السياسية والمعيشية والاجتماعية، فجهلهم هذا ليس جهلًا عاديّاً. إنه تجاهل. فليس لي بدّ سِوى أن أقول لهم:

حبيبي أنت لم تفهم كلامي! فهذا هو موضع الخطأ.

2015م

21 -- الخلافة

كتب إجابة على نقدات وجهت إلى مقال «الإسلام والدولة: رؤية مضادة».

لاشك أن لفظ «الخلافة» يُستخدم اليوم كاصطلاح منذ قرون، ولكنه رغم ذلك ليس مصطلحاً دينياً. إنّ المصطلحات الدينية لا تُعَدّ مصطلحات دينية باستعمال الرازي والغزالي والماوردي وابن حزم وابن خلدون. وليس كلّ لفظ يتداوله المسلمون بمفهوم خاصّ يصير اصطلاحاً دينيّاً. فإنّ المصطلح الديني يكون إذا استعمله الله ورسوله كاصطلاح، وتحقّق ثبوته إذا ثبت ذاك المفهوم الاصطلاحي بنصوص القرآن والحديث، أو بنصوص صحائف إلهامية أخرى. فإنّ الصوم

والصلاة والحجّ والعُمرة وغيرها مصطلحات دينية، لأن الله ورسوله قاما باستعمالها بهذا المفهوم الاصطلاحي الخاصّ في أمكنة كثيرة.

ولفظة الخلافة على عكس ذلك لفظة عربية، وتُستخدم لإعطاء معاني النيابة والاستخلاف والحكم والسلطة. وهذه هي مفاهيمها اللغوية وهذه اللفظة استُعمِلَت في القرآن والحديث في كلّ موضع وردت فيه بمفهوم من هذه المفاهيم اللغوية.

وقد قدّم البعض من أهل العلم العديد من آيات القرآن مع بقاء لفظة «الخليفة» و«الخلافة» في ترجمة معانيها كي يستيقن الناس أنّ القرآن الكريم قد استعمل هذا اللفظ في مفهوم اصطلاحي خاص. ولكن عليك أن ترى تلك الآيات في أيّ ترجمة للقرآن يُعتمَد عليها أو في تفسير موثوق به، فسوف تتضح لك الحقيقة اتضاحاً لا يترك لك مجالاً لأيّ قول مثلما حدث لواحد من أصحاب العلم الناقدين لي.

ونقدّم فيما يأتي آراء اثنين من العلماء الكبار (من القارة الهندية) في تفسير الآيات المتصلة بالخلافة:

1. البقرة: 30: يقول الشاه عبد القادر في ترجمة الآية ﴿وَإِذْ قَالَ رَبُّكَ لِلْمَلَٰٓئِكَةِ إِنِّي جَاعِلٌ فِي ٱلْأَرْضِ خَلِيفَةً﴾ أي نائباً. واختار الترجمة نفسها الشيخ محمود حسن الديوبندي.
2. سورة ص 38: 26: ﴿يَٰدَاوُۥدُ إِنَّا جَعَلْنَٰكَ خَلِيفَةً فِي ٱلْأَرْضِ﴾ أي نائباً، فاحكم بين الناس بالعدل. ترجمه شاه عبد القادر واختار الترجمة نفسها الشيخ محمود حسن.
3. النور 34: 55: ﴿وَعَدَ ٱللَّهُ ٱلَّذِينَ ءَامَنُوا۟ مِنكُمْ وَعَمِلُوا۟ ٱلصَّٰلِحَٰتِ لَيَسْتَخْلِفَنَّهُمْ فِي ٱلْأَرْضِ﴾ أي يجعلكم حكاماً نائبين كما استخلف الذين من قبلكم. واختار الشيخ محمود حسن الترجمة نفسها أيضاً.

وألفاظ «النائب والحاكم» هنا هي ترجمة للخليفة والاستخلاف، وواضح

أنها لا تحمل مفهوماً اصطلاحيّاً دينيّاً، بل هو معنى لغوي، وإلّا فإنّ كلّ لفظة عربية جاءت في القرآن تكون مصطلحاً دينياً.

وهذا هو الوضع في الأحاديث والآثار، فلفظة الخلافة ومشتقاتها جاءت في المفاهيم اللغوية المذكور أعلاها، حتى إنّ لفظة «الخليفة» جاءت للّه سبحانه وتعالى. ومن هنا، إذا أريد وصف «الحكومة المهدية» أو التي «على طريقة نبوية» لم يكفِ لفظ الخليفة أو الخلافة لهذا المفهوم، وإنّما يزاد فيها «الخلافة الراشدة» أو «على منهاج النبوة» لإعطاء المفهوم المراد. وقد جعل علماؤنا هذا مصطلحاً بتقدير مثل هذه العبارات. واعتباراً بهذا يمكن أن يقال إنّه مصطلح لعلم السياسة عند المسلمين أو لعلم الاجتماع عندهم، كما أن هناك مصطلحات أخرى للفقه والكلام والحديث والعلوم الأخرى. ولكنّه لا يكون اصطلاحاً دينياً، لأنّه لم يكن هناك شخص إلّا الله ورسوله، فيحق لهما فقط أن يجعلا لفظاً اصطلاحاً دينيّاً. فلا يثبت ذلك إلا بإرشادات للّه ورسوله، ولايثبت ذلك بطريق مقدمة ابن خلدون.

أمّا وجوب أن تكون للمسلمين حكومة موحدة في العالم، وأنّه حكم قرآني، فكلّ من له إلمام بالقرآن يعرف أنّه خالٍ تماما من حكم كهذا. إلّا أن هناك اثنين من الأحاديث يُقَدّمان في حقّ هذا الأمر:

الأول: قال رسول الله ﷺ: «كانت بنو إسرائيل تسوسهم الأنبياء، كلّما هلك نبي خلفه نبي، وإنّه لا نبي بعدي، وسيكون خلفاء فيكثرون، قالوا: يا رسول الله، فما تأمرنا؟ قال: أوفوا ببيعة الأول فالأول، أعطوهم حقهم، واسألوا الله الذي لكم، فإن الله سائلهم عما استرعاهم» (رواه البخاري رقم 3455 ومسلم رقم 1842).

وثانيهما: «إذا بويع لخليفتين فاقتلوا الثاني منهما» (رواه مسلم، رقم 1853). وهناك كلام على هذا الحديث من جهة السند، ولكن بفرض صحته أيضاً، لا نجانب الحقيقة إذا قلنا إنّ الحديثين لا يقولان شيئاً مما يُراد بهما، وإنّما يدلان على أنّ المسلمين إذا قاموا بالبيعة لشخص ثم بغى عليه شخص آخر، فعليهم أن يُبقوا على البيعة الأولى، وأنه إذا قام آخر وبايعه بعضهم أيضاً، يُقتل مع ذلك. والظاهر أنّ هذه إرشادات معقولة تماماً.

ومن هنا لما تقدّم أنصاريٌّ بعد وفاة الرسول ﷺ باقتراح ثنائي أن يكون «منا

أمير ومنكم أمير» ردّه سيدنا عمر ﵁ بقوله: «إذاً يكون سيفان في غمد واحد». ونبَّههم سيدنا الصديق ﵁ أنه لا يكون أميران في دولة واحدة، فتكون اختلافات ويكثر الفساد بدلاً من الصلاح، وتسود الفوضى، وتحلّ البِدعة محلّ سُنّة رسول الله التي تركها للناس. (انظر لما جرى بينهم من محاورة في السقيفة بتفصيل: السُّنَن الكبرى للبيهقي، ص 16549 ـ 16550).

فإن صحّت نسبة هاتين الروايتين إلى رسول الله ﷺ، فإنّما يتلخص ما قاله ﷺ فيما بينّاه آنفاً. ولن يُفهَم منهما أنّ رسول الله قد أمر المسلمين بإقامة دولة واحدة وحكومة موحدة في العالم كلّه. وأنّه إذا نجح دعاة الإسلام في جعل أكثرية المواطنين في أميركا أو بريطانية أو في بلد آخر مسلمين، فليس لهم أن يقيموا دولة مستقلة في مناطقهم، فإذا قاموا بذلك أثموا، كما يأثم المسلمون اليوم المواطنون لبلدان أكثر من خمسين دولة. فهذا الزعم غير منطقي تماماً، وهو من قبيل تأويل القول بما لا يرضى به قائله.

وليتنبه العلماء إلى أنّه لا ينبغي إخراج واجب ديني عن حدوده الطبيعية، فليس لعالم ولا لفقيه مُحدِّث أن يكلِّف الناس أمراً لم يكلفهم الله تعالى. ولذلك كتبتُ وها أنا أكرِّره أنّ في بلدان الأكثرية المسلمة يرجو كلّ شخص منّا ويتمنىٰ أن تقوم تلك الدول بإقامة دولة متحدة، ولنا أن نبذل جهودنا لتحقيق هذه الأمنية، ولكن لا أساس لهذا الخيال أنّه أمر شرعي وواجب ديني يأثم المسلمون بإخلافه.

2015م

22 -- الإسلام والوطنية

كُتِب ردّاً على نقدات وُجهت إلى: مقالة «الإسلام والدولة: رؤية مضادة».

الدين عامل قوي من عوامل تشكيل الوطنية وبنائها ،على نحو ما تكون العوامل الأخرى كاللون والنسل واللغة والثقافة والوطن والحضارة. فقد صار

المسلمون اليوم قوماً بعد تناوب القرون. وإذا واجهوا تحدّياً في القارة الهندية على أقل حدّ، تظاهروا بقوميتهم بعاطفة شديدة وحماسة كبيرة. وبناءً على ذلك، قال القائد الأعظم محمد علي جناح: «إنّ مسلمي الهند قوم واحد على كافة الشرائط للقانون بين الدول، لأنهم بمقارنة الأمم والأقوام الأخرى، يتمتعون بحيازة امتيازات خاصة، من حضارة وثقافة ولغة وأدب وعلوم وفنون، إضافة إلى التقاليد والعادات والعقلية والمزاج، والقانون، والضوابط الأخلاقية، وأسلوب الحياة حتى في تقويمهم وطريقة تسميتهم أيضاً». (القائد الأعظم: الخطابات والبيانات 3/ 67).

ومقولة القائد الأعظم هذه كانت بياناً لأمر واقع وحقيقة ثابتة لا يختلف فيها أحد. وما قلته في مكان واحد في مقالي: «الإسلام والدولة: رؤية مضادةٌ» هو أنّ المسلمين ليسوا قوماً أو لا يمكن أن يكونوا قوماً وأمة.

وما قلته هو فقط أنّ كون الأمة واحدة ليس مما يقتضيه الإسلام أو تفرضه عليهم الشريعة. فالذين ينقدونني في ذلك ينقدونني في أمر لم أقله، وما قلتُه يحتاج لردّه إلى نصوص القرآن والحديث التي ليست متوفرة لديهم ولا يمكن أن تكون. وبهذا السبب، فقد اكتفوا في نقداتهم بخطابات القائد الأعظم وأبيات العلّامة إقبال وسرد وقائع حركة إقامة باكستان، وذلك لإثبات أمر ديني خالص!

ومن الحقيقة البديهية أنّ مسلمي القارة الهندية أمة. فإذا قال شخص إنه تكون المنارات والقبب في مساجد المسلمين فمن ينكر ذلك؟ لأنّه بيان للواقع. ولكنْ، إذا ادّعى أحد أن هذا مما يقتضيه الإسلام وتحكم به الشريعة، فعلى كلّ عالم ديني أن يردّ عليه ويوضح لهم أنّ ذلك خيال لا أساس له. فإن بُنِيَ مسجد من الكوخ أو تكوَّن بتسقيف الجدران من فروع النخيل وأغصانها وسوقها لَمَا اعترض عليه الإسلام وشرعه.

وقد قمتُ بهذه الفريضة، وأوضحتُ فكراً صحيحاً للإسلام لشباب قومي يدفعه الفكر الخاطئ، ويحرضهم على القيام بإجراءات العنف والإرهاب. على أنّه لا يجوز أن توجد في المسلمين قوميات مختلفة، وتشخُّصات عربية وإيرانية وباكستانية وأفغانية. وقومية المسلمين هي الإسلام ونظامهم الخلافة. فلا مكان فيه لدول حديثة قومية ووطنية للعهد الحاضر. ولذا يجب أن تُطَهّر أرض الله (عزّ

وجلّ) من وجودها الآثم. فأخبرتهم أنّ الدولة الوطنية ليست كفراً، ويمكن أن تكون الأسس الفطرية للقومية بناءً لوطنية المسلمين مثلما تكون للأقوام والأمم الأخرى. فعلاقة المسلمين فيما بينهم ليست علاقة قومية، بل إنها علاقة أخوية إيمانية بحكم القرآن. وعليه، فالمسلمون الذين قبلوا تصورات الوطنية القومية، ويعيشون اليوم في دول وطنية: أميركا، بريطانيا، ألمانيا، فرنسا، أو في الهند بل في باكستان أيضاً، فإنهم لايخالفون حكماً للشريعة، فإنّ مصادر الإسلام خالية من أي حكم أن أساس الوطنية في الإسلام هو الإسلام نفسه.

وفي زمن حركة باكستان، إذا كان المسلمون يصرون على كونهم قوماً مختلفاً تماماً عن الهندوس، وبالتالي يطالبون ببلد حرّ مستقلّ لهم في الهند، فلم يخطئوا فيه، كما أنهم إذا أعلنوا لهم وطنية باكستانية في اليوم الثاني لقيام باكستان، فلا اعتراض على ذلك أيضاً من جهة الدين والشريعة. نعم يمكن أن يقول شخص: إنّ رأي أبي الكلام آزاد إزاء موقف اتخذه القائد الأعظم محمد علي جناح كان مصيباً على النطاق السياسي أو يقول العكس، فله ذلك، ولنا أيضاً أن نقبل رأيه أو نردّه. ولكن لا يُعترَض على موقف أيٍّ منهما من الوجهة الدينية، ولذا لم يعترض قائدنا الأعظم على موقف أبي الكلام آزاد من هذه الجهة، لأنّ القائد الأعظم لم ينطلق من منطلق أنه لا يجوز التعايش مع الهندوس كأمة واحدة على أساس الوطنية وفقاً للإسلام والشريعة الإسلامية. ومن هنا يطالب بتكوين بلد مستقل، بل إنه انطلق من هذا المنطق: إنه يطالب بأن يكون للمسلمين بلد مستقل لصيانتهم وحضارتهم وثقافتهم، ومعيشتهم واجتماعهم وتقاليدهم الدينية من استبداد الأكثرية. ومطالبته مؤَسَّسة على أنّ المسلمين قوم وأمة طبقًا لجميع أصول القانون الدولي وضوابطه، وأنّه يحقّ لكلّ قوم أن يطالب بأن يكون له بلد حرّ مستقل في مناطق أكثريته.

فهذا هو موقفي حيال هذه المسألة. ولكلّ شخص حقّ أن ينقده، ولكن ألتمس من كلّ ناقد، بكلّ تقدير واحترام، أن يبذل بعض الوقت في فهم ما يردّه وينقده قبل النقد.

2015م

23 -- سلطة البرلمان

كتب في الرد على نقدات وجهت إلى مقالة «الإسلام والدولة: روئية مضادة».

إنّ من مقتضيات الإسلام والديموقراطية كليهما أن يكون هناك خضوع واستسلام فعلاً لما أبرَم عليه البرلمان. ومعنى ذلك الذي يفهمه كلّ شخص مُطّلِع على القيم السياسية أنّه إذا قضى البرلمان قضاءً، فلا ينبغي أن يعرقل في تنفيذه، ولا يبغي عليه، وأن تسير أعمال الدولة وفقاً لقضائها. ويجب ألّا تكون هناك محاولات لتعطيل النظم والنسق الإداري بطريق حشد جماعات مسلحة مخالفة للحكومة، وأن ترفع السلاح عليها بطريق تحريض الناس على البغي والفساد، حتى ولو أقدمت الحكومة ضدّ فرد كنتيجة لذلك القضاء البرلماني فليُحتَمل ذلك بالصبر. فإنّ الذي أومن بكونه رسول الله ﷺ قد هداني لهذا فقال: «عليكم بالسمع والطاعة» رواه مسلم: رقم الحديث: 4754.

وهناك استثناء واحد فقط وهو إذا أُمِرتُ أن أعصي الله ورسوله، ففي هذه الصورة يجوز لي أن أردّ ذلك الأمر فعلاً بل يجب عليّ أن أرده.

وتشهد حياتي كلها أني عملت على ذلك دائماً. ولقنتُ ذلك أحبائي وتلامذتي دائماً، ولكن من سوء حظّ هذا الطالب أنّه لم يطّلع على هذا السرّ، وهو أنّ إظهار الخلاف ضد قضاءات البرلمان ومحاولة تغييرها عبرَ الطرق الديموقراطية هو أيضاً جريمة. وأنّ الإطاعة الفعلية تعني أيضاً أنه ينبغي للعلم والاستدلال أن يخضعا للبرلمان، وأنه لا يحقّ لأحد أن يجسر على الذهاب إلى خلافها حتى وإن تجاسر البرلمان في قضائها وتعدّى على أمر الهي، أو على أصول أخلاقية إسلامية، أو قانون فطري طبعي، ولو تجاوزت حدود تقنينها.

ومن الطرائف أنّ هذا المعنى قد تم اكتشافه من مقالي، وبالأخصّ من جملتي التي كانت تنفي هذا المدلول بصراحة تامّة. وتمّ ذلك بديانة كاملة وتقوى ملموس! وقد كتبتُ: «ويحقّ للناس أن ينقدوا البرلمان وأقضيته، وأن يحاولوا كشف أخطائه، ولكن ليس لهم إخلافها والبغي عليها».

ولا أعلم أن شخصا قام بهٰذا العمل الكبير أفهمه وعلمه يستحقان التقدير والتحسين أكثراو ديانته وصدقه! وليس لي في هذا الوقت إلّا أن أقول:

يا حبذا، بالتأكيد تستحق كل هذا !

وعلى كلّ حال، أوضِح ثانياً أني أخضع تماماً لكلّ قضاء البرلمان. ولكن مع ذلك، فإنه من حقي الجمهوري الديموقراطي وفريضتي الدينية أن أنقده إذا أخطأ أو تجاوز حدوده أو قضاءه بما يُفضي إلى إتلاف حق. أنقده بالدلائل، لأنّ الأمر بالمعروف والنهي عن المنكر هو من مبادئي ديني، وينبثق من أساسات التقاليد الحضارية لي. فقد أُمِرتُ أن أقوم للّٰه قائماً بالقسط والشهادة، ولو على نفسي أو على الوالدين والأقربين.

ومبدأ «أمرهم شورى بينهم» إنّما يقتضي منا أن نذعن لرأي الأكثرية فعلاً حسماً للنزاعات. ولا يقتضي أن نعتقده رأياً صحيحاً أيضاً، ولا نحاول لكشف ذلك الخطأ على الناس. وقد يُعطى الحقّ بنسخ الأحكام الواردة في كافة الدساتير الدولية والملفات الدستورية وإلغائها، لأنها لم تنزل من السماء. فيفرض على أهل العلم والنظر أن يستعرضوها دائماً، وأن يحاولوا الإصلاح إذا كان هناك خطأ فيها.

والذي يجب أن يتم في دولة باكستان على الصعيد الحكومي لتنفيذ الإسلام وتطبيق شريعته لم يتم من سوء الحظّ. وما حصل أكثره بلا معنى وبلا أساس، ومعارض لتصريحات الكتاب والسُّنّة نفسيهما. وما زلتُ أقول هذا منذ سنوات عديدة، وقد قلته اليوم أيضاً. وهذا من مقتضيات النصح للّٰه ورسوله وللمسلمين جميعاً. ولا ينبغي لأيّ باكستاني أن تعروه هزة لمقولتي هذه، وهو ما طرأ على الأمة الباكستانية كلّها نتيجة لاجترائي هذا، على حدّ قول ناقد قديم وصديق حميم لي.

2015م

24 -- العُقوبات الشرعية

الأحكام الشرعية التي أعطيت للنظام الاجتماعي للمسلمين فيها عقوبات لجنايات محدّدة وضعها الله تعالى: فما هي تلك العقوبات؟

لقد بينّاها بالتفصيل في كتابنا «الميزان» في باب «الحدود والتعزيرات». والأشياء التي كانت تقتضي إيضاحاً مزيداً أوضحتها في ذلك الكتاب تحت عناوين مختلفة، وفي كتابي الآخر «البرهان» أيضاً الذي هو مختص بتنقيحات من هذه النوعية. وفي ما يأتي نلخص تلك المباحث كي تتمثل أمام القارئ بنظرة واحدة.

1. لقد تمّ تعيين هذه العقوبات لجنايات خمس متعينة وهي: الزنا، القذف، السرقة، القتل، والمحاربة والفساد في الأرض. ويُتصوَّر عموماً أنّ شرب الخمر، والـرِّدّة وإهانة الرسول لها أيضاً عقوبات محدَّدة في الشرع. وقد أوضحت بدلائل قوية أن هذا الرأي لا أساس له. فلم يأتِ الشرع بحدود معيّنة لهذه الجنايات. وإنّما هي موكولة إلى الاجتهاد. ومهما يقام فيها من رأي يقام على هذا المبدأ.

2. وقد ذهب الفقهاء عامة إلى أنّـه إذا عفا ورثـة المقتول عن القاتل، فعلى الحكومة الإسلامية أن تعفوَ عنه أيضاً. وهذا الرأي غير مصيب عندنا، ففي هذا الكتاب نفسه قمتُ بدراسة تحليلية لكافة الآيات الواردة في هذا المضمار تحت عنوان «عقوبة قتل العمد» أنّه تنتهي فرضية القِصاص فقط في الصورة المذكورة لجوازها. ولذا يحقّ للحكومة والمجتمع، إذا شاءا نظراً إلى نوعية الجريمة وأحـوال المجرم، أن يُصِرّا على القِصاص ويرفضا الرّخصة التي منحت من قِبل ورثة المقتول.

3. العقوبات التي جاءت في سورة المائدة (الآيات من 33 إلى 34) في مضمار المحاربة والفساد في الأرض ليست خاصة بجريمة قطع الطريق، بل موجَّهة إلى المجرمين الذين يبغون على الحكومة والقانون، ويحاربون النفس والمال والعِفّة والعقل والـرأي. فإذا سادت في المجتمع جرائم ومهالك من القتل

والإرهـاب والزِّنا وقطع الطريق ونهب الأمـوال أو نشر البغاء، وأن يكون الآثمون خطراً ووبالاً على أعراض الناس بسبب الخلاعة العلانية والمجون والـدعـارة، أو بغَوا على الحكومة، أو يكونوا خطراً على أمن المواطنين وسلامتهم بجنايات الخطف والإرهاب والعنف وما إليها من الجرائم الخطرة، فكلّهم يكونون مدانين بجريمة الفساد في الأرض، وللمحكمة أن تصدر بحقهم عقاباً مناسباً نظراً إلى نوعية الجرم وأحوال المجرم.

4. وعقوبة الموت لا يُحكَم بها في أية جريمة ما عدا القتل والفساد في الأرض. فقد صرّح الله تعالى أنّه لا يحقّ لأحد فرداً كان أو دولة أن يتعرض لشخص ويحكم بقتله فيما عدا هاتين الجريمتين.

5. إن قانون الديّة في الإسلام يجب إطاعته على كلّ فرد وكلّ مجتمع ، ولكن ما يتعلق بمقدارها ونوعيتها والأمور الأخرى المتصلة بها، فحكم القرآن فيها أن يُتَّبَع فيها المعروف أي عرف الاجتماع وتقاليده. وانطلاقاً منه، يتّبع كل مجتمع عرفه فيها. أمّا في مجتمعنا، فبما أنه لا يوجد فيه قانون للدية من قبل، فلنا الخيار، وأهل الحلّ والعَقد عندنا في وسعهم أن يختاروا صورة مختلفة نظراً إلى مصالحهم وأحوالهم إذا شاؤوا، أو يُبقوا العرف والتقليد المُتَّبَع عند العرب. لا اعتراض على ذلك بحكم الإسلام وشريعته.

6. والزانية والزاني محصنَين كانا أو غير محصنَين عقوبتهما الشرعية مئة جلدة فقط، والـذي جـاء في سـورة النور. ولاشـك أنّ النبيّ ﷺ قد رجـم بعض المرتكبين لجريمة الزنى في زمانه. ولكن تمّ ذلك على المجرمين العاديين والزانين إجباريّاً تحت آية المحاربة التي جاءت في السورة الخامسة أي المائدة. لا علاقة لها بعقوبة الزِّنا التي جاءت في السورة رقم 24، (النور) كعقوبة عامة لعامّة المجرمين.

7. إنّ عقوبات الزنى والسرقة التي جاءت في القرآن هي عقوبات نهائية لهذه الجرائم، ويعاقَب بها الذين ارتكبوا هذه الجرائم في درجـة نهائية، ولا يستحقون رخصةً نظراً إلى أحوالهم، ومن أهمها وعيهم الديني.

وليست هذه العقوبات لغير المسلمين أو للذين ولدوا وراثيّاً كمسلمين،

ولكنهم في حكم غير المسلمين اعتباراً بشعورهم الديني. لأنّه لا يراد من هذه العقوبات استئصال هذه الجنايات فقط، بل يراد أيضا أن يذوق المجرمون عذاباً ونكالاً من الله ليكونوا عِبرة لغيرهم. المجرمون الذين أسلموا للّه ورسوله بشعور كامل، وعقدوا لهما عقد الطاعة، وقبلوا دين الله من حيث هو دين، وبعد ذلك كلّه تلوثوا في جرائم السرقة والزنا وغيرها لدرجة أن كشف الله سترهم، ورُفِعت جناياتهم الأثيمة إلى المحكمة.

8. وشريطة الشهود الأربعة العدل لعقوبة الزنا التي بيّنها القرآن هو لجريمة الزنا الاختيارية ولا تُطلَق على جريمة الزِّنا الإجبارية. فإذا جاءت امرأة تشكو هذا الاعتداء عليها فإنها ليست قاذفة وإنّما هي مستغيثة. ويجب على القانون أن يستمع إلى استغاثتها، وأن يعاقِب المدّعى عليه عقاباً يستحقه بسبب وحشيته إذا ثبتت جنايته بأيّ طريق كان. إلّا إذا ثبت بتحقيق وتفتيش أنّ المستغيثة هي الآثمة التي ارتكبت القذف، وأن المدَّعى عليه معصوم بريء.

9. وماعدا جريمة الزنا بالرضا، فإنّ كافة الجرائم والجنايات الأخرى الشرعية أيضاً تثبت بالأساليب والطرائق كلّها التي تُقبَل عند الجميع من حيث هي طرائق لإثبات الجرائم في أخلاقيات القانون. فتُقبَل فيها الحالات والقرائن، والفحص الطبي، وفحص الجثة بعد الوفاة، وبصمات الأنامل، واختبار دي. إن. إي (DNA)، وشهادة الشهود، وإقرار المجرم، والقسم، وشواهد أخرى غيرها تقبل في هذه الجنايات أيضاً، كما تُقبَل في سائر الجنايات العامة. وليس هناك شيء في الكتاب والسُّنّة يُقَدَّم على خلاف ذلك.

2015م

25 -- المسلم وغير المسلم

يقال غير المسلم للمعتنقين بغير الإسلام من سائر الأديان. وهذا التعبير يُستعمَل أيضاً للذين لا يعتنقون أيّة ديانة ولا مذهب. وليس ذلك لفظاً تحقيريّاً بل

إظهار للحقيقة أنّهم لا يدينون بدين الإسلام. ويطلق عليهم لفظة الكافر أيضاً. ولكن قد أوضحنا في كتبنا أنّ التكفير يحتاج إلى إتمام الحُجّة والله تعالى يعلم فقط أنّه قد تمّ إتمام الحُجّة في الواقع على شخص أو على طائفة، وأنه الآن يحق لنا تكفيره أم لا.

ومن هنا فلا يحق لشخص ما أو لقوم تكفير شخص بعينه بعد وفاة الرسول ﷺ. ويُعامَل المعاملة نفسَها الذين اجترؤوا على اعتناق ديانة أخرى غير الإسلام تاركين له، أو الذين ذهبوا إلى الدّهرية واللادينية. فليس لنا إلّا أن نقول إنّهم صاروا الآن غير مسلمين. وسبب ذلك أننا لا نعلم يقينيّاً إلى أيّ حدّ اتضحت حقّانية الإسلام لمسلم وراثي، فهذا مما يعرفه الله فقط ، لأنه هو الذي يعلم السرائر، فما لا نعلمه ليس لنا أن نتجاسر على أن نحكم عليه، وإنّما علينا، إن علمنا شيئاً من دين الله، أن نبلغَه إلى الناس وندعوهم إلى التوحيد، ونخبرهم عن الفرق بين التوحيد والشِّرك وبين الإسلام والكفر، وأن توضحَ لهم الحقائق الدينية. أمّا ما وراء ذاك من الحتم في إيمان الناس وكفرهم وبين دخولهم الجنة والنار فليس لنا ذلك. إن ذلك ممّا يختص به الله، ويجب أن يكون مُسلَّماً إليه.

ويليهم من هم مسلمون ويُقِرّون بإسلامهم، بل يصرون عليه، ولكن ابتدعوا عقيدة أو عملاً منافياً للإسلام عموماً، أو يؤولون آية أو حديثاً بتأويل خاطئ عند عالم أو علماء أو عند عامة المسلمين جميعاً، ومن أمثلة ذلك عقيدة الإمام الغزالي والشاه ولي الله ومَن إليهم أنّ وحدة الوجود هي منتهى التوحيد. أو مذهب محيي الدين ابن عربي أنّ ختم النبوة لا يعني ختم مقام النبوة وكمالاتها، بل يعني فقط أنّ كلّ نبيّ بعده ﷺ يكون تابعاً لشريعته، أو مذهب أهل التشيع أنّ خليفة المسلمين وإمامهم يكون مأموراً من جانب الله. وكان سيدنا علي رضي الله عنه قد تم تنصيبه على هذا المنصب من الله تعالىٰ بعد وفاة الرسول ﷺ، الأمر الذي لم يُقبَل، أو رأي العلّامة إقبال أنّ الجنة والنار ليسا مقامات بل هما أحوال.

فهذه النظريات وما شابهها من آراء وأفكار يمكن تخطئتها، ويمكن نسبتها

إلى زيغ وضلال، ولكن بما أنّ أصحابها يستدلون لها من القرآن والحديث بذاتهما، فلا يمكن تسميتهم بغير المسلمين، أو أنهم صاروا كفاراً.

ما هو حكم الله في مثل هذه النظريات والآراء؟ ينبغي للبت فيها الانتظار إلى يوم القيامة. وأصحاب هذه المعتقدات مسلمون في العالم حسب معتقداتهم. وسيُعتَبرون مسلمين، وكل التعاملات معهم تكون كما تكون مع أي فرد من افراد المجتمع المسلم. نعم يحق للعلماء أن يكشفوا لهم أخطاءهم ويدعوهم إلى قبول ما هو حق ثابت، وإذا كان هناك شيء من الشِّرك والكفر في اعتقاداتهم وممارساتهم فلِلعلماء أن يسموه بالشِّرك والكفر. ويحذرون الناس منه، ولكنّ القرار بأنهم لم يبقوا الآن مسلمين أو أنهم انفصلوا عن مجتمع المسلمين ليس حقّاً لأحد، لأنّ هذا الحقّ لا يمكن أن يمنحه لأحد إلا الله. وكلّ من له إلمام بالقرآن والحديث يعلم أن الله تعالىٰ لم يمنح هذا الحقّ لأحد.

26 -- أساس القانون

خُلِق الإنسان حرّاً، فليس محكوماً لأحد سوى خالقه جلّ وعلا. وعليه فلا يحقّ لأحد فرداً كان أو دولة، أن يقيد على علمه وعمله بأي تقييد، أو يتخذ إجراءات ضدّ شخص ما على نفسه وماله وعِرضه. فهذه الحرية حقّه الأصلي، وقد وُهِبت له من خالقه سبحانه. ووثيقة حقوق الإنسان الدولية إظهار لهذه الحقيقة، تسلّمتها الأمم الدولية كافة وضمّنتها في دساتيرها بعدم إخلافها. وذلك يدل على أنّ شعور هذه الحرية مستودع في فطرة الإنسان وهو مجبول على ألّا يسلبه أحد فرداً كان أم مؤسسة أم دولة.

وقد وجههم النبي ﷺ إلى هذه الحقيقة بمناسبة حِجّة الوداع، حين قال بأسلوبه البليغ:

«إن دماءكم وأموالكم وأعراضكم بينكم حرام كحرمة يومكم هذا في شهركم هذا في بلدكم هذا». (رواه البخاري: رقم الحديث 67)

ولكن هل حرية الإنسان هذه وحرمة دمه وماله وعرضه حرمة مطلقة؟ الجواب عن هذا السؤال: لا. إنّها تنتهي يقينياً إذا أتلف حقّاً، أو تعرض بالاعتداء على نفس إنسان آخر وماله وعرضه. فهنا يتفق الشعور الأخلاقي للإنسان وشريعة الله كلاهما أنه بعد ذلك يحقّ لكلّ مجتمع أن يسلبه هذه الحرية وينكر حرمة دمه وماله وعرضه.

إنّ هذا هو الأساس في الواقع للتقنين في إدارة الدولة. فإنّ تقنين جميع التشريعات يتمّ لمنع الناس من إتلاف الحقوق وارتكاب التعدي أو لتأديب المرتكبين للتعدي. فمن هنا ينطلق كل حقوق التقنين لكلّ إدارة ولكل حكومة ولكل برلمان وينتهي إليه.

وما أمر الله تعالى به الإدارة الجماعية للمسلمين لمعاقبة وتأديب المرتكبين لجنايات القتل، السرقة، والزنا، والقذف والحرابة، ذلك متأسس أيضاً على أنّ هذه الجرائم كلّها اعتداءات على نفس الإنسان ودمه وماله وعرضه. وعليه، لمّا ثارت قضية التشريع لشاربي الخمور في زمان الخلافة الراشدة، تقدم سيدنا عليّ رضي الله عنه مؤسِّساً رأيه على أنّ مرتكبي شرب الخمر يُعاقَبون عقوبة القذف، لأنهم «إذا شربوا سكروا، وإذا سكروا هذوا هذَيَاناً، وإذا هذوا اتهموا الناس كذباً». (انظر بداية المجتهد 2/ 322). وهذا يعمّ إلى أمور أخرى من نكاح وطلاق وتقسيم للميراث، وما إلى ذلك من أمور. فكلّها تتعلق بالدولة إذا لم يؤدِّ شخص حقوق الله التي عيَّنَها في هذه الأمور، ويرتكب بهذا جريمة الإتلاف. وقانون استئذان الزوجة الأولى للنكاح الثاني، وقانون عدم جواز نكاح الصغيرة في دولة باكستان تم تشريعهما أخذاً بهذا المبدأ. فكلّ حكومة في العالم، وكلّ إدارة قانونية مسؤولة لإثبات جواز تشريعاتها وضوابطها بهذا الأصل، ويحقّ للناس أن يستعرضوا جميع تشريعاتها في ضوء هذا الأصل، وإذا رأوا أنّ هناك قانوناً أو ضابطاً غير متأسس على هذا الأصل أنكروه ولم يخضعوا له.

فإن أقدمت حكومة ما على سبيل المثال على وضع قانون يقضي بأنّ ليس للناس أن يتظاهروا بشعاراتهم الدينية مثل الحزام والصليب، والعمامة والسيف، أو أن يعطوا جزءاً كذا وكذا من أموالهم إذا طلّقوا نساءهم، أو ألّا يحلقوا لحاهم أو ألّا يلبسوا الخرز، وألا يستمعوا إلى الموسيقى، أو ألّا تلبس النساء النقاب، وألا يرتدين الخمار على رؤسهن، أو وضعَت تشريعاً على عكسه أن المرأة لا تخرج من البيت بغير النقاب أو لا تعزم الحجّ والعُمرة من غير محرم، أو ألّا تشارك في السياسة والتصويت، ولا تقود السيارة، أو لا تحترف الوظيفة الفلانية والفلانية، فإنّ الحكومة تكون في هذه الحالة قد تعدّت حدودها يقينيّاً. فأي شيء ممّا ذُكِر آنفاً، إن كان حكماً شرعيّاً، فإن الناس مسؤولون عند الله في صدد الإتيان به أو إخلافه. فليس لحكومة ما إجراء تشريعات وإصدار أوامر في أمور كهذه. لأنّ الله تعالى قد صرّح صراحة تامة أنّ من الأحكام الإيجابية الدينية حكمين فقط (الصلاة والزكاة) يحق للحُكم الجماعي الإسلامي أن يطالب المسلمين بامتثال الأمر فيهما. وبعد ذلك عليه أن يخلي سبيلهم، ولا يجبرهم على تنفيذ شيء بطريق السلطات التشريعية. وقال تعالىٰ:

﴿فَإِن تَابُواْ وَأَقَامُواْ ٱلصَّلَوٰةَ وَءَاتَوُاْ ٱلزَّكَوٰةَ فَخَلُّواْ سَبِيلَهُمۡ﴾[1].

فقد أمر نبي الله ﷺ بهذا حين كانت الحكومة الإلهية قائمة على الأرض، وقد كتبت تفسيراً لهذه الآية:

وذلك يعني أنه لا يُطالب مسلم أكثر من ذلك على الصعيد الحكومي والقانوني لتحقيق مقتضيات الإسلام وواجبات الإيمان، لأنه إذا لم يأذن الله لرسوله في حكومته بأكثر من ذلك، فمن أين يُؤذَن للآخرين بذلك. (البيان، الجزء الثاني، ص 325).

2015م

---

(1) سورة التوبة، الآية: 5.

27 -- تنفيذ الشر يعة

يرى بعضهم أنّ الديموقراطية تصوّر أجنبي دخيل على الإسلام، وأن الطريقة المثالية لإقامة الحكومة من المنطلق الإسلامي هي التي اختارها تنظيم «طالبان» في إقامة حكومة الملّا عمر في أفغانستان. وعليه فإن الدستور والبرلمان والانتخابات هي كلّها اختراعات العصر الحديث المبتَدَعَة، ولا يتقيّد الإسلام بتنفيذ شيء منها. وتفسير الإسلام الذي قدّمه الفقه الحنفي هو الحتمي لنا، فاجتهادات الفقهاء مدوّنة، كما أن الفقهاء قد رتّبوا أحكامهم المتّصلة بالحياة الفردية والجماعية، وقد بُنيت على مصادر التشريع الأربعة: القرآن والسُّنّة والإجماع والقياس، وهي موجودة في كتب الفقه وفتاوى الفقهاء، ويجب تنفيذها، ولا يحتاج ذلك إلى موافقة البرلمان. والمنهج المتّبع لذلك عندهم أن يسيطر القضاء على كافة إدارات الدولة ويهيمن علماء الدين على القضاء، وهم خبراء في شؤون الشريعة الإسلامية. ويقول هؤلاء: إن تاريخ الاثني عشر قرناً الماضيّة يشهد لهم بذلك، والمنهاج نفسه قد اختير في كل مكان بعد أن نُصِّب الإمام أبو يوسف قاضياً للقضاة (chief justice) في الدولة العباسيّة، وقد أنهى الاستعمار الغربي ذلك التقليد. وبما أنّ المسلمين أحرار اليوم، فيجب أن يُستعاد هذا المنهج لتسيير نظم الدولة وفقاً للشريعة من جديد.

يمكنني أن أقول بناء على فهمي الإسلام: إنّ القرآن لا يقبل وجهة النظر هذه، لأنّ منهج إدارة شؤون الدولة التي اختارها القرآن هو الديموقراطية، وكما قال القرآن: ﴿وَأَمْرُهُمْ شُورَىٰ بَيْنَهُمْ﴾[1]. وقد أوضحه عمر رضي الله عنه في قوله: مَن بايع أحداً من غير مشورة المسلمين عّرض نفسه للقتل.

نعم. نجد في تاريخنا الطويل منهجَي المُلك العَضوض والدكتاتورية الجبّارة، وهناك جماعات وأحزاب تقول: إنّ الإمام يجب أن يُنصِّبه الله، ولكنّ القرآن قد حسم الأمر في ذلك، فوضع قاعدة الشورى لإدارة شؤون السياسة. وما

---

(1) سورة الشورى، الآية: 38.

تقتضيه تلك القاعدة بحكم نوعها وطبيعتها، أوضحه عالم جليل القدر في العصر الحديث هو الشيخ أبو الأعلى المودودي في تفسيره، فقال:

أولاً: يملك العوام الذين تتعلّق القرارات الجماعية بحقوقهم ومصالحهم حريّة تامة في إظهار رأيهم، ويكونون على اطّلاع كامل على كيفية تسيير أمورهم فعلاً، وأن يكون لهم حقّ كامل في الردّ والشكوى والاحتجاج إذا رأوا خطأً أو جناية، أو غفلة في إدارة الأمور، ويحقّ لهم أيضاً تغيير الحكومة والمسؤولين إذا لم تكن جهودهم فعّالة في الأمر. فإنّ إجبار الناس على الإذعان إلى القرارات الجماعية عن طريق تكميم أفواههم وتغشية عيونهم هي خيانة صريحة لا يعتبرها أحد عملاً بمبدأ «وأمرهم شورى بينهم».

ثانياً: مَن فُوِّضَت إليه مسؤولية إدارة أمور الناس الجماعية، يجب تعيينه عن رضا كامل حرّ من الناس من غير جبر ولا إكراه ولا تخويف ولا فساد ولا رشوة. فإنّ الرضا الحاصل بطريق الشراء أو النهب بالمكر والخداع ليس رضا حقيقياً. فليس الإمام الشرعي الذي ينال الإمامة كيفما اتّفق، بل الإمام مَن يجعله الناس إماماً لهم عن رضا القلب وطيب الخاطر.

ثالثاً: يُنتخَب ممثلو الشعب ممَّن اعتمدت عليهم الجماهير. والظاهر أنّ الذين احتلوا مناصب النيابة بطريق الضغط والشّراء، أو بإعمال المكر والكذب وتضليل الناس ليسوا نوّاباً جديرين بثقة الناس.

رابعاً: يتقدّم ممثلّو الشعب بمشوراتهم وفقاً لعلمهم وضميرهم وإيمانهم بحرية الرأي الكاملة. وإذا لم يكن الوضع كذلك، وعمل النواب على خلاف علمهم وضميرهم بناء على التحزّب أو بسبب التخويف أو التطميع. تكون هناك خيانة وغدر بدلاً من اتِّباع حكم «وأمرهم شورى بينهم».

خامساً: يجب التسليم بمشورة أهل الشورى الذين أجمعت عليهم الأكثرية، فإذا خرج شخص أو فئة على القرار الجماعي بعد الاستماع إلى آراء أهل الشورى فلا معنى للمشورة إذاً. ولم يقل الله تعالى: «إنهم يَتشاورون في أمورهم»، بل يقول «وأمرهم شورى بينهم» فلا يُعتَبر الامتثال للأمر من عمليّة

الاستشارة فقط، بل من الضروري أن تسير الأمور متوافقة مع ما ذهبت إليه أكثرية أهل الشورى، وأجمعوا عليه في الاستشارة. (تفهيم القرآن 4/ 509).

وواضح من ذلك أنّ هذا المنهاج يُختار في تفسير وتطبيق الأحكام الدينية المتّصلة بالسياسة، ولخبراء علوم الدين البارعين أن يتقدّموا بتفسيراتهم، ويحقّ لهم إظهار آرائهم أيضاً، ولكنّ أيّ رأي سيكون قانوناً يجب إطاعته إذا قبلته أكثرية النوّاب المنتخَبين، فالمؤسسة البرلمانية في الدولة الحديثة أُقيمت أصلاً لتحقيق هذا الهدف. ويحقّ للناس أن يُعبِّروا عن آرائهم، وأن ينتقدوا قرارات البرلمان ويصحّحوا أخطاءه، ولكن لا يحقّ لهم عصيانها والخروج عليها؛ فلا ينبغي أن تكون فوق البرلمان أية سلطة سواء كانت سلطة علماء الدين أم سلطة القضاء. والكلّ يجب أن يخضع لقراراته وقضائه فعلاً مع حقّ الاختلاف معها، والإعراب عن الرأي في ذلك.

وإذا أُعطي البرلمان هذه الصفة تكون تعبيرات «الدولة الإسلامية» و«الدولة العَلمانية» غير متعلّقة بالموضوع تماماً. فأشياء كهذه لها أهميّة ومعنى في الحكومات الفردية والدكتاتوريّة. وليكن محور مساعينا ومحاولاتنا هو إقامة دولة جمهوريّة خالصة، وإذا تشكلّت هذه الدولة فعلاً، فسيعبّر الإسلام عن نفسه في نظام يتناسب مع درجة التزام النّاس بالحقّ، وهذه هي الطريقة الطبيعية لتحقيق الهدف، وأي انحراف عن ذلك يُنتِج نفاقاً وازدواجية ما زلنا نشهدها ونعانيها منذ نصف قرن في باكستان.

وواجب العلماء والمصلحين الحقيقي هو إعداد قلوب العامّة والخاصّة للإسلام عبر التعليم والتبليغ والحكمة والموعظة الحسنة، ومواجهة أسئلتهم واستفساراتهم، وأن يخبروهم بأدلة عقليّة لماذا أنزل الله شريعته؟ وما الحكمة الإلهية منها؟ وما علاقتها بالحياة الإنسانية الجماعية؟ وما أسس هذه الأحكام؟ ولماذا يشعر الإنسان المعاصر بحرج في فهمها؟ ويجب عليهم أن يختاروا أساليب مقنعة في شرح ذلك وتبليغه، تتضح بها حكمة الشريعة ومعناها ومقاصدها، فيقبلونها بقلوبهم وعقولهم وأرواحهم، وقد حدّد القرآن مسؤولية علماء الدين في

الإنذار والدعوة، ولكن لم يُوكِل إليهم مهمة حماية الأخلاق، حتى ينظّموا جماعات مسلحة من أتباعهم، ويسعوا إلى إنفاذ الشريعة على القوم بقوة السلاح، حتى إنّ النظام السياسي للدولة ليس له، فضلاً عن العلماء، أن يُمليَ على الناس بطريق القانون القسري شيئاً ممّا يقتضيه الدين في الجانب الإيجابي ما عدا الصلاة والزكاة.

والقرآن واضح صريح في هذا الأمر. إذ يؤكد أنه مهما تكنْ مطالبات الإسلام من أتباعه بحكم المسؤولية الأخروية، فإن دولتهم الدنيوية تطالبهم بهذين الواجبين فقط لا غير. أما الأمور الأخرى فلهم فيها فُرص متاحة للتبليغ والتلقين والتعليم والتدريس يمكن أن تُبذل الجهود من خلالها لإصلاح الناس.

وإذا كان للعلماء شغف بالسياسة، فالأحزاب السياسية موجودة، ولهم أن ينضموا إليها، ويصلوا إلى البرلمان، ويؤدّوا دورهم في تشريع القوانين وفقاً للأعراف والإجراءات البرلمانية

2009م

28 -- إتمام الحُجّة من الرسل

إنّ الله قد خلق هذا العالم للابتلاء. والنتيجة التي تترتب على ذلك هي الثواب والعقاب اللذين حُدِّد يوم القيامة لهما، ولإثبات هذه الحقيقة بالطريقة نفسها التي تثبت بها الحقائق العلمية في المعامل والمُختبرات، يقوم الله بعقد قيامة صغرى هنا في هذا العالم في مناسبات متعدّدة.

والأسلوب الذي كان الله يتّبعه لذلك هو أنه كان يرسل رسولاً إلى قوم اختارهم هو، ويقيم عليهم الحُجّة، ثم يقرّر مصيرهم في هذا العالم بعدالة تامة، فُتكتَب النجاة للمؤمنين، أمّا المنكِرون، فيأتيهم العذاب من العليّ القدير، فيمحوهم من الأرض، أو يعذّبهم بعقوبة الإذلال والخنوع الأبدية. وقصص الأمم البائدة كقوم

نوح وعاد وثمود وقوم لوط والأمم الأخرى التي جاءت في القرآن هي كلّها وصف لهذا العذاب الإلهي.

ويرى القرآن أنّ هذا العذاب لم يأتِ على قومٍ بغير إتمام الحُجّة عليهم من الرسل، فقال: «وما كنا معذِّبين حتى نبعث رسولاً» ويمكن هنا أن نسأل: كيف يكون إتمام الحُجّة هذا؟

وقد عُلِم من تصريحات القرآن أنّ هناك ثلاثةَ أشياء لازمة لذلك هي:

1 ـ وجود رسول في العالم يدعو قوماً إلى الإيمان به.

2 ـ إمهال هؤلاء القوم إلى أجل مسمًّى، وإذا شاء القوم جاؤوا الرسول، واستمعوا إلى كلام الله من لسانه مباشرة، لأنّ شخص الرسول وصوته هما معجزتان بحدِّ ذاتهما.

3 ـ تظهر نصرة الله لرسوله وعلاقته الوثيقة به وبصحابته بطريقة جليلة أمام أعين مَنْ يخاطبهم، بحيث لا يستطيع أحد أن يبني حولها أيّ رأي مختلف، ولا يكون للناس حُجّة على الله بعد الرسل. وهكذا فمن الممكن للمؤمنين أن يعاقبوا الكافرين، وإلّا فإنّ الملائكة هي التي تتولّى هذه المهمة.

وكان النبي ﷺ رسولَ الله بعثه إلى أرض الله لإقامة تلك القيامة الصغرى للمرة الأخيرة. ومن هنا أمر ﷺ أصحابه أن ينفذّوا العقاب الإلهي على المنكِرين بعد إتمام الحُجّة عليهم من الرسول، فجاء في مشركي العرب: ﴿فَإِذَا ٱنسَلَخَ ٱلْأَشْهُرُ ٱلْحُرُمُ فَٱقْتُلُوا۟ ٱلْمُشْرِكِينَ حَيْثُ وَجَدتُّمُوهُمْ وَخُذُوهُمْ وَٱحْصُرُوهُمْ وَٱقْعُدُوا۟ لَهُمْ كُلَّ مَرْصَدٍ ۚ فَإِن تَابُوا۟ وَأَقَامُوا۟ ٱلصَّلَوٰةَ وَءَاتَوُا۟ ٱلزَّكَوٰةَ فَخَلُّوا۟ سَبِيلَهُمْ ۚ إِنَّ ٱللَّهَ غَفُورٌ رَّحِيمٌ﴾[1]. وقال في أهل الكتاب في الجزيرة العربية: ﴿قَٰتِلُوا۟ ٱلَّذِينَ لَا يُؤْمِنُونَ بِٱللَّهِ وَلَا بِٱلْيَوْمِ ٱلْءَاخِرِ وَلَا يُحَرِّمُونَ مَا حَرَّمَ ٱللَّهُ وَرَسُولُهُۥ وَلَا يَدِينُونَ دِينَ ٱلْحَقِّ مِنَ ٱلَّذِينَ أُوتُوا۟ ٱلْكِتَٰبَ حَتَّىٰ يُعْطُوا۟ ٱلْجِزْيَةَ عَن يَدٍ وَهُمْ صَٰغِرُونَ﴾[2]. ويتّضح من سياق الآيات

---

(1) سورة التوبة، الآية: 5.

(2) سورة التوبة، الآية: 29.

المذكورة أنّ حكمَها كان خاصّاً بمشركي العرب وبأهل الكتاب الموجودين في جزيرة العرب. وقد رأينا أن خلفاء الرسول من صحابته الأبرار قد عاملوا بعض الأمم والأقوام خارج جزيرة العرب أيضاً المعاملة نفسها التي تتحدث عنها الآيات. والظاهر أنّه كان اجتهاداً منهم قائماً على الرأي يمكن أن يُصوَّب أو يُخطّأ. ولكن اجتهادهم كان عندنا صحيحاً قطعاً. والدليل عليه أن سائر الشروط المذكورة سابقاً لإتمام الحُجّة من الرسل كانت قد وُجِدَت بكلّ معنى الكلمة من أجل هؤلاء الأقوام والأمم أيضاً.

وتفصيله كما يأتي:

كان النبيّ ﷺ ما زال حيّاً في هذا العالم حين أرسل رسله إلى أقوام العالم يدعوهم إلى الإيمان به. وكلّ مَن له إلمام بتاريخ عهد الرسالة يعلم أنّه ﷺ كتب رسائل إلى حكام الأمم الأخرى، نبهّهم فيها على أنه رسول الله، وأنّه لم تبقَ لهم فرصة في الدنيا والآخرة بعد أن دعاهم إليه إلّا أن يعتنقوا الإسلام، وقد كُتِبَت تلك الرسائل إلى النجاشي ملك الحبشة، والمقوقِس ملك مصر، وخسروا برويز إمبراطور فارس، وقيصر ملك الروم، ومنذر بن ساوى عظيم البحرين، وهوذة بن علي صاحب اليمامة، وحارث بن أبي شمَّر حاكم دمشق، وجيفر ملك عُمان. ومضامين تلك الرسائل كان واحداً. وهنا ننقل رسالته ﷺ التي بعث بها إلى القيصر. يتضّح فيها أسلوب الرسول ﷺ وعظمته، وحُجِّيته في كتابة الرسائل عموماً:

«بسم الله الرحمن الرحيم. من محمد عبد الله ورسوله إلى هرقل عظيم الروم. سلامٌ على مَن اتّبع الهدى. أما بعد، فإني أدعوك بدعاية الإسلام، أسلِم تسلم يؤتك الله أجرك مرّتين. فإن تولّيتَ فإن عليك إثم الأريسيين. ويا أهل الكتاب تعالوا إلى كلمة سواء بيننا وبينكم ألّا نعبد إلّا الله، ولا نشرك به شيئاً. ولا يتخذ بعضنا بعضاً أرباباً من دون الله، فإن تولوا فقولوا: اشهدوا بأنّا مسلمون. (رواه البخاري، رقم الحديث 7).

كُتِبَت هذه الرسائل في محرّم السنة السابعة للهجرة بعد عودته ﷺ من الحُديبيّة، وقد عاش أربع سنوات كاملة بعد ذلك على أقلّ تقدير، رحل خلالها إلى

تبوك حذراً من قيام الروم بهجوم عسكري عليه. ولم تكن هذه المدة قصيرة، فكان بوسع عظماء ورجالات تلك الأمم أن يزوروا النبي ﷺ إذا شاؤوا، وأن يلتقوا بخاتم الرسل على أرض الله (تعالى)، وأن يروه بأمّ أعينهم.

كان ظهور النُّصرة الإلهية في معارك بدر وأحد والأحزاب وخيبر ضد مشركي الجزيرة العربية وأهل كتابها، كأنّه إعلان من لله ورسوله على معاقبتهم، وكان إعلاماً للأقوام والأمم الأخرى أيضاً حين أُخضعت قريش مكة بكل قوتها وهيمنتها طبقاً لما جاء به القرآن من تنبّؤات صادقة في ذلك، وأهلكت صناديدها، وفُتِحت مكة، وأُخذت منهم حجابة كعبة الله أول بيت بُني لعبادته، ودخل العرب في دين الله أفواجاً، وحصل التمكّن لدين الله، وسادت شريعته، ولم تبقَ سلطة لدين آخر في أرض العرب، ولم يكن ذلك فحسب، فلمّا هاجم المسلمون الأقوام والأمم التي أُنذر ملوكها ورؤساؤها أنهم سوف ينهزمون بحكم إتمام الحُجّة عليهم من الرسول، زالت دولهم من أرض الله الآن، وانكسرت سلطتهم وحكوماتهم، وتناثرت كبيوت الرمل. وهذه حقائق تاريخية ثابتة ظهرت على مرأى ومسمع من الناس في ذلك الزمان، وما قام به الصحابة ﷺ قاموا به بحكم تلك البراهين. وأكبر الظنّ أنهم كانوا يريدون توجيه الناس إلى تلك الحقائق في دعوتهم، لأنّه ليس لنا أن نسيء التقدير أنّ الصحابة كانوا يتخذون إجراءات ضدّ قوم ما أو شخص ما دون إبلاغهم بالحقيقة وإقامة الحُجّة.

2016م

29 -- حكم الله وقضاؤه

إذا حصل التمكين والسلطة للرسل أو لأصحابهم في أي بقعة من الأرض بعد إتمام الحُجّة، قضى الله في ذلك أن يواجه المنكرون حالتين لا ثالث لهما: فإذا كان المنكرون مشركين قُتِلوا، وإذا كانوا من أهل التوحيد إلى حدٍّ ما أُخضِعوا. فالقتال الذي تحدثت عنه سورة البقرة، والأنفال، والتوبة، والذي قال الله فيه:

إنّ مشركي العرب يستحقون الإبادة هو في الحقيقة تنفيذ لذلك الحكم والقضاء الإلهي، ولا يتّصل بأحكام الشريعة العامّة (انظر الآيات: البقرة: 190، الأنفال: 38 ـ 40، التوبة: 503 ـ 29).

وقد قلنا في كتابنا «الميزان» ما يأتي: «لم يكن هذا القتال قتالاً محضاً، بل كان عقاباً إلهيّاً أُنزِل على مشركي العرب ويهودها ونصاراها، وعلى أقوام وأمم من خارج جزيرة العرب ثانياً. وكان ذلك متوافقاً مع السُّنة الإلهية، ووقع كأمر من الله كان مفعولاً بعد إتمام الحجّة. ومن اليقين نتيجة لذلك أن قتال هؤلاء الذين أنكروا الحقّ عامدين وإجبار المهزومين على حياة الصَّغار بفرض الجزية عليهم لم يعد الآن مسموحاً به، ولا يمكن لأيّ أحد أن يقاتل أمة من الأمم لتحقيق هذا الغرض، ولا أن يمتلك السلطة لإخضاع المهزومين بفرض الجزية عليهم، لأنّ السبب الوحيد للحرب عند المسلمين هو دفع الظلم والعدوان، الذي يستطيعون الآن تبريره، ولكنّهم لا يستطيعون شنّ الحرب باسم الدين وتحت أيّة ذريعة».

وقضى الله ذلك أيضاً في ذريّة إبراهيم أنهم إذا قاموا بالحقّ، ودعوا أقوام وأمم العالم كلّه إلى دين الله، وأبلغوا الدين كما هو وبقطعيّة تامة، فإنهم يهزمون منكري الدعوة ما داموا على حقّ. وإذا انحرفوا، ابتُلوا بعقوبة الذلّة والهوان. وهذا ممّا وعد به بني إسماعيل وبني إسرائيل كليهما.

وقد صرّح القرآن أنه قد اختير بنو إسماعيل ليكونوا شهوداً على الدين، كما كان بنو إسرائيل قد اختيروا قبلهم لذلك الغرض (الحَجّ 781)، فالوعود التي جاءت في التوراة في حقّ بني إسرائيل، وأشار إليها القرآن في أمكنة مختلفة تصدق تلقائياً على بني إسماعيل أيضاً (انظر سِفر التثنية: 1 ـ 25/ القرآن، البقرة: 40، بني إسرائيل:8)، ولكن لا يعني ذلك أنّ لهم حق اتخاذ تدابير لهذا الهدف، وأن يزحفوا على أقوام العالم تحقيقاً لهذا المقصد. فلم يُعطَ هذا الحقّ لهم في التوراة ولا في القرآن. ويظهر الوعد بالسيطرة هذا بأمر من الله الذي يُصدِره في ظروف مختلفة يهيّئها بنفسه. ولهم الإتيان بما أمر الله به جميعاً، وأن يقوموا بمسؤوليات الشهادة للّه في مجال استطاعتهم بإخلاص كامل وأمانة تامة، بعد أن اختارهم الله لها.

وتفرّع عن هذا القضاء الإلهي أن خصّ الله سبحانه فلسطين ومنطقة كنعان المجاورة لبني إسرائيل، كما خصّ الله جزيرة العرب لبني إسماعيل، لكي تشهد الأقوام الأخرى فيهما نصرة الله لهم، وتهتدي، ومن هنا أُمِر بنو إسرائيل أن يُخلوا هذه المنطقة التي ورثوها من ساكنيها الآخرين، ولا يُبقوا كافراً ومشركاً حيّاً فيها، وألّا تتاخم بثغورها دولة مشركة ولا كافرة إلا إذا دفعت لهم الجزية. فإن عصوا ذلك قُتل رجالها عقاباً، واستُعبِدت نساؤها وأطفالها.

وقد جاء هذا الحكم بتفصيل كامل في سفر التثنية في الباب العشرين (Deuteronomy). وبحكم هذا المبدأ، أجبر سليمان (عليه السلام) ملكة سبأ أن تأتيَه منقادة إلى حكمه.

أمّا فيما يتعلّق ببني إسماعيل، فقد هُدِّمت معابد المشركين كافة في جزيرة العرب، وأُلغِيَت جميع المعاهدات معهم بعد فتح مكة بناءً على حكم «لا يجتمع دينان في جزيرة العرب». ولذلك لا يجوز بناء معابد لغير الله في جزيرة العرب، ولا يُؤذَن لكافر ومشرك أن يسكن فيها. وهذه الأحكام خاصّة، فقط بمركز توحيد الله سبحانه في الجزيرة العربية، ولا تتعدّاه إلى مناطق أخرى في العالم.

وهذه أوامر نصّ الله (سبحانه) عليها، وجاءت بوضوح كبير في الصحف الإلهية، وفي التوراة والقرآن أيضاً، ومن سوء حظ المسلمين أنّ بعض العلماء الكبار والمفكرين جليلي القدر قد قصّروا، وأخطؤوا في فهم نوعيّة تلك القضايا الإلهيّة. وولّد هذه الخطأ في الفهم تفسيراً سياسياً للإسلام جنى كثيراً على الأمّة المسلمة كلّها جناية تمثّلت في حركات الجهاد والقتال الحاملة لواء ذلك الفهم السياسي الخاطئ.

ولا بدّ لإصلاح هذا الوضع أن تُبذَل جهود لفهم وشرح تلك الأحكام الإلهية على الصعيد العالمي كي لا يكون بوسع أيّ متطرف إثارة فتنة بطريق تعميم نطاق هذه الأحكام الخاصّة.

2011م

169

30 -- التطرف الديني

الأمر الذي لا يحتاج إلى دليل أنّ أكبر أزمة تواجهها دولة الباكستان في الوقت الراهن هي قضيّة التطرف الديني. ومن سوء حظنا أن تلك القضيّة قد انتقلت من حقل الفكر والكلمة المكتوبة أو المنطوقة إلى حقل العنف والقتل والإرهاب، والشؤون السياسيّة والاقتصادية والاجتماعية معرّضة للخطر بسببها، وقد ذهب الآلاف من الأطفال والشيوخ والشباب ضحيّة لها.

ويشهد التاريخ أنّ هذا الوضع سيُفضي إلى اللجوء أخيراً إلى مكافحة هذه الفتنة. والأغلب أنّ دولتنا أيضاً ستفعل ذلك يوماً ما، ويجب علينا أيضاً أن نستغفر ونتوب وننوي ألّا نستخدم الدين للأغراض السياسية أبداً. وإذا جئنا إلى هذه النقطة، فعلينا أن نضع أمامَنا هذه الحقائق المتعدّدة التالية لاستئصال التطرف من جذوره:

1 ـ إن وحش التطرف هذا لم ينزل من السماء، بل هو نتاج الفكر الديني الفاسد الذي يُدرَّس في مدارسنا الدينيّة تحت عناوين مختلفة كإنفاذ الشريعة، والجهاد والقتال واستئصال الكفر والشِّرك والرّدّة وغيرها، يستلهمه الأشخاص المتطرّفون وحركات التطرّف، ثم تغيّره من أجل مقاصدها المغرِضة إلى استراتيجيّة عمليّة. وهذا الفكر الديني وما يُبنى عليه من التفسيرات الدينيّة قد قام بعض مفكري الإسلام جليلي القدر بكشف خطئه ونقده. وإذا زالت مظاهر الشغب والاحتجاج، واستعراض مظاهر القوة والنفوذ، فإنّ كتابات أولئك المفكرين ستنجح في تغيير آراء الناس.

وستتكوّن رؤية مضادة (Counter Narative) للفكر الديني المُروَّج، ولكنّ مأساة باكستان أنّ طريق العنف والتطرّف لحماية الدين وحفظ الشريعة هو السائد هناك. ومن سوء الحظ أيضاً أن ثقافة الاختلاف بأسلوب حضاري مهذّب لم تقم هناك حتى الآن. وهذه الأوضاع تتطلّب منّا أن يكون أهل البصيرة وأرباب الحلّ والعَقد عندنا حسّاسين مهتمين بحريّة الرأي في الفكر الديني والسياسي، وأن يصارحوا في ذلك الذين يمارسون سياسة الضغط لقمع حرية التعبير عن الرأي أنّ

هذا الإكراه غير مقبول، وأنّهم إذا شاؤوا كشف أخطاء مَن يختلفون عنهم، فلهم أن يفعلوا ذلك بطريق الانفتاح، واستخدام سلاح العلم والاستدلال. لأنّ دنيا العلم لا تتّسع للثورات والاحتجاجات والاضطرابات والجبر والاستبداد، ثم يجب على النخبة وأهل الحلّ والعَقد هؤلاء أن يسعَوا بأنفسهم إلى فهم تلك الرؤية الفكرية التي ذكرناها آنفاً، والتي تستطيع وحدَها أن تقوم بإصلاح الأوضاع في المجتمع المسلم بعيداً عن الدعوة إلى العلمانية. وقد حاول العلّامة إقبال لفت أنظارنا من قبل إلى الحقيقة نفسها في خطبه التي ألقاها تحت عنوان «إعادة بناء الفكر الديني في الإسلام».

2 ـ إننا لا نجيز في المجالات العَلمانية لشخص ما أن يؤسّس معاهد لتربية الأطفال والصبيان ليصبح كلٌّ منهم طبيباً أو مهندساً أو مهنيّاً في أي قسم من أقسام العلوم والفنون ما لم يكونوا قد تلقّوا تعليماً عاماً لمدة (12) اثني عشر عاماً، ولكننا لا نتقيّد بأيّ قيد في مجال التعليم الديني، فإنّ الأطفال والفتيان ينتسبون إلى مدارس دينيّة تقرّر لهم حياتهم المستقبليّة، ويتخرّجون منها علماء دين، وقد كان بإمكانهم أن يكون أحدهم طبيباً أو مهندساً أو عالماً أو شاعراً أو أديباً أو رسّاماً وما إلى ذلك، إلّا أنّ هذه المدارس تصرف النظر تماماً عن مواهبهم وأذواقهم وميولهم ومؤهّلاتهم، وتبذل جهوداً كبيرة لتكوينهم علماء دين فقط، وتسدّ عليهم كافة الفرص لاختيار مجال من مجالات الحياة بعد مرحلة النضوج العقلي. ثم إنّها تصوغ خرّيجيها صياغة تقطع علاقتهم بالمجتمع بطريقة تجعلهم غرباء في مجتمعاتهم بسبب حرمانهم من التعليم العام لمدة (12) عاماً، وهذا الخطأ قد جرّ ويلاتٍ وويلاتٍ على الأمة كلّها. ولذا صار من الضروري أن يُحظر على المدارس الدينيّة أيضاً كسائر معاهد التعليم الاختصاصي الأخرى ألا تُدخل في رحابها طالباً دون إعطائه التعليم العام لمدة (12) عاماً.

ونستطيع أن نقول بكلّ ثقة: إنّ هذه الخطوة الواحدة سوف تغيّر الوضع الحالي الذي أحدثته معاهد التعليم الديني، ولكن من اللازم لتحقيق هذا الغرض أن يوفر نظام التعليم العام المهارة العامة التي تكفل للطلبة الذهاب إلى الاختصاص

في كل مجالات الحياة، وتشمل تلك الصلاحية تأهيلهم للانتساب إلى التعليم الاختصاصي حتى في الدين نفسه. ونقترح لذلك في البداية وجود قسم للتعليم الديني في بعض معاهد التعليم العام، فمثلما كان هناك قسم للعلم وقسم للفنون، يجب أن يكون هناك قسم للعلم الديني، لكي يستطيع الطلبة الذين يريدون أن يكونوا علماء دين اختيار قسم الدين منذ العام الدراسي التاسع، وأن تكون لديهم مؤهلات لازمة للالتحاق بالمعاهد الاختصاصيّة في هذا المجال.

3- لا بدّ من إنهاء الدولة المُصغّرة التي كوّنها علماء الدين على منابر خطب الجمعة، وفي إدارة شؤون المساجد في بلادنا، وبغير ذلك لا يمكن لنا النجاة من التطرّف. وأهل العلم يعلمون أن السُّنّة التي أقامها النبي ﷺ في صلاة الجمعة كانت أنّ إمامة الجمعة وإلقاء الخطبة فيها موكولة إلى الإمام (رئيس الحكومة) وعمّاله، ولا يتولّى ذلك شخص آخر إلّا بإذن منهم أو نيابة عنهم، إذا منعهم مانعٌ من إمامة الجمعة. حتى إن هذه السّنة ما زالت قائمة بعد عصر الرّسالة إلى أن جاء الانحطاط الكبير الذي أصاب الحكّام وعمّالهم، فسلّموا منابر الجمعة إلى علماء الدين. وقد حصل من ذلك دافع قوي للفتنة والفساد باسم الدين. ولا بدّ من تغيير هذه الأوضاع تماماً. وليقرّر حكامنا والمسؤولون بحزم أن يهتموا بإدارة هذه الصلاة، وألّا تُؤدّى إلّا في المواضع التي حدّدتها الدولة. ومنابرها يجب أن تكون للحكّام الذين يلقون بأنفسهم خطبة الصلاة، ويؤمّون الناس، أو يؤمّهم مَن ينوب عنهم في أداء هذه الوظيفة، ولكن يجب ألا يتولّى شخص فرد في حدود الدولة إقامة هذه الصلاة الخاصة.

ويجب أن تُبنى المساجد العامة أيضاً بإذن من الحكومة. ولا تُخصّص لفرقة دون أخرى، أو لمدرسة فكرية دون غيرها، بل على العكس يجب أن تكون مساجد الله حيث لا يُعبد إلّا الله، لأنّ المسجد مؤسسة جماعية للمسلمين ينبغي ألّا يسيطر عليها الأفراد والتنظيمات، ولذا لا بدّ للحكومة الإسلامية أينما قامت أن تسيطر على المساجد بقوة تامة، وألّا تأذن لشخص أو لحركة أو لتنظيم أن يستخدمها في نشر فكرة خاصة تغيّرها من كونها مساجد ومعابد للّه إلى مراكز لتفريق المسلمين

وتمزيقهم. وهذا الخطوة ضرورية، وإذا أراد شخص ما رؤية إيجابيات هذا النظام فليَزُر تلك البلدان التي اختارت هذا النظام في إدارة شؤون المساجد.

(وانظر للإستزادة فصل «مساجدنا في القارة الهندية «في آخر الكتاب».

2013م

31 -- الجهاد والقتال

الجهاد يعني بذل أقصى الجهود لحصول أي غرض، وقد استُخدِم لفظ الجهاد في القرآن للتعبير عن السّعي العام في سبيل الله، وورد بمعنى الحرب أو القتال في سبيل الله أيضاً، وقد بيّن القرآن نوعين للجهاد هنا:

1 ـ الحرب على الكفر.

2 ـ الحرب على الظلم والعدوان.

النوع الأول لا يتعلّق بالشريعة مباشرة، وإنّما يتعلّق بقانون إلهي لإتمام الحجّة. ويُنفّذ هذا القانون في هذا العالم بأمر الله المباشر، وبطريق أشخاص شرّفهم الله تعالى برسالاته، وهذا المنصب قد أُعْطِي لمحمد رسول الله ﷺ آخر مرّة، وخُتم به في التاريخ الإنساني.

إنّ الحروب التي شنّها الرسول وصحابته على الكفر ليست مجرّد حروب، بل كانت عقاباً إلهيّاً نزل أولاً على مشركي العرب ويهودها ونصاراها، ثم على أمم العالم المجاورة للعرب، وكان ذلك وفقا للسّنة الإلهية الجارية والأمر الإلهي، وخُتمت النبوة بالنبي ﷺ، ولذا فقد زال حق الحرب على الناس من أجل كفرهم مع سائر الحقوق الناتجة منها كحقّ إخضاع الناس وقتلهم، أو فرض الجِزية عليهم، والإبقاء عليهم صاغرين محكومين إلى أبد الآبدين، بعد أن ودّع النبي ﷺ وصحابته

هذا العالم. ولا يحقّ الآن لأحدٍ شنّ الحرب على قومٍ من الأقوام لهذا الغرض. ولا أن يفرض الجزية على المهزوم بسبب كفره، وذلك إلى يوم القيامة.

والنوع الثاني للجهاد والقتال، وهو حكم شرعي، هو الحرب على الظلم والعدوان. ويُعلَن الجهاد في الشريعة الإسلامية لتحقيق هذا الغرض، وليس استجابة للأهواء والجاه والثروة والسلطة والسمعة، أو تلبية لعاطفة حارّة من عواطف الحميّة والعصبية والعداوة الشخصية.

إنّ الطموحات الفردية والأهواء لا تمتّ بأية صلة إلى هذا الجهاد والقتال. إنّه حرب الله يقاتل عبادُه في سبيله امتثالاً لأمره وإرشاداته. وهم في هذه الحرب مجرّد أدوات، لايفون بمقاصدهم ومطامحهم، بل بمقاصد الله، وليس لهم أن ينحرفوا عن منهجهم هذا أي انحراف.

وأهمّ أقسام قانون الجهاد في سبيل الله الذي جاء في القرآن هي التالية:

1 ـ إنّ حكم الجهاد متوجّه إلى جماعة المسلمين: فآياته الواردة في القرآن لم تخاطب المسلمين بصفتهم الفردية، بل من حيث إنهم جماعة مثل آيات الحدود والتعزيزات، وبناءً عليه لا يحق لفرد مسلم أو لطائفة منهم أن تشنّ الجهاد بنفسها، وإنّما يحقّ ذلك فقط للنظام السياسي.

2 ـ جاء حكم الجهاد في القرآن لاستئصال الفتنة التي تُطلق في القرآن على إجبار شخص على تبديل دينه أو الارتداد عنه ظلماً وتعسُفاً، الأمر الذي يُعبّر عنه في الإنكليزية بلفظة (Persecution)، وتنضوي تحته كافة صور التعدّي على المال والنفس والعقل والرأي.

3 ـ لا يُفرَض الجهاد على المسلمين إذا لم توفَّر لهم قوة حربية تمكِّنُهم من مواجهة العدو. فكان من الضروري أن يعزّزوا قوتهم الحربية إلى درجة كافية، وإلى الحدِّ الذي أمرهم به القرآن في عصر الرّسالة نظراً إلى الأوضاع السائدة فيها، بهدف إتمام هذه المسؤولية مع إحكام نظامهم الأخلاقي، ولذلك فقد أقام القرآن آنذاك نسبة الواحد في مواجهة الاثنين بينهم وبين أعدائهم.

4 ـ التهرّب من الجهاد هو جريمة عند النفير العام فقط، وذلك حين يقعد المسلم في بيته. وفي هذه الحالة يكون النفور من الجهاد جريمة كبيرة مثل الظلم. وإذا لم يكن كذلك يصبح الجهاد فضيلة يتسابق إليها المتسابقون، ولكنّها درجة من درجات الفضيلة فقط، وليست من الفرائض اللازمة التي يأثم المرء بتركها.

5 ـ يكون الجهاد محدوداً بالقيود الأخلاقية التي تتقدّم على كلّ شيء في كلّ الأحوال، ولم يأذن الله لشخص ما أن ينحرف عنها حتى في مواقع الحرب والقتال. ومن أهم الإرشادات القرآنية في ذلك الصدد هو الالتزام بالعهد، فإنّ الغدر ونقض العهد هما من كبرى المآثم، فإذا كان هناك قوم معاهدون يضطهدون المسلمين، فلا يستطيع بلد مسلم أن ينصرهم إخلافاً للعهد. وإذا كان هناك قوم كافرون لم يخرجوا لمقاتلة المسلمين، أو اختاروا سياسة عدم الانحياز في تلك الحالة فلا يجوز اتخاذ أي إجراء ضدّهم أيضاً، لأنّ القتال يُشنّ فقط على المقاتلين (Combatants).

2009م

32 -- النهي عن المنكر

إن من مقتضيات الإيمان اللازمة نصح الناس وأمرهم بالمعروف ونهيهم عن المنكر، ويجب أن يكون النصح والنهي بالحكمة والموعظة الحسنة، وفي أسلوب دعوي نصوح. لأن هدى الناس وضلالتهم موكول إلى الله، وهو يعلم مَن ضَلّ ومَن اهتدى، ولذا ينبغي ألا ينصب المرء نفسه داعية إلى الحق والعدل، ولا أن يملك مفاتيح الجنة والنار. والقرآن واضح كل الوضوح في أنّه لم يُؤذن لرسول أو نبي أن يتجاوز حدود التذكير والنصح والبلاغ المبين في دعوة الناس إلى الحق، فقد قال تعالى: ﴿إِنَّمَآ أَنتَ مُذَكِّرٌ * لَّسْتَ عَلَيْهِم بِمُصَيْطِرٍ﴾[1].

(1) سورة الغاشية، الآيتان: 21 ـ 22.

ولكن الأمر يختلف في مجال السلطة، فعندما يبلغ المرء، مثلاً، سن النضوج يصبح زوجاً، ثم أباً، فاقتضت الفطرة والدين أن يُمنح الرجل درجة معيّنة من السلطة لأداء هذين الدورين. وينطبق ما قلناه على دور المؤسّسات والحكومات التي ما إن تبرز إلى الوجود حتى تمنح رؤساءها درجة ما من السلطة، وقد بيّن النبي حدود تلك السلطة قائلاً:

«من رأى منكم منكراً، فليغيره بيده، فإن لم يستطع فبلسانه، فإن لم يستطع فبقلبه، وذلك أضعف الإيمان»[1].

وقد استخدم هنا للتعبير عن السوء لفظة «المنكر» ولا يُراد بها المساوئ التي تتولّد من عصيان الأوامر الدينيّة الخالصة، بل يُراد بها المساوئ التي تعتبرها البشرية مساوئ وليس فيها امتياز للديانة والملّة، كالسّرقة وشهادة الزور والخيانة والغبن وعدم الأمانة، والتطفيف في الكيل، والغش، وانتهاك الحق، والفاحشة، والقتل والاعتداء على المال، والعفاف، وما إلى ذلك من رذائل الخلق التي تُسمّى «المنكر» في اللغة العربية. ومقولة النبي ﷺ هذه أيضاً تتعلّق بهذه المساوئ. وهذا متفرّع أيضاً عن الحكم القرآني للأمر بالمعروف والنهي عن المنكر، فقد نبّه النبي ﷺ أنه إذا لم تحسبوها منكراً ضمن حدود سلطتكم ومقدرتكم في قلوبكم، فذلك أضعف الإيمان.

وورد في هذه الرواية ألفاظ «إن لم يستطع» وعلينا أن نفهمها جيداً. لم يرد بهذه الاستطاعة النوع الذي يستوجب المسؤولية. فإنه إذا افتقر إلى الاستطاعة لم يكن مسؤولا، ولذلك لا يقع ضمن مستويات الإيمان.

جاءت هذه الألفاظ هنا ضمنيّاً في معنى القوّة والشجاعة التي تنقص أو تزداد بقوة الإيمان أو ضعفه. ومعنى ذلك أنه قصد بها مدى سلطات الفرد حيث إذا لم يغير الشخص منكراً بها، فإنه انحط إلى أدنى درجات الإيمان، لأنه مع نفوذه ومقدرته لم يحاول مكافحة ذلك المنكر.

_____

(1) رواه مسلم، (رقم الحديث 177).

ولكن ذلك لا يعني أن ينظّم الناس جماعات وعصابات لأتباعهم، وأن يخرجوا لإزالة المنكرات، لكي يحصّلوا هذه الدرجة الأولى من الإيمان. إن أية خطوة كهذه تكون أسوأ فساد في الأرض، لا مكان له في الدين، لأن جميع الأحكام الدينية أُعطيت للإنسان بالنظر إلى مقدرة الإنسان واستطاعته، و﴿ **لَا يُكَلِّفُ ٱللَّهُ نَفْسًا إِلَّا وُسْعَهَا** ﴾[1] هو مبدأ قطعي في القرآن أُخذ به في كافة أحكام الدين وأوامر الشريعة، وينبغي أن نفهم إرشادات النبي ﷺ أيضاً في ضوء هذا المبدأ.

2009م

33 -- الحلال والحرام

الزينة في اللغة العربية تُطلق على شيء يزيّن به الإنسان شيئاً آخر لإرضاء حسّه الجمالي؛ فالثياب والحلي زينة الجسد، والستائر والأرائك والنمارق والزرابي والتماثيل والصور والأثاث زينة المنازل، والحدائق والمنتزّهات والأبنيّة زينة المدن، والموسيقى زينة الصوت، والشعر زينة الكلام.

إن التفسير الصوفي للدين والمذاهب الصوفية يعتبر هذه الأشياء كلّها من مصائد المادة ، ويحرّمها، ولا يحبّب بها، ويدعو إلى تركها لأنها تعيق الرقي الروحي، ولكن القرآن لا ينظر إليها بهذه النظرة، وهو يردّ على هذه المذاهب، ويبيح هذه الأشياء، ويتساءل مُوبِّخاً: ﴿ **قُلْ مَنْ حَرَّمَ زِينَةَ ٱللَّهِ ٱلَّتِىٓ أَخْرَجَ لِعِبَادِهِۦ وَٱلطَّيِّبَٰتِ مِنَ ٱلرِّزْقِ** ﴾[2].

ولم يقف عند هذا الحد، بل أعلن أن الطّيبات وأنواع الزّينة قد أُخرجت أصلاً لأهل الإيمان، فحقّت لهم بذلك. أما المنكرون فإنهم يجدونها أمراً زائداً على أهل الإيمان، وذلك من أجل مهلة الابتلاء التي أُعطيت لهم في هذا العالم، وتكون كلها

---

(1) سورة البقرة، الآية: 286.

(2) سورة الأعراف، الآية: 32.

خالصة لأهل الإيمان في الآخرة، ولا حصة للمنكرين فيها هناك، ويُحرمون منها إلى الأبد، كما قال (سبحانه وتعالى): ﴿قُلْ هِيَ لِلَّذِينَ ءَامَنُواْ فِي ٱلْحَيَوٰةِ ٱلدُّنْيَا خَالِصَةً يَوْمَ ٱلْقِيَـٰمَةِ ۗ كَذَٰلِكَ نُفَصِّلُ ٱلْـَٔايَـٰتِ لِقَوْمٍ يَعْلَمُونَ﴾[1].

وقول القرآن هذا قول مدهش، لأنه يقدم تصوراً آخر للحياة الدينية مغايراً تماماً للتصورات الدينية العامة، ومناقضاً لأفكار وتعاليم المذاهب الصوفيّة. وهو لم يحث على التنازل عن زينة الدنيا هدفاً إلى التقرب من الله، بل هو يرغّب أهل الإيمان أن يستعملوا أشياء الزينة كلها ملتزمين بالحدود الإلهية، ومتجنّبين الإسراف والتبذير فيها، وأن يشكروا الله فقال: ﴿يَـٰبَنِىٓ ءَادَمَ خُذُواْ زِينَتَكُمْ عِندَ كُلِّ مَسْجِدٍ وَكُلُواْ وَٱشْرَبُواْ وَلَا تُسْرِفُوٓاْ ۚ إِنَّهُۥ لَا يُحِبُّ ٱلْمُسْرِفِينَ﴾[2].

وثمة سؤال عن الأشياء المحرّمة في شريعة الله، وقد أجاب القرآن على ذلك سابقاً في سورة الأعراف في المقام نفسه أنه حرّم خمسة أشياء علاوة على الأشياء المتعلقة بالطعام والشراب، وهي كالتالي: الفواحش، واغتصاب الحق، والعدوان والظلّم، والشّرك، والبِدعة. فهذه الأشياء هي حرام في شرع الله.

وهنا هو إعلان الله في مجال التحليل والتحريم، ولذا لا يحق لأحد اليوم أن يحرّم شيئاً علاوة عليها. ويجب أن تُفهم كل الأحاديث والروايات والآثار وأقوال صحف إبراهيم وموسى في ضوء هذا الإرشاد القرآني. ولا يُقبل شيء خلافه أو زيادة عليه، فقد قال تعالى:

﴿قُلْ إِنَّمَا حَرَّمَ رَبِّىَ ٱلْفَوَٰحِشَ مَا ظَهَرَ مِنْهَا وَمَا بَطَنَ وَٱلْإِثْمَ وَٱلْبَغْىَ بِغَيْرِ ٱلْحَقِّ وَأَن تُشْرِكُواْ بِٱللَّهِ مَا لَمْ يُنَزِّلْ بِهِۦ سُلْطَـٰنًا وَأَن تَقُولُواْ عَلَى ٱللَّهِ مَا لَا تَعْلَمُونَ﴾[3].

---

(1) سورة الأعراف، الآية: 32.
(2) سورة الأعراف، الآية: 31.
(3) سورة الأعراف، الآية: 33.

34 -- قضية الربا

إذا أقرض الإنسان شخصاً، وطلب منه الفائدة فهذا ربا، ولا فرق بينه وبين الكراء بظاهر النظر، ولكن إذا نظرت إلى ذلك بإمعان ،اتّضح لك أن الأشياء المكتراة تُستخدم مع بقائها سليمة، ولكن الأموال لا تُستخدم بهذه الطريقة إنها تُستهلك، ثم تنتج من جديد بعد إنفاقها، ولذلك فإن الرّبا في الواقع هو ظلم بسبب طلب الإضافة عليه. ولكن الفرق بين الرّبا والكراء فرق دقيق، ويمكن أن يخطئ الإنسان في فهمه، ومن ثم إذا أعطى الله شرعه للإنسان عن طريق الأنبياء عليهم السلام أخبره أن طلب الإضافة والنفع في القرض هو اعتداء لا يجوز، فكان الرّبا محرّماً أبداً في كل شريعة من شرائع الله (تعالى)، وقد صرّح به القرآن أيضاً، ولا اختلاف فيه.

ولكن التشريع الديني للأنظمة المصرفية أصبح موضع تساؤل ونقاش في العصر الراهن، إذ إن البنك يقرض الأشخاص والمؤسّسات التجارية، ويطلب قسماً من فوائد أعمالها، وليس من أصل القرض. ألم تنتهِ بهذه الصورة العلّة التي من أجلها حُرِم الرّبا في النظام المصرفي؟ وقد جاء بهذا الاستدلال بعض علماء مصر والشام، وقد ثبّته إلى حدّ ما الشيخ وحيد الدين خان، وهو عالم جليل من الهند، في كتابه «الفكر الإسلامي». ونعتقد أن استدلال العلماء هذا مُقنع، إذا عمدت البنوك إلى تطبيق الإجراءات العلاجية التالية في أنظمتها:

1 ـ إذا توقّف العمل التجاري الذي أقرض البنك له المال، يتعهد البنك ألّا يطلب الفائدة عليه من يوم توقّفه، ويطالب فقط باسترداد رأس المال، فتصبح العملية بذلك عملية استثمار مبني على الاحتفاظ برأس المال لا عملية إقراض، وهو ما يُسمّى بـ (Principle Secured Financing) أي تمويل رأس المال المضمون الذي لا اعتراض عليه.

2 ـ إذا قُدّمت القروض لغايات غير تجارية، ما عدا التضخم. فيجب ألا يطالب البنك بأية فائدة وإذا طُبّقت هذه التعديلات والإصلاحات في النظام المصرفي صار نظاماً منصفاً عادلاً إلى حدّ كبير، ولكن بقي هناك سؤالان أيضاً، أحدهما

ما هو الحكم الشرعي على الذين لا يأكلون الربا، ولا يأخذونه، ولكنهم يضطرون إلى الاقتراض لأغراضٍ تجارية وشخصية، ويؤدّون الرّبا وثانيهما أن الحكومات تنفذ عموماً مشاريع ادّخار مختلفةً، وتستقرض الجماهير بهذه الطريقة لضرورياتها، ثم تدفع لها بعض الفوائد أيضاً، فما حكمها؟ هل يُحّرم ذلك شرعاً؟

والإجابة على السؤال الأول أنه لا اعتراض على الفائدة، لأن حرمة الربا تقوم على مبدأ «أكل الأموال بالباطل». والذي يؤدّي الربا إجباريا لا يأكل أموال أحد بالباطل، بل يؤدّي جزءاً من كسبه القانوني إلى المقرض عوضاً عن قرضه، وقد تحدّث القرآن، على قضيّة الربا في غير مكان واحد، ولكنه لم يقم بإدانة من يؤدّون الرّبا، بل جعلهم مظلومين، ودعا إلى إمهالهم، إذا كانوا عاجزين عن إرجاع رأس المال.

واستدلال المحرِّمين له لم يُبنَ على آية من القرآن، أو على ما يقتضيه النص أو يصرّح به، بل بُني على حديث رُوي عن الرسول ﷺ هو «أن النبي ﷺ لعن آكل الربا ومؤكله» (رواه البخاري، رقم الحديث: 5347).

والكلام في لفظ «المؤكل» يعني الشخص الذي يجعل الآخرين يأكلون الربا. ويمكن أن تشير، لغوياً، إلى الشخص الذي يؤدّي الربا، وتشير أيضاً إلى وكلاء المقرضين المهنيين الذين يبحثون بهذه الصفة عن مستهلكين مُحتملين لصالح أسيادهم. وإذا أصبح الإقراض بالفائدة عملاًومهنةً، فالوكلاء هم حاجة ضرورية لهم، وعمل تقديم القروض بالفائدة لا يصحّ من دونهم. وإذا كان الحديث يعني مثل هؤلاء الناس فليس فيه ما يستعصي على الفهم، فإن ذلك تعاون واضح على الإثم.

هذا هو حكم الوكلاء الذين يعدّون الاتفاقيات والمستندات الربوية، ويعملون كشهود. كما أن الوكلاء والموظفين في النظام المصرفي المعاصر يقومون بهذه الخدمات، ولكن لا يُقال: إن مَنْ يحصلون على قرض قائم على الربا هم متعاونون على الإثم أبداً. فإن هذا التعبير يُستخدم للعمل الذي يأتيه مرتكب الإثم والمساهم في ثمرات الإثم، لأن المستقرض بالربا لا يستقرض لمساعدة آكلي

الربا، إنما يستقرضه من أجل حاجاته التجارية أو الشخصية. فإن كان هذا تعاوناً على الإثم فما زاد على كونه على نحو ما يقوم به العلماء والصلحاء بادّخار مبالغ مؤسساتهم في البنوك. وإذا كان الربا محرّماً على الصعيد الحكومي، فإن الذين يؤدون الربا هم مجرمون، لأنهم خرقوا القانون، فإن أراد الحديث النبوي هؤلاء كان حكمه متعلّقاً بما ذكرناه سابقاً، بحيث تصبح كل الأعمال الربوية محرّمة في عهد الرسالة بهذه الطريقة نفسها.

أما الإجابة على السؤال الثاني فإن خطط الادخار المذكورة سابقاً لا تشبه الأعمال الربوية العامة. والسبب في ذلك أن الحكومات لا تستقرض عن طريق الخطط الادخارية وفق شروط المُقرضين، بل وفق شروطها هي، وتقوم بنفسها بالتحقّق من نسبة الفائدة، وتزيدها أو تنقصها وفق ما تراه مناسباً. وعلى الرغم من أن هذه الصورة ليست شبيهة بالضبط بإعادة القرض المأخوذ من شخص ما مع بعض الإضافة إلى رأس المال الأصلي دون أن يطالب المقرض بهذه الإضافة، فإن هذا الإجراء هو شيء قريب منه. ومن المعروف أن الربا قد حُرّم لما ينتج عنه من ظلم واستغلال، إلا أن حجم هذا الظلم قد خفّ وتناقص بسبب هذا الإجراء. وفي رأيي أن تجنّب تلك الخطط الادخارية يصلح لأهل التقوى، ولكن عامة الناس كاليتامى والأرامل والموظفين المتقاعدين الذين يتخوّفون من استثمار أموالهم في المشاريع التجارية الخطرة يمكنهم أن يستفيدوا من هذه المشاريع والخطط الادخارية تلبية لحاجاتهم الضرورية، ونرجو ألا يحاسبهم الله على ذلك.

35 --التأمين

التأمين نوع من عقود المساعدة المتبادلة التي يؤدّي الناس فيها مبلغاً ثابتاً بالتقسيط بهدف تعويض الخسائر أو الأضرار التي أصابت أحدهم في ماله ونفسه، وذلك من المبالغ المدّخرة وفق قاعدة معيّنة وهذه المبالغ لا تُعاد، لأن شركاء عقد التأمين يعطون الحق للأفراد أو المؤسّسات التي تحمل هذه المسؤولية في استخدام

مبالغهم المدّخرة في استثمارها على أي وجه كان، عوضاً عن الخدمات التي تقوم بها تجاههم.

وهذه خطة خطيرة جداً وُضعت لتعويض الخسائر ومساعدة الناس في الحالات الصعبة، وثبتت فائدته في كلّ مكان، وهذا، في رأيي، البديل الأفضل الذي قدّمته للعالم الأنظمة الاقتصادية المعاصرة بعد زوال المؤسّسات القبلية والعشائرية ونظام العاقلة (دفع ديّة القتيل)، ولا اعتراض عليه، ولكن العلماء يحرّمونه عموماً، ويقدّمون اعتراضات على خطط التأمين كالآتي:

1 ـ إن المبلغ الذي تؤدّيه شركات التأمين لزبائنها يزيد على الأقساط المؤدّاة في عامة الأحوال، وهذا نوع من الربا المحرّم في شريعة الإسلام. ثم إن شركات التأمين تستثمر أموالها في الأعمال الربوية، وتدفع قسماً من أرباحها إلى زبائنها حاملي بوليصات التأمين.

2 ـ يتلقّى حاملو بوليصات التأمين أكثر من مرّة مبلغاً ضخماً من المال كأمان ضدّ الموت والحوادث والخسائر، وهذا أشبه بالميسر المُحرّم في الإسلام.

3 ـ وإذا كان الشيء الذي اشُتريت من أجله بوليصة التأمين غير موجود وجوداً نموذجياً. ومحلُّ العقد غير مُثبت، وحاملوا البوليصات لا يعرفون عدد الأقساط، وإلى متى سيستمرون في الدفع، فإن ذلك يُدعى في اصطلاح الفقهاء الغرر (الخداع)، والجهالة (الجهل) والغبن (الاختلاس) على التوالي، ويصبح العقد بموجب ذلك غير مسموح به.

وإذا نظرت في هذه الاعتراضات الثلاثة وجدتها تفتقر إلى الأساس الصحيح. فلا يمكن الدفاع عن الاعتراض الأول، لأن المبالغ التي يدفعها حاملو بوليصات التأمين بالأقساط ليست قروضاً، فهي تؤدّي لمساعدة الآخرين مقابل تلقي المعونة منهم، ولذا لا تُرجع أبداً، وإذا استخدمت شركات التأمين تلك الأموال في الأعمال الربوية استخدمتها بناء على حق الاستعمال الحاصل لها، وحاملو بوليصات التأمين لا تبعة عليهم في ذلك، وإن حدثت كارثة تمّ التأمين بسببها، فما يحصّل عليه المساهم يأتي من المبالغ المدّخرة من جانب الشركاء

الآخرين في عقد التأمين، فهذا هو حقيقة عقد التأمين، ويُجب أن يُنظر إليه من هذه الزاوية.

والاعتراض الثاني لا يمكن الدفاع عنه أيضاً، لأن الميسر من أنواع اللهو وتجريب الحظ، وحاملو بوليصات التأمين لايساهمون فيه لإقامة نظام التعاون المشترك وتعويض الخسائر في الخطر. فحقيقة كل منهما مغايرة جدا، وأحكام الدين لا تُبنى على التشابه الهامشي، بل على حقيقة الأشياء المتقاربة التي يجب أن تُبنى عليها.

والثالث لا يمكن الدفاع عنه أيضاً لأن إرشادات النبي ﷺ في أمور الغرر والغبن والجهالة إنما جاءت سدّاً للذريعة ولرفع النزاع في البيع والشراء، والتأمين لا يتّصل بالبيع والشراء، وإنما هو عقد للتعاون المشترك العام يعطي حق الاستعمال والاستهلاك للمبالغ المدّخرة فيه للأفراد والمؤسسات التي تهتم بهذا العقد عرضاً عن خدماتها، ولا ينبغي أن يُحكم عليه بغض النظر عن حقيقة التأمين.

(2010م).

36 -- وراثة الحفيد اليتيم

إن القرآن الكريم لم يصرّح لنصيب الحفيد في ميراث الجد أو نصيب الجد في ميراث الحفيد، ولكن إذا كانت ألفاظ «الآباء والأولاد» تشمل هذين أيضاً لغة وعرفاً، فقد أجمع الفقهاء على أنه إذا لم يوجد أحد من الآباء المباشرين أو الأولاد المباشرين فحصصهما المقرّرة تذهب إلى الآباء غير المباشرين (الأجداد) أو الأولاد غير المباشرين (الأحفاد)، ولكي قد تظهر حالة فيما يتعلق بالأولاد، وهي أن يموت واحد أو أكثر في حياة الوالد، أو على عكس ذلك أن يعيش واحد أو أكثر بعد موت الوالد واجتهد الفقهاء في ذلك، وذهبوا إلى أنه مَن مات من الأولاد حُرم أولاده من ميراث الجد في وجود الأعمام، إلّا أن يوصي الجد لهم أية وصية.

وبعض العلماء من العصر الحاضر أعربوا عن الرأي الثاني، وقالوا: إن اجتهاد الفقهاء القدامى لا يصّح، فإن الحفيد هو بمنزلة الولد، ويجب أن يُورث الحصّة التي كانت من حقّ والده لو كان حيّاً، ويصحّ هذا الرأي عندنا أيضاً، ولذا أحاول هنا الإجابة على اعتراضات جاء بها الشيخ الجليل الأستاذ أبو الأعلى المودودي في كتابه «تفهيمات» الذي جاء بالاعتراضات التالية:

1 ـ إن مَن يرث حصّة من التَّرِكة وفقاً للقرآن يرثه لأنّه أقرب إلى الميت، لا لأنّه ينوب عن القريب الآخر، ولذا فإن اقتراح إعطاء حصة للحفيد اليتيم في ميراث الجد سوف يُدخل نظريّة النيابة الفاسدة في قانون الميراث الإسلامي الذي لا يوجد عليه دليل من القرآن، ثم إنّه بعد التسليم بمبدأ النيابة فإن هذا الميراث سيكون مقتصراً على أولاد الأولاد.

2 ـ يرث، وفقاً للقرآن، مَن يكون حيّاً في وقت وفاة المُورِث، وعلى عكس ذلك، فإن هذا الاقتراح يورث الذين ماتوا في حياة المُورث.

3 ـ قد وزّع القرآن ببيان قطعي صريح حصص بعض الأقارب بلا زيادة أو نقصان، وعلى عكس ذلك تحصل هذه الزيادة والنقصان في بعض الحصص التي بيّنها القرآن من جرّاء العمل بهذا الاقتراح المذكور.

والجواب على الاعتراض الأول أن الحفيد لا يُعطى هذه الحصّة لأنه ينوب مناب أبيه بوصفه وارثاً، بل يُعطى الميراث، لأنه قد صار بعد وفاة أبيه أقرب إلى الجد مثلما كان أبوه أقرب إليه، فينوب مناب أبيه في القرب. ولما كان الأب حيّاً كان الجد هو الأقرب إليه لكونه من أولاده، ولما رحل عن الدنيا حل محلّه ولده، وصار أقرب إلى جده، فحق له أن يكون وارثاً أيضاً، فإن الحفيد كان بمثابة الولد للجد في حياة أبيه، وبقي في هذا المقام بعد موته أيضاً وحصل الفرق فقط بعد موت أبيه أنه صار الآن أقرب إلى الجد كما كان أبوه، لذلك فهذه النيابة ليست في المفهوم الذي شرحه الشيخ المودودي، بل إن هذه النيابة تكمن في كونه الأقرب إلى الميت، والتي هي أساس الشريعة الإسلامية في الميراث كما يعتقد الشيخ بنفسه. وإذا لم يكن هناك على سبيل المثال، أحد من فروع الميت يصير أخوه وأخته نائبين عن

الأولاد بهذه الصفة، وتبلغهم الحصّة المقرّرة للأولاد إذا كانوا موجودين، وفي هذه النيابة نصّ قاطع بذلك في الآية الأخيرة من سورة النساء، والسبب في تحديد هذه النيابة لأولاد الأولاد أن أي وارث للزوج أو الزوجة بعد وفاتهما لا يصير زوجاً أو زوجة في أي حال من الأحوال حتى ينوب مناب الميت في كونه أقرب إليه.

والجواب على الاعتراض الثاني أن الحصّة الممنوحة للحفيد ليست حصة أبيه الممنوحة للابن كوارث، بل هي حصته هو، لأنه بعد وفاة والده قد حلّ محلّه الآن، وصار أقرب إلى الجد بتلك الصفة. وهذا لا يؤثر في القاعدة القرآنية أن الميراث حق لأقرباء المُورث الأحياء، فإن اقتراح توريث الحفيد اليتيم أيضا يجعل الشخص الحي وريثاً عند وفاة المُورث . أما الاعتراض الثالث فقد نشأ من سوء فهم حقيقة أن طريقة توزيع الميراث نفسها بين الأحفاد ستُتّخذ حين لا يوجد أحد من أولاده، وقد بيّنه الشيخ المودودي بتقديم مثال عليه فقال:

«افرض على سبيل المثال أنه كان لشخص ولدان قد توفيّا في حياته. وخلّف أحدهما أربعة أولاد، وخلّف الثاني ولداً واحداً فقط. فإن هؤلاء الأحفاد الخمسة متساوون في كونهم بمنزلة الآباء بحكم القرآن، فوجب أن يُعطوا حصصاً متساوية في ميراث الجد، ولكن على قاعدة النيابة بحيث يُعطي نصف الميراث إلى الحفيد الوحيد، ويُقسّم النصف الثاني بين الأحفاد الأربعة الآخرين (تفهيمات لأبي الأعلى المودودي 3/ 182)

وجواب هذا الاعتراض أن الحالة ليست على هذا النحو، وأنه يمكن الاستمرار بطريقة توزيع الميراث نفسها بحيث يُعطى جميع الأحفاد حصصاً متساوية، وقد أمر القرآن نفسه بهذا، فقد اتّبع طريقة في منح حصة الوارث عند وجود الوارثين الآخرين، واتّبع طريقة أخرى في حال عدم وجودهم، فإذا كان هناك أولاد، مثلاً، يُعطى كل من الوالدين سدساً (1/ 6)، وإذا لم يكن هناك أولاد، بل وُجد أخ أو أخت يُعطى كلٌّ منهما الحصة المذكورة، ولكن عند وجود والدي الميت تعطى الأم الثلث فقط، ويذهب الثلثان الآخران إلى الأب وتنطبق الحالة نفسها على أقرباء الكلالة (أن يموت المرء وليس له ولد أو والد يرثه، بل يرثه ذوو

قرابته) فإذا كان أحدهم وراثاً، وكان له أخ واحد أو أخت واحدة، فله السدس، وإن كان له أكثر من أخ أو أخت، فله الثلث، ويُعطى كل واحد منهم اسهما متساوية. ومعنى ذلك أنه ليس من الضروري أن تختار طريقة واحدة للأحفاد في كلتا الصورتين، لأنه أمر اجتهادي بكل معنى الكلمة فلك أن تختار أية طريقة مناسبة له، ولكن يجب أن تكون مطابقة لمبادئ القرآن، ومتّفقة مع العدل والإنصاف على كل حال.

37 -- حق الوصية

إن قانون توزيع الميراث الذي بيّنه القرآن يؤكد مرة بعد أخرى أن توزيع الحصص يتمُ بعد وصية يوصي بها المورِث لشخص. ويبرز هنا سؤالان، الأول هل هناك حدّ لمقدار الوصية، وأن يوصي المورث بما يشاء لمَن يشاء؟ والثاني هل تمكن الوصية في حق مَن هو وارث للميت من جانب الله تعالى؟

والجواب على السؤال الأول أن كلمات القرآن لم تعرض حدوداً، لان الله (تعالى) قد أطلق القول إطلاقاً غير مشروط أن الوصيّة تحدث قبل توزيع الميراث، ثم يليه التوزيع. ولا يحدّد هذا الإطلاق وفق قاعدة لسانية وبيانيّة. أما الرواية التي جاءت عن النبي ﷺ في ذلك فلها دلالة أخرى؛ وهي أن صحابياً قد عبّر للنبي ﷺ عن نيّته أن يتصدّق بكلّ ماله في سبيل الله بعد وفاته، فقال له: هذا أكثر مما يُعطى لهذا الغرض، فإذا كان عند شخص مال، فلا ينبغي له أن يترك بعده وارثين محتاجين. ثم سأله عن الثلثين، ثم النصف، فأعاد له قوله، ثم سأل: أو أتصدّق بثلث؟ فقال: هذا كافٍ تماماً.واسوق متن الحديث فيماياتي:

عن سعد بن أبي وقاص رضي الله عنه، قال: جاء النبي ﷺ يعودني وأنا بمكة، وهو يكره أن يموت بالأرض التي هاجر منها، قال: «يرحم الله ابن عفراء»، قلت: يا رسول الله، أوصي بمالي كله؟ قال: «لا»، قلت: فالشطر، قال: «لا»، قلت: الثلث، قال: «فالثلث، والثلث كثير، إنك أن تدع ورثتك أغنياء خير من أن تدعهم

186

عالة يتكففون الناس في أيديهم، وإنك مهما أنفقت من نفقة، فإنها صدقة، حتى اللقمة التي ترفعها إلى في امرأتك، وعسى الله أن يرفعك، فينتفع بك ناس ويضر بك آخرون»، ولم يكن له يومئذ إلا ابنة. (رواه البخاري، رقم الحديث: 2742)، ومسلم، رقم الحديث: 6128)، ويمكن لكل شخص أن يرى أن ذلك كان حاله خاصّة بشخص خاص في مناسبة خاصة، ولا يتصل بالحدود القانونية التي فرضها النبي ﷺ.

والجواب على السؤال الثاني أن الله (تعالى) قد أوصى بنفسه في حقّ الوارثين. فكيف يجسر مسلم على تقديم وصيّته على وصيّة الله (عزّ وجل)؟ ومن القطعي ألّا تكون لهم وصيّة بناء على العلاقة الأسرية، ولكن قد تكون بناءً على ضرورة خاصة أو خدمة من أحد منهم، وغير ذلك من الأشياء، مثلاً قد يكون هناك أحد أولاد المورث ما زال يتعلّم في المدرسة، وليس له دخل، أو قام أحدهم بخدمة الوالدين أكثر من غيره، أو يخاف المورث ألا يكون ثمّة مَنْ يرعى زوجته بعد وفاته، وله أن يوصي لهم وصية. فكما أن هذه الوصيّة قد تكون في حق الأصدقاء والأحباب، أو قد تكون في أغراض الصّدقة والخير، فقد تكون كذلك في حق الوارثين أيضاً كما ذُكر، ولا مانع من ذلك في الشريعة.

(2008م).

38 -- توز يع الميراث

لقد بيّن القرآن قانون توزيع الميراث في الآيتين الحادية عشر والثانية عشرة من سورة النساء، حيث أوعد الله تعالى بمعاقبة مَنْ يبدّل هذا القانون، أو يتجاسر على إخلافه متعمّداً. وإذا كان الوعيد قد جاء في كل الحدود الإلهيّة التي أقرّها الله (تعالى) في كتابه العزيز، فإن ذكر الوعيد فور بيان قاعدة توزيع الميراث ينبىء عمّا يتضمّن إخلافها من نتائج خطيرة على المخالفين الآثمين، فقال:

﴿ تِلْكَ حُدُودُ ٱللَّهِ ۚ وَمَن يُطِعِ ٱللَّهَ وَرَسُولَهُۥ يُدْخِلْهُ جَنَّـٰتٍ تَجْرِى مِن تَحْتِهَا ٱلْأَنْهَـٰرُ خَـٰلِدِينَ فِيهَا ۚ وَذَٰلِكَ ٱلْفَوْزُ ٱلْعَظِيمُ ۝ وَمَن يَعْصِ ٱللَّهَ وَرَسُولَهُۥ وَيَتَعَدَّ حُدُودَهُۥ يُدْخِلْهُ نَارًا خَـٰلِدًا فِيهَا وَلَهُۥ عَذَابٌ مُّهِينٌ ﴾[1].

وكان هذا الوعيد من الشدة بحيث أن مَن يؤمن بالله واليوم الآخر يرتعد قلبه إذا قرأ هاتين الآيتين. ولكن المسلمين، للأسف الشديد، يجترئون كاليهود على تبديل القانون وإخلافه فعلاً. والحقيقة التي لا تجحد أن عصيان ذلك يبلغ حد البغي والاعتداء المكشوف، فهم يحرمون النساء من الميراث، ويستكتبون منهن مستندات التنازل إجبارياً بطرق غير جائزة. وإذا كان هذا القانون نافذاً على الصعيد الحكومي في أي مكان، فإنهم، لكي يتجنّبوا المحاكم وتحقيقاتها، يتجرّؤون على تعديل حصص الرجال والنساء، حيث يكون هناك تفاوت في حكم القرآن، ويعطون الميراث كلّه للابن الأكبر، ويصرّون على اتّباع أساليب أهل القرى والأديان الذين يعمدون إلى أكل أموال اليتيم. والخلاصة أنّهم يرتكبون جهاراً نهاراً ما يُقال له البغي الجائر على القانون الإلهي.

هذا الوضع يقتضي الاهتمام لتحذيرهم في المساجد، ودعوتهم على المنابر، ولفت نظرهم إلى هذا الأمر بكافة الوسائل الإعلامية الحديثة كالراديو والتلفاز والصحف اليومية، وبإلقاء الدروس في معاهد التربية والتعليم، أن متاع الدنيا ومالها هو متاع الغرور. أيَّ شيء تختارون على حساب حظّكم في ملكوت الله السرمدي يوم القيامة؟ كأنكم تملؤون بطونكم بلهيب النار كما ورد في آيات القرآن، ويجب توجيههم إلى أن نار سقر أمر عظيم، فلتتّقوه، ولتوزّعوا ميراثكم بعدالة تامة حسب القانون الإلهي في هذا الباب، فقد قال رسول الله ﷺ:

«مَن اغتصب شبراً من الأرض طوّقه يوم القيامة»[2].

---

(1) سورة النساء، الآيتان: 13 ـ 14.

(2) رواه البخاري، (رقم الحديث: 3198، ومسلم، رقم الحديث: 4133).

ما هو قانون توزيع الميراث؟ قد أوردنا تفاصيله في كتابنا «الميزان»، وألخّصُ هنا بعض النقاط الهامة التي وردت فيه للتذكير فقط:

1 ـ إذا كان هناك قرض في ذمة الميت يجب تأديته من التركة قبل كل شيء، ثم يُوفى بالوصية إذا وُجدت، ثم يُوزّع الميراث.

2 ـ لا تكون وصيّة لوارث إلّا أن تقتضي ذلك حالات خاصة، أو خدمات، أو ضرورات في ظروف معيّنة.

3 ـ بعد توزيع حصص الوالدين والزوجة أو الزوج يرث أولاد الميت ما بقي من الميراث، فإن لم يخلّف الميت ولداً، وله بنتان اثنتان أو أكثر، فلهما الثلثان مما ترك، فإن كان له بنت واحدة، فلها النصف وإن كان للميت أولاد ذكور فقط يُوزّع سائر المال فيما بينهم بالتساوي. وإن كان هناك أولاد ذكور وإناث، فللذكر مثل حظ الانثيين، ويوزع سائر المال فيما بينهم كذلك.

4 ـ وإن لم يكن للميت ولد يحل محلّه أخ أو أخت له، فإن كان له ولدان وزوجة أو زوج يرثه الأخ والأخت بعد توزيع حصصهم، وتوزع التركة فيما بينهم على الطريقة التي ذكرت آنفاً في الأولاد وهو أن للذكر مثل حظ الأنثيين.

5 ـ فإن كان للميت أولاد، أو لا يكون له أولاد، ويكون له أخ أو أخت، ففي مثل هذه الحالة للوالدين سدس الميراث. فإن لم يكن له أخ ولا أخت، بل له والدان فقط يذهب ثلث الميراث للأم والثلثان للأب.

6 ـ وإن كان المورث رجلا له أولاد، فلزوجته ثمن التركة، وإن لم يكن له ولد فلها الربع.

وإن كان المورث امرأة، ولم يكن لها ولد، فلزوجها النصف، وإن كان لها ولد فلزوجها الربع.

7 ـ وفي حال عدم وجود وارثين يمكن للميت أن يجعل أحداً ما وارثاً له. فإن كان ذلك الوارث قريباً، وله أخ واحد، وأخت واحدة ينالا سدس الحصة، وينال هو خمس الأسداس المتبقيّة.

وإن كان له أكثر من أخ أو أخت ينالا ثلث الحصة، وينال هو الثلثين المتبقيين.

(2020م).

39 -- قضية رؤ ية الهلال

لقد عين الله (عز وجل) شهر رمضان للصوم، وشهر ذي الحجة لأداء الحج. وهذا الشهران قمريان، وقد ظلّ السؤال قائماً منذ صدر الإسلام، كيف يتمّ تعيينهما؟

كان الناس يعرفون قبل التقدّم الهائل الذي حصل في علم الفلك أن الشهور القمرية لا تزيد على ثلاثين يوماً، غير أن الملاحظة العامة تشهد على أنها قد تكون تسعة وعشرين يوماً. ولمّا جاء القرآن الكريم بحكم صوم شهر رمضان كلّه، فقد صار من الظنّ أن بعض الناس قد يصرّون على إتمام الثلاثين يوماً وفقاً لذلك الحكم، فنبّههم النبي ﷺ على أن رؤية الهلال هي الأصل، وأن يصوموا لرؤيته، ويفطروا لرؤيته، وليس من الضروري إتمام عدّة الثلاثين يوماً.

وإذا كان مطلع القمر غير واضح بسبب تلبّد السماء بالغيوم، فالإتمام واجب، فهذا هو إرشاد النبي ﷺ الذي قد اختلف فيه بعض الرواة حتى سيطرت تلك الاختلافات على عامة الناس أن النبي ﷺ قد أوجب على الناس رؤية الهلال للتحقّق من بداية شهر الصوم، ومن حسن حظنا أن التوجيه النبوي قد جاء في صورته الأصلية في إحدى روايات الإمام مسلم، فقال:

«الشهر تسعة وعشرون، فإذا رأيتم الهلال فصوموا، وإذا رأيتموه فأفطروا، فإن غُمَّ عليكم فاقدروا له» (مسلم، رقم الحديث 108).

هذا الحديث رواه سيدنا عبد الله بن عمر، ورواه بصورة مختلفة مع الاحتفاظ بالألفاظ ذاتها أبو هريرة رضي الله عنه، ويتضّح منه أن رؤية الهلال لم تُشترط في تعيين الشهر، بل أوجب التماس بداية الشهر بعد رؤية الهلال حتّى لا يصرّ الناس على

إتمام الثلاثين يوماً، ظانين أن القرآن قد أمر بصوم الشهر كلّه، ولذا يجب إتمام الثلاثين، وقد بدأ الحكم في الحديث لكلمات «الشهر تسعة وعشرون».

ونضطر بناء عليه إلى رؤية الهلال، وإذا تمت الثلاثون يوماً فلا حاجة إلى رؤيته، لأن العلم الحاصل لنا في هذا الأمر قطعي صريح سواء أشهدنا الهلال أم لم نشهده، ونرى بحكم التجربة أن الشهر السابق قد انتهى، والشهر اللاحق قد ابتدأ، وقد تقدّم العلم، وحكم حكماً قطعيّاً أن الشهر القمري يتألف من تسعة وعشرين يوماً، وإننا نجزم اليوم متى يُولد القمر للعالم في كل شهر، ولذا فإن وُجد تقويم قمري بناء على مولد القمر، ويجعل مكة المكرّمة مركزاً له، وتتوافق معه الاحتفالات الدينيّة كلّها فلا مانع من ذلك، ومراد الدين في ذلك هو تعيين الشهر، فحينما كانت رؤية الهلال وسيلة له، اختيرت تلك الوسيلة، وإذا كنا اليوم نعيّنه بوسائل أكثر تطوراً فالدين لا يعترض على ذلك، فإذا كنا اليوم لا نتقيّد برؤية طلوع الشمس وغروبها لتحديد مواقيت الصلوات بعد اختراع الساعة، فإننا لا نحتاج إلى رؤية الهلال لتعيين الأشهر القمرية أيضاً. والقضيّة إنما ثارت بسبب تدخّلات الرواة في صياغة الحديث، وإذا قارنا مختلف الأحاديث التي تناولت الموضوع نفسه اتّضحت الحقيقة أن النبي ﷺ قد أراد شيئاً آخر. فهل يجب بعد كل هذا، الإصرار على التماس القمر؟ يحتاج علماؤنا إلى التفكير في هذا السؤال.

40 -- زرع الأعضاء

من عجائب العِلْم المتقدّم، وخصوصاً في القرنين الماضين، وما جاء به من تسهيلات كبيرة للإنسانية، هو التقدّم الخطير جداً في مجال تشريح الجسد والعمليات الجراحية، ويمكن اليوم الحصول على العضو السليم من شخص حيّ أو ميت بطريق الجراحة وزرع الأعضاء. ويُثار هنا سؤال، هل يجوز لشخص أن يهب شخصاً آخر عضواً من أعضاء بدنه في حياته؟، أو أن يجوز له في الدين والشرع أن يوصي بإعطاء أحد أعضائه إلى شخص آخر بعد وفاته؟

والإجابة على هذا السؤال عندنا هو في الإيجاب، لأنه ليس هناك شيء في القرآن، ولا في الحديث يمنع ذلك بظاهر الأمر. ولكن علماء القارّة الهندية يحرّمون ذلك في عامة الأحوال، ويستدلّون على ذلك بما يلي:

1 ـ الإنسان لا يملك بدنه وجسمه، فلا يحقّ له أن يهب أو أن يوصي بمنح أعضائه شخصاً آخر بعد موته. يمكنه التصرّف في جسمه ما دام حيّاً، فإذا فارقت روحه جسمه، لم يبق له حق أن يوصي بذلك، ولا أن تنفّذ وصيته هذه.

2 ـ لابد من الإقرار بحرمة الجسد الإنساني، ولا يجوز للأحياء أن يمسّوا الميت بضرّ، بل يجب عليهم أن يدفنوه بكامل الاحترام والإكرام. وتشريح الميت وتقطيع أوصاله يرادف انتهاك حرمة الجسد الميت، ولا يجوز ذلك في أي نظام أخلاقي في العالم، ونرى أن كلا الاعتراضين باطل.

لا شكّ أن الله هو مالك كل شيء، ومع ذلك يحقّ للإنسان أن يتصرّف في الأشياء التي أعطاها الله إياه ضمن نطاق الحدود الإلهية، فهو ـ مثلاً ـ يبذل نفسه في سبيل الشرف والأهل والوطن والدين، وينفق ماله من أجل ذلك، ويدخل في الحروب، ويقتحم النار، ويواجه أخطر الصعوبات وأعتى التحديات لحماية تلك المقاصد، مع بصيرة كاملة منه أنه قد يموت أو يفقد أحد أعضائه. ويسمُي القرآن هذه التصرفات بجهاد النفس والمال والإنفاق في سبيل الله، وقد حثَّ بين الفينة والفينة المؤمنين أن يبذلوا ما عندهم من أنفس الأشياء من أجل تلك المقاصد العليا، ومعنى ذلك أن القرآن يقرّ بحق التصرف هذا.

ووصية الإنسان تتفرّع من حق التصرف هذا كلازمة له، فإن كان من حقّنا أن نوصي بأموالنا بعد الوفاة، فإنه يحقّ لنا أيضاً أن نهب عضواً من أعضاء جسدنا.

وحالة انتهاك حرمة الجسد الميت تتعلّق بالنيّة والأسباب الداعية له، فالإضرار بعضو من أعضاء الإنسان حرام وجريمة، ومن أجل ذلك جاءت أحكام الديّة والقصاص في القرآن.

ولكن إذا قطع الطبيب يد المريض أو قدمه بموافقته فلا يكون الطبيب مجرماً خاطئاً. فلماذا لا نفرّق إذاً بين التمثيل بالجسد عبر طرق مختلفة وبين تشريح

الجسد لغرض التحقيق في سبب الوفاة، وإذا كان الإنسان الذي يوصي بإعطاء شيء من ماله لبائس فقير يُعدّ من الأبرار الصّالحين فإن الشخص الذي يهب عضواً من أعضائه بعد الوفاة يجب أن يُعدّ عمله أيضاً من أعمال الخير والبرّ.

41 -- إعفاء اللحية وإسبال الإزار

كان الرجال ولا يزالون يعفون لحاهم، وكان النبي ﷺ أيضاً يعفي اللحية، ومن بواعث السعادة والأجر أن يعفي المسلم لحيته اقتداءً بالنبي ﷺ ومحبّةً له. ولكن ذلك ليس من الفرائض الدينيّة. فليس لنا أن نحكم على مَن لا يعفي لحيته أنه تارك لواجبه الديني، أو أنه ارتكب حراماً محظوراً. وما ثبت في هذا الباب عن النبي ﷺ لم يكن أمراً بإعفاء اللحية، وإنما هو مَنع إطلاق اللحية والشوارب الذي ينمّ عن وضع المستكبر، لأن الاستكبار جريمة شيطانيّة. والمستكبر يبرز نفسه في المشي المتبختر، والحديث المتعالي، والملبس الفاخر ،وهيئة الجلوس، وقواعد السلوك وفي كل شيء حتى في اللحية والشاربين. وبعض الناس يقصّون اللحية أو يصغّرونها، ولكنهم يعفون الشاربين، وقد استنكر النبي ﷺ هذا الأمر، ونهاهم عن اتّباع أسلوب المستكبرين، فإن أرادوا الإعفاء، فإعفاء اللحية، وعليهم أن يقصّوا الشاربين، وهذا ما فهمناه مما رواه البخاري (رقم الحديث: 5892) ومسلم (رقم الحديث: 602).

فإن الهدى الذي تلقّاه الإنسان من الأنبياء (عليهم السلام) يتلخّص في الأبواب الأربعة: العبادات، وتطهير البدن، وتطهير الأكل والشرب، وتزكية الأخلاق. وما قاله النبي في ذلك يتّصل بباب تزكية الأخلاق. وكان هذا هو فحوى إرشاد النبي ﷺ في اللحية. ولكن النّاس فهموا منه إعفاء اللحية مطلقاً، وأدخلوا في دين الله شيئاً لا يمتّ إليه بصلة.

ويُقال الأمر ذاته في إسبال الإزار الذي كان أسلوب المستكبرين عند عرب الجاهلية الذين كانوا إذا لبسوا قميصاً أطالوه، وإن خمروا الرأس علّقوا شملة

العمامة إلى وسط الخاصرة، وإن ائتزروا أسبلوا الإزار إلى أسفل الكاحلين، كأن نصفه يُجرّ على الأرض، وهذا هو الإسبال في العربية. وقد استنكر النبي ﷺ هذا الشيء، وقال:

«إن الله لا يحبّ أن ينظر إلى رجل يجرّ إزاره استكباراً (رواه البخاري، رقم الحديث: 5783، ومسلم: رقم الحديث: 5455) والروايات والأحاديث التي وردت في هذا الباب تتعلق بهذا الموضوع.

ويمكن أن يُقال عن ثوب الخصر: إنه إذا ترك متدلّياً أسفل الكعبين فهو شبيه بوضع المستكبرين ولذا يجب أن تُؤخذ الحيطة في ذلك الملبس، وإن لم يكن ثمة استكبار. ومع ذلك فإن المشابهة موجودة في ثوب الخصر، ولا تتصل بملابس من نوع السروال كالبيجاما والبنطال.

(2008م).

42 -- تأديب المرأة

النكاح والزواج هوعقد بين الرجل والمرأة يتعهّد فيه الطرف الأول أن يتكفّل بالإنفاق الكامل على الزوجة والأولاد برحابة صدر وبشاشة قلب، وأن يُحسن عشرتهم كما هو شأن الكرماء امتثالاً لمقتضيات العقل والفطرة. ويجب أن يكون عيشه معهم مبنيّاً على الرحمة والمروءة، ومتوافقاً مع مقتضيات العدل والإنصاف. وهكذا فإن المرأة مُطالَبة أن تعيش مع زوجها متوافقةً معه منقادةً إليه، وأن تحفظ سرّه وشرفه وأمانته.

وهذا النوع من العقود يقتضي كالعقود الأخرى معاقبة أحد الطرفين إذا أخلّ بشروطه، ولم يكن مستعداً لإصلاح سلوكه بعد التنبيه والنصح والزجر والتوبيخ، وتقوم المحكمة وكبار رجالات العائلة بهذه المهمة. وقد أعطى القرآن هذا الحق

للزوج أيضاً، فأجاز له ثلاث وسائل حفظاً لبيته. إذا رأى من المرأة نشوزاً وتحدّياً لقوامته:

1 ـ الوعظ والنصح، ويشمل الزجر والتوبيخ إلى حدٍّ ما، وكلمة «الوعظ» هي الكلمة التي يفضل القرآن استخدامها في هذا الأمر.

2 ـ الضرب والعقاب البدني الذي يثير سؤالاً هو هل للدولة، بعد التغيّر الذي طرأ على الثقافة والحضارة، أن تقوم بتقييد الأزواج، ومنعهم من ضرب الزوجات. وإحالة الأمر إلى المحكمة في حال عدم نفع التديرين الأوليين؟ وجوابنا على هذا السؤال هو في الإيجاب والإثبات، لأن ذلك البديل هو تغيير أسلوب تنفيذ أوامر الله، وليس تعطيلاً له، فلا فرق إذاً، بين أن يقوم الرجل بعقاب زوجته بقصد إصلاحها، وبين أن يقوم به كبار الأسرة والمحكمة. فإن المراد الإلهي يقتضي أنه إذا كان هناك ضرورة للضرب والتأديب لصلاح شؤون البيت، فإن التأديب مُباح.

43 ـ ـ حقّ الطلاق

ليس النكاح فقط هو وضع العلاقة الجنسية بين الرجل والمرأة ضمن إطار القانون، بل هو عقدٌ لوضع أساس الأسرى التي هي ضرورة ملحّة وحاجة إنسانية لا مفرّ منها. ولا يمكن للبشرية من دونها أن تفي بحاجاتها الحيويّة والنفسيّة والاجتماعية، وهي مبنيّة على قبول المرأة أن ترتبط برجل كزوجة لا كصديقة، ومعنى ذلك أنها خوّلت الزوج أن يدير شؤون العلاقة الزوجية بينهما، وبهذا فكما أن الرجل مسؤول عن تغطية كل نفقات الزوجة ومصروفات الأولاد المعيشية، فالمرأة أيضاً مسؤولة عن استمرار العلاقة الزوجية، فلا تتقدّم لطلب التفريق، حتى لو لم تجرِ الحياة الزوجية على ما يُرام، وإذا وقع ما يحتّم الطلاق فإنها لا تطلّق زوجها، بل تطلبُ منه الطلاق. المرجو في الحالات العامة أن يستجيب لطلبها كل رجل كريم النفس، إن انعدمت فرص الصلح.

ولكن ماذا تفعل الزوجة إذا لم يستجب الزوج لطلبها؟ إن الشريعة لم تجب على هذا السؤال، بل تُرك ذلك إلى الاجتهاد مثلما تُركت أمور كثيرة له في حياة الإنسان، والطريقة المتُبعة منذ عهد الرسول هي أن تلجأ المرأة إلى القضاء الذي يبعث في زمننا الحاضر على الكثير من العناء والقلق، وقد حُلَّ عن طريق منح المرأة حقّ الطلاق الذي لا يعدُّ في مجتمعاتنا أمر سهلاً هيّناً، ومنح المرأة حقّ الطلاق يبطل حكمة إعطاء حق الطلاق للزوج فقط. ولذا قامت الدولة بتشريع قانون الفسخ، فإذا لم يطلق الزوج زوجته بناءً على طلبها في مدة (90) يوماً، فنكاحهما يُفسخ تلقائياً، ويلجأ الفريقان إلى المحكمة، إذا كان نزاع بينهما على الأموال والأملاك.

ويمكن اختيار طريقة أخرى، وهي إدراج العبارة التالية في «عقد النكاح» محلّ تفويض الطلاق الممنوح للمرأة:

«قد تمّ عقد هذا الزواج بشرط أن الزوجة إذا طلبت يوماً ما الطلاق من زوجها تحريراً، فالزوج مُلزم أن يعطيه إياها في مدة تسعين يوماً. وإن لم يفعل ذلك فإن الطلاق يقع عليها تلقائياً من قبله بعد مرور هذه المدة، وليس له حق الرجعة بعد الطلاق، ويجب على الزوجة، إن كان الزوج قد أعطاها أموالاً وأملاكا أخرى ما عدا المهر والنّفقة، وأراد الآن أن يستردّها، أن ترجع إلى المحكمة للفصل في النزاع، أو أن تعيد إليه أمواله».

وإذا اختُبرت هذه الطريقة لم يحتج أهل المرأة وأولياؤها إلى مطالبة تبعث على الإحراج، ويكون عند الزوج حالما بدأت إجراءات الطلاق، مهلة تسعين يوماً يمكنه خلالها أن يسترضي الزوجة للرجوع بطلبها الطلاق منه. ويقع الطلاق من جانب الزوج وتستقر هكذا الحكم والمصالح التي روعيت في التشريع الالٰهي الذي يتعلق بقانون الزواج والطلاق.

44 -- الطرق الخاطئة للطلاق

لا يحقُّ، بحكم الطريقة التي أجازتها الشريعة الإسلامية للطلاق، للزوج أن يطلق امرأته من غير مراعاة للعدّة، ولا يجوز له التلفّظ بالطلاق (طالق، طالق) في حالة الغضب، وعدم الإشهاد عليه، وإيقاع الطلاق أثناء فترة الحيض، ومضاجعتها في فترة الطّهر، والتلفّظ بالطلاق مرتين أو ثلاثاً في مجلس واحد أي في وقت واحد، والكتابة بذلك إليها، وقد استنكر النبي ﷺ هذه الأساليب كلّها، وقد أعرب عن غضبه الشديد إذا صدر من شخص شيء مما مرّ سابقاً، حتى إنه قال في ذلك:

«أيُلعب بكتاب الله وأنا حي بين أظهركم؟» (رواه النسائي، رقم الحديث: 3430) وعلى الرغم من ذلك، فإن 90٪ من الناس يرتكبون هذه التجاوزات عندما يطلّقون. ولقد شهدْتُ خلال 30 عاماً من حياتي العامة كثيراً من القضايا ومشكلات الطلاق التي ارتكب فيها معظم المطلّقين تجاوزات وأخطاء، ولا أستثني من ذلك إلا حالة واحدة أو اثنتين.

وهذا ما يبعث على القلق والدهشة. ولكن هل يعني هذا أن الناس يخلفون القانون الإلهي عن قصد منهم؟ ألا يكترثون بالحلال والحرام؟ ألا يخافون الله؟ هل يظنّون أن الله لن يحاسبهم على ذلك؟ ونعتقد أنه لا يوجد شيء من هذا القبيل، فالناس لا يرتكبون هذه المظالم بسبب كونهم باغين على الله، بل يرتكبونها دون قصد وعلم منهم.

أولاً، لأن الكثير منهم لا يعلمون أن هذه الأشياء محرّمة ومحظورة في شريعة الله، وثانياً، لأن العلماء والفقهاء لا ينبّهون الناس على هذه الجرائم والمعاصي فحسب، بل إنهم بدورهم ينفذّون الطلاق بهذه الطريقة المغلوطة الآثمة.

وثالثاً، إنْ طَلَبَ مُطلِّق كاتبا للوثائق أو مسجّلا لعقد النكاح، أو محاميا تحريرَ وثيقة الطلاق، فإنه يكتب عادةً وثيقة الطلاق التي تشتمل على ثلاث طلقات في جلسة واحدة، ويسلّمه إليه دون أدنى مراعاة لما ورد سالفاً، وقد أصبح ذلك

تقليداً سائداً، ولا يشذّ عنه إلا مَنْ طلّق امرأته بما يتفّق مع شريعة الله مراعياً الآداب والحدود التي أقرّها الله ورسوله.

ونتائج تلك الأساليب وخيمة جداً. وكل المصالح المُعتبرة في شرع الله تذهب سُدى. وتتلاشى كافة احتمالات الرّجعة والمصالحة وحفظ البيت من الخراب والدمار، وتضيع جهود الكبار والأقرباء والأصدقاء في التدخل من أجل مصلحة الأطفال عبثاً، وتنشأ الخصومات والخلافات في الأسر والبيوت. وإن رجع الناس إلى العلماء لتلافي أخطائهم وجدوا من قِبلهم مشورة «الحلالة» التي لعن رسول الله ﷺ المُحلِّل والمُحلَّل له كما ورد في الحديث الذي رواه ابن ماجة. (رقم الحديث: 1936)، والخلاصة أنه، حالما ينطق اللسان بكلمة الطلاق، فإن ذلك يبعث على الندامة والأسف طول العمر. ولابدّ، لإصلاح هذا الوضع، من اتّخاذ الخطوات الضرورية التالية:

1 ـ يجب على العلماء والفقهاء أن يتحدّثوا عن ذلك في خُطب الجمعة ومجالس الوعظ والتذكير، وفي دروسهم وتعليمهم وتربيتهم وفي كل مكان، وينبهوا الناس على هذه الأخطاء وبشاعتها، ويبيّنوا للناس على ضوء إرشادات النبي ﷺ التي وصلتنا بالتواتر أن الطريقة الصحيحة للطلاق هي أن يتلفّظ المطلّق بطلقة واحدة دائماً، وأن يقع الطلاق بطريقة هادئة ومحسوبة بشهادة شاهدين مع حساب فترة العدّة حساباً دقيقاً، وألّا يقع في فترة الحيض، أو في فترة الطهر التي حصل فيها اتصال جنسي بين الزوجين.

2 ـ وضع وثيقة معيارية للطلاق عند مسجّل الزواج على غرار عقد الزواج، ويلتزم الناس بملء تلك الوثيقة، ثم يطلّقون بموجبها، ومَنْ يخالف ذلك، يُعزّر تعزيراً مناسباً.

3 ـ ينبغي أن يختار العلماء والفقهاء والمحاكم لإنفاذ الطلاق الطريقة نفسها التي اختارها النبي ﷺ في مثل هذه القضايا بدلا من إنفاذ طلاق البدعة، وتحمل اثنتان من تلك الحالات أهمية خاصة، وهما:

أ ـ كان عبد الله بن عمر رضي الله عنه قد طلّق امرأته أثناء فترة الحيض، فذكر أمرَه عمرُ

بن الخطاب في حضرة النبي ﷺ، فغضب غضباً شديداً، ثم قال: «مُرْهُ، فليراجعها، ثم يمسكها حتى تطهر، فإن شاء أمسكها، وإن شاء طلّقها قبل الدخول، فهذه عدّة بحسابها قد أمر الله طلاقهن» (رواه البخاري، رقم الحديث: 5251، ومسلم، رقم الحديث: 3657).

والحالة الثانية كانت لركانة بن عبد يزيد، وتجمع الروايات أنه طلّق زوجته ثلاث طلقات في جلسة واحدة، ثم ندم، ووصل أمره إلى النبي ﷺ، فسأله: كيف طلقتها؟ قال: طلقتها ثلاثا، قال: ما أردت؟ فقال: ما أردت إلا واحدة. فأقسمه ﷺ عليه، فقسم، فقال النبي ﷺ إن كان ذلك فليراجعها، فهذه طلقة واحدة، فقال: ولكن يا رسول الله طلقتها ثلاثاً، فقال: نعم فإنه ليس صحيحاً. فقد قال الله تعالى: ﴿إِذَا طَلَّقْتُمُ ٱلنِّسَآءَ فَطَلِّقُوهُنَّ لِعِدَّتِهِنَّ﴾[1]. (أخرج هذا الحديث الذي سقنا معناه آنفاً أبو داوود، رقم الحديث: 2206، 2196، وابن ماجة، رقم 2051، والترمذي، رقم 1177، وأحمد رقم 2383. وكلّها ضعاف من جهة السند، ولكن بجمعها يزول الضعف) (2010م).

45 -- خمار الرأس

إن الله (تعالى) قد أمر المسلمات ألّا يكشفن زينة أجسادهن للأجانب ما عدا أيديهن وأرجلهن ووجوههن، وهذا ما أوجبه القرآن عليهن. والتقليد المتّبع في خروج النساء في الخمار أو الجلباب قد قام على هذا الهدي القرآني الذي أصبح اليوم جزءاً لا يتجزّأ من الحضارة الإسلامية، ولم تزل المسلمات يهتمن بخمار الرأس وإن لم يتحلّين، ولم يتزيّنَّ، وقد نشأ هذا التقليد السائد في المجتمعات المسلمة بسبب ما أشار إليه القرآن في الموضع الذي يتحدث عن المتقدّمات في السن:

---

(1) سورة الطلاق، الآية: 1.

﴿وَٱلْقَوَٰعِدُ مِنَ ٱلنِّسَآءِ ٱلَّتِي لَا يَرْجُونَ نِكَاحًا فَلَيْسَ عَلَيْهِنَّ جُنَاحٌ أَن يَضَعْنَ ثِيَابَهُنَّ غَيْرَ مُتَبَرِّجَٰتٍ بِزِينَةٍ﴾[1].

ولكنه أردف قائلاً: ﴿وَأَن يَسْتَعْفِفْنَ خَيْرٌ لَّهُنَّ﴾ أي يمكنهن ألّا يضعن خُمرهن على جيوبهن. وعُلم من ذلك أن الخير في تغطية الرأس، وأنه ينبغي لهنّ أن يغطين رؤوسهن بالخُمر حتى ولو لم يزيّنّ رؤوسهن. وهو ليس بواجب، ولكن المسلمات المؤمنات إذا غمرهن الشعور الديني في جوار الله، فإنهنّ يعشن في حذر وحيطة، ولا يرغبن أن يظهرن أمام الأجانب حاسرات الرأس.

46 -- طلاء الأظافر

اعتادت النساء، عموماً، على أن يطلين أظافرهن بأيّ صباغ، وقد اخُترعت لهذا الغرض أنواع مختلفة من الطلاء. وبما أن طلاء الأظافر يلتصق بها على عكس الحناء وغيره من الأصبغة، فالسؤال الآن هو كيف يكون الوضوء على المطلّي من الأظافر. وثمة ثلاث إجابات على هذه المسألة:

1 ـ لا يصحّ الوضوء مع الطلاء، لذا يجب إزالته قبل كل وضوء.

2 ـ إن اليد هي اليد، وإن كان قد وُضع الطلاء بدون تأدية الوضوء وجبت إزالته، ثم يكون بعد ذلك الوضوء.

3 ـ يجب أن يقاس ذلك على المسح على الجراب، فإن وضع الطلاء بعد الوضوء لايخلع للوضوء ولكن إن وضع بغير وضوء يجب خلعه أولا ثم يتوضأ.

والمذهب الثالث أرجح عندنا لأنه طريقة الحيطة، ولا مشقّة فيه، وهو أقرب أيضاً إلى مقصد التزكيّة والتطهير، ولذا فمن الأحسن أن تهتمّ النساء بذلك إذا كنَّ في حضرة الرّب (تبارك وتعالى).

(2008م).

---

(1) سورة النور، الآية: 60.

47 -- سفر النساء بدون محرم

جاء في الروايات والأحاديث أن النبي ﷺ قد حرّم على النساء السفر بدون مُحَرم، وأنه لا يُسمح لهن السفر وحدهن. ومدة السفر هذه كما جاءت في بعض الروايات هي يوم وليلة، وفي بعضها يومان وليلتان، وفي بعضها ثلاثة أيام ولياليهن. (انظر البخاري، رقم 1086، مسلم، رقم 3270)، وقد جاءت تلك الإرشادات سدّاً للذريعة، وذلك يعني أن الشيء الذي مُنع منه ليس ممنوعاً أصلاً، ولكنه ذريعة ووسيلة إلى تحريم شيء آخر، ووجّه هذا الحكم إلى أفراد الأمة من حيث هم أفراد، ولم يطلب من الدولة ألّا تجيز سفر امرأة من غير محرم. ثم إن هذه الإرشادات تتعلّق دائماً بالظروف والمصالح.

لقد كان من الضروري أن تُمنع المرأة من السفر من غير ذي رحم في زمن الرّسالة، نظراً إلى أهميّة عفّة المرأة وحشمتها. فكان السفر في ذلك الزمان ترجّلاً أو ركوباً على الخيل والإبل، والأماكن البعيدة التي نصل إليها اليوم في ساعات قد استغرقت في الزمن الماضي أسابيع وشهوراً. وكان المرتحلون يسافرون فرادى أو في قوافل، وربّما كانوا يصلون إلى منازلهم عبر الغابات والصحارى الجرداء القاحلة. وإذا هبط الليل أقاموا تحت السماء المكشوفة بصحبة المسافرين الآخرين، أو في نزل المدن الأجنبيّة. وإذا حُظر، في هذه الحالات، السفر على النساء من غير ذي رحم محرّم حمايةً لحشمتهنّ من أي شبهة. فإن حكمته بالغة، وكل شخص سليم الطبع يفهمها جيّداً.

أما في العصر الحاضر فقد حدثت تطوّرات كبيرة ومذهلة في وسائل النقل على عكس الزمن الماضي، فهذه الوسائل الحديثة تقطع في ساعات ما كان الخيل أو الإبل يقطعه في شهور، فضلاً عن تطور أنظمة الحماية والسلامة في الطائرات والقطارات والحافلات وازدهر نظام الإقامة في الفنادق والنُّزل. لقد كان المرء يتردّد كثيراً في إرسال أخته أو بنته من قرية إلى قرية وحدها قبل قرن من اليوم ، ولكن لانتردد في ذلك حتى وفي رحلات إلى أمريكا أو أوربا. ويمكن للنساء أن يسافرن

مع صواحبهنّ باطمئنان كامل إلى الحجاز، ويؤدّين مناسك الحج والعمرة، بعد أن أصبح طريق السفر إلى هناك آمناً. وتغيّر الظروف هذا يقتضي ألّا يُناط الخطر بأسفار العصر الراهن، وأن يُجاز للمرأة، إذا لم تشعر بأي خطر أن تذهب منفردة، أو بصحبة النساء الأخريات في السفر حسب الضرورة والاقتضاء بشرط أن تصون عفّتها في كلّ الظروف، وألّا تصدر عنها أي غفلة وقت خروجها من منزلها، إذا كانت مؤمنة ومسلمة.

(2009م).

48 -- الإجهاض

إذا مضى 120 يوماً على استقرار الحمل فإن إسقاطه مُحّرم. فبعد مضي هذه المدة على الجنين يُعدّ قتلُه قتلَ نفس، والقرآن يقول: «مَن قتل نفساً بغيرنفس اوفساد في الأرض فكأنما قتل النّاس جميعاً» وجزاؤه جهنّم خالداً فيها. ويُباح الإسقاط قبل هذه المدة، ولكنها ليست إباحة مُطلقة فمن الضروري أن يكون هناك عذر مقبول وسبب حقيقي لذلك. وقد أجاز الفقه الإسلامي الإسقاط في مدة 120 يوماً، لأنّ الشخصية البشرية للجنين تتكوّن في نهاية هذه المدة، ويكون قبل ذلك مجرّد كائن فيزيائي، فإذا اكتملت تلك المدة على قالبه الحيواني أعطاه الله شخصية إنسانية. وهذا هو فعل الله الذي عبّر به القرآن عن إنشاء الجنين خلقاً آخر. قال الله (تعالى):

﴿وَبَدَأَ خَلْقَ ٱلْإِنسَـٰنِ مِن طِينٍ * ثُمَّ جَعَلَ نَسْلَهُۥ مِن سُلَـٰلَةٍ مِّن مَّآءٍ مَّهِينٍ * ثُمَّ سَوَّىٰهُ وَنَفَخَ فِيهِ مِن رُّوحِهِۦ ۖ وَجَعَلَ لَكُمُ ٱلسَّمْعَ وَٱلْأَبْصَـٰرَ وَٱلْأَفْـِٔدَةَ ۚ قَلِيلًا مَّا تَشْكُرُونَ﴾[1].

وقد أوضح النبي ﷺ أن كافة مراحل خلق الكيان الفيزيائي للإنسان في بطن أمه تحدث في 120 يوماً، ثم ينفخ فيه الروح، ثم تتكوّن الشخصية التي نسمّيها الإنسان. يقول:

---

(1) سورة السجدة، الآيات: 7 ـ 9.

«إن أحدكم يُجمع خلقه في بطن أمه أربعين يوماً، ثم يكون في ذلك علقة مثل ذلك، ثم يكون في ذلك مضغة مثل ذلك، ثم يُرسل الملك، فينُفخ فيه الروح» (رواه مسلم، رقم: 2643).

لقد حدّد الفقهاء مدة 120 يوماً لجواز إسقاط الجنين بسبب هذه الشروط الواردة في القرآن والحديث.

(2009م).

49 -- تحديد النسل

يولد الأطفال بأمر من الله، ولكن مولدهم لا يكون بأن يُنزِل الله تعالى الأولاد من السماء لمَن يشاء، وبأيّ عدد يشاء، بل يكون مولدهم بواسطة الإنسان نتيجة لإرادته وقيامه بالوظيفة الواجبة لذلك. ومن نافلة القول أن الله (تعالى) قد منح الإنسان عقلاً وشعوراً وإرادة واختياراً، ممّا يقتضي منه أن يتروّى في كل أموره، ويتفحّص كل خطوة يخطوها، ويدرس عواقب ذلك في ضوء العقل والعلم، ثم يقدم على ما عزم عليه. خذ، مثلاً، البستاني الذي خاطبه الله قائلاً:

﴿ءَأَنتُمْ تَزْرَعُونَهُۥٓ أَمْ نَحْنُ ٱلزَّٰرِعُونَ﴾[1].

والمراد أنكم لستم زارعي البساتين، وإنما الزارع هو الله (تعالى)، ويعني ذلك أن البستاني يقوم فقط بنثر البذور، وينفق المال على أشجاره ويرعاها، ويقطف ثمارها إذا أينعت، ثم يحملها إلى السوق بعد أن يكون قد أعدّ الأرض للغراس، وترك فواصل بين غرس وغرس، ودرس الوقت المناسب لذلك، وجمع المعلومات الضروريّة المتعلّقة بهذا الأمر. وعلى الفلاح أن يقرّر بعد دراسة تلك العوامل، ماذا يزرع؟ ومتى يزرع؛ وهل سيواصل الزرع أو يتوقّف عنه؟ ويبحث الناسُ في قضية

---

(1) سورة الواقعة، الآية: 64.

تحديد النسل مسألة جواز ذلك أو عدم جوازه، على أن النظر في كل ذلك ضروري للوالدين كضرورته للفلاح والبستاني. فإذا لم ينظر الفلاح في كل ذلك فسيحصد نتائج غير حميدة، وإذا لم يفعل الوالدان الأمر ذاته فسيواجهان عواقب غير مرضية.

وترى أمثلة على ذلك في مجتمعاتنا، ولذا من الضروري أن يسأل الوالدان، قبل التخطيط لولادة طفل، هل تستطيع الأم تحمّل مشاق الحمل؟ هل تسمح صحّتها بتربيته؟ وإذا كان لها ولد من قبل، فهل فرغت من تربيته لتتولّى تربية طفل جديد وحضانته ورعايته؟ وهل يمتلك الوالدان الوسائل الضرورية لتحمّل حضانة الولد ورعايته وتعليمه وتربيته؟ فإذا كان الجواب على هذه التساؤلات بالنفي فعليهما بضبط النفس أو استخدام وسائل منع الحمل.

ولكن ذلك لا يعني أن إرادتنا هذه تمنع مشيئة الله (سبحانه)، فإن كانت حكمته تقتضي ولادة طفل، فلابدّ أن يُولد. واتخاذ التدابير المانعة هو اتّباع لقانونه وليس منعاً لمشيئته. إن المرض يحدث بإذن الله، ولكن القانون العام هو أن المرض سيحدث حتماً إذا خالف أحدٌ قواعد الحفاظ على الصحة. والشفاء من الله (تعالى)، ولكن إذا تركنا المرض، ولم نعالجه، فالقانون العام أن المرض سيتفاقم. والرّزق في يد الله تعالى، ولكن القانون العام يستلزم السعي في مناكب الأرض لتحصيله. فإن هذا العالم هو عالم تحقيق الأهداف من خلال الوسائل الممكنة، ومنح الإنسان القدرة على استخدام الوسائل الدنيوية لتحقيق مصالحه. والتقدير الإلهي يتعلّق هنا بالكثير من الأمور التي نقوم بها بالنوايا والخطوات والقرارات. وقد علّق عمر ﷺ على الفرد من مكان اجتاحه الطاعون، فقال:

«نفرّ من قدر الله إلى قدر الله».

وقد سُئل رسول الله ﷺ مرّة عن تدبيرٍ لمنع الحمل، فوجّه في جوابه الانتباه إلى هذه الحقيقة في حديث رواه أبو سعيد الخدري ﷺ، فقال:

«ما من كل الماء يكون الولد، وإذا أراد الله خلق شيء لم يمنعه شيء» (رواه مسلم، رقم: 1438)

(2010م).

50 -- حفظ الفروج

إن الشريعة الإسلامية لا تجيز إشباع الشهوة الجنسية إلا عن طريق الزواج، والله (تعالى) أوضح في سورة المؤمنين إيضاحاً تاماً أن الذين يقيمون علاقات لإشباع شهوتهم بغير الزواج يرتكبون جريمة التعدّي على حدود الله. وقد استُثني من المحرّمات الإماء في عهد الرّسالة اللواتي لم يتحرّرْن بعد، واللواتي كنّ وسيلةً للإشباع الجنسي. كما قال الله تعالى:

﴿ وَٱلَّذِينَ هُمْ لِفُرُوجِهِمْ حَٰفِظُونَ * إِلَّا عَلَىٰٓ أَزْوَٰجِهِمْ أَوْ مَا مَلَكَتْ أَيْمَٰنُهُمْ فَإِنَّهُمْ غَيْرُ مَلُومِينَ * فَمَنِ ٱبْتَغَىٰ وَرَآءَ ذَٰلِكَ فَأُوْلَٰٓئِكَ هُمُ ٱلْعَادُونَ ﴾.

والآية واضحة في مدلولها ومعناها، وقد استدلّ بها بعض الفقهاء على أنّها تحرّم كافة طرق إشباع الشهوة إلا الأزواج والإماء. ومن هنا حُرّمت سبل وطرائق مختلفة لقضاء الشهوة على غرار الزنا، وهي الاستمناء باليد (Masturbation) والجنسية المثلية، ووطْء البهائم تحريماً قطعيّاً، لكن درجة التحريم في حالة الاستمناء باليد أقلّ منها في حالة الزنا واللواطة ووطء البهائم. وإذ أشبع الناس شهوتهم الجنسية بتلك الطرق تجنّباً لارتكاب المعاصي فنرجو من الله أن يعفو عنهم، ولا يعاقبهم.

وهذا الاستدلال عندنا هو استدلال ضعيف جداً بحكم قواعد اللغة العربية، وسبب ذلك أن حرف الجر «على» لا يتعلّق بكلمة «حافظون» في الآية. فهنا لزم أن يكون الجار والمجرور «على أزواجهم» متعلقين بمحذوف تقديره «عن الوقوع على أحد» بعد «حافظون» أو ما شابهها. وبناء عليه يكون المستثنى منه في هذا التعبير هم الأفراد الذين يمكن إقامة العلاقات الجنسية معهم، لا طرق الإشباع الجنسي كالاستمناء باليد مثلاً.

ويتّضح من ذلك أن الآية لا تعني أنه لا تجوز أية وسيلة لقضاء الشهوة بدون الزوجات والمملوكات، بل تعني أنه لا يجوز قضاء الشهوة عن طريق أحد إلا الزوجات وما ملكت الأيمان، وهذا هو التأويل الصحيح للآية. ومن هنا نستطيع أن

نقول بطمأنينة كاملة: ليس ثمة نصّ صريح في القرآن أو قاعدة كليّة يحرّم الاستمناء باليد أو يعتبره مكروهاً. ويصدق هذا على الحديث أيضاً. فإن قوانينه خالية من أي رواية صحيحة عند المحدّثين في هذا الصّدد، ولذا فالمذهب الصحيح في ذلك هو ما ذهب إليه الإمام ابن حزم في كتابه «المحلّى» بدلائل قوية ،فقد أخبرنا بأسانيد صحيحة أن الحسن البصري وعمر بن دينار وزياد أبو العلاء ومجاهد وآخرون قد أباحوا الاستمناء باليد.

(2010م).

51 -- حدود الجِماع وآداب المعاشرة الجنسية

يهدف الدين إلى تطهير الروح الذي يعني وجوب عدم إقامة العلاقات الجنسية بطريق الفم أو الدبر، لأن الله (تعالى) قد أمر بأن يحدث الاتصال الجنسي بالطريقة الطبيعية التي وضعها لهذا الغرض، فقال:

﴿ فَأْتُوهُنَّ مِنْ حَيْثُ أَمَرَكُمُ ٱللَّهُ ﴾[1].

وهذا من مقتضيات الفطرة ومن أوامر الله (سبحانه)، وإن أخلفه أحد فهو يخلف أوضح الأمور، ويستحق عقاب الله الذي أوضح هذا الأمر في إحدى آيات القرآن باستخدام استعارة «الحرث» في قوله «هن حرث لكم». يقول الأستاذ الإمام أمين أحسن الإصلاحي في تفسيره لتلك الآية:

«إن في استخدام استعارة «الحرث» للنساء جانباً بسيطاً وواضحاً هو أن الطبيعة وضعت للحرث قاعدة أن تبدأ عملية الحرث من البذار في الميقات المناسب له، وفي موسم خاصّ، وأن البذور تُلقى في الحقول لا خارجها، ولا يخلف فلاح هذه القاعدة. وكذلك قدّر الله هذه القاعدة للمرأة ألّا تدخل بها في

---

(1) سورة البقرة، الآية: 222.

أيام الحيض، وألا تأتيها من دبرها، لأن فترة الحيض هي فترة برود المرأة، ولا تميل فيها إلى الجماع كما أن قضاء الشهوة من غير محلّها يسبب الأذى لها. ولذا لا يجوز لإنسان سليم الفطرة أن يرتكبه» (تدبر القرآن، 1/ 527).

ثم أضاف قائلاً في تفسير الآية: ﴿فَأْتُوا حَرْثَكُمْ أَنَّىٰ شِئْتُمْ﴾[1]: «إن فيه إشارة إلى أمرين معاً، الأول إلى حرية التصرّف الذي يتمتّع به صاحب الحرث في حرثه، والبستاني في بستانه، والثاني إلى المسؤولية والحذر والتحوّط الذي يجب أن يراعيه الحارث في حرثه والبستاني في بستانه، ففي لفظة «الحرث» دلالة على الأمر الأول، وفي جملة «أنّى شئتم» إشارة إلى الأمر الثاني. وسلوكية الزوج مع زوجته تتألف من هذه الحرية وتلك المسؤولية.

ويعلم كل شخص أن سعادة الحياة الزوجية الحقيقية هي حرية الإنسان في علاقته الحميمية. ما عدا القليل من القيود العامة. والشعور بهذه الحرية يوفر قدراً كبيراً من النشوة فيها.

وعندما يختلي الرجل بزوجته في لحظات خاصّة، تكون الإرادة الإلهيّة قد اقتضت أن تغمره العواطف إلى الحد الذي يظنّ معه أنه قد دخل حقلاً أو بستانا، لا أرضاً خلاءً أو غابة. وله أن يدخله بأية هيئة يشاء، وبأية طريقة تحلو له، وعليه ألا ينسى أنه قد دخل بستانه الخاص به، والقرآن لا يعترض على حريته واختياره في الاقتراب من حقله إذا كان يعرف تمام المعرفة أين يتجّه، وهو يدرك لهذه الحقيقة» (تدبر القرآن 1/ 527)

ولمكانة وأهمية كبيرة لهٰذه الإرشادات قد اعقبها بقوله: ﴿إِنَّ ٱللَّهَ يُحِبُّ ٱلتَّوَّٰبِينَ وَيُحِبُّ ٱلْمُتَطَهِّرِينَ﴾[2] وقد فسّر هذا الجزء من الآية الأستاذ أمين أحسن الإصلاحي بما يلي:

«إذا تدبّرت معاني التوبة وحقيقة التطهّر، علمت أن التوبة تُطلق على

(1) سورة البقرة، الآية: 222.

(2) سورة البقرة، الآية: 222.

تطهير النفس الداخلية من الذنوب والآثام، أما حقيقة التطهير فهو تخليص النفس الخارجية من النجاسات والخبائث. فكلاهما متشابه في الجوهر. والخصلتان كلتاهما محبوبتان عند الله (سبحانه وتعالى). وعلى عكس ذلك فالمحرومون منهما هم المبغوضون عند الله. وسياق الآية هنا يدلّ على أن الذين يضاجعون النساء أثناء فترة الحيض. أو يتجاوزون في قضاء الشهوة حدود الفطرة. فإنهم مبغوضون عند الله». (تدبّر القرآن 1/ 526).

52 -- إيصال الثواب

لقد أوضح الله تعالى في القرآن الكريم كأصل مبدئي أنّ كُلّ شخص مسؤول عن أعماله، ولا يحمل أيّ شخص مسؤولية عمل شخص آخر، بحكم ﴿وَلَا تَزِرُ وَازِرَةٌ وِزْرَ أُخْرَىٰ﴾[1]، وأوضح أيضاً أن جزاء الإنسان يوم القيامة مرهون بعمله، ولا يُجزى بعمل غيره، وليس ثمة شيء لغير سعي وعمل كما قال تعالى:

﴿أَلَّا تَزِرُ وَازِرَةٌ وِزْرَ أُخْرَىٰ ۞ وَأَن لَّيْسَ لِلْإِنسَٰنِ إِلَّا مَا سَعَىٰ ۞ وَأَنَّ سَعْيَهُۥ سَوْفَ يُرَىٰ ۞ ثُمَّ يُجْزَىٰهُ ٱلْجَزَآءَ ٱلْأَوْفَىٰ﴾[2].

ومع ذلك فإن الحقيقة هي أن الله لا يؤجر الإنسان على عمله، بل إنّ تقوى القلب هو الذي يكون باعثاً على الأجر. وهذه التقوى ليست شيئاً قابلاً للانتقال، ومكانها هو قلب الإنسان، ولا يمكن اكتسابها منه، ونقلها إلى مكان آخر كي يحصل على ثمراتها. والأضحية هي عبادة عظيمة نذرها الله سبحانه بتولية وجوهنا ووجه ذبيحتنا شطر القبلة بإحساس أننا نذرنا أنفسنا للّه (تعالى) في الحقيقة. وقد قال الله (تعالى) في ذلك:

---

(1) سورة فاطر، الآية: 18.

(2) سورة النجم، الآيات: 38 ـ 41.

﴿لَن يَنَالَ ٱللَّهَ لُحُومُهَا وَلَا دِمَآؤُهَا وَلَٰكِن يَنَالُهُ ٱلتَّقْوَىٰ مِنكُمْ﴾[1].

فإن وضعت هاتين الآيتين للقرآن أمامك بقي شكل واحد لِأن ينال الإنسان الثواب أو العقاب عند الله تعالى بعمل إنسان آخر سواء أكان حسناً أم سيئاً، أو بنيّته وجهوده وسعيه المباشر أو غير المباشر الذي يؤثر على ذلك الجزاء. وتتعدّد صوره، منها هداية الآخرين إلى الخير والتقوى. أو إقامة نموذج حسن للعمل الصالح، أما لمساهمة في توفير الأسباب له، وقد قال النبي ﷺ:

«**إذا مات الإنسان انقطع عنه عمله إلا من ثلاثة: إلا من صدقة جارية، أو علم يُنتفع به، أو ولد صالح يدعو له**» (مسلم، رقم: 4232).

ولا يتعجّب أحد من ذكر الولد في هذه الأشياء الثلاثة، لأن الولد في الواقع هو ثمرة جهد الوالدين، فإن كانا مؤمنين صادقين، فإنّهما يعلّمان أولادهما كافة أعمال الخير قبل كل شيء كالصلاة والزكاة والصّيام والحج وغيرها. فإن تعذّر عليهما عمل صالح، فلا حرج أن يقوم به ولدهما، بل يجب عليه أن يفعله، كما عُلم من إرشادات النبي ﷺ، لأنّه ممّا تقتضيه الطاعة والرحمة، ويُثاب الوالدان أيضاً بسبب نيّة الأولاد، وإرادة فعل الخير فيهما. وجاء في الأحاديث أن امرأة من خثعم جاءت النبي ﷺ، وقالت: يا رسول الله، فرض الحج على أبي، ولكنه لا يستطيع الركوب لشيخوخته، أفلا أحجّ عنه، قال: بلى. (معنى ما رواه البخاري، رقم: 1855، ومسلم، رقم: 3251).

وسألته امرأة من جهينة: يا رسول الله نذرت أمي الحج، وماتت أفلا أحجّ عنها؟ قال: افعلي، أرأيت إن كان عليها دَيْن أفلا تؤدّين؟ فهذا دَيْن الله. فأدّيه. فإن قرض الله أحقّ أن يؤدّى. (معنى ما رواه البخاري، رقم: 1852).

ويمكن أن تنطبق هذه الحالة على شخص آخر، إضافةً إلى الوالدين كالأستاذ أو كِبار رجال العائلة، والأحاديث الواردة التي تتناول هذا الموضوع يجب تفسيرها على ضوء هذا المبدأ، ودون ذلك إذا عُمِل عَمَلٌ ما لأحد فإن أجره وثوابه يعود على

---

(1) سورة الحج، الآية: 37.

العامل لا على غيره. فقد رُوي أن امرأة رفعت صبيها إلى النبي ﷺ، وسألت: «هل هذا يحجّ؟ فقال: نعم، ولكن أجره لك». (رواه مسلم، رقم: 3253).

وأهم ما يمكن أن يُقال على أساس قول النبي ﷺ هذا: إن مَنْ عُمل له عمل صالح فلا حرج في ذلك العمل، وإن لم يبلغه أجره، لأن عامله يُثاب على كل حال. ولكن لا يعني ذلك أن تُجاز الاحتفالات المفرطة التي راجت بين المسلمين باسم إيصال الثواب، فهي بدعة مُحدَثة لأساس لها في القرآن ولا في السُّنة.

ويجب أن نلاحظ فيما يتعلّق بالآية الكريمة:

﴿لَّيْسَ لِلْإِنسَٰنِ إِلَّا مَا سَعَىٰ﴾[1].

أن أسلوب النفي هنا استُخدم لنفي استحقاق الثواب. وهذا المبدأ متّصل بقرار الفصل بين مَنْ يذهب إلى الجنة، ومَن يذهب إلى النار. فإذا ما استحقّ شخص الجنّة بإيمانه وعمله الصالح فلا يُنطبق عليه ذلك المبدأ. بل إنه يستحق أفضال الله ونِعمهّ: فقد صرّح القرآن أن الذريّة إذا ما استحقت على أساس إيمانها أدنى درجات الجنة فإن الله (تعالى) يرفع درجتها إلى درجة تساوي مرتبة الوالدين إتماماً للنعمة عليهما، ويجمع بينهما في مكان واحد، فقال:

﴿وَٱلَّذِينَ ءَامَنُوا۟ وَٱتَّبَعَتْهُمْ ذُرِّيَّتُهُم بِإِيمَٰنٍ أَلْحَقْنَا بِهِمْ ذُرِّيَّتَهُمْ وَمَآ أَلَتْنَٰهُم مِّنْ عَمَلِهِم مِّن شَىْءٍ﴾[2].

الأمر نفسه يحدث في الحالة المعاكسة، أي إذا كان الوالدان على درجة أقلّ من الأولاد، فيجب أن تُرفع درجتهم إلى درجة الأولاد، لأن العلاقة العاطفية بين الآباء والأولاد موجودة هنا أيضاً كما كانت في الحالة الأولى.

(2011م).

---

(1) سورة النجم، الآية: 39.

(2) سورة الطور، الآية: 21.

53 -- عقوبة توهين الرسالة

إن قانون عقوبة إهانة الرسالة النافذ في دولة باكستان لا أساس له في القرآن والحديث، ويبرز هنا سؤال، مِن أين أُخذ هذا القانون؟ إجابةً على هذا السؤال ذهب بعض أهل العلم أنه ربّما أُخِذ من آيات المائدة، رقم 33 ورقم 34 التي تنصّ على عقوبة المحاربة والفساد في الأرض، وسبّ الرسول والكفر به نوع من المحاربة، وهي:

﴿إِنَّمَا جَزَٰٓؤُاْ ٱلَّذِينَ يُحَارِبُونَ ٱللَّهَ وَرَسُولَهُۥ وَيَسۡعَوۡنَ فِي ٱلۡأَرۡضِ فَسَادًا أَن يُقَتَّلُوٓاْ أَوۡ يُصَلَّبُوٓاْ أَوۡ تُقَطَّعَ أَيۡدِيهِمۡ وَأَرۡجُلُهُم مِّنۡ خِلَٰفٍ أَوۡ يُنفَوۡاْ مِنَ ٱلۡأَرۡضِۚ ذَٰلِكَ لَهُمۡ خِزۡيٞ فِي ٱلدُّنۡيَاۖ وَلَهُمۡ فِي ٱلۡأٓخِرَةِ عَذَابٌ عَظِيمٌ * إِلَّا ٱلَّذِينَ تَابُواْ مِن قَبۡلِ أَن تَقۡدِرُواْ عَلَيۡهِمۡۖ فَٱعۡلَمُوٓاْ أَنَّ ٱللَّهَ غَفُورٞ رَّحِيمٞ﴾[1].

ولكن هذا الرأي أيضاً هو محل نظر عندنا كالآراء والمذاهب الأخرى في هذه القضية، أولاً، لأن الآية تستخدم لفظة «يحاربون» التي تقتضي أن تنفّذ العقوبات التي تذكرها الآية، عندما يصرّ المجرم على الكفر والعدوان، ويجرؤ على الفساد، ولم يرتدع عن جرائمه، رغم نصحه ودعوته وتحذيره وإبلاغه، بل يقوم بالردّ، بدلاً من الطاعة.

وإذا أنكر المرء ما أتى به، أو أتى بتوضيح وتأويل له، ولم يصرّ عليه. فلا يُطلق عليه محاربة أو فساد بأي معنى من المعاني، وثانياً، لأن المجرم إن تاب ورجع عن جرمه قبل أخذه بالقانون، فلا تُطبّق عليه العقوبة المنصوص عليها في القرآن رغم إصراره السابق، فقد قال تعالى:

﴿إِلَّا ٱلَّذِينَ تَابُواْ مِن قَبۡلِ أَن تَقۡدِرُواْ عَلَيۡهِمۡ﴾[2]، لذلك يقتضي الحكم الإلهي عدم معاقبة التائبين، وتجب دعوتهم إلى التوبة والإصلاح قبل اتخاذ إجراءات

---

(1) سورة المائدة، الآيتان: 33 ـ 34.

(2) سورة المائدة، الآية: 34.

العقوبة والتنبيه مرة أخرى، ويجب عليهم أن يتوبوا ويستسلموا للّه ورسوله إن كانوا مسلمين، ولا يخسروا آخرتهم، ويجب أن يحترموا عواطف المسلمين في ذلك، ويرجعوا عن هذه الجريمة الشنيعة إن كانوا غير مسلمين، وثالثاً، لا توجب الآية قتلهم، بل تعطي المجال للمحكمة أن تفرض علي المجرم عقوبة أقلّ من القتل إذا وُجدت أسباب مُخفِّفة، ولهذا قال: «أو ينفوا مِن الأرض».

القانون النافذ اليوم لا يلاحظ أيّ شيء من الجوانب الثلاثة المذكورة. إنه يطبّق العقوبة مجردا لإدلاء بالشهادة فقط، ولا يراعي الإنكار أو الإقرار وما تقتضيه الآية، وهو أيضاً لايتسع الدعوة والتبليغ الذي سيتبعه الإصلاح والتوبة، ولا يرى من العقوبات إلا القتل.

ولا أَصْلَحَ في رأيي من هذه الآية إذا أخذ العلماء بها كمصدر لذلك القانون لإدخال التعديلات الضرورية عليه، وبهذا تنتهي كافة الاعتراضات على ذلك القانون. والقرآن واضح كل الوضوح أن عقوبة القتل يمكن تطبيقها على الشخص في حالتين فقط هما قتل النفس، والفساد في الأرض الذي يشكّل خطراً على الأرواح والأموال والأعراض، فإن حصل تعديل فيه وفقاً لآية المحاربة فستقتصر عقوبة القتل على هاتين الحالتين. ليس هذا فحسب، بل سوف يقترب هذا القانون إلى حدٍّ كبير من مذهب الإمام العظيم في الفقه أبي حنيفة، ومذهب الإمام الكبير في الحديث، البخاري الذي هو الأقرب إلينا.

والأكثرية في الباكستان ينتمون إلى الحنفية. ومما يثير العجب أن ذلك المذهب قد غُضّ عنه النظر تماماً عند التقنين لهذه القضية. والقانون الحالي هو مخالف للقرآن والحديث، ومخالف لما ذهب إليه فقهاء الحنفية في هذه المسألة. ومن الضروري إدخال تعديلات عليه. لأنه يبعث على تشويه صورة الإسلام والمسلمين في العالم كلّه.

أما الوقائع التي تُنقل عموماً عن عقوبة إهانة الرسالة فيجب أن نعلم حقيقتها، فكان أبو رافع ممّن جنوا على الإسلام بإثارة القبائل وتخريبها على المدينة في غزوة الخندق، وذكر ابن إسحاق أنه كان فيمن حزّب الأحزاب على رسول الله ﷺ.

وكتب المؤرخون في كعب بن الأشرف أنه رثى قتلى قريش، وذهب إلى مكة بعد غزوة بدر الكبرى، وحرّض على قتال المسلمين. وأَخْذ الثأر منهم، وكان يشبّب ببنات المسلمين بذكر أسمائهن، ويؤذي المسلمين، وكان يسكن في المدينة تحت نفوذ دولة رسول الله ﷺ، ومع ذلك فقد حاول تحريض الناس عليه، حتى إنه حاول أن يقتل رسول الله غيلةً كما ورد في بعض الأخبار. وبعث رسول الله ﷺ عبد الله بن خطل لتحصيل أموال الزكاة، وأصحبه أنصارياً وخادماً مسلماً، وفي الطريق إنه قَتل الخادم لأنه لم يمتثل لأمره، وفرّ إلى مكة مرتدّاً. (السيرة النبوية لابن هشام 3/ 448. 4/ 44 ـ 47، وسيرة النبي لشلبي النعماني 1/ 253).

وليس هذا فحسب، فقد أصرّ أولئك الثلاثة على تكذيب رسول الله ﷺ بعد إتمام الحجة عليهم، والله تعالى قد بيّن في أمكنة مختلفة من القرآن قانونه أن مخاطبي رسله مباشرة هم تحت طائلة العقاب الإلهي، فإن عاندوا، وتمادوا في عَنْجهيتهم قُتلوا.

فاتضح من ذلك أن الظالمين الذين نحن بصددهم لم يكونوا مذنبين بالإهانة فقط، بل كانوا قد ارتكبوا هذه الجنايات كلّها، فقُتلوا بسبب ذلك. وكان ابن خطل قاتلاً ومجرماً عاديا فارّاً فأمر النبي ﷺ به أنه يُقتل وإن كان متعلقا بأستار الكعبة.

فكان المجرمون من هٰذا القبيل الذين ذكرتهم سورة الأحزاب. إنهم كانوا يضعون قصص خرافية عن حياة الرسول ﷺ المنزلية، ويختلقون التُّهم والفضائح من أجل تحريض المسلمين على إساءة الظن بذات الرسول ﷺ، وتدمير القيم الأخلاقية الإسلامية، وكانوا يعبّرون عن تشوّقهم الجنسي إلى زوجات النبي ﷺ الطاهرات، ويبثون في الصفّ الإسلامي شائعات كاذبة للإرجاف والتخويف في المدينة. وعندما كانت المسلمات يخرجْن ليلاً أو سحراً لقضاء حاجة كانوا يتعرّضون لهنّ. وإذا وُبّخوا على ذلك، اختلقوا الأعذار قائلين: إننا ظنّنا أنها محظية فلان، وأردنا سؤالها عن بعض الأمور، وقد ألمح القرآن إلى كل تلك الأشياء، كما تحدثت عنها الأخبار بكل صراحة. (انظر جامع البيان لابن جرير الطبري، 10/ 332، وتفسير القرآن العظيم لابن كثير 3/ 518، الكشاف للزمخشري 3/ 569).

ولذا طلب إلى المسلمات إذا خرجن أن يدنين عليهن من جلابيبهن حتى يُعرفن، ويُميّزْن من الإماء، فلا يُؤذّين بحيث لا يكون عند أولئك الأشرار عذر، وإذا لم يكفّوا عن شرورهم فمصيرهم هو القتل. قال تعالى:

﴿لَّئِن لَّمْ يَنتَهِ ٱلْمُنَـٰفِقُونَ وَٱلَّذِينَ فِى قُلُوبِهِم مَّرَضٌ وَٱلْمُرْجِفُونَ فِى ٱلْمَدِينَةِ لَنُغْرِيَنَّكَ بِهِمْ ثُمَّ لَا يُجَاوِرُونَكَ فِيهَآ إِلَّا قَلِيلًا * مَّلْعُونِينَ ۖ أَيْنَمَا ثُقِفُوٓا۟ أُخِذُوا۟ وَقُتِّلُوا۟ تَقْتِيلًا﴾[1].

وعلاوة على ذلك. فإن الأحداث الأخرى التي تُروى في صدد ذلك عموماً، وإن كانت لا تجدر أن تلتفت إليها لضعف إسنادها، ولكن على فرض صحة حدوثها، ينبغي أن تُفهم نوعيّتها، حتى يُنفّذ عليهم قانون إتمام الحجّة المذكور في القرآن كسنّة إلهية جارية، بعد أن ظهر عنادهم ظهوراً بيّناً بسبب شتمهم النبي ﷺ، وكان ذلك سبباً في هدر دم بعض القتلى، كما أن حكم «لا يُقتل مسلم بكافر» أيضاً بيان لذلك. ومع كل ذلك نعجب عجباً للعلماء الذين يصرّون على أخذ قانون إهانة الرسالة من هذه الأحداث.

وهنا يمكن أن يستدلّ البعض على حكم قتل مَن يرتكب جريمة توهين الرسالة من قصة تُحكى عن عمر رضي الله عنه أنه قتل شخصاً لم يستسلم لقضاء النبي ﷺ. ويذكر علماؤنا هذه القصة على المنابر، ويحثون الناس بشكل مباشر على الاقتداء بفعل عمر رضي الله عنه.

ولكن الحقيقة هي أن المصادر الأساسية والثانوية، وحتى مصادر الحديث التي تنتمي إلى الدرجة الثالثة خالية تماماً من هذه القصة. وأبن جرير الطبري يكثر من ذكر الروايات من كل نوع ومن كل غثٍّ وسمين. ولكنه أيضاً قد صرف النظر عن هذه الرواية، لأنها غريبة، وإسنادها مُرسَل ينقلها بعض المفسرين في تفاسيرهم، ومَن يلمّ بعلم الحديث يعرف كلّ المعرفة أن المحدّثين قد أجمعوا على أن سندها عن ابن عباس واهٍ جداً. وفي ما رواه ابن مردويه وابن أبي حاتم فإن رواية ابن لهيعة ضعيفة جداً أيضاً. (انظر تفسير القرآن العظيم لابن كثير 1/ 681).

---

(1) سورة الأحزاب، الآيتان: 60 ـ 61.

وخطأ المفسّرين أنهم يذكرون القصة نفسها بمناسبة نزول الآية الكريمة رقم 65 من سورة النساء، لأنها لا تحتاج إلى مناسبة لنزولها، غير أن البخاري وأئمة الحديث الآخرين قد ذكروا قصة عن عمر أن الزبير بن العوام ابن عمّة رسول الله ﷺ قد اختصم معه أنصاري في الماء، وذُكر الأمر في حضرة النبي ﷺ. فقال: ليُشرِب وليسقِ الزبير زرعه، ثم يترك الماء للأنصاري. فقال الأنصاري: يا رسول الله: هذا لأن الزبير ابن عمتّك؟ وملاحظة الأنصاري الفظة هذه كانت اتهاماً بالظلم، ومحاباة الأقرباء وإهانة في حقّه (ص)، ولذا جاء في الروايات أن وجه رسول الله قد تغيّر عندما سمع قول الأنصاري، ولكنه لم يَعْدُ أن كرّر قوله، بعد مزيد من التوضيح أن يروي الزبير زرعه حتى يمتلئ إلى الحاجزو يصل إلى الأطراف، ثم يترك الماء، ولا يحبسه. (تفسير القرآن العظيم لابن كثير 1/ 680).

وهنا أقدّم كل «التهنئة» للعلماء على أنهم قد غضوا الطرف عن هذه الرواية الصادقة التي تعكس عفو الرسول ورحمته ورأفته التي رُويت عن البخاري ومسلم، ولكنهم يُسمعون الناس بكل حماسة وفي كل مناسبة رواية عمر ﷺ عن قتل شخص رغم ضعفها الشديد.

أما السؤال هل رأي جمهور الفقهاء في توهين الرسالة مبني على نص قرآني أو حديث خاص بهذه العقوبة؟ فجوابنا عليه هو، لا، بل بُني على معاقبة المسلمين على الرّدة، ومعاقبة أهل الذّمة على نقص العهد. ويقول الفقهاء: إنه إذا ارتكب مسلم جريمة توهين الرسالة فقد ارتدَّ، وقُتل بحكم عقوبة المرتد، وإذا ارتكب ذميّ هذه الجريمة ارتفع عنه أمان عقد الذمة، فُقتل نتيجة لذلك. فإن الآية رقم 29 من سورة البراءة تأمر أهل الكتاب أن يكونوا تابعين للحكم الإسلامي، وإلّا فإنهم يُقتلون. وإذا عمد ذمي إلى إهانة الرسالة وتوهينها، وشتم النبي ﷺ فمعنى ذلك أنه لم يعد راضياً على خضوعه لحكم الإسلام. (انظر «المحلّى» لابن حزم 13/ 234)، وأغلب الظنّ أن الفقه الإسلامي اختار في ذلك مذهب ابن عباس، واستدلّ به على ذلك:

«أيّما مسلم سبَّ الله ورسوله، أو سبّ أحداً من الأنبياء. فقد كذّب برسول

الله ﷺ. وهي ردة. يُستتاب، فإن رجع، وإلّا قُتل، وأيّما معاهد عاند، فسبَّ الله، أو سبَّ أحداً من الأنبياء، وجهر به، فقد نقص العهد فاقتلوه». (زاد المعاد لابن القيم4/ 379).

وهذا هو أساس قد انتهى إلى الأبد بعد زوال عهد الصحابة رضي الله عنهم. لقد جئنا ببراهين قاطعة على أن عقوبة الرّدة كانت خاصّة بالناس الذين قام رسول الله ﷺ بإتمام الحجة عليهم مباشرة، ثم ارتدوا بعد الإيمان به إلى الكفر. قد أثبتنا ذلك في كتابينا «الميزان» و«البرهان» إثباتاً بيّناً. فكان قضاء الله في هؤلاء، إن أقاموا على الكفر، قُتلوا، وإن ارتدوا بعد الإيمان إلى الكفر ثانيةً قُتلوا أيضاً. وما رواه البخاري من قوله ﷺ: مَن بَدّل دينه فاقتلوه». (البخاري، رقم: 3017) يتعلّق بهؤلاء أيضاً، وحُدّدت هذه العقوبة لهؤلاء وفقاً لسنة الله التي جاءت في القرآن عن مُخاطَبي الرُسل المباشرين، والتي لا تتصل بالأجيال القادمة بعد عهد الرسالة اتصالاً مباشراً.

وينطبق الأمر نفسه على نقض العهد، فإنه ليس في العالم اليوم ذمّي، ولا يُجعل أحد ذميّاً. والآية رقم 29 من البراءة فرع من قانون إتمام الحجّة الذي ذكرناه سابقاً. ومن هنا فقد زال حقّ شن الحرب على منكري الحق وجاحدي الإسلام إلى الأبد، وأُبطل معه فرض الجزية عليهم، وجعلهم محكومين صاغرين كنتيجة لازمة له. ولا يحق لأحد الآن وحتّى يوم القيامة أن يهاجم أمة من الأمم أو دولة من الدول لهذا الغرض. وقد بيّنا ذلك بدلائل مفصّلة في كتاب «الميزان» تحت عنوان «قانون الجهاد».

فالمواطنون غير المسلمين في الدول الإسلامية لا تُباح دماؤهم، ولا يعيشون تحت تهديد صدور أمر بقتلهم في حالة رفع الأمان عنهم، لأن هذه الأشياء الآن قد طواها النسيان، ولا تكون بناءً على أي استدلال بأي اعتبار.

وبقي بعد ذلك احتمالات فقط، أولهما التقنين الذي يراعي مصالح المسلمين، وتشريع تعزير لهذه الجريمة. وثانيهما التأسيس على آيات المائدة رقم:

33 ـ 34 في هذا التشريع. وبالنسبة إلى التشريع المتأسّس على آيات المائدة هذه يجب أن نلاحظ ثلاثة أشياء تدلّ عليها ألفاظ القرآن:

1 ـ يُدعى مرتكب الإهانة والتوهين إلى الإصلاح والتوبة مراراً وتكراراً وتحذيره أنه إذا كان مسلماً، فلا ينبغي له أن يخسر عاقبته، وعليه أن يستسلم للَّه ورسوله وإن كان غير مسلم، فعليه أن يكفّ عن ذنبه، ويحترم عواطف المسلمين.

2 ـ يمكن المرافعة ضدّه فقط في حالة رفض التوبة والرجوع، وتمادي في الإهانة والفساد، ولم يتراجع عن إساءته مع الدعوة والتبليغ والوعظ والنصيحة والتنبيه.

3 ـ أن يكون هناك تساهل في العقوبة. فإذا أُخذ مأخذ الاعتبار نوع الجريمة وظروف المجرم يُعاقب عقوبة أخفّ من القتل الذي هو العقوبة النهائية.

54 -- عقوبة قتل العمد

لم تزل النفس الإنسانية محترمة ديناً وأخلاقاً ، وقد حرّم الله (تعالى) في كتابه العزيز قتل النفس، لأنه جريمة كبرى من بين سائر الجرائم الأخرى بعد جريمة الشرك، وقتل نفس واحدة في نظر القرآن يعادل قتل الإنسانية جمعاء، وقد أُمرت به بنو إسرائيل بكلّ تأكيد، وهذا الحكم موجود حتى اليوم بالألفاظ ذاتها في كتاب «التلمود» ، وورد في سورة المائدة:

﴿مِنْ أَجْلِ ذَٰلِكَ كَتَبْنَا عَلَىٰ بَنِي إِسْرَائِيلَ أَنَّهُ مَن قَتَلَ نَفْسًا بِغَيْرِ نَفْسٍ أَوْ فَسَادٍ فِي الْأَرْضِ فَكَأَنَّمَا قَتَلَ النَّاسَ جَمِيعًا﴾[1].

واتّضح من هذا الحكم الإلهي أن نفس الإنسان تُزهَق فقط في حالتين، الأولى هي قتل النفس، والثانية الخروج على النظام الاجتماعي الذي يتمخّض

(1) سورة المائدة، الآية: 32.

عنه الاعتداء على النفس والمال والعِرض. وتعبير «الفساد في الأرض» اختير لأداء هذا المفهوم، فكل قتل سواه هو قتل بغير نفس وهو قتل غير مُبّرر إذا ارتكبه أصبح مجرماً جانياً على الله (تعالى) بحكم الإسلام وشرعه من ناحية، وجانياً معتدياً على ورثة القتيل والحكومة والمجتمع كله من ناحية أخرى، وقد بين الله (تعالى) أن مرتكبي هذه الجناية لا يستحقون أية رأفة وتساهل، ويُحبط إيمانهم وعملهم وكل شيء لهم في اليوم الآخر، ويدخلون جهنم خالدين فيها، فقال (عزّ وجلّ): ﴿وَمَن يَقْتُلْ مُؤْمِنًا مُّتَعَمِّدًا فَجَزَآؤُهُۥ جَهَنَّمُ خَٰلِدًا فِيهَا وَغَضِبَ ٱللَّهُ عَلَيْهِ وَلَعَنَهُۥ وَأَعَدَّ لَهُۥ عَذَابًا عَظِيمًا﴾[1].

أما ورثة القتيل، فقد جعل الله لهم سلطة كاملة على نفس القاتل، ولذا لا يحقّ لأية محكمة دنيوية أو حكومة أن تتساهل معه دون موافقة أولياء القتيل، لأنهما مسؤولتان عن مساعدة الورثة إن أصرّوا على القصاص منه، وأن تنفّذا بكل قوة ودقة ما أرادوا من النكال به، فقال في سورة بني إسرائيل:

﴿وَلَا تَقْتُلُوا۟ ٱلنَّفْسَ ٱلَّتِى حَرَّمَ ٱللَّهُ إِلَّا بِٱلْحَقِّ ۗ وَمَن قُتِلَ مَظْلُومًا فَقَدْ جَعَلْنَا لِوَلِيِّهِۦ سُلْطَٰنًا فَلَا يُسْرِف فِّى ٱلْقَتْلِ ۖ إِنَّهُۥ كَانَ مَنصُورًا﴾[2].

ويلي ورثة القتيل المجتمع المسلم الذي تمثّله الحكومة، فقد فرض الله عليه أن يقتصّ من القاتل للمقتول. فهو مسؤول إذا قُتل شخص في دائرة نفوذه أن يفتّش عن القاتل، ويتحرّى عنه، ويقبض عليه، ويقتصّ منه طبقاً للقانون. وأمر المجتمع المسلم أن يراعي المساواة الكاملة في الاقتصاص الذي لا يميّز بين الغني والفقير والشريف والوضيع والسّيد والعبد، لأنهم متساوون في نظر القانون، قال تعالى:

﴿يَٰٓأَيُّهَا ٱلَّذِينَ ءَامَنُوا۟ كُتِبَ عَلَيْكُمُ ٱلْقِصَاصُ فِى ٱلْقَتْلَى ۖ ٱلْحُرُّ بِٱلْحُرِّ وَٱلْعَبْدُ بِٱلْعَبْدِ وَٱلْأُنثَىٰ بِٱلْأُنثَىٰ ۚ فَمَنْ عُفِىَ لَهُۥ مِنْ أَخِيهِ شَىْءٌ فَٱتِّبَاعٌۢ بِٱلْمَعْرُوفِ وَأَدَآءٌ إِلَيْهِ بِإِحْسَٰنٍ ۗ ذَٰلِكَ تَخْفِيفٌ مِّن

---

(1) سورة النساء، الآية: 93.

(2) سورة الإسراء، الآية: 33.

رَبِّكُمْ وَرَحْمَةٌ فَمَنِ ٱعْتَدَىٰ بَعْدَ ذَٰلِكَ فَلَهُۥ عَذَابٌ أَلِيمٌ * وَلَكُمْ فِى ٱلْقِصَاصِ حَيَوٰةٌ يَٰٓأُو۟لِى ٱلْأَلْبَٰبِ لَعَلَّكُمْ تَتَّقُونَ ﴾[1].

ويزول مبدأ القصاص العادل في حال عدم مطالبة ورثة المقتول بأخذ النفس بالنفس، وعندما قبلوا أن يعفوا عن الجاني، ويحقّ للمحكمة بعد ذلك إمّا أن تصرّ على القصاص، ولا تقبل أي عفو من قِبل الورثة، وإما العفو بعد النظر في نوع الجناية وظروفها، وتأدية الديّة إلى أولياء القتيل، وإن الآية رقم 178 من سورة البقرة تقول:

«فمَن عُفي له من أخيه شيء، فاتباع بالمعروف وأداء إليه بإحسان، ذلك تخفيف من ربّكم ورحمة».

وإذا تأمّلْت الآية فإن العفو المذكور فيها قد ورد في الأسلوب اللغوي نفسه الذي استُعمل في آيات الصوم التي جاء فيها: ﴿ يَٰٓأَيُّهَا ٱلَّذِينَ ءَامَنُوا۟ كُتِبَ عَلَيْكُمُ ٱلصِّيَامُ ﴾[2] وجاء في القصاص: ﴿ يَٰٓأَيُّهَا ٱلَّذِينَ ءَامَنُوا۟ كُتِبَ عَلَيْكُمُ ٱلْقِصَاصُ ﴾[3]، وجاء في آية الصوم: ﴿فَمَن كَانَ مِنكُم مَّرِيضًا أَوْ عَلَىٰ سَفَرٍ﴾[4]، وجاء في آية القصاص»، وجاء في آية القصاص: ﴿فَٱتِّبَاعٌۢ بِٱلْمَعْرُوفِ ﴾[5]. ودارسو القرآن يمكن لهم مقارنة الآيات، والتوصّل إلى أن تركيب الجملة في كلا المقامين سواء، وأبيحت فيهما الاستفادة من العفو، ومراعاة الظروف من غير إلزام وإجبار. وانطلاقاً من ذلك فكما أن المسلمين لم يُلزموا بترك الصيام في حالة المرض أو السفر، فهكذا الحكومة والمجتمع. إنهما غير مُلزمَين بقبول العفو والتساهل الذي منحه ورثة المقتول للقاتل، وقد أصبح القصاص بالنظر إلى نوع الجناية وظروف المجرم، وألّا يقبلا ذلك العفو والتسامح.

---

(1) سورة البقرة، الآيتان: 178 ـ 179..
(2) سورة البقرة، الآية: 183.
(3) سورة البقرة، الآية:178.
(4) سورة البقرة، الآية: 184.
(5) سورة البقرة، الآية: 178.

وقد قمت، من أجل توضيح دلالات تلك الآيات القرآنية، بترجمة معانيها في «البيان»[1] كالتالي:

«أيها المؤمنون. قد فُرض عليكم القصاص في القتلى بالترتيب الآتي: إذا كان القتيل حرّاً يُقتل به الحرّ نفسه. وإن كان القتيل عبداً يُقتل به العبد، وإذا كان القتيل امرأة تُقتل بها المرأة، فمَن عفي له شيء من أخيه، فلكم قبوله أو ردّه، وفي حالة القبول يجب اتّباع المعروف. ويُعطى الدية عن طيب قلب. فهذا ﴿تَخۡفِيفٞ مِّن رَّبِّكُمۡ وَرَحۡمَةٞۗ فَمَنِ ٱعۡتَدَىٰ بَعۡدَ ذَٰلِكَ فَلَهُۥ عَذَابٌ أَلِيمٞ ۞ وَلَكُمۡ فِي ٱلۡقِصَاصِ حَيَوٰةٞ يَـٰٓأُوْلِي ٱلۡأَلۡبَٰبِ لَعَلَّكُمۡ تَتَّقُونَ﴾[2].

واتّضح من ذلك أن القرآن يصرّ على أنه لا رأفة ولا تخفيف للقاتل بدون رضا الورثة، ولكنه لا يصرّ على التخفيف لزوماً إذا رضوا بذلك. فهذا الفرق دقيق وحكيم، لأن الإصرار على الحالة الثانية يؤدّي إلى تضييع حق المجتمع والحقّ العام، وتتولّد منه حالةٌ نحزنُ عليها كما هو الحال في قضيّة ريموند ديوس، وقضية شاه رخ جتوئي. وفي عدم الإصرار على الأمر الأول تضييع لحق الورثة، وتبطل الحكمة هنا في إطفاء نار الانتقام والثأر للورثة، ولا تندمل جروحهم التي سبّبها موته. وإذا عفوا عن القاتل فإنهم يحسنون عليه وعلى أسرته، وتفضي إلى نتائج مرضية في المستقبل.

لقد أخطأ فقهاؤنا عندما لم يلاحظوا هذا الفرق الدقيق، وقطعوا علاقة القتل بالمجتمع، وجعلوها قضية بين القاتل وأولياء المقتول وقانون القصاص والديّة القائم على مذهب الفقهاء في هذا الأمر خاطئ في نظرنا، فيجب إدخال تعديلات لازمة عليه بحيث يكون مطابقاً لما ورد في كتاب الله، لأننا بحكم الإيمان والعقيدة مقيّدون بالقرآن والسّنة فقط، ولسنا مقيّدين بتفسير خاص لهما. ونلتمس من العلماء

---

(1) هو تفسير للقرآن الكريم للاستاذ جاويد أحمد الغامدي.

(2) سورة البقرة، الآيتان: 178 ـ 179.

أيضاً أن يفكّروا وينظروا فيما قدّمته هنا في رأي، فإنّ هذه قضيّة متّصلة بدين الله، ويجب أن ننظر فيها مترفّعين فوق كل التعصّبات. (2013م).

55 -- زوجات النبي ﷺ المطهرات

إن مؤسّسة الأسرة يقوم في صورتها المثالية وبحكم الفطرة الإنسانية على الزواج بين رجل واحد وامرأة واحدة، وتمثّل هذا أيضاً في حياة النبي ﷺ من حيث هو إنسان، فإنه قد أخذ هذه الحقيقة في الاعتبار، ولم يخطر في باله قط أن يتزوّج امرأة في وجود زوجة سابقة، فقد اقترن بالسّيدة خديجة، وكان عمره حينئذٍ خمساً وعشرين سنة. وكانت السّيدة ذات ولد، وتوفي لها زوجان قبل ذلك، وكانت تُوصف بخديجة الطاهرة من أجل طينتها الطّيبة. وقد أمضى النبي ﷺ شبابه كله في عشرتها، وقد ظلّ الزواج قائماً بينهما مدة 25 سنة على أقلّ تقدير. حتى تُوفّيت، وبقي يتحمّل مسؤوليات الأمور المنزلية وحيداً.

وجاء في الروايات أن الصحابية خولة بنت حكيم عَرضت على النبي ﷺ أن يتزوّج بعد السيّدة خديجة، فقالت:

«يا رسول الله، كأني أراك قد دخلتك خلّة لفقد خديجة. أفلا أخطب عليك؟ (الطبقات الكبرى لابن سعد، 8/ 57) فسألها هل هناك أحد نخطبها؟ فقالت: بكراً وثيّباً أيضاً إذا شئت، فسألها مَن هي البكر، قالت: عائشة ابنة صديقك أبي بكر، ومَن هي الثيّب؟ قالت: سودة بنت زومة، آمنت بك، واتّبعتك، قال لها: لك أن تسأليها، فقُبلت كلا الخطبتين. (روى معناه أحمد، رقم: 25241).

وقد تزوّج النبي ﷺ بالاثنتين، ولكنه بنى بسودة فقط، وجاء بها إلى بيته، وكانت مجايلة له في العمر، وكانت أيّماً، وكانت جديرة بتولّي الأعباء المنزلية على أحسن ما يُرام، وقد مكثت عائشة في منزل أبيها، وعاشت سودة في بيت النبي، وهنا لفت الصّديق رضي الله عنه نظر النبي، وأشار عليه أن يجيء بزوجته عائشة أيضا إلى

بيته، فأراد أن يطلّق سودة أولاً، فقالت له إنها بلغت من العمر حدّاً لا تحتاج معه إلى العلاقات الزوجية، ولذا سوف تتنازل عن حقوقها لصالح عائشة، ولكنّها لا تريد الطّلاق، وإنما تريد أن تُحشر يوم القيامة مع أزواجه، فقبل النبي ﷺ ما أرادت، وتراجع عن الطلاق، وظلّت عائشة بعد ذلك الزوجة الوحيدة للنبي ﷺ من الناحية العمليّة. (الطبقات الكبرى لابن سعد 8/ 52).

هؤلاء كن أزواج النبي ﷺ فقط من حيث صفته البشرية، ولذا فمَن يوجّه إليه تهمة تعدّد الزوجات، ويحاول تشويه سيرته الطاهرة الطيّبة. لا يمكن أن نقول فيه شيئاً إلا أنه لا يخاف الله. يتّهمون مَن؟ يتّهمون الشخص الذي لم يجترئ أحد على توجيه تهمة إلى سيرته السامية. وسلوكه الطاهر خلال 25 سنة قضاها مع امرأة واحدة، والذي تزوّج امرأة بكراً واحدة طوال حياته، وقد أخّر زفافها لأعوام، لكي لا تشتكي زوجته الثانية التي تزوّجها لتحمّل تَبِعات الحياة المنزلية من قلة الاهتمام، ولا أحد يتجاسر على التفكير بأن نزوة إلى تعدّد الزوجات قد ألمّت بالنبي ﷺ بعد بلوغة الخامسة والخمسين، فأخذ يتزوج امرأة بعد أخرى إشباعاً لشهوته منتهكاً بذلك التشريع الذي سنّه بنفسه. لا يتجاسر على ذلك إلا مريض النفس وبليد الفطرة. ولا شك أن النبي ﷺ قد تزوّج ثماني نساء أخريات في أعوامه الثمانية الأخيرة من عمره الشريف، وقد جاء القرآن بقانون خاص به، ولكن تلك الأنكحة الثمانية لم تقع بالنظر إلى طبيعته البشرية، وإلى رغبته في إشباع حاجاته الجنسية، بل وقعت تحقيقاً لمسؤولياته الرساليّة من حيث كونه خاتم الرسل على الأرض، وبأمر من الله وتوجيهه، ولا ينكر هذه الحقيقة إنسان سليم الطبع يسعى إلى فهم هذه القضية متجنبّاً التعصّب والتحيّز. وإليكم تفاصيل ذلك:

1 ـ لقد استشهد الكثير من المسلمين في معارك بدر وأحد. وصارت إعالة نسائهم، وإعالة الأيامى واليتامى مشكلة جماعية في دويلة المدينة، فنبّه القرآن أولياء أمور اليتامى. على أن رعاية أموالهم وأملاكهم وحقوقهم ليست بالأمر السهل، فإن خافوا ألّا يعدلوا فيها، فلهم أن ينكحوا أمهاتهم المباحة لهم مثنى وثلاث ورباع، وهي دعوة من الله (تبارك وتعالى)، وكان النبي ﷺ أول مَن

بنّى تلك الدعوة، فنكح ثلاث نسوة أيامى أخريات، وهن حفصة بنت عمر، وزينب بنت خزيمة وأم سلمة بنت أمية.

2 ـ لقد جاء القرآن بتعليمات وإرشادات لإلغاء نظام العبودية، ورفع مكانة العبيد في المجتمع، وقد زوّج، لتحقيق هذا الهدف، ابنة عمته السّيدة زينب بنت جحش بمولاه وربيبه زيد بن حارثة رضي الله عنه، وكانت خطوة كبيرة بعيدة النتائج والمكاسب، ولكن ممّا يُؤسف له أنه لم يكن بينهما انسجام عاطفي، فطلّقها زيد. فكانت لزينب صدمتان معاً، أولاها قبولها الزواج من مولى عبد تحقيقاً لإصلاح عادات المجتمع، وثانيها صدمة الطلاق، فأمر الله سبحانه وتعالى عند ذلك رسوله أن يتزوج السيدة زينب تطيباً لخاطرها أولاً، ولإلغاء عادات المجتمع المتمثّلة في حرمة النكاح من أزواج الأبناء بالتبني، مع أنه كانت عنده أربع زوجات من قبل. ويمكن القول ردّاً على الاعتراضات المحتملة: إن الرسول ﷺ هو خاتم الأنبياء، ولن يأتي بعده نبي ولا رسول حتى يجيء بالإصلاحات المطلوبة، ولذا عليه أن يفعل ذلك بنفسه، وكان النبي ﷺ يشعر في نفسه بضرورة ذلك لحلّ الوضع المتأزّم بين زيد وزينب، ولكنه كان يخفي ذلك، فأبداه الله قائلاً: إن الأنبياء لا يجدر بهم أن يكترثوا بردّ فعل الناس في أثناء تأدية مسؤولياتهم، فما كان منه إلا أن أعلن زواجه ﷺ بالسيدة زينب بأمر من الله (تبارك وتعالى) الذي قال في سورة الأحزاب:

﴿وَإِذْ تَقُولُ لِلَّذِىٓ أَنْعَمَ ٱللَّهُ عَلَيْهِ وَأَنْعَمْتَ عَلَيْهِ أَمْسِكْ عَلَيْكَ زَوْجَكَ وَٱتَّقِ ٱللَّهَ وَتُخْفِى فِى نَفْسِكَ مَا ٱللَّهُ مُبْدِيهِ وَتَخْشَى ٱلنَّاسَ وَٱللَّهُ أَحَقُّ أَن تَخْشَىٰهُ فَلَمَّا قَضَىٰ زَيْدٌ مِّنْهَا وَطَرًا زَوَّجْنَٰكَهَا لِكَىْ لَا يَكُونَ عَلَى ٱلْمُؤْمِنِينَ حَرَجٌ فِىٓ أَزْوَٰجِ أَدْعِيَآئِهِمْ إِذَا قَضَوْا۟ مِنْهُنَّ وَطَرًا ۚ وَكَانَ أَمْرُ ٱللَّهِ مَفْعُولًا﴾[1].

3 ـ قد بيّن الله (سبحانه) مع هذا الإعلان توجيهات مفصّلة للزواج والطلاق خاصّة بالنبي ﷺ فقط، وردت في السورة نفسها، وقد رُفعت فيها شروط تعدّد الزوجات التي تعود إلى المسلمين، وتحتوي على بعض القيود التي

(1) سورة الأحزاب، الآية: 37.

تُفرض فيها شروط تعدّد الزوجات التي تعود إلى المسلمين، ولكنها تحتوي أيضا على بعض القيود التي تُفرض على النبي دون المسلمين، وردت تلك الحالات في الآيات رقم 50، ورقم 52 من سورة الأحزاب، كما يأتي:

أولاً: إن النبي ﷺ بعد زواجه من زينب يستطيع أن يتزوج نساء أخريات لتحقيق المقاصد الثلاثة التالية:

أ ـ إكراماً وتوقيراً للنساء الحرائر اللاتي وقعن في قبضة الأسر في الحملات العسكرية.

ب ـ تقديراً للنساء اللاتي أردن النكاح منه لغرض حصول النسبة إلى النبي ﷺ، وكن مستعدات أن يهبن أنفسهن له.

ج ـ مواساةً وتعاطفاً مع بنات عم النبي ﷺ، وبنات خاله، وبنات عمته، وبنات خالته اللواتي هاجرن معه، وغادرن أهلهن وأقرباءهن في سبيل الدين.

ثانياً: لم يكن الرسول مُلزما بالمساواة بين أزواجه، لأن هذه الزواجات وقعت لأغراض دينيّة.

ثالثاً: ما عدا النساء المذكورات سابقاً تحرّم عليه بقية النساء، لذلك لم يتزوّج ماريّة وعاشت معه على طريقة ملك اليمين، ولا يحلّ له إحلال زوجة محل أخرى مهما أحبّها. ومعنى ذلك أن الله تعالى أراد أن يُنكِح نبيه ﷺ بالنساء اللاتي واجهن صعوبات هائلة ناجمة من تلبية دعوته، أو نتيجة لأية خطوة اتخّذها استجابة لطلبهن الانتساب إليه، وكان ذلك إظهاراً لكمال عطف الله (تعالى) عليهن ولطفه بهنّ، ففهم النبي ﷺ هذا الإرشاد الإلهي، وتزوّج السّيدات: جويرية وصفيّة للمقصد الأول، وميمونة للمقصد الثاني، وأم حبيبة للمقصد الثالث.

واتَضح ممّا قدمناه أن تلك الزواجات كانت مسؤولية دينيّة خالصة أمره الله بها بسبب مقتضيات النبوة والرسالة التي قام بها خير قيام، ولا تمتّ بصلة

إلى الرغبات الجنسية البشرية، فكان من الضروري أن يُستثنى من التشريع العام للمسلمين، والقوانين التي جاءت بها سورة الأحزاب تبين هذه الاستثناء.

(2014م).

موضوع القرآن

يمكن لكل دارس من دارسي علوم القرآن أن يعرف بسهولة أن موضوعه الأساسي هو تلك الحقائق فقط التي يتوقّف على الإيمان بها، والوفاء بمتطلباتها الفلاحُ الأبدي للإنسان، ويُثبت تلك الحقائق بدلائل تاريخية وطبيعية ونفسيّة، ويدعو بني آدم إلى التسليم بها، ويحذّرهم من عواقب تكذيبها، ويشرح ما يتولّد عنها من مقتضيات، ولا يبحث في شيء غير ذلك. إنه إذا قال شيئاً عن العالم الطبيعي إيضاحاً لحقائقه لم يكن بيانه خلافاً للحقيقة أبداً، ولكن القرآن لا يتعرّض لبيان وتفسير ما كشفه العقل الإنساني، أو ما سوف يكشفه في المستقبل من علوم وفنون متّصلة بهذا العالم، لأن هذا لا يمت بأي صلة إلى موضوعه ولكن ما أقوله هو أن الكثير من أبناء هذه الأمة، وفي مرّات كثيرة خلال التاريخ لم يقبلوا هذا الكتاب في صورته الأصليّة هذه، فبنوا أولا فرضية أن القرآن، لكونه كتاب الله، يجب أن يحتوي على جملة من العلوم والفنون الدنيوية أيضاً، ثم راحوا، لإثبات هذه الفرضية، يبحثون عن مصادر تلك العلوم من الآيات القرآنية، فأثبتوا بها أوهام الفلسفة اليونانية تارةً بغض النظر عن دلالات اللغة والبيان ونظم الكلام، وكان هناك زعم تارة أخرى أن معارف عصرنا العلمية قد أخذت في الحقيقة من الآية الفلانية أو الآية العلّانية من القرآن الكريم، واستُخرجت منه تارة بعض النظريات المتعلّقة بالطب والتنجيم والفلك، واستخرجت منه تارة أخرى بعض الكشوف العلمية الحالية كوصول الإنسان إلى القمر، أو صنع القنبلة الذريّة وهلّم جرّا.

لماذا يجشّمون أنفسهم هذا العناء؟ لأنهم توصّلوا إلى استنتاجات مغلوطة من هذا الكتاب، ولم يفهموا أن الخالق (جلّ وعلا) قد منح الإنسان العقل قبل إنزال الكتاب فإذا كان هذا الكتاب رحمة منه فالعقل أيضاً رحمة وفضل منه. ولذا فإن الأمور التي تتطلّب النظر العقلي كدليل على صحتها أو خطئها لا يتدخل القرآن

فيها. وبالطريقة ذاتها فإن العقل مضطر أن يذعن لحكم القرآن في الأمور التي يختصّ بالنظر فيها.

وليس ذلك مختصاً بالقرآن فقط، بل قام النبي ﷺ بشرح هذه الحقيقة شرحاً كاملاً لأصحابه، وروت عنه أم المؤمنين عائشة رضي الله عنها أنه ﷺ قد رأى الناس يؤبّرون النخيل، فقال: ألا يصلح بغير ذلك. فلم يؤبّروا ذلك العام، فجاء برديء التمر، فقالوا له ذلك، فقال: أنتم أعلم بأمور ديناكم، وقد جئت لأبيّن لكم دين الله، فلهذا فارجعوا إلي. (معنى ما رواه مسلم، رقم الحديث: 6126 وعن أنس، أن النبي ﷺ مر بقوم يلقحون، فقال: «لو لم تفعلوا لصلح» قال: فخرج شيصا، فمر بهم فقال: «ما لنخلكم؟» قالوا: قلت كذا وكذا، قال: «أنتم أعلم بأمر دنياكم».رواه مسلم رقم :6128).

فإن أردنا حصول الهداية من القرآن الكريم في الواقع أن نرجع إليه فقط لمعرفة الحقائق الدينيّة، والمعارف الإلهيّة، ويجب أن نرجع إلى العقل لصنع أسرّة النوم الخشبيّة والقيام بأبحاث عن الأجرام السماوية كالزهرة وعطارد، والعقل في الحقيقة لم يخذل الناس في دائرة عمله أبداً.

لقد أُنزل القرآن لإخبارنا كيف نبتغي رضا ربنا بالامتثال لأوامره. والانتهاء عن نواهيه، فعلينا ألّا نجبر عقولنا على أن تكون تابعة لمضمون ما نهواه ونشتهيه في القرآن، وهو الشرط الأولي لحصول الهدى من القرآن كما ذكره الله تعالى في أمكنة كثيرة منه، ويمكن أن يكون ثمة مَن يريد أن يرى العلوم الدنيوية والفنون في هذا الكتاب فقط. ولكن ذلك لا يغيّر حقيقة أنه جاء بالعلم الذي يكون ضروريا فقط لنجاة الإنسان.

(1987م).

استدلال حركة الطالبان

جُنّد الله «الذين يعرفهم العالم باسم الطالبان قد قتلوا الكثير من الأبرياء العزّل الذين لا يحصيهم عدد في عشرة الأعوام الماضية. وهم يعبّرون على أنهم يفعلون ما يفعلون لوجه الله وامتثالاً لأوامره. وقد كرّروا موقفهم هذا بعد محاولة فاشلة جبانة لاغتيال الفتاة ملالة يوسف زئي[1].

وهم يوظّفون نصوص القرآن والحديث لتبرير عملهم الشنيع هذا، ويستدلون ببعض الوقائع من عهد الرسالة. والناس عندنا غير مطلعين على الدين وعلومه في عامة الأحوال، ولذا نخاف أن يتأثّروا بما تقدّم لهم الطالبان من أشياء كهذه، ولذا نقدّم هنا بعض الحقائق المتصلة بالموضوع:

1 ـ لا شكّ أن الجهاد في سبيل الله هو من أحكام الإسلام، والقرآن يُلزم أتباعه أن يقاتلوا الظلم والعدوان إذا كان لديهم طاقة. وأمر الجهاد في القرآن يُلزم أتباعه أن يقاتلوا الظلم والعدوان إذا كان لديهم طاقة. وأمر الجهاد في القرآن أصلاً هو لاستئصال الفتنة التي تُطلق على إجبار شخص عن طريق الاضطهاد على تغيير دينه، ويُعبّر عن ذلك في اللغة الإنكليزية لكلمة (Persecution). ويعلم أهل النظر أن حكم الجهاد هو مشروع للمسلمين من حيث أنهم جماعة، وليس من حيث أنهم أفراد، ولذا يحقّ لنظامهم الجماعي (الحكومة) أن تشن حروب الجهاد، ولا يحقّ لفرد أو فئة منهم أن تقدم لنفسها على ذلك كما جاء في الحديث الشريف: «الإمام جُنّة يُقاتل من ورائه»[2].

وكل شخص يقضي على ضوء هذا الحديث بأدنى تأمّل إذا كان ما تقوم به الطالبان من إجراءات العنف والإرهاب هو امتثال لهذه القاعدة الشرعية أو إخلاف صريح لها.

---

(1) ملالة يوسفزي (بشتومن مواليد، 12 يوليو 1997) هي ناشِطَة باكستانية في مَجال تعليم الإناث، وأصغر حاصلة على جائزة نوبل على الإطلاق.

(2) رواه البخاري، (رقم: 2957).

إن الجهاد الذي شرّعه الإسلام هو الحرب في سبيل الله، ولذلك لا يتمّ بالإعراض عن الحدود الأخلاقية التي تتقدّم على كل شيء في كل الظروف، ولم يأذن للّه بالانحراف عنها حتى في أيام الحرب، والحكم القاطع أن الجهاد يتمّ ضد المقاتلين (Combatants) فقط، فبحكم قانون الإسلام إذا هاجم أحد بلسانه رُدّ عليه باللسان، وإذا ساعد المقاتلين مساعدة ماليّة صُدّ عن ذلك، ولكنه لا يُقتل إذا لم يرفع السلاح ولم يشارك في الحرب وحتى في ميدان القتال إن طرح سلاحه، قُبض عليه، ولا يُقتل، لأن حكم القتال في القرآن جاء بالصيغة التالية: ﴿وَقَٰتِلُواْ فِي سَبِيلِ ٱللَّهِ ٱلَّذِينَ يُقَٰتِلُونَكُمۡ وَلَا تَعۡتَدُوٓاْۚ إِنَّ ٱللَّهَ لَا يُحِبُّ ٱلۡمُعۡتَدِينَ﴾(1).

2ـ وقد نهى النبي ﷺ عن قتل النساء والأطفال في الحرب. (انظر صحيح البخاري، رقم: 3015، ومسلم، رقم: 1744) وسبب ذلك أن النساء والأطفال لا يقاتلون بأنفسهم عامة، وإن خرجوا مع المقاتلين، وإن أقصى ما يمكن أن يفعلوه هو تشجيع المقاتلين وتحريضهم على القتال باللسان.

فهذه شريعة الله، ولكن ما الذي تفعله الطالبان؟ لم يخرج أهل العلم أمثال الشيخ حسن جاه، والدكتور سرفراز نعيمي، والدكتور محمد فاروق خان للقتال ضدّ طالبان، وملالة يوسف زئي فتاة بريئة لم ترفع البندقية ضدّهم، ومع ذلك فإنّهم يصرّون على أن هؤلاء كانوا يستحقون القتل لمجرد اختلافهم معهم في الرأي.

ولا شك أنه يحقّ لأي حكومة مسلمة في أية بقعه من الأرض أن تعاقب المجرمين، ولا فرق في ذلك بين الرجل والمرأة، فيُعاقب الكلُّ، ويعاقبان عقوبة واحدة، والقرآن صريح في هذا، كما جاء ذلك في عقوبة الزاني والزانية والسارق ولكن هناك سؤال مهم، متى كان للطالبان السلطة السياسية على الأشخاص الذين ذكرناهم للتو؟ وأيّة جريمة ارتكبواحتى يُعاقبوا بالقتل؟ والقرآن يصرّح أنّه لا يُقتل شخص إلا عقوبةً على قتل النفس أو الإفساد في الأرض. فأيّ منهم قد قتل نفساً، أو أفسد في الأرض بإزهاق أرواح الناس وسلب أموالهم وانتهاك أعراضهم.

---

(1) سورة البقرة، الآية: 190.

الواقع يشهد أن الطالبان هم الذين ارتكبوا هذه الجرائم الشنيعة، ويثبتون جرائمهم اليومية في محضر الجرائم ولائحة الاتهام التي ستقدّم ضدهم يوم القيامة.

3 ـ الشرك والكفر والرّدة جرائم شنيعة، ولكن ليس للإنسان كائناً مَن كان أن يعاقب إنساناً آخر عليها. إنّه حق الله تعالى خاص به. إنه يعاقبهم عليها يوم القيامة، ويعاتبهم في هذا العالم إذا شاء، ولكننا لن نتحدث عن القيامة هنا. وإنما سنتحدث كيف تحدث العقوبة في الدنيا، وتكون صورة ذلك أن الله تعالى حينما أراد إظهار دينونته في قوم يبعث إليهم رسولاً يقوم بإتمام الحجة عليهم حتى لا يبقى عندهم عذر أمام الله، ثم يقضي فيهم لحكم الله، فيعاقب مَن تمادوا في غيّهم وشركهم وكفرهم بعد إتمام الحجة عليهم في هذا العالم. وهذه سنّة إلهية بيّنها الله تعالى في القرآن قائلاً: ﴿وَلِكُلِّ أُمَّةٍ رَّسُولٌ فَإِذَا جَآءَ رَسُولُهُمْ قُضِىَ بَيْنَهُم بِٱلْقِسْطِ وَهُمْ لَا يُظْلَمُونَ﴾[1].

وهذه العقوبة تنزل عليهم كما نزلت على قوم نوح، وقوم هو، وقوم صالح، وقوم لوط، وقوم شعيب، وبعد الأقوام الأخرى في عامة الأحوال. وإذا أصبح عدد أصحاب رسول الله كثيراً معتدّاًبهم، وحصلت لهم السلطة السياسية أيضاً في بقعة من الأرض بعد الهجرة عن قومه نزلت هذه العقوبة على قومه الكافرين بأيدي رسول الله وسيوف أصحابه.

وقد وقعت هذه الحالة الثانية في أمر رسول الله ﷺ، فقد قتل أولاً المعاندين النشطاء من بين مفكريه، ثم جاء الحكم بقتل المنكرين له عامة، وأعلن ذلك في يوم الحج الأكبر في العام التاسع من الهجرة، فقال الله في سورة البراءة:

﴿فَإِذَا ٱنسَلَخَ ٱلْأَشْهُرُ ٱلْحُرُمُ فَٱقْتُلُوا۟ ٱلْمُشْرِكِينَ حَيْثُ وَجَدتُّمُوهُمْ وَخُذُوهُمْ وَٱحْصُرُوهُمْ وَٱقْعُدُوا۟ لَهُمْ كُلَّ مَرْصَدٍ﴾[2].

فكان ذلك عذاباً من الله نزل على مشركي العرب. وإذا وقع عذاب كهذا

---

(1) سورة يونس، الآية: 47.

(2) سورة التوبة، الآية: 5.

لم يستثنَ منه الأطفال ولا النساء، وأُهلكوا مع الرجال كما حدث لقوم نوح وهود وصالح ولوط وشعيب عليهم السلام، وجاء في الأحاديث أنه حينما أُرسلت سرايا لهذا الغرض سأل الناس رسول الله ﷺ: «يا رسول الله يكون مع المشركين هناك النساء والأطفال. فقال: هم منهم. (أخرجه البخاري، رقم:3012، ومسلم، رقم: 1745).

وهؤلاء هم الذين قد قال عنهم: إنْ آمنوا الآن، ثم ارتدّوا وكفروا، فقد استحقوا هذا العقاب، وقُتلوا. وجاء ذلك أيضاً فيما رواه البخاري في قوله: «من بدّل دينه فاقتلوه» (رقم: 3017).

وقد أُخِّر عنهم العذاب العام إلى السّنة التاسعة للهجرة رغم إتمام الحجة عليهم لكونهم غير معاندين فعّالين، وكان من المتوقّع لهم أن يُوفَّقوا إلى التوبة والصلاح، وينجوا من العقاب وعلى العكس منهم فإنه لم يمهلْ مَن عاندوا مع الكفر، وجحدوا مع العداء المكشوف، وقد قُتلوا حين أمكن قتلهم، كما وقع لأمثال أبي رافع وكعب بن الأشرف وعبد الله بن خطل وإمائه، وقد قُتل من بين أسرى معركة بدر عقبة بن أبي معيط، ونضر بن الحارث، وأبو عزّة وغيرهم لهذا السبب نفسه، وأُهدر دم بعض المنكرين الآخرين أيضاً.

كان هذا قضاء الله، وكان يُنفّذ باللزوم بعد إتمام الحجة من قبل الرسول الذي قال القرآن فيه. ﴿وَلَن تَجِدَ لِسُنَّةِ ٱللَّهِ تَبۡدِيلٗا﴾[1]. (بني إسرائيل: 77) وكان من سُنن الله ما وقع من التضحية بإسماعيل عليه السلام، أو ما ظهر في وقعة الخضر عليه السلام، وهذا أمر لا يتعلّق بنا نحن البشر. فإذا كان لا يُباح لنا أن نحدث ثقباً في سفينته مسكين بائس بدون إذن منه بهدف عونه، ولا يجوز لنا قتل صبي عاصي لأبيه، ولا أن نضع سكيناً على رقبة ابننا بناء على منام كمنام إبراهيم عليه السلام، فإنه ليس لنا أن نفعل هذا إلا أن يأتينا الوحي، ويأمرنا الله نفسه بذلك. والكل يعلم أن هذا الباب قد أغلق إلى الأبد.

إن ما تقدّمه الطالبان فيما تقوم به من إجراءات وخطوات، قد عفى عليه الزمن

(1) سورة الأحزاب، الآية: 62.

وإنها لجسارة كبيرة أن يقوم والتعميم أوامر الله الخاصة ممّا يُعدّ من أخطر الجرائم على وجه الأرض. وكل مؤمن يجب عليه أن يستعيذ بالله (سبحانه وتعالى) منها.

(ويراجع أيضا للاستزادة إلى فصل «الإسلام والدولة»).

56 -- أسلوب في اللُغة العربية

للغةٍ نزل بها القرآن قاعدة أنه إذا جاءت صيغتا المذكر والمؤنث جمعاً في مقام، ويُنوى لهما استعمال ضمير منصوب أو ضمير مجرور، فكما يؤتى به بصيغة التثنية على القاعدة العامة، تؤتى به كضمير الواحد المؤنث كذلك، إذا لم يكن هناك خطر للإبهام في المعنى، وتكون قرائن رجوع الضمير المذكر والمؤنث كليهما واضحة صريحة. وليس ذلك فقط بل يفيد تتبع كلام العرب أنه في المواقع كهذه يجيئى بصيغة الواحد المؤنث في عامة الأحوال.

وهذه القاعدة اللغوية وإن لم يجيئى بها أيمة النحو من أمثال سيبويه والزمخشري وابن هشام وآخرين ولكن لايحدث فرق من ذلك. فإن القواعد والأساليب اللغوية التي أبانها علماء النحو والإعراب لم يأتوا بها من الخارج بل كان مأخذهم ومصدرهم القرآن الكريم وكلام العرب. فإن اللغة لم تشتق من القواعد،القواعد تستخرج من اللغة. فالناطقون بأية لغة ينطقون أو يكبتون بلسانهم، وتؤخذ قواعد وأساليب اللغة بطريق تتبع محادثاتهم وكتاباتهم لمن يريد ويطلب تعلم تلك اللغة. وعملية أخذ القواعد من اللغة لاتركد في أي مقام، إنها تجري دائماً.

فإن المحققين من العلماء لايزالون ينقدون قواعد وأصول الأقدمين ويُوضحون أخطأهم ويكتشفون قواعد جديدة وأساليب حديثة بتتبع كلام العرب. فإذا ما يؤتى بقاعدة جديدة ويُقدم أسلوب حديث كفاه دليلاً تواجد شواهد ذلك في كلام أهل اللغة المستند إليه. فكم من أسلوب لم نجده عند سيبويه أو عند خليل ابن

أحمد ولكن جاء به علماء النحو الآخرون من أمثال المبرد، والفراء والزمخشري وابن هشام وغيرهم في كتبهم، وصارت أساليب اللغة المسلمة بها، بسبب دلائل قوية أتوابها لها. ولِمَ نبعد؟ فرأينا في الماضي القريب الإمام حميد الدين الفراهي وتلميذه الشيخ أمين أحسن الإصلاحي (في القارة الهندية) قد قاما باكتشاف أساليب جديدة كثيرة ونجحا في حل مشكلات القرآن ومعضلاته الكثيرة بناءً عليها.

ولذا لا يناسب استرداد قاعدة جديدة وأسلوب حديث محضاً من أجل أنها لاتتواجد في كتب النحو والإعراب. نعم قد ينقد عليها ولاتقبل بسبب المأخذ الأصلي أي بناءً على كلام أهل اللغة.

والقاعدة اللغوية التي قد بيناها في المذكور أعلاه لم ترد بلاشك في كتب النحو، ولكنها تتمتع بحيازة شواهد في القرآن الكريم وكلام العرب. وهنا نجدر بنا أن نأتي ببعض الأمثلة ونوضحها في ضوءها، لكي يستطيع علماء الفن أن يبنوا رأيهم على صحة القاعدة أو بطلانها بعد السبر وإمعان النظر فيها.

يذكر لبيد بن ربيعة العامري في معلقة الشهيرة حمارا وحمارة وحشيتان مبيناً لتشبيهات للناقة، واللتان أقامتا في وادي الثلبوت إلى مدة طويلة ثم خرجتا من ذاك الوادي بعد أن انسلخ شهر جمادي الأخرى في مستهل الصيف، فقال:

حتى إذا سلخا جمادى ستة
جزأ فطال صيامه وصيامها
رجعا بأمرهما إلى ذي مرة
حصد ونجح صريمة إبرامها
ورمى دوابرها السفا وتهيجت
ريح المصائف سومها وسهامها

فانظر يجري هنا ذكر الحمار والحمارة والضمير المرفوع في كل من سلخا، جزأ، ورجعا للحمار والحمارة كليهما وجيئى بصيغة المثنى لهما،ولكن عند ما جاء ذكر إصابة الشوك في الرِجل وجيئى بالضمير المجرور فقد جاء ضمير الواحد المؤنث في الحمار والحمارة كليهما في «رمى دوابرها» فإن مرجع هذا الضميرفي

هذه الأشعار لايرجع لا إلى مصدر ولا إلى مفهوم ما ذكر في الجملة السابقة، ولا إلى الحمارة فقط. لأن إصابة الشوك ذكرت هنا بحيث لا يمكن استثناء الحمار بدون غض النظر عن مدلول الشعر ومضمونه.

وقال شاعر حماسي عبدالله بن الزبير الأسدي:

سمعت بكاء باكية وباك

أبان الدهر واحدها الفقيدا

فانظر هنا أيضا جيئى بضمير الواحد المؤنث الذي يرجع إلى «باكية وباك» كليهما ولم يجيئ بواحدهما بدلاً من واحدها.

وورد في القرآن الكريم:

﴿وَٱلَّذِينَ يَكْنِزُونَ ٱلذَّهَبَ وَٱلْفِضَّةَ وَلَا يُنفِقُونَهَا فِى سَبِيلِ ٱللَّهِ فَبَشِّرْهُم بِعَذَابٍ أَلِيمٍ * يَوْمَ يُحْمَىٰ عَلَيْهَا فِى نَارِ جَهَنَّمَ فَتُكْوَىٰ بِهَا جِبَاهُهُمْ وَجُنُوبُهُمْ وَظُهُورُهُمْ﴾[1].

فذكرت في الآية الذهب والفضة كلا الأشياء ولكن حيثما احتيج لاستعمال الضمير منصوباً أو مجروراً جيئى بضمير الواحد المؤنث كما ترى في ﴿يُنفِقُونَهَا﴾ و﴿يُحْمَىٰ عَلَيْهَا ... فَتُكْوَىٰ بِهَا جِبَاهُهُمْ﴾ - وقد قال الزمخشري وبعض أئمة التفسير الآخرون أن الضمير يرجع إلى معنى مقدر للذهب والفضة وهو الدراهم والدنانير ولكن لايصح ما ذهبوا إليه أيضا. فلولا خوف الطوالة في البحث لأوضحنا بتفصيل أن الضمير هنا إذا أُرجع إلى معنى مقدر أو لفظ مترادف، بدلاً من إرجاعه إلى «ذهب و فضة» جُرح منه حسن معنى الآية، وليس ذلك فقط بل يُبهم ويغتام ذاك التصوير المشاهدي الذي أريد رسمه بألفاظ ﴿يوم يُحمىٰ عليها في نار جهنم فتكوىٰ بها جباههم وجنوبهم وظهورهم.﴾

وانظر كذلك الآية الكريمة من سورة الجمعة: ﴿وَإِذَا رَأَوْا۟ تِجَـٰرَةً أَوْ لَهْوًا ٱنفَضُّوٓا۟ إِلَيْهَا﴾، الآية: 11. فإن حرف «أو» هنا جاء للتقسيم لا للتخيير ولا لإثبات

---

(1) سورة التوبة، الآيتان: 34 ـ 35.

أحد المذكورين، كأنه يريد القول أن بعضهم يلتفت إلى التجارة وبعضهم ينفضون إلى اللهو، وبما أن المعطوف والمعطوف عليه يكونان في حكم الجمع في مثل هذه الصورة. ولذا استعمل هنا ضمير المجرور للواحد المؤنث في «إليها» مع قرب صيغة المذكر "لهو" للضمير. ففي رأينا هذا الضمير يرجع إلى «تجارة» و«لهو» كليهما.

(1982م)

57 -- محمد وأحمد

إن النبي ﷺ يُسمىٰ بأحمد وبمحمد أيضاً. وقد ذكره القرآن بإسمه محمد في كل مكان إلا في سورة الصف فقد جاء في بشارة المسيح عليه السلام به بإسمه أحمد. ووجه ذلك عندنا أنه قد سمته والدته آمنة بأحمد،كما جاء في طبقات ابن سعد أن والدته قد أرشدت في زمن حملها به أن تسمي مولودها بأحمد. أما إسمه محمد فقد سماه به جده عبدالمطلب بعد مولده، وبما أن بشارة المسيح به دليل قاطع لنبوته فأصبح من المناسب أن يجيئ ذكره فيها بإسمه الذي سَمته به أمه، والذي صار إسما أصليا بهذا الاعتبار.

أما أنه لماذا ذكر في القرآن بإسمه محمد في كل مكان، فسببه أن محمداً لقب له معنوي. ولذا قد ذكره الله تعالىٰ بهذا الإسم إعزازاً وتشريفاً له. ويذكر في الأمة أيضا ذكراً خيرا بهذا الإسم في أغلب الأحوال.

الباب الثالث

النقد والنظر

1 -- الدين والعقل

يقول الناس عامة عندنا إن الدين لايتعلق بالعقل. الدين فقط للإذعان واليقين، إنهم يقدمون في هذا الباب قولَ علي رضي الله عنه: لو كان الدين بالرائي لما أمر النبي صلى الله عليه وسلم المسح على أعلى الرِجل».

لأن العقل يقتضي أن يكون المسح على أسفل القدمين لأن النجاسة تصيبهما من الأسفل. وهذه النظرية لاتصح قطعاً لأن القرآن الكريم يصرح أن الدين يبني تماماً على العقل. إنه يُقدم عقائده وأحكامه كلها على هذا الأساس. فما جاء به بدلائل عقلية في كل مكان. وهو ينبه المارقين عليها أن لماذا لايعقلون. وإن طالعنا القرآن مطالعةَ تدبر وإمعان وضح لنا وضوحاً أن الإنسان قد كُلف بالاعتقاد بالدين والعمل على هداه،لأنه قد رزق نعمة العقل من ربه تعالىٰ. ولذا إنسان سليم البدن صحيح الأعضاء لايكلف بالعمل بالدين إذا حرم من العقل. فإنه مع سلامة أعضاءه من كل الوجوه الباقية لايكلف بأداء الصلاة والصيام ولا يعاقب على جريمة بحكم القرآن والسُّنّة، فقط لأنه محروم العقل.

ولاشك أن عقولنا لاتهتدي إلى حقائق دينية كثيرة نفسها ولكن بعد إتيان تفسيرها من جانب الأنبياء والرسل فإنها تحمل صلاحية فهمها ولذا قد طلب الله العقل وخاطبه للإيمان بها والإذعان لها.

ولم يكتشف طلبة جامعاتنا نظرية آئنستائن عن النسبية، ولعلهم لا يستطيعون كشفها. ولكنهم يفهمونها كل يوم ويتسلمون بها إلى حد ما يجدونها مطابقاً للعقل

من غير تردد. والمعلم عند ما يقوم بتفهيهم هذه النظرية إنما يخاطب عقولهم ويطلبها أن تفهمها وتذعن لها. وكذلك الدين يخاطب عقل الإنسان ولا يعطيها إرشاداً وتعليماً ماوراء عقله. فأحكامه كافة مطابقة للعقل تماماً.

ولم نعتقد أن إنسانا عظيم العقل كعلي رضي الله عنه قد قال ذلك القول في المسح الذي ذكرناه آنفا. لأن كل شخص منا يمكن أن يرى بأدنى تأمل أن المسح على الخفين لايُفعل لإبعاد الغلاظة عنها. إنه يحمل فقط حيثية علامتية. نتطهر بها طهارة ذهنية. ونقول بطمأنينة كاملة أن هذا الشيء يحصل لنا بمحض المسح على القدمين امتثالا لأمر الله. فلا يقال أنه خلاف للعقل بأية صورة.

1988م

2 -- مأساة العلم والتحقيق:

كل شيء يعتبر مقبولاً في هذا المجتمع ولكن لا يُقبل تواجد العلم والتحقيق على كل حال. يصفق الناس لما لا معنى له ويرفعون شعارات المدح والتوصيف على الهراء ويهتفون للغباء. ولكن بالنسبة لأي اكتشاف علمي وأية مآثرة تحقيقية، خاصة إذا كانت متعلقة بالدين فليس لديهم سوى الطوب والحجارة. فالمرض الأكبر هنا مرض التقليد السوقي. فكل ما يتبناه الناس وهو أمر مستمر منذ فترة طويلة وترتبط به مشاعر الناس، والذي أصبح هويتهم، وهو من التقاليد المتبعة لديهم مهما كان خاطئاً ومهما كان يشوه وجه الواقع مسخاً ومهما كان مخالفاً لأمر صريح للّٰه سبحانه وخلافاً لسنة رسوله ﷺ، لايستعد الناس أن يسمعوا نقداً موجهاً إليه. إنهم لايهتمون بما يقدمه الناقد من الدليل والحُجّة لوجهة لنظره أي اهتمام، ويتركز كفاحهم بالكامل على إبقاء ذاك التقليد بطريقة أو بأخرى. فيحاولون كل المحاولة باستخدام طرق الإعراض التام بدلائل الناقد، بتحريف كلامه، بتحويل مدلوله، بتجريح شخصيته والسخرية به بجميع الطرق يحاولون جعلَ الحق باطلاً والباطل صحيحاً.

وأسوأ حالاً وسلوكاً في ذلك يكونون من لهم معرفة قليلة وسطحية، وبناءً عليها يريدون أن يُعَدوا من رجال الدين ويحاولون إثبات أنفسهم أكثر حفاظاً من معتقدات أكابرهم ونظرياتهم أكثر منهم. كمثل أخنس بن شريق وكان رجلاً في الجاهلية وجد زمان النبي ﷺ وكان ثقفيا يدعي كذبا انتماءه إلى بني زهرة. فكان شديد الحماس لحفظ روايات وتقاليد الجاهلية أكثر من حاملي تلك التقاليد أنفسهم.

وبما أن الناس كهؤلاء قد أصيبوا بمركب النقص ويكونون محرومين بالثقة بالذات فازدادوا في طغيانهم، فإن كان رجال الدين الآخرين يخطئون رأياً، يقولون هؤلاء هذا ضلال. وإن يقولون إنه ضلال فهؤلاء يسعون لإثباته أنه فتنة لا ضلال فقط. ولا يهمهم ما هو الحق وما هو الباطل؟ فحينما حلوا وماذا قرأوا وبمَن يلقوا به لايهمهم إلا البحث عن بعض ما يعززون به أنفسهم، وإلا البحث عن طريق إثبات سيادتهم به. وإذا اختصموا لايختارون طريقة المحاكمة العلمية في الخصام. بل يصرفون كل طاقاتهم برفع نعرات وأصوات «خذوه واقبضوا عليه وحذار من أن يفتنكم» ولِاستلفات انتباه رجال الدين إلى أن كل شمعة للعلم والتحقيق لازم إطفاءها بأسرع ما يمكن.

إن هؤلاء المساكين إن اصطحبوا بخطأء منهم في مرحلة من حياتهم، برجل متواضع مثل يوحنا المعمدان، الذي يرتدي نقائق من شعر الإبل، ويأكل الجراد والعسل البري، ويتكلم مثل الملوك، فإنهم يحيون ما بقي من حياتهم بتشويش وحذر أن لا يعدهم الناس من أصحاب ذلك الرجل الحر. فإنهم يذيعون كل يوم ثان وكل يوم ثالث نشرة البراءة،أن يا أيها الناس كونوا حذراً واسمعوالي. إني كنت صاحباً لمسيح مرة ولكن اليوم إذا أردتم صلبه فأنا الذي من ينكره ثلاث مرات قبل أذان الديك مرتين[1].

وشخصية هؤلاء تتكون من تضادات داخلية وتخالفات عجيبة، مثلاً أنهم

---

(1) إشارة إلى قول السيد المسيح مخاطباً تلميذه بطرس: «الْحَقَّ أَقُولُ لَكَ: إِنَّكَ الْيَوْمَ فِي هذِهِ اللَّيْلَةِ، قَبْلَ أَنْ يَصِيحَ الدِّيكُ مَرَّتَيْنِ، تُنْكِرُنِي ثَلاَثَ مَرَّاتٍ». (مرقس 14: 30).

يدعون ادعاءً مفخما أنهم قد توصلوا إلى رأيهم بدلائل قوية، ولكن إذا أثبت أحد خطأهم بدليل أقوى، فإنهم مستعدون لاتهام رأيهم بلاتردد منهم. وعند ما جاء شخص أمامهم ببرهان قاطع بخلاف ماذهبوا إليه، قالوا من غير تكلف: يا تُرى ما هو الدليل؟ الدليل أمة لك تخدم لك ما تشاء. إن الانقلاب الأصلي هو انقلاب القلب، ولا مكانة للدليل في حضرة القلب. إنهم يدعون الناس أن يستمعوا إلى ما يقولون بلاتعصب. وعندما قام أحد من أتباعهم يريد أن يسمع إلى الآخرين بلاتعصب فإنهم يغضبون غضبة بركان، وتستخرج غضبتهم بغلاظات وجودهم كلها أمامهم. إنهم يلقون الدرس للآخرين أن اجتنبوا سوء الظن والتجسس ولاتقفوا ما ليس لكم به علم. ولكن إن توقعوا تواجد ذرة لتشويه صورة المخالف لقلبوا لذلك كل حجر ولقطعوا كل واد.

لكن كيف ولماذا الشكوى على هذا كله؟ كيف تتوقع أنت سلوكية صالحة ومذهبا خيرا منه في اجتماع،حيث ظل الاجتهاد والتحقيق كشجرة ممنوعة منذ قرون؟ وحيث يختار رجال الدين وأرباب العقل بظاهرهم، مذاهبَ الجهالة في جواب العلم ومسالك الابتذال في رد الاستدلال؟ وحيث يشغف الناس شغفاً قوياً بدراسة تحليلية للقائل بدلاً من الاستماع إلى قوله وفهمه؟ وحيث يصبح كل شيء تمضي عليه قرون عدة مقدساً محترماً،وحيث صار معيار الصحة والخطأ القبولية في الناس في عامة الأحوال؟

وتاريخ العالم يشهد أن الحقائق الكبرى في العالم تبرز في مسرح العالم في مثل هذه البيئة المتأزمة عموماً. فهذه المسالك السلبية لم تكن لتسد دعوة اليوحنا والمسيح ولم تحرم ابن حزم وابن تيمية مقامهما ولم تغصب من العالم حكمة سقراط ولا اكتشافات كوبرنكس وغليليو. فشمعة العلم والتحقيق سوف تظل مضيئة إن شاء الله تعالى[1].

1982م

3 -- القرآن وأسرى الحرب

إنّ حكم القرآن في أسارىٰ الحرب الذي قد بيَّنّاه في كتابنا «الميزان» مصدره الآية الرابعة من سورة (محمد). وقد اتّخذ الأستاذ الإمام أمين أحسن موقفا مختلفاً في هذه المسألة. فقد شرح موقفه في تفسيره (تدبر القرآن) بما يُنبئ عن أن مراد المتكلم هنا هو ليس بيان قانون لِأسارىٰ الحرب، بل التوكيد على المسلمين أنه إذا وقعت الحرب ضدّ الكفار، فعليهم ألّايرهبوهم، لأنّهم لاثبات لهم . وينبغي أن يُضرسوهم ضرساً بإعمال الإثخان فيهم. وإن نجَوا، فلا يتركونهم يهربون، بل يأسرونهم ويشدّون وثاقهم بحيث إذا أُطلق سراحهم بعد ذلك،أُطلقوا إمّا منًّا من المسلمين، وإمّا أن يفادوهم فداء.

هذا التفسير يؤثّر في القلب، لأن السورة تتناول منكري الرسالة الجاحدين الذين قد استحقوا العذاب بعد إتمام الحُجّة عليهم. فإن قيل فيهم، أثخنوهم إثخانًا جيداً، ولاتدعُوهم يهربون، بل شدّوا وثاقهم، ولا تطلقوا سراحهم بغير منٍّ عليهم أو فداء منهم، فالدارس يشعر بادئ ذي بدء أن الكلام قد ارتبط بمطالب السورة بكل معنى الكلمة. ولكن إذا أمعنت النظر وتدبّرت في سياق الآية رأيت أن ألفاظ الآية تأبى قبولَ هذا التفسير. فإن كان المقصود هو هذا القول لكانت الألفاظ غالبًاعلى النحو التالي: فإذا لقيتم الذين كفروا فضرَب الرقاب، ثم إذا أثختنموهم فشدّوا الوثاق. ولكن جاءت هنا الألفاظ كما يلي: حتى إذا أثختنموهم فشّدوا الوثاق. وجاءت صيغة الأمر في «فضرب الرقاب» مصدراً منصوبًا نائبًا عن فعله، وفي «شدّوا الوثاق» جاءت بصيغة فعل الأمر الذي إن وُجدت القرينة، يجيء لإعطاء معاني الترغيب، والنصح والإرشاد، والدعوة، وحتى لبيان الإباحة فقط. ثم استُعملت «حتى» بدلاً من «ثم» التي تدل على غاية الأمر.

واحتيج الى ذلك لأن المتكلم لم يُرِد هنا ذاك المعنى الذي يتضمّنه «فضرب

الرقاب» فلا يكون هذا إذاً أمرًا بشدّ وثاق الأسرى بعد ضرب الرقاب كما فهمه هنا الأستاذ الإمام، بل هو تكملة للحكم الذي أمر بضرب الرقاب والتنبيه عليه. إن الأسرىٰ كانوا يُعدّون من جملة الغنائم في ذلك الزمان، فنظراً إلى رغبة أهل العرب الفطرية في القبض على الأسارىٰ فقد قال تعالىٰ: إنه ينبغي أن يُشدّ الوثاق إذا ما وقع الإثخان في هؤلاء المنكرين الجاحدين في أتمّ صورة. فليس المراد إذاً أنّه يجب أولاً ضرب الرقاب، وثانياً شدّ الوثاق من دون امتياز ولا تفريق. بل المراد أنه إذا جاءت الحرب، فهناك عمل واحد فقط يجب الإتيان به هو «ضرب الرقاب» ويجب إتمامه كما هو حقّه. فإذا تمّ أداؤه في درجة تامة، فحينئذ يُباح إلقاء القبض على الأسرىٰ، ولذا فقد فسّر الآية صاحب (تفهيم القرآن) بما يأتي:

فعندما لقيتم هؤلاء الكفرة في القتال، فيجب عليكم أولاً ضرب الرقاب وإثخان الدم إلى أن تثخنوهم إثخانا كبيرًاولكم إلقاء القبض على الأسرى وشدّ الوثاق عندئذ. (تفهيم القرآن 5/ 11)

وامضوا قدماً، ثمّ قال «فإمّا منًّا بعد وإمّا فداء» وهذا حكم ثانٍ. وهنا نحتكم إلى السياق كما كان في «ضرب الرقاب». فكان أسلوب الشرط هناك ﴿فَإِذَا لَقِيتُمُ ٱلَّذِينَ كَفَرُواْ﴾[1] كاملاً. أمّاهنا، فقد حُذف الشرط (فإذا شددتم الوثاق)، لأنّ الجواب (فشدّوا الوثاق) يدلّ عليه. فالحكم الأول يتعلّق بحالة لقاء العدو، والحكم الثاني يتعلّق بحالة إلقاء القبض على الأسارىٰ في مناسبة كهذه. و قيل: شدّوا الوثاق، لأنّه كان من المُتوقّع أن يقتلوا الأسارى من أجل ذلك الترغيب والتحريض الذي يتضمّنه حكم «ضرب الرقاب» فقيل: هناك حالتان فقط بعد شدّ الوثاق هما إما الفداء وإما المنّ .

ولا يقعنّ أحد في خطأ فهم لفظ «منًّا». فلم يُؤتَ به هنا لإعطاء معنى زائد في هذه الجملة وجيء به هنا فقط للدلالة على إطلاق الأسير بدون فداء. فإذا كان لك حق أخذ فداء، ولم تأخذه يُطلق عليه المّن. ولايحلّ محلّه هنا ألفاظ: تحرير وتسريح وإطلاق. فإن جيء بها لكانت الإضافة مجانًا أودون فداء، أو من غير

---

(1) سورة محمد، الآية: 4.

شيء أو ما شابهه. والذين لهم إلمام بالبلاغة القرآنية يعرفون جيدا أن ذلك ليس من أساليبه. فلفظ المنّ مقابل الفدية أنسب لفظ وأبلغه لأداء معنى إطلاق السراح بدون عوض، فإن إطلاق سراح الأسرىٰ مجانًا ليس بحقّ «فضرب الرقاب» مصدراً منصوبًا نائبًا عن فعله، وفي «شدّوا الوثاق» جاءت بصيغة فعل الأمر الذي إن وُجدت القرينة، يجيء لإعطاء معاني الترغيب، والنصح والإرشاد، والدعوة، وحتى لبيان الإباحة فقط. ثم استُعملت «حتى» بدلاً من «ثم» التي تدل على غاية الأمر.

فإن إطلاق سراح الأسرىٰ مجانًا ليس بحقّ للأسارىٰ، حتى يعبّر بالمنّ فيلزم التسليم بوجود معنى زائد فيه، لأنه بنفسه منّ و إحسان.

ويتّضح أيضاً أنّ «منًّا وفداء» كلاهما مصدران حلّا محلّ فعلمها مثل «ضرب الرقاب» ولم يقعا هنا مفعولا له أو حالًا لفعل أُطلقَ، أو ما شابهه من الأحوال، كما أن تركيب الجملة ليس على نحو «ثم لا يكون إطلاقهم إلا منًّا وإلّا فداء». أي بحصر صورتي المن والفداء، لا. إن تأليف الجملة يتمّ على نحوما يأتي: فإمّا تمنّون منًّا وإما تُفْدون فداء. ويعرف أهل العلم أن معنى هذه الجملة لايمكن أن يكون أنكم تظهرون لهم منّتكم عليهم وتطلقون سراحهم، بل يكون تخييرًا بين أن تمنّوا عليهم وتطلقوا سراحهم، أوتأخذوا الفدية كما أدى الزمخشري هذا المفهوم فيما يأتي:

«والمعنى: التخيير بعد الأسر بين أن يمنوا عليهم فيطلقوهم وبين أن يفادوهم. (الكشاف للزمخشري 4/ 320)

وتكون ترجمة الآية كالتالي بعد تحليلها:

«لذلك عند ما تواجهون هؤلاء الكفار فعليكم أن تضربوا الأعناق ضربًا مبرّحًا، ثمّ قيّدوهم إذاً في الأسر، وعندما شددتم وثاقهم، فلكم المنّ عليهم أو أخذ الفدية منهم (ويجب أن يكون هذا هو شأنكم معهم) حتى تضع الحرب أوزارها».

وذلك يعني أن الواجب الأصلي في المجابهة والنضال هو ضرب الأعناق. فإن الله تعالىٰ يريد أنه إذا قابلوكم يجب أن يُقتل منهم أكبرعدد ممكن منهم. ويكون القيام بالأسر عند مايقع الإثخان كما هو حقه، لكن إنْ شددتم وثاقهم، فليس لكم قتلهم حينئذٍ. ويكون القانون بعد الأسر إمّا الفداء وإما المنّ بإطلاق سراحهم.

ويجب عليكم أن تعملوا بهذا الحكم مالم تضع الحرب أوزارها، وتُنفّذ قوانين الحرب فيهم،وهذا ما يتوجّب عليكم القيام به، ولذا قال مضيفًا: «ذلك». وإذا نظرت في ضوء ما قدّمنا، واتّضح لك أن التاكيد كله هو على «ضرب الرقاب». وما جاء، زائدًا عليه، جاء لمزيد من التوكيد وكيلا يبادر الناس إلى المبالغة في تقييد الأسرى. كما يتوضّح لك أيضا أن حكم» إمّا منًّا بعد وإمّا فداء «قد جاء أيضا كتنبيه مناسب يتعلّق بالمضمون نفسه. وبلاغة القرآن أنه بدون التأثير على الاتجاه الأصلي للكلام، قد أوضح أيضا قانونه الذي يجب مراعاته في أسرى الحرب. وقد جاءت أمثلة كثيرة من هذا النوع في مقامات أخرى من القرآن، وكلّما توفرت أيّة مناسبة بهذا الصدد، فسيتمّ شرح وبيان أحكام الشريعة أيضاً.

وهذا الحكم القرآني عام، لأنّه إذا لم تجزْ أية معاملة مع منكري الرسول إلا المنّ أو الفداء بعد شدّ وثاقهم، فلا يجوز ذلك مع الآخرين بدرجة أولى، ولكن هل هذا يعني أنه لايكون هناك أي استثناء من هذا الحكم؟ فما تقتضيه مسلّمات العلم والعقل من الاستثناء في أي حكم يكون مُتضّمنًا في كل قانون وكل تشريع وكل حكم من البداية. لاينكر ذلك شخص واقف على أساليب اللغة والبيان. فقد كان في زمن الرسالة من المعاندين مَن كان يبالغ في العداء، ولايراعون في المسلمين ذمّة ولاعهداً،و كان في الأسرى مَن ارتكبوا جرائم خطيرة، فلا يكون كلّ هؤلاء مُستثنَين من هذا الحكم. فإذا تعيّن جرمهم، وقُتلوا جزاءً له، أو بيعوا عبيداً طبقًا للتقليد العام المتّبع في تلك الأزمنة، لايؤثّر ذلك على القانون العام لأسارى الحرب هذا.

أمّا ما تقوله الروايات والآثار الواردة في ذلك، فيكفيك قصّة جُويرية رضي الله عنها لفهم حقيقتها، فإنّها ليست مجرّد امرأة عاديّة، فقد تشّرفت بكونها إحدى الأزواج المُطهَّرات. وقصّتها كبيرة الأهميّة لكونها سببًا في إطلاق سراح أسارى الحرب المنتمين إلى مئات الأسر والعائلات. ومع ذلك فما هو حكم الروايات والآثار في ذلك؟ انظروا في الخبرالتالي: تقول الرواية: إنها وقعت في حصة ثابت بن قيس كأَمَةٍ له. فقالت لثابت أن يكاتب فيها، فرضي بذلك. ثم حضرت في خدمة النبي ﷺ للمساعدة في أداء ثمن المكاتبة. فقال لها النبي ﷺ: ألا أدلّكِ على خير منه؟ فقالت: وما هو؟ قال: أنا أعطي ثمن المكاتبة منك وأتزوجكِ؟ قالت: نعم.

وثمّة رواية أخرى تقول: إنّ أباها قد توّصل إلى النبي ﷺ من قبل، و قال: إنّ مثل ابنتي لاتُجعَل أَمَة، أنا أرفع من ذلك فخلِّ سبيلها. فقال أليس خيراً منه أن تسأل ابنتك أولًا ؟ فسألها أبوها، فقالت: أوثر أن أكون في خدمة النبي ﷺ.

وهناك رواية ثالثة تقول: إنه لم يقع شيء ممّا ذُكر، فقد كانت أسيرة، وجاء والدها، وحرّرها بعد المفاداة، ثم زوّجها برسول الله ﷺ. وهذا الاختلاف قد وقع في الأسارىٰ الآخرين الذين كانوا معها. ورواية أخرى تقول: إن الناس قد أطلقوا سراحهم، لأنهم قد أصبحوا مصاهرين لرسول الله ﷺ. على أن هناك رواية تقول: إنهم كانواعند رسول الله ﷺ، فلما تزوّجها حرّرهم رسول الله عندئذٍ في مَهر السيدة جُويرية (رضي الله عنها). (انظر في ذلك ابن سعد الطبقات الكبرىٰ 8/ 116)

هذا غيض من فيض، تقدّر من وراء ذلك إلى أي مدى يمكن أن تعتمد على تلك الروايات والآثار في فهم الأحداث التاريخيّة. فمَن طالعها بدقّة النظر يعرفْ معرفةً جيّدة أن الرُواة من جّراء فههم وخلفيتهم الذهنية والاجتماعية يتصّرفون في الكلام بوعي أو غير وعي منهم، ويحرّفون الكلم عن مواضعه. ولذا ننصح باحثي الدين أن يحاولوا فهم الروايات والأحاديث على ضوء القرآن، لا أنْ يقومواعلى العكس من ذلك بفهم القرآن على ضوء الروايات.

2011م

4 -- عمر عائشة رضي الله عنها عند الزواج

من الاعتقاد الشائع أن عمر عائشة أم المؤمنين كان عند زواجها من النبي ﷺ ستة أعوام وقد وقع هذا الزواج في مكة المكرمة بعد وفاة السيّدة خديجة رضي الله عنها، ولكنّها زُفَّت إليه في المدينة بعد ثلاث سنين، وهذا ما ورد في كتب الحديث والسيرة. ورُويت في ذلك أحاديث وأخبار عن البخاري ومسلم وغيرهما، ولا شك أن مثل هذه الزواجات قد وقع في الماضي تلبية لاحتياجات المجتمعات القبلية

والريفية، ويمكننا، أن نقدم أمثلة على ذلك من مجتمعاتنا المعاصرة. والصحيح أن المواقف الاجتماعية التي تنبثق من القواعد الأخلاقية الأساسيّة يمكن أن تختلف باختلاف المجتمعات واختلاف ظروفها وتجاربها، وأن الوضع الأخلاقي لأحد المجتمعات لا يمكن اتخاذه معياراً للحكم على أخلاقيات مجتمع آخر. وكل ما قلناه يمكن قبوله، ولكن مسألة زواج عائشة أمر مختلف. والسؤال الذي يطرحه كل ذي عقل حصيف يتعلّق بحاجة النبي ﷺ إلى هذا الزواج. لماذا حدث ذلك الزواج عندما لم يكن بالإمكان تلبية الحاجة الملّحة في ذلك الوقت بعد مرور سنوات كثيرة؟ ومثل هذه الأنكحة تحدث. ويقبلها المرء دون تردّد، ومع ذلك لابد من ذكر سببها، أو أن يقبلها على أنها وقعت تلبية لحاجة ملحّة بعد مرور سنوات طويلة.

إذا كان اقتراح الزواج من عائشة رضي الله عنها قد جاء من رسول الله ﷺ لقلنا: إن هذا النكاح قد وقع بأمر إلهي، فإن الدور الكبير الذي لعبته في حياته، وما حصلت عليه الأمة من كنوز العلم والمعرفة لوسطتها كان في علم الله (عز وجل). ولذلك قضى الله (تعالى) أن تختصّ به في عمرها المبكر، وكان بوسعنا القول أيضاً: إن النبي ﷺ قد تزوّج عائشة نظراً إلى مصالح الدعوة الإسلامية، فإن أباها كان صديقه الحميم وصاحبه في الغار، وبما أن علاقات المصاهرة تلعب دوراً كبيراً في تقوية العلاقات العامة في الحياة القبليّة، ولذا فكّر النبي ﷺ في إقامة هذه العلاقة الخاصة لتعزير علاقات الصداقة والمودة بينهما.

وكذلك الأمر إذا كان اقتراح زواجها قد قدّمه أبو بكر الصّديق لقلنا: إنه كان يريد له ولابنته ولأسرته شرفاً ليس فوقه شرف بإقامة علاقات المصاهرة برسول الله ﷺ، ولم يخطر بباله ذلك عندما زوّج ابنته الكبيرة أسماء ذات النطاقين، وبعد زواج أسماء كانت ابنته عائشة الوحيدة التي قد يتشّرف بواسطتها بهذه الكرامة. ولذا اقترح عليه ذلك الزواج. والنبي ﷺ قد قبله تلطّفاً بصديقه الحميم. لكننا نعلم أنه لم يحدث شيء من ذلك، فإن كان هناك ميل في قلب رسول الله ﷺ إلى عائشة لرويا رآها، لم يظهره قطاً، لأنه لا توجد أي إشارة أو تلميح إلى هذا الأمر في كتب الحديث والسيرة، ويمكن أن يقال ذلك عن الصّديق رضي الله عنه، فإنه لو أراد إقامة هذه المصاهرة بالنبي ﷺ لما قبل خطبتها إلى ابن مطعم بن عدي والروايات تقول: إنه

قد قام بتلك الخطبة قبل هذا الاقتراح. وليس هذا فحسب، بل إن بعض الروايات تقول: إنه قد تعجّب عندما جاءه هذا الاقتراح، لأن النبي ﷺ في نظرة كان بمنزلة العمّ لأولاده. فكيف يخطبها وهي بمنزلة ابنة أخيه؟! وقد قال: «هل تصلح له إنما هي ابنة أخيه؟» (أحمد رقم الحديث: 25241).

والروايات تُجمع على أن الصحابية خولة بنت حكيم قد قدّمت هذا الاقتراح على النبي ﷺ، فقالت له: يا رسول الله كأني أراك قد دخلتك خُلّة لفقد خديجة... أفلا أخطب عليك؟ (الطبقات الكبرى، ابن سعد. رقم 5718) فسألها هل هناك أحد نخطبها؟ فقالت: بكراً وثيّباً أيضاً. فسألها من هي البكر؟ قالت: عائشة ابنة صديقك أبي بكر. (أحمد: 25241).

ويحتاج الإنسان إلى زوجة لإقامة العلاقة الجنسية وللصحبة والعشرة وللإشراف على الشؤون المنزلية، ورعاية الأولاد، فإن كان الاقتراح قد قُدّم بكامل القوى العقلية، فالسؤال هو هل تستطيع طفلة تبلغ من العمر ست سنوات أن تفي بأية حاجة من تلك الحاجات؟ أكانت تصلح للعلاقة الزوجيّة؟ هل يمكنها رعاية الأطفال وإدارة الأمور المنزلية؟ وهذه الأسئلة هي ضرورية للفصل في الآثار والأحاديث الواردة عن عمر السيّدة عائشة رضي الله عنها عند الزواج، وليست مجرّد قرينة من القرائن.

هل يُعقل أنه، لإيفاء حاجة ملحّة حاضرة، قد قُدِّم اقتراح لم يكن ليُقدَّم نتيجة تلك الضرورة بعد مرور كل هذه السنوات أيضاً؟ وقد صدَق ابن خلدون حين قال: إن الأهمية الحقيقيّة في رواية الأحداث التاريخية هو إمكان وقوعها، ولا تُقبل لمجرّد أن فلاناً وعلّاناً من الرواة قد قام بروايتها، وأنها رُويت عبر أسانيد متعددة[1].

فعلى أهل العلم والنظر الذي يحقّقون في هذا الموضوع الإجابة أولاً على هذا السؤال، وعليهم أن يفيدونا على نحو يمكن به إزالة هذا التناقض الداخلي في الروايات الواردة في هذا الموضوع. وبينما لا يزال ذلك موضع تأمل، فلماذا

(1) وأماالأخبارعن الواقعات فلابد في صدقها وصحتها من اعتبار المطابقة فلذلك وجب أن ينظر في إمكان وقوعه وصارذلك فيها ذلك أهم من التعديل ومقدماعليه. ص 15

لا تقتضي مستلزمات العلم والعقل أن تكون رواية نكاح عائشة في عمر السادسة قابلة للبحث والنظر؟ ولِم لا يُؤخذ برأي أهل العلم الذين يقولون: إن هناك لفظاً محذوفاً هو «بعد العشر» بعد «بنت ست» كان مفهومه مُقدّراً في كلام السيدة عائشة، ولم ينتبه الرواة؟ فأيّ بحث وتحقيق يتقدّم به صاحب العلم بدون الإجابة على هذه السؤال لا يلفت انتباه أصحاب النظر.

(2012م).

5 -- تعليمنا (في القارة الهندية)

(أ)

إن مناهج التعليم في بلدنا ـ باكستان ـ متوزعة إلى قسمين: المدارس الدينية والمدارس العلمانية. خذ أولاً المدارس الدينية ،من أسوأ ما تورطت به هذه المدارس هو مبدأ التقليد الذي ابتنيت عليه. فهذا مقضي فيها من أول يوم أن الحنفي سيبقى حنفيا وأهل الحديث لابد له من الانتماء إلى أهل الحديث على كل حال. فهذا من الممتنعات عندهم أن يكون رأي وتحقيق لصاحب علم خارج من دائرتهم صحيحا. فلا يستعد متبع لمذهب أبي حنيفة أن يرجع إلى مسلك المحدثين في رأي، والعامل بطريقة المحدثين لايرجح عملَ الفقهاء الحنفية في أية مسئلة. وكل بما لديهم فرحون وكل جماعة مصرة على أن مذهبها هو أوفق بالقرآن والسُّنّة، ولايحتاج إلى إعادة نظر وتعديل، ولا يستعد شخص في هذه المدارس أن رأيا وتحقيقا لأكابر مدرستهم قد يكون خطأ وفي مسئلة ما.

فإن الفساد الذي جاء في مجتمعاتنا من «استقامة» خريجي هذه المدارس على هذا المبدأ لايخفى على صاحب نظر. فنحن نرى ناسور (جرح مفتوح) الفرقة والتحزب يجري في جسد الملة صباحَ مساءَ،والاختلاف يعلو على الاتفاق. المنابر غاضبة كل وقت والمحاريب عابسة دائما. وحدود المساجد قد أصبحت ثغور

البلدان المتخاصمة،ومواطنوها لايستعدون لإقامة العلاقات الوُدية فيما بينهم، إن التعصبات المذهبية غلبت على التعصب الديني والمنتمون إلى تلك التعصبات يستعدون اليوم بدون أي تردد أن يسيروا ويرافقوا كل باطل حفظا للتعصبات المذهبية. وتذهب كل محاولة للتدوين الجديد للفقه الإسلامي وتنفيذه في هذا البلد ضحية تلك التعصبات في عامة الأحوال. ونشعر على الموانع كهذه أن هذه المدارس الفكرية لم تبق الآن مدارس فكرية مختلفة فقط بل تحولت إلى أقوام وملل متحاربة في حماية مصالحها الحزبية. وهذا الفساد قد تفاقم في زمننا هذا عند ما قد كثر الكلام في نفاذ الدين.

والبعض منهم يدعون أنهم حاملوا سعة النظر فلم يختلف حالهم أيضا من أنهم إن لم يصروا على تقليد شخص واحد، فإنهم أيضا يلحون كل الإلحاح أن باب الاجتهاد والتدبر المباشر في القرآن والحديث قد انغلق بعد القرن الرابع الهجري. وليس لأحد الآن أن يتجاسرعلى فتح هذا الباب المغلق إلى يوم القيامة عندهم. والعلم عندهم ليس إلا جمع الأقوال، والتحقيق هو فقط نقل آراء عشرة رجال أو أكثر من المتقدمين لإثبات دعوىٰ عندهم.

وإذا جاء شخص بتأويل جديد للآية أو بتحقيق جديد في شرح الحديث لايتوقفوا لمحة في رده، إنهم يصرون كل الإصرار على خطأ الأقدمين مهما جل وكبر بمحض أن لم يُنقل فيه خلاف. وليس ذلك شيئاً غير خطير عندهم بل يتبنونه كإيمان وعقيدة.

والدلائل التي يجيئون بها عامة على جمودهم الفكري هذا لا أساس لها عقلاً ونقلاً. فكل شخص منهم مطلع على هذه الحقيقة أن القرآن هو المصدر الأول لهذا الدين. ولا نحتاج إلى بيان عن القرآن إنه لم يزل عندنا في صورته الأصلية،كما كان عند المتقدمين،لم يقع تبدل ولا تحرف في أية نقطة ولا حرف منه. ولسانه لسان عربى مبين. وكافة المواد العلمية لتحقيق معنى من ألفاظه وأساليبه متوفرة لدينا أيضا كما كانت متوفرة عند الأقدمين لهذه الأمة. والمصدر الثاني لهذا الدين هو الحديث والسُّنّة بعد القرآن. وجُله أو معظمه قد وصل إلينا بطريق التواتر العملي. أما ما

يتعلق منها بأخبار الآحاد فقد نقل إلينا أسلافنا ما وجدوه معتمداً عليه منها،ولم يخفوا شيئاً من ذلك. وذكروا وجوه ودلائل ما اختاروه وما تركوه منه. وهذان هما الحُجّة الأصلية في الدين، وهما متواجدان عندنا كما كانا متواجدين متوفرين لدى المتقدمين. لذلك لايمكن إنشاء حجة قوية لصالح هذا الرأي على هذا الأساس. وبقي لهم بعد ذلك إثنان: الأول المقام الكبير الذي كان الأقدمون فائزين به من حيث العمل بالدين لايمكن حصوله لناس هذا الزمان المعاصر. وثانيهما درجة الفهم والذكاء والتفقه التي فازوا بها لايمكن التوصل إليها لأحد. القول الأخير منهما هو ادعاء فقط لايثبت من القرآن والحديث ولايصدقه العلم والتجربة. أما الأول فهو خلاف لنص صريح القرآن. لأن القرآن يصرح أن السابقين على الدرجة الأولىٰ في الدين من حيث العمل وكما كانوا في الماضين يكونون كذلك في الخالفين. فقال في سورة الواقعة:

﴿وَٱلسَّٰبِقُونَ ٱلسَّٰبِقُونَ * أُوْلَٰٓئِكَ ٱلْمُقَرَّبُونَ * فِي جَنَّٰتِ ٱلنَّعِيمِ * ثُلَّةٌ مِّنَ ٱلْأَوَّلِينَ * وَقَلِيلٌ مِّنَ ٱلْآخِرِينَ﴾[1].

أما ما يجيئى به المؤيدون للتقليد الجامد ماعدا ذلك فهو شاعرية العواطف ليس غير، ولا مكان له في دنيا العلم والاستدلال.

والفساد الثاني الكبير في مناهج هذه المدارس أنها وإن تسمى بالمدارس الدينية لاتعطي للقرآن الكريم الحيثية التي هي حقه في الدين. فإنه في الدين ميزان منزل من الله على الأرض وفرقان بين الحق والباطل. وهذه المكانة كانت تقتضي اقتضاءاً ضروريا أن يُجعل القرآن محور ومركز مناهج درس هذه المدارس، فمنه تبتدئ وإليه تنتهي. ويخرج الطلبة حاملين له في كل واد للعلم والفن، ويقطعون كل مرحلة وكل منزل في استرشاده. وما يُدرس يُدرس لفهمه ولنيل مراده ومفاهيمه. ويكون هو المعيار لكل من النحو والأدب والفلسفة والكلام والفقه والحديث، ويؤخذ كل شيء ويُرد في ضوء آياته البينات. ويبتدي كل بحث للإيمان والعقيدة وينتهي إليه. ويراقب الطلبة على كل لفظ منه ويعكفون على كل آية له. ولازم أن

(1) سورة الواقعة، الآيات: 10 ـ 14.

يُخبروا أن القرآن يحكم على كل من أبي حنيفة والشافعي والبخاري ومسلم والأشعري والماتريدي والجنيد والشبلي جميعاً. ولايُقبل شيء من أي واحد منهم مخالف للقرآن.

فهذه هي مكانته في الدين ويجب أن تُعطاه في مناهج هذه المدارس. ولكن كل من له إطلاع يقف على الحقيقة أن طلبة هذه المدارس يرجعون إليه فقط للحفظ والقرآءة. ويزورون له بعض الزيارة في صفحات الجلالين والبيضاوي في المرحلة النهائية. ولم يُعط أكثر من ذلك من مرتبة في هذه المدارس قط.

ونتج من هذا التعامل السيئ القرآن أنه لم يبق شيء حكماً للفكر والعمل، والعلم تائه يتجول في غياهب الخلافات. فإن المنابع التي سوف تضيئ وتنير طريقنا، تسود نفسها الظلام، والعلاقة بين هذا الكتاب المنير وبين مدرسينا وعلماءنا علاقة قد قال عنها إقبال.

إن المدرسة ومدرسي المدرسة لفي عماء

عن أسرار الكتاب كما أعمت الشمس الأبصار

ومما ينقص نظام هذه المدارس ثالثاً هو أن أنها تتبع مناهج عتيقة بالية وعقيمة لاتفي بضروراتنا العلمية والدينية. وهذا المنهج قد أسسه الملا نظام الدين كما هو مشهور أو بذر أول بذرته الملا فتح الله الشيرازي كما يراه الشيخ الشاه سليمان صاحب سجادة پهلواري شريف، وقد نما وترعرع مثل النبات وظهر في صورته الموجودة تلقائياً، فهو على كل حال إنتاج لأدوارنا حين كنا قد انقطعنا من مصادر العلم الأصلية. فقد بينا في ما مر ما أعطي القرآن من مقام فيها. والحديث إن كان شاملاً في نصاب الدرس ولكن «طريقة الدورة»[1].

(1) يشير المؤلف إلى الطريقة التي يتم بها تدريس كتب الحديث بل قرائتها فقط بوتيرة سريعة جدًا في مدارس شبه القارة الهندية خلال عام واحد، ويُعتقد أنه بهذه الطريقة تمر مجموعة كبيرة من الأحاديث بعيون الطالب وتعتبر وسيلة للحصول على الأجر

التي اختيرت له لاتنمي ذوقاً للتدبر في الحديث لا في الدارس ولا في المدرس له.

ولم يُحظ الأدب الجاهلي بأية أهمية في هذا المنهج قط. ولأجل ذلك إن خريجي هذا المنهج قليلا ما وقفوا على ندرة لسان القرآن وبلاغة أساليبه، وكتب النحو والبلاغة الشاملة في هذا المنهج الدراسي يغلبها المنطق، وحظ النطق العربي ورعايته فيها نزر يسير، فتجني على الطالب أنه إن كان عنده ذوق لفهم المباحث العليا لهذه الفنون لا تبقى سليماً بعد دراسة هذه الكتب. وما وُضع في هذا الدرس من الفنون الآلية من المنطق والفلسفة وعلم الكلام ضرره أكبر من نفعه. ويُدرس الفقه الحنفي فقط ولا يخلد ببال صانعي هذا المنهج أن يُدرس الفقه الإسلامي لا الفقه الحنفي فقط. وفن الأصول مما يفتخر به المسلمون ولكن لم يُدخل في هذا المنهج كتاب للأصول يمكن الطالب من بصيرة اجتهادية. ومضى قرنان على هذا المنهج ولكن لم يستعد حتى الآن أن يقبل نمواً وازدهاراً حصل في العلوم الدنيوية. فلم يطلع المنهج المسكين على تحقيقات حديثة جاءت في الفلسفة وعلم النفس، وعلم الاقتصاد وعلم الأفلاك وعلم الطبيعة وعلم السياسة وما إلى ذلك من العلوم والفنون حتى الآن. ومن ثمرة التفاني أن «كتاب صدرا وكتاب ميبذي»[1] أيضا حصلا الحياة الخالدة في هذا المقرر. ويعتقد شيوخنا في هذا المقرر قداسة لدرجة أن لايجوز عندهم أي تعديل ولا تبديل حتى وفي هذه الكتب. إن العلوم الجديدة تحكم العالم اليوم ولكن دارسي هذا المقرر لم يطلعوا على وجود تلك العلوم. إن الدنيا قد اعتقدت في الكثير من الأمور خلالَ هٰذين القرنين ثم انكرتها بعد الإيمان بها. ولكن هؤلاء المساكين لم يقفوا على هذا الإيمان ولم يصلهم خبر هذا الإنكار أيضاً حتى اليوم.

---

(1) كتابان للفلسفة في مقررالدرس النظامي، وهما في شرحان لكتاب هداية الحكمة في الفلسفة لأثير الدين الأبهري. اشتهرا بإسم مصنفيهما. الأول منهما تصنيف للملا صدر الدين الشيرازي والثاني هو من مؤلفات معين الدين الميبذي.

(ب)

أما مدارس التعليم العام الدنيوي فإن النظام الذي عليه تبتني كان هناك أشكال وصور فاسدة كثيرة في عمارتها من البداية. فإنها قد تأسست على أيدي الحكام البريطانيين. وقد مضى على ذهابهم من القارة الهندية الآن قريبا من خمس وأربعين سنة. (واليوم قريبا من 76 عاماً، المترجم) ولكن فضلاً عن إدخال تعديلات وإصلاحات في هذا النظام يطلع كل صباح علينا برسالة الحب والولوع بميراث العبودية هذه. ولذا فهذا النظام مسلط علينا حتى اليوم مع سائر ويلاته وسيئاته اللاحقة به منذ ولادته. المسئلة الأساسية لهذا النظام أنه اعتباراً بحقيقته وكنهه نظام لاديني. قد تأسس على مبدأ أن عقدة العالم تفتح بغير أساس ما بعد الطبيعي وأن الإنسان يتكفل في حلول مشاكله بدون استرشاد من خالقه جل مجده. فعلى هذا المبدأ قد ازدهرت وارتقت سائر العلوم والفنون من الفلسفة والعلم، وعلوم العمران وغيرها في الغرب في القرنين الماضيين والذي هو أصل الأصول في الغرب حتى اليوم. لاشك أن لم يجمع سائر أهل الفكر في الغرب على إنكار الله سبحانه وجحود وجوده. ومع ذلك فمن الحقيقة أن المقدمة الأساسية للفكر الغربي الحاضر قد قامت على هذا الإنكار.

ومن هنا فإن في المناهج المتقررة في المدارس العصرية لتدريس العلوم الجديدة يُنجز فيها كل مايتم في هذا المعمل العالمي كله ويُوجد بغير وجود خالق له ويُدبر تلقائيا من غير مدبر، والإنسان يصنع أو يفسد تقديره هو فيها. وكل الأصول ومبادئ القانون والسياسية والمعيشة والاجتماع توجد فيها «بغير هدى ولا كتاب منير» والدنيا تحاول وتكافح لحل معضلاتها ومشاكلها في ضوء تلك الأصول. يبتدئ فيها التاريخ الإنساني من الإنسان وينتهي إليه. فلا مكان فيها للذات الالٰهية لا في البداية ولا في النهاية. وقد جرى في روح ذلك المقرر في سلسلة الأيام والليالي هذه، أنها هي في الواقع ابتداء وهي انتهاء وهي الباطن والظاهر. ولذا فيصبح المثقفون بهذه الثقافة تلقائيا يحملون نظرية تمكن لهم أن يحيوا الحياة بمعزل عن

الله تعالىٰ. وأن نظام العالم يمكن تشغيله بدونه. ولاشك أن تعليم الدين أيضا ملزم في هذا المنهج. ولكن لم تكن نتيجة هذه المنة التي بذلت بغير أي تغير جذري، إلا أن صارت هذه المقررات العلمانية مليئة بالتضادات وراحت أذهان طلبتها معتركة بين الأراء الدينية واللادينية. إن ما يمكن تحقيقه بزرع كرمة عنب على شجرة أكاسيا ووصف فضائل زم زم بعد سرد قصة الخمر وكأسها قد تحقق بغرس علم اللاهوت في هذه المقررات.

ومن أمثلته البارزة ناس يقال لهم في الاصطلاح العام بأهل الفكر وأصحاب النظر فتشهد ألسنتهم وأقلامهم أن الحق هو الذي يصدر عن الغرب ولكن إذا جيئ بتفسير القرآن مطابقا لذلك «الحق» فإذًا يمكن أن يعامل القرآن أيضا ككتاب ديني مقدس محترم. وجودهم يجمع بين الأضداد. فمثلا لا ينكرون وجود الله تعالىٰ، ولكن الإصرار على العبادات كالصوم والصلاة أيضا مما يصعب فهمه عليهم، كما أنهم لاينكرون الآخرة أيضا غير أن قلوبهم غير راضية على ترك بعض اللذات لصالح الآخرة. وإنهم يؤمنون بالرسالة إلا أن الأحكام التي جاء بها الرسول غير قابلة لديهم للعمل في هذا العهد. يبدأون مجالسهم بتلاوة القرآن ولكن يشق عليهم أن يُجعل القرآن يفوق على الدستور الوطني والقانون الملكي، من حيث أن القرآن فرمان صادر من ملك الأرض والسماء واجب الإذعان. فشخصيتهم هي مرآة نستطيع فيها نتائج وخيمة لهذا الزرع الذي أشرنا إليه في المذكور أعلاه ونأخذ بها العبرة. فهذا النظام التعليمي قد شنقهم وأخرج روح الدين من أجسامهم. فهؤلاء بظاهرهم أحياء ولكنهم في الواقع كما قال شاعر:

هم أموات استعاروا النفس من الافرنج

وليس فقط أن أوجدت الطبيعة اللادينية لهذا النظام هذه الردة العقلية في أرباب الحل والعقد لقومنا، إنها مع ذلك قد حرمتهم من السيرة والمثل الأعلى، الذي بدونه لا حياة لقوم في العالم. ولم يلحظ هذا النظام قط أن المعاهد التعليمية لاتؤسس ولاتبنىٰ فقط لتدريس الكتب إن من مقاصدها الكبرىٰ تربية أخلاق الأجيال القادمة وتهذيب النفس تربية ملائمة لنظرية القوم الجذرية. ولم

يمكن حصول هذا المقصد الأسنى إلا بمراعاة أمر، خاصة في انتخاب المعلمين والأساتذة على كل حال، أن لم يكونوا بارعين فقط في المواد الدراسية المتصلة بهم، بل يكونون مع ذلك حنفاء في الأمور الدينية، عاملين عليها ومتخلقين بالأخلاق العالية التي يعلمها الدين مع اتخاذ تدابير أخرى لازمة. فلم تكن هناك طريقة مؤثرة في تهذيب القوم وتربيته الأخلاقية. ويكون من أهم العوامل التربوية هو شخصية الأستاذ والمعلم بعد حضن الأم. فإنه إن كان متبنيا لنظرية بصدق كامل وأمانة تامة ويسعى أن يحيىٰ حياة متلائمة لمقتضياتها، فلازم أن يتأثر طلبته به.

وبما أن نظام التعليم عندنا ينقصه هذا الجانب بكثير نتج من ذلك أننا لانجد فضائل الأخلاق كالعزيمة والاستقامة والمروءة والشهامة والانضباط والانقياد والصبر والثبات في شبيبة قومنا. وقلما نجد الصفات العالية من الأمانة والديانة، التعهد والوفاء والإيثار والتضحية فإنها أصبحت قصة الماضي. وندرت عفة النظر، وحسن الطبع، ورفعة الخيال وطهارة الضمير ولطافة الذوق في هذا العصر. والشباب غير الأمناء الخلعاء،الماجنون الراشون، وعبيد الأهواء السفلية وذوي العقلية المتدنية هي سماتنا المميزة لنا. فأجيالنا الجديدة هذه جاهلة بماضينا وغير مبالية بحالنا ولاتتصل بمستقبلنا. والقيم الأخلاقية تموت تدريجيا والمصالح المالية هي تحل محل الحقيقة في الحياة والكون. وهذا هو الفيض الذي استفاض به شبابنا من هذا النظام التعليمي الجديد. فإننا نرى بأم أعيننا أن هذا المنهج الدراسي هو في الواقع في قول شاعر أردي:

مؤامرة فقط ضد الدين والمروءة

1982م

6 -- المنهج التعليمي في باكستان

إن أمتنا تواجه مشكلة كبيرة جرت عليها ويلات وهي آفات النظام التعليمي عندها. ومن هذه الآفات أخص بالذكر أشياء ثلاثة تالية:

الأول أن هذا المنهج التعليمي يقطع علاقتنا تدريجيا عن روايات وتقاليد حضارتنا، تلتقي بالأجيال الجديدة تتضح لك أننا لعلنا سوف نفتقد ذكريات الماضي القومية في العقود القادمة. وقبل ذلك قد امحت الجهالة باللغة العربية أربعة عشر قرناً والجهل بالفارسية اثني عشر قرناً مضت من ذكرياتنا. والآن يعاد هذا التعامل السيئ باللغة الأردية. وقد اتصلت ثلاثة قرون حضارية لنا بهذه اللغة. فإن ضعفت علاقتنا بها لم يبق لنا شيء. إنها فقط لغة تبقي التقاليد الحضارية وتنتقلها إلى الأجيال الآتية بصورة محفوظة. والحرمان منها ليست مأساة صغيرة، بل إنه يعني أن أجيالنا القادمة سوف لاتطلع على أسماء أساطين العلم والأدب لنا، فضلاً عن قرأتها لهم في أغلب الأحوال. وماذا يكون حجم هذه الخسارة؟ يقدره فقط أولئك الذين يفهمون أهمية العوامل التي تولدها الرواية الحضارية في تعمير و تشكيل الشخصية القومية والوطنية.

ثانياً التعليم العام لإثنى عشر عاماً يؤفر المهارة البنيوية للتعليم الاختصاصي في كل شعبة من شعب الحياة ولكن لايؤفر أساساً ما من هذا النوع لكون عالم ديني. ومن بطن هذا القصور قد وجدت المدارس الدينية ولم تزل توجد وتنشأ مادام هذا القصور يستمر. فإن الاجتماع كما أنه يحتاج إلى علماء الطبيعة، الأدباء الشعراء، الدكاترة والمهندسين يحتاج كذلك إلى علماء دين بارعين فحول.

وإذا أقيمت معاهد اختصاصية لتفي هذه الحاجة فمن أين تحصل الأهلية الجزرية للإلتحاق بها؟ ليس لنا مكان لذلك.

وثانيا: إننا لا نجيز في مجالات علمانية شخصاً ما أن يقوم بتأسيس إدارات، لتكوين الأطفال والصبيان دكتوراً أو مهندساً أوماهراً في أية شعبة وقسم من أقسام العلوم والفنون بدون إعطاءهم التعليم العام لِ 12 عاماً. ولكن لانتقيد بأي قيد

في مجال العلم الديني. فإن الأطفال والفتيان يُدخلون لتكوينهم علماء الدين، في مدارس ومراكز تحتم لهم حياتهم المستقبلة. وقد كان بوسعهم وإمكانهم أن يكون بعضهم دكتورا وبعضهم مهندساً، وبعضهم عالما طبيعيا أو شاعراً وأديباً أو مصوراً وما إلى ذلك إلا أن هذه المدارس بصرف النظر تماماً عن رجحان طبيعهم وذوقهم وميلانهم، أو مؤهلاتهم تبذل جهوداً لتكوينهم علماء الدين وتسد عليهم كافة الفرص لانتخاب مجال من مجالات الحياة بعد البلوغ. ثم إنها تصوغ خريجها صياغة تقطع علاقاتهم بالإجتماع وتكونهم أجنبيا في مجتمعاتهم بسبب حرمانهم التعليم العام لاثنى عشر عاماً.

وهذا الوضع يقتضي لإتخاد تدابير لازمة خطيرة الإصلاح. ونقدم لذلك اقتراحات تالية إلى أرباب الحل والعقد عندنا ليتَهم وفقوا لهذا:

1. إنهاء كل تفريق في وسيلة التعليم والتدريس بين التعليم الديني والعلماني وبين التعليم الإنجليزى والأردي. ويجب تدريس كافة العلوم الاجتماعية أولاً في اللغات المحلية وبعد ذلك بالأردية. كما يجب تدريس الرياضي والعلوم الطبيعية في الإنجليزية والإسلاميات باللغة العربية مباشرة.

2. وللتعليم الديني يجب تحفيظ أدعية الصلاة، وتلبية الحج والسور القرآنية من سورة قٓ إلى الناس. (أي البابين الأخيرين للقرآن من سورة رقم 50 إلى رقم 114).

ويجب تدريس اللغة العربية من الصف السادس الابتدائي. وبعد تدريب قواعد اللغة الضرورية يجب أن يُدرس القرآن ككتاب دراسي،يختمه الطلبة إلى المرحلة الثانوية. ويجب إنهاء مادة «مطالعة باكستان» ومادة الإسلاميات الموجودة ويُدرس التاريخ العالمي بما فيه تاريخ الإسلام مع شمول تاريخ باكستان، بدلاً من ذلك.

3. الفارسية أقرب لغة من الأردية. ولا يحتاج إلى تدريس قواعدها الضرورية إلا ثلاثة شهور على الأكثر. ثم في السُّنّة الثامنة تُجعل جزءاً من تعليم الأردية وتُدرس.

4. وينبغي ابتداء فرقة الإسلاميات من السنة التاسعة مع فرقة العلوم والفنون، يتعرف عليها الطلبة تعرفا ابتدائياً، وتشمل آداب اللغة العربية والتاريخ والفلسفة والآداب العالمية والتفسيرات المختلفة للدين والشرع. وينبغي إعطاء طـلاب، يتوخون أن يكونوا علماء الدين فرصة أن ينتخبوا فرقة للدراسات الدينية، ويحصلون على الكفاءة اللازمة للالتحاق في معاهد التعليم الاختصاصي لهذا القسم.

5. ويجب أن تجعل معاهد التعليم الديني جزءاً من المناهج الدراسية الوطنية من حيث إدارات التعليم الإخصائي مثل أقسام الطب والهندسة. وأيضاً يكون لزاما عليها أن لا تُلحق طالباً ما في معاهدها بدون التعليم العام لأثنى عشر عاما. ثم إن المعاهد من بين هذه الإدارات الدينية تتوافق مع المعايير المسلمة للتعليم العالي يجب أن تعطىٰ شهاداتها بعد هذه التعديلات، موافقة لشهادات البكالوريا، الماجستير، الايم فل وشهادة الدكتوراه.

2009م

7 -- مساجدنا (في القارة الهندية)

من بين العوامل المؤثرة على مجتمعاتنا إن المساجد تحمل مكانة مرموقة. والسُّنّة التي أقامها النبي صلى الله عليه وسلم فيها كانت أن خطبة الجمعة وإمامة الصلاة موكولة إلى الإمام (السلطان والخليفة) وعماله. وإن حل محله شخص على منبر المسجد لتعذر من الإمام عنه بسبب عذر شرعي لتحقيق هذا المقصد، فبإذنه ومن حيث نايب منابه.

وكان هذا في الواقع إعلان من جانب خاتم رُسل الله أن المسجد هو ايوان السلطة في الدين الحق. فليس هناك بابا ولا برهميا. فمن يجعل المسلمون إمامهم

السياسي ينبغي أن يكون هو إمامهم للعبادة أيضا. فقد ختم الآن كل تفريق بين الديانة والسياسة للأبد.

ولم تزل هذه السُّنّة قائمة بكل قوة في الخلافة التي أقامها الصحابة بعد النبي ﷺ، ولكن في الأزمنة ما بعدها حينما لم يبق الحكام قابلين للقيام أمام الناس من أجل أعمالهم الخاطئة،فقد سلموا بأنفسهم منابر المساجد إلى العلماء. وكانت حدثا ضخما مؤلما جدا في تاريخنا. وكنتيجة كذلك، فنحن نرى اليوم أن الدين قد حرم من جلاله والسياسة قد حرمت من جمالها. وأولئك الذين كان ينبغي أن تكون لهم اليد العليا صاروا صاغرين مطأطئين رؤسهم لعدة قرون وأولئك الذين كان ينبغي أن يكونوا خاضعين هم رفعوا رؤسهم رفعاً لدرجة أن محاولة إخضاعهم تفضي إلى إثارة آلاف من الفتن والشرور. فالمساجد قد أصبحت معاقل للفِرق المختلفة، ويرشق قادتهم جالسين فيها الحجارة على بعضهم البعض. فإن المملكة التي حصلوها من منابر المساجد قد أوجدت علماء مرتزقين محترفين في اجتماعنا، إن وجودهم يبعث على العار في حق العلماء. عندما يفتحون ألسنتهم في معارضة شخص ما فإنهم ينشرون السموم وتهمس الأفاعي والثعابين على أفواههم.

وكل داعية إلى الحق مُعَرض يصيبه سهامهم، والعلم والبحث يكون أبدا في مهب رياحهم ومصب حجارتهم. وباب كل مسجد مفتوح لتبليغ ضلالات طائفية. ومغلق على الدعوة الخالصة للقرآن والسُّنّة، فلا يمكن اليوم لصاحب علم أن يقوم بفريضة التعليم والدعوة العائدة عليه من ربه تعالىٰ جالساً في بيت من بيوت الله. ولم يخف هذا الفساد الطارئي على مساجدنا من صاحب نظر، وطريق إصلاحها في إحياء سنة ذكرناها آنفا. وهذا يتقاضى عندنا خطوات تالية:

1. يُجعل المسجد الجامع مركزاً لكل وحدة إدارية في المملكة. وتقسم الوحدات الإدارية بحيث يكفي المسجد الجامع لكل الوحدة وسكانها.
2. وتقام مراكز إدارية لازمة ومحاكم متصلة بتلك المساجد الجامعات في كل الوحدات.

3. ويُجعل مسجد المسجد الجامع المركزي في كل دار الحكومة للمملكة وفي كل العواصم الإقلمية.

4. وإلقاء الخطبة للجمعة وإمامتها يقوم به رئيس وزراء المملكة أو رئيس المملكة في الجامع المركزي للعاصمة، وفي مختلف المقاطعات حكامها وفي المساجد الجامعة للوحدات الإدارية المختلفة عمالها ومسئولوها.

5. وتمنع إقامة الجمعة في المساجد ماعداها.

6. والحكومة بنفسها تهتم بنظم وإدارة المساجد.

7. ويحق لكل صاحب علم أن يعقد مجالس التعليم والتدريس والوعظ والإصلاح حسب مايراها مناسبة وملائمة لفكره.

1982م

مُلحَق

هذه المقالات الأربع وُجِدَت في القسم الإنكليزي من الكتاب، وهي غير موجودة في القسم الأردي، وقمنا بترجمتها بناء على طلب الناشر.

(1) أمرهم شورى بينهم

(للاستزادة من الموضوع يراجع إلى فصل «تنفيذ الشريعة» ص 231 من الكتاب نفسه)

إن نظام الحكم في الدولة الإسلامية الذي ورد في القرآن مبني على مبدأ «وأمرهم شورى بينهم» والمعنى الشامل الذي تتضّمنه هذه الآية القصيرة، والإرشاد الذي نحصُل عليه منها حول المشروع السياسي الذي يتصّوره الإسلام مُفصّل فيما يلي:

الكلمة الأولى التي جاءت في الآية السابقة (أمر) تشتمل على معانٍ مختلفة في اللغة العربية، ومَنْ يملك إدراكاً لغوياً يعلمْ أنّ معنى هذه الكلمات يحدّده السياق الذي استُخدمت فيه، وسندرس دلالاتها المختلفة في اللغة العربية قبل أن نؤكد معناها الضمني في الآية السابقة.

تعني كلمة (أمر) يحثّ أو ينصح[1] في المقطع الشعري الآتي ليزيد بن الجهم الهلالي:

لقد أمرت بالبخل أمّ محمّد فقلت لها حثّي على البخل أحمدا

واستخدمها عَمْر بن ضُبيعة الرقاشي في المعنى نفسه الذي تُستخدم فيه كلمة (أمر) لوصف شؤون الحياة العامة[2]:

ألا ليقلْ مَنْ شاء ما شاء يُلام الفتى فيما استطاع من الأمر

وتعني (الأوامر *9* السلطةِ[3] في البيت الشعري الآتي لأبي صخر الهذلي:

أما والذي أبكى وأضحك والذي أمات وأحيا والذي أمره الأمر

وتستخدمها صفيّة بنت عبد المطلب بمعنى (شؤون الدولة)[4] إضافة إلى المعنى السابق:

ألا مَنْ مبلغ عني قريشاً ففيم الأمر فينا والإمار

وقد استخدمها القرآن استخداماً يشمل كلّ تلك المعاني، وكان السياق يحدّد معناها الضمني في كل مثال، ويتضّح من سياق آية الشورى وموضعها أنها تعني النّظام، وقد كان هذا المعنى جزءاً من المعنى العميق لكلمة (أمر). وعندما أصبحت كلمة (أمر) متعلقّة بالناس، حدّدت مجموعة من القوانين والحدود لنفسها، وتعني في هذه الحالة الأوامر التي تصدرها السلطة السياسية إضافة إلى الشؤون الاجتماعية:

وإذا فكرّنا قليلاً نجد أن كلمة (system) الإنكليزية تُستخدم في المعنى نفسه، وبما أن القرآن لم يحدّدها بأيّ صفة أخرى باستثناء إضافتها إلى ضمير، فإنّ هذه الدلالة تنطبق على جميع الأنظمة الفرعيّة التي هي جزء من النظام السياسي. والواقع

(1) التبريزي، شرح ديوان الحماسة لأبي تمام، مجلد 2 (بيروت: دار القلم، دون تاريخ)، ص 340.

(2) المصدر نفسه، مجلد 2، 162.

(3) المصدر نفسه، مجلد 2، 166.

(4) المصدر نفسه، مجلد 2، 276.

أن كلّ شؤون الدولة المحليّة الإداريّة والوطنية والإقليمية والتوجهات الاجتماعية والسياسية وقواعد التشريع والتفويض، وإلغاء السلطات، وعزل وتعيين الموظفين. وتفسير الدين الإسلامي المتعلق بشؤون الحياة الاجتماعية جميعها تندرج تحت هذا المبدأ الذي تحدّده تلك الآية، وبمعنى آخر لا يمكن لأي بقعة جغرافية تحت الحكم الإسلامي أن تنحرف عن السلطة القضائية لذلك المبدأ.

وتأتي كلمة (شورى) بعد ذلك، وهي صيغة مصدريّة تعني (الاستشارة). ولأنها جاءت في صيغة خبرية في الآية المذكورة، فإن معناها يختلف عن معنى الآية التي تقول (شاورهم في الأمر، فإذا عزمت فتوكّل على الله) التي يُستشهد بها أحيانا كنظير لها، ويجب أن تكون الألفاظ على غرار الألفاظ التالية: (وفي الأمر هم يشاورون) لتحمل معنى الآية ذاته، وسيكون من الضروري في هذه الحالة التمييز بين الحاكم والمحكوم في المجتمع بأسره، وهنا يقوم الإمام بتعيين الحاكم أو ترشيحه بتفويض إلهي، أو يكون الحاكم قد وصل إلى السلطة بالقوّة، ومهما كانت الوسيلة التي وصل بها الحاكم إلى السلطة فسيكون مُلزماً أن يشاور شعبه في أمور المصلحة الوطنية قبل أن يكوّن رأياً خاصاً به لن يكون مُلزماً بقبول رأي الأغلبية لأن القبول أو الرفض عائد إليه، وله الحقّ كلّه في قبول رأي الأقليّة، ورفض رأي الأغلبيّة. وإن أسلوب الآية: ﴿وَأَمْرُهُمْ شُورَىٰ بَيْنَهُمْ﴾[1] يقتضي أن يُعيّن رئيس الدولة بالتشاور، وما أُبرم بالتشاور يُلغى أيضاً بالتشاور، ولكل مواطن رأي في شؤون الدولة والنظام، وعندما لا يقع الإجماع على أمر ما يُؤخذ برأي الأغلبية.

يمكن إدراك الاختلاف في معنى الآيتين، إذا ذكرنا المثال الآتي: (تحدّد ملكية هذا المنزل بعد مشاورة الأخوة العشر) الذي يعني أن الأخوة العشر وحدهم هم مَنْ يملكون سلطة اتخاذ القرار، ولا يطغى رأي واحد منهم على البقية، وإذا لم يتفقوا جميعاً على هذه المسألة فإنّ رأي الأغلبيّة هو الحاسم، ولكن إذا عُدِّلت الجملة السابقة إلى: (ينبغي مشاورة الأخوة العشر في تحديد ملكية المنزل)، فهذا يعني أن الكلام النهائي يعود إلى شخص آخر، ورأيه هو الذي سينفّذ في نهاية

(1) سورة الشورى، الآية: 38.

المطاف، والشيء الذي ينبغي عليه فعله هو استشارة الأخوة العشر قبل أن يكوّن رأيّه الخاص، ولا يمكن إجباره على قبول رأي الأغليّة من الأخوة.

أما أن النظام الجماعي للمسلمين مبنيّ على مبدأ ﴿وَأَمْرُهُمْ شُورَىٰ بَيْنَهُمْ﴾ في رأي الكاتب فإن انتخاب الحاكم، وانتخاب ممثليهم ينبغي أن يقع بالتشاور، ولا يحقّ لهم بعد تولّي منصب السلطة مخالفة الإجماع أو رأي أغلبية المسلمين في سائر الشؤون الاجتماعية، وقد قال مولانا الشيخ أبو الأعلى المودودي في هذه الآية ما يلي:

إن ألفاظ ﴿وَأَمْرُهُمْ شُورَىٰ بَيْنَهُمْ﴾[1] والأسلوب الذي انتظمت فيه تقتضي بطبيعتها ونطاقها خمسة أشياء هي:

1 ـ منح الناس الذين ترتبط مصالحهم وحقوقهم بالشؤون الاجتماعية الحريّة في التعبير عن رأيهم، ويجب أن يكونوا مدركين إدراكاً تاماً للطريقة العمليّة التي تُدار بها شؤونهم، ولهم حقّ الاعتراض والنقد عند ارتكاب خطأ في إدارة شؤونهم، أو عزل أصحاب السلطة إذا لم تُصّحح هذه الأخطاء، وليس من الصدق والأمانة كم أفواههم بالقوّة، أو إدارة شؤونهم دون منحهم الثقة، لأن هذا لا يتّفق مع مضمون الآية ويمكن للجميع أن يلاحظ ذلك.

2 ـ ينبغي اختيار الشخص المُؤتمن على إدارة شؤون الناس الاجتماعية بقبول حرٍّ مُطلق، لأن القبول الذي يقع بواسطة الإجبار أو التخويف أو الجشع أو إشباع الرغبات أو الخداع أو الاحتيال لا يُعدَّ قبولاً بالمطلق، فالحاكم ليس هو مَنْ ينتزع المنصب بغض النظر عن الوسيلة، بل هو من يختاره الناس بحريّة ودون أي إكراه.

3 ـ ينبغي أن يتمتّع الأفراد الذين اختيروا للشورى بثقة الأغلبيّة، وبذلك فإن أولئك الجديرين بالشورى لا يمكنهم نيل ثقة الناس إذا حصلوا على هذا المنصب بالقوة، أو الاتبزاز، أو الاحتيال، أو تضليل الناس.

---

(1) سورة الشورى، الآية: 38.

4 ـ يجب أن يعبّر الناس الذين يُستشارون عن رأيهم بما يتفّق مع علمهم وإيمانهم وضميرهم، ولهم الحرية المطلقة في ذلك. فإذا أُجبروا على التعبير عن رأيهم بالقوة. والتطميع، والخويف والانحياز بما يخالف إيمانهم وضميرهم، فإن ذلك خيانه وإنكار لمبدأ الشورى.

5 ـ يجب التسليم بالقرار الذي اتُّخذ بالإجماع، أو برأي أغلبية مجلس الشورى، أو الذي يفوّضه الناس، فإذا أصرّ واحدٌ، أو مجموعة على رأيّ ما، فإن الشورى تفقد معناها، لأنّ الله لم يقل: يُستشارون في شؤونهم، بل قال: أمرهم شورى بينهم.

فاستشارة الناس فقط لا تفي بهذا التوجيه، لذلك من الضروري النظر إلى رأي الأغلبيّة على أنه حاسم في إدارة شؤونهم[1].

إن مبدأ الشورى الذي جاء به القرآن ليتفق مع مبادئ العقل والمنطق الراسخة، وكل مسلم خطّاء ومقصِرُ، لكن يمكنه أن يبلي بلاء حسناً فيما يخصّ التقوى والعلم، ويكون أكثر ملاءمة لمنصب السلطة الذي قد يتولّاه، وينظر إلى نفسه على هذا النحو، ولكن رغم كلِّ هذه القدرات، لا يمكنه الوصول إلى منصب رئيس الدولة دون رأي أغلبية المسلمين، ونيل ذلك المنصب إضافة إلى ذلك، بتفويض الأغلبية لا يعني أنه معصوم عن الخطأ، أو أن له الحق في مخالفة رأي أغلبية الذين فوّضهم الشعب، ونستثني من ذلك النبيﷺ الذي يملك وحده هذا الحق، لأنه معصوم عن الخطأ بسبب الهدي والإرشاد الإلهي، وعلى الرّغم من ذلك، فإن التاريخ لا يشهد على أي موقف قام النبيﷺ بتجاهل رأي مجموعة من الناس يرجح على صحة رأي شخص واحد، والحاكم المسلم الذي يخاف الله يجب أن ينظر إلى رأيه على ضوء ما قاله الفقيّه الحكيم:

«ننظر إلى رأينا على أنه صحيح، إلا أننا نقرّ باحتمال وجود خطأ فيه، وننظر إلى رأي الآخرين على أنه خاطئ مع إقرارنا باحتمال صّحته».

---

(1) أبو الأعلى المودودي، تفهيم القرآن، الطبعة الثالثة، المجلّد 4 (لاهور: إدارة ترجمان القرآن، 1984.

ونضيف إلى ذلك قولنا: إذا علم أهل المشورة أن رأي الأغلبية قد يُرفض، فلن يوافقوا على تقديم رأيهم أصلاً، وحتى لو أُجبروا على ذلك فلن يُولوا ذلك أيّة أهميّة جادّة، ولن يفكّروا بعمق في القضايا التي هي موضع جدال، وسيحضرون جلسات الشورى على مضض ليغادروها خائبي الأمل، ولن يكون لهم مشاركة عاطفيّة وفكريّة في النظام السياسي أو مؤسّسات الدولة المختلفة، وقد كتب أبو بكر الجصّاص في هذا الجانب النفسي قائلاً:

«وغير جائز أن يكون الأمر بالمشاورة على جهة تطييب نفوسهم ورفع أقدارهم ولتقتدي الأمة به في مثله لأنه لو كان معلوماً عندهم أنهم إذا استفرغوا جهدهم في استنباط ما شووروا فيه وصواب الرأي فيما سئلوا عنه ثم لم يكن في ذلك معمولاً عليه ولا مُتلقّى منه بالقبول بوجه لم يكن ذلك تطييب نفوسهم ولا رفع لأقدارهم بل فيه إيحاشهم وإعلامهم بأنّ آراءهم غير مقبولة ولا معمول عليها فهذا تأويل ساقط لا معنى له فكيف يسوغ تأويل مَنْ تأوّله لتقتدي به الأمة مع علم الأمة عند هذا القائل بأن هذه المشورة لم تغن شيئاً ولم يُعمل فيها بشيء أشاروا به»[1].

ومن المحتمل هنا أن يستشهد الفرد بالحرب التي شنّها الخليفة أبو بكر رضي الله عنه على مَنْ امتنع عن إيتاء الزكاة في عهده، وكان موقفه من مغادرة الجيش بقيادة أسامة بن زيد على أنه شهادة ضدّ ما ذُكِر سابقاً، ولذلك من الضروري تفسير طبيعة كلٍّ من هذين الحدثين الحقيقية، وقد قال الأستاذ أمين إحسان الإصلاحي في هذين الحدثين:

«إنّ التأمل في الإجراء الذي اتُخذ ضدّ مَنْ يمتنع عن إيتاء الزكاة يكشف بضعة حقائق:

1 ـ إن هذا الامر ليس له علاقة بالخليفة أو بمجلس الشورى: ولم يطرحها كقضية للتشاور والمسائل التي لم يقدّم فيها القرآن أو السُّنّة دليلاً مباشرا أو التي تتصلّ برفاهية الشعب هي التي توجب المشورة، فمسألة الامتناع عن الزكاة تناولها القرآن بوضوح، ويفقد الناس حقوقهم في المواطنة في الدولة الإسلاميّة إذا

---

(1) أبو بكر الجصّاص، أحكام القرآن، المجلّد 2، (بيروت: دار الكتاب العربي، 1997)، 41.

امتنعوا عن تأدية الزكاة إلى خزينة الدولة، وقد حدّدت الشريعة الإسلامية ذلك بالمطلق، ولذلك لم يكن أبو بكر ملزماً بطرح هذه المسألة للتشاور، بل على العكس كانت تقتضي مسؤوليته بصفته خليفة تنفيذ حكم القرآن، وهذا ما فعله بالتحديد، فيما يلي مثال توضيحي: إذا قامت زمرة من الناس بابتداع قانون وخلق وضع جديد في دولة إسلامية عن طريق أعمال العنف وقتل الأبرياء فليس للخليفة في هذه الحالة أن يقوم بالمشورة لكي يعالج هذه الفوضى بل يفرض عليه واجبه أن يستخدم سلطته بحرية تامّة لتنفيذ العقوبة التي شرّعها القرآن ضدَّ أولئك المجرمين.

2 ـ إن الذين عبّروا عن تحفّظهم على ما قام به الخليفة أبو بكر فعلوا ذلك بسبب سوء فهمهم لحديث النبي ﷺ الذي كان أبو بكر قد شرحه باالتزامن مع حديث آخر مفصّل سمعه هو من النبي، وهذا ما أرضى الناس، ولم يصرّوا على عقد اجتماع تشاوري، والواضح أن الحديث الذي يرويه أبو بكر هو محط ثقة وذو أهميّة كبيرة.

3 ـ إعلان الخليفة أبي بكر أنه سيحارب وحده الممتنعين عن دفع الزكاة إذا لم يجد أحداً يحارب معه ليس تعبيراً عن حقه في النقض، بل هو على العكس تعبير عن المسؤولية التي فرضها على الخليفة في تنفيذ أحكام واضحة ومحدّدة فمسؤولية الخليفة الحقيقيّة في الإسلام هي تنفيذ أوامر الله ورسوله ﷺ حتى إذا لم ينصرْه أحد وهو غير مطالب بأن يتقيّد برأي الناس في أمور الشريعة المطلقة، أمّا موافقة الناس الجديرين بالشورى فهي تنحصر فقط في الأمور التي لم يتطرّق إليها القرآن والسُّنّة بشكل مباشر، أو التي تتّصل برفاهية الناس.

والحالة ذاتها تنطبق على قضيّة إرسال الجيش بقيادة أسامة بن زيد، فالنبي هو الذي كان قد أتمّ جميع الترتيبات اللازمة لهذا الغرض، وهو الذي اختار العناصر الذين يشكلّون ذلك الجيش، وهو الذي رفع لواءه بنفسه، ولو لم يقع النبي فريسة المرض لمضى الجيش في طريقه إلى غايته.

لكن النبي ﷺ لم يكتب له الشفاء، ومضي إلى جوار ربّه، وتولّى أبو بكر الخلافة، فأخذ على عاتقه بحكم مسؤوليات الوضع الناشئ أن يرسل الجيش الذي كان النبيّ ﷺ متلهّفاً إلى مغادرته المبكرة وكان تنفيذ أمر النبي ﷺ شرفاً عظيماً ومسؤولية أساسية بالنسبة إلى أبي بكر بصفته خليفة المسلمين، ولم يكن مُطالباً باستشارة قومه في هذه المسألة، لأن النبي ﷺ كان قد حدّد وسوّء جميع المسائل المتلّقة بالجيش، وكان على الخليفة أن يعزّز أوامر النبي بدلاً من تعديلها، وعندما رأى نفرٌ من الناس أن تلك الحملة لم تكن من ضرورات تلك الأيّام التي شهدت ظروفاً استثنائية، أكدّ أبو بكر بما لا يدع مجالاً للالتباس أنه لن يطوي الراية التي كان رسول الله قد نشرها.

ولذلك لا يمكن تقديم هذين الحدثين كدليل على أن الحاكم يمكن أن ينقض قرار أعضاء الشورى، والشيء الوحيد الذي يشهدان عليه أنه ليس على الحاكم أن يطلب المشورة في تنفيذ أحكام الله ورسوله ﷺ، لأن واجبه الحقيقي هو تنفيذها فقط[1] وفق التوجيه القرآني: ﴿وَأَمْرُهُمْ شُورَىٰ بَيْنَهُمْ﴾[2]، وإن تفاصيل المنهج الذي اتّبعه الرسول ﷺ وأصحابه بمشاركة المسلمين في شؤون دولتهم مع أخذ الشؤون الاجتماعية مأخذ الاعتبار مبنيّة على النقاط التّالية:

1 ـ ينبغي استشارة المسلمين في شؤون دولتهم عن طريق قادتهم الذين محضوهم كلّ ثقتهم، وقد رُوي:

أنّ رسولَ الله ﷺ قال حين أذن لهم المسلمون في عتق سبي هوازن :إنيّ لا أدري مَنْ أذن منكم ممّن لم يأذن فارجعوا حتّى يرفع إلينا عرفاؤُكم أمركم[3].

(1) أمين أحسن الإصلاحي، الرئاسة الإسلامية، الطبعة الأولى (لاهور: المكتبة المركزية أنجومن لخدمة القرآن 1977)، 37 ـ 37.

(2) سورة الشورى، الآية: 38.

(3) البخاري، الجامع الصحيح، المجلد الخامس، 265 (رقم 6755).

ورُوى عن أبي بكر: فإنْ أعياه أن يجدَ فيه سنّة من رسولِ الله ﷺ جمعَ رؤوسَ الناسِ وخيارهم فاستشارهم فإذا اجتمعَ رأيُهم على أمرٍ قضى به[1].

فقد نال سادة القبائل في عهد الرسول الثقة، ومنحت قبائل الأوس والخزرج وقريش ثقتها الكاملة في سادتها الموقّرين لكل مَا تحمله الكلمة من معنى.

لم يُنتخب أولئك السّادة لهذا المنصب ولم يكن الانتخاب مطلوباً في الظروف الاجتماعيّة التي سادت في ذلك الوقت، وقد كان لمكانتهم الاجتماعية وفكرهم وتجاربهم فضلٌ في عودة الناس إليهم في شؤونهم الاجتماعية والسياسية، أمّا قبل الإسلام فكان ولاء القبائل التّام هو الذي يمنح السادة هذا المنصب، واستمّر ذلك حتى بعد اعتناقهم الإسلام ورغم ذلك كان بإمكان الفرد أن يقول: إن زعيم القبيلة قد حصل على السلطة بالقوة، ولكنه لم يكن في وضع يسمح له أن يظهر عدم ثقته في زعيمه وقائده أمام النبي، وإذا عبّر معظم أفراد القبيلة عن عدم ثقتهم في زعيمهم فلا يمكنه بكل تأكيد البقاء في منصبه، وقام النبيّ ﷺ في عهده باتخاذ جميع القرارات المهمّة بعد مشاورة زعماء هذه القبائل، وظلّت الثقة ممنوحة لهم في عهد الخلفاء الراشدين أيضاً.

ونقدّم فيما يلي وصفاً للإجراءات التي اتُّخذت في إحدى جلسات الشورى في عهد الخليفة عمر رضي الله عنه لتقرير مصير أراضي الشام والعراق المفتوحة، وقد كتب القاضي أبو يوسف في ذلك قائلاً: قالوا: فاستشر، قال: فاستشار المهاجرين الأولين، فاختلفوا، فأمّا عبد الرحمن بن عوف رضي الله عنه، فكان رأيه أن تُقسّم لهم حقوقهم، ورأى عثمان وعلي وطلحة وابن عمر رضي الله عنهم رأيَ عمر، فأرسل إلى عشرة من الأنصار: خمسة من الأوس، وخمسة من الخزرج من كبرائهم وأشرافهم[2] وقال عمر رضي الله عنه وهو يشرح موقفه بالنسبة إلى أعضاء الشورى: «إني لم أزعجكم إلا لأن

(1) عبد الله بن عبد الرحمن الدارمي، السُّنّة، الطبعة الأولى، المجلّد الأول (بيروت: دار الكتاب العربي (AH، 1407) 69 (رقم 65).

(2) أبو يوسف يعقوب بن إبراهيم بن حبيب بن سعد، كتاب الخراج، الطبعة الأولى، (القاهرة: المكتبة الأزهرية للتراث، بدون تاريخ)، 35.

تشتركوا في أمانتي فيما حملت من أموركم، فإني واحد كأحدكم... ولست أريد أن تتّبعوا هذا الذي هواي».

ويبدأ الأسلوب الذي كانت تُعقد فيه جلسات الشورى بإعلان: «الصلاة جامعة»، بصوتٍ مرتفع، ويعني ذلك أن الناس سوف يجتمعون للصلاة. وعندها يصلّي عمر رضي الله عنه ركعتين، ثم يلقي خُطبة قصيرة، ثم يضع جدول الأعمال الذي يريد أن يستشير الناس فيه، وقد نوقشت قضايا الأراضي المفتوحة (الشام والعراق)، ومشاركة الخليفة نفسه في معركة (نهاوند)، ورواتب الجنود. وتعيين الممثلين، ونظام الوظائف، وحرية التجارة للأمم الأخرى وما يترتّب عليها من ضرائب في تلك الجلسات، وكتب البلاذري أن ثمة مجموعة أخرى من قادة المهاجرين (الحزب الحاكم) الذين كانوا يهتْمون بشؤون الدولة اليومية، وكانوا يجتمعون بانتظام في المسجد النبوي لمناقشة تلك الموضوعات قائلاً: كان للمهاجرين مجلس في المسجد، فكان عمر يجلس معهم فيه، ويحدّثهم عمّا ينتهي إليه من أمور الآفاق»[1].

وقد صار من العرف السائد أن تلك المجموعة فقط هي التي تتسلّم السلطة السياسيّة من بين المجموعات الأخرى. لأنها نالت ثقة أغلبية المسلمين، وكان النبي ﷺ قد أعلن قبل وفاته أن خلفاءه هم من قريش حصراً وليس من الأنصار: «إنّ هذا الأمرَ في قُريش لا يعاديهم أحدٌ إلّا كَبّهُ اللهُ في النّارِ على وجههِ ما أقاموا الدّينَ»[2].

ولذلك قال للأنصار[3] «قدموا قريشاً ولا تَقدّموها». وقد أوضح النبي ﷺ سبب اتخاذ هذا القرار، فقال: «النّاس تبعٌ لقُريشٍ في هذا الشّأنِ، مسلمُهم لمسلمِهم، وكافرُهم لكافرِهم»[4] وبما أن معظم المسلمين العرب قد أظهروا ثقتهم

(1) الباذري، فتوح البلدان (قم: منشورات الرّومية، 1404 AH) 266.

(2) البخاري، الجامع الصحيح، المجلد السادس، 2611، (رقم 6720).

(3) ابن مجر العسقلاني، التلخيص الكبير في تخريج أحاديث الرافعي الكبير، المجلد الثاني (بيروت: دار الكتب العلميّة 1989) 96.

(4) مسلم الجامع الصحيح، المجلد الثالث، 1451، (رقم 1818).

في قريش حسب رؤية النبي ﷺ، فقد كان القرشيون وحدهم مخوّلين بتولّي قيادة جزيرة العرب في ضوء الحكم القرآني: «أمرهم شورى بينهم»، وهم لم يتسلّموا السلطة بعد النبي بسبب تفوّقهم العرقي، بل بسبب جدارتهم بهذا الموقف.

يعرف المطّلعون على تاريخ العرب تمام المعرفة أن قُرَيْشاً كانت تتولّى شؤون الدولة، وكان قادتهم هم قادة العرب قبل الإسلام، وعلى الرغم من مقتل معظم زعمائها في معارك بدر وأحد، فقد ظلّوا يتمتّعون بثقة العرب بوصفهم جماعة أو حزباً (party). وكان أبرز رجالها الذين اعتنقوا الإيمان حاضراً في المدينة، وقد تفوّق العديد منهم في خدمة الإسلام، وأُطلق عليهم اسم «المهاجرين» وتمتّع قادتها بعد قبول العرب الإسلام بالثقة ذاتها التي تمتّع بها ذوو السلطة في العصر الجاهلي،.. لذلك فإن اختيار القادة لم يكن ضرورياً لتوكيد هذه الحقيقة، ولم يكن هناك مجال لاختلاف الرأي في حقيقة أن قريشاً حصلت على الدعم الشعبي، ولم يكن لأيّ قبيلة أخرى أن تضاهيها من هذه المكانة، وفيما يتعلّق بالمدينة لا شكّ أن الأنصار بقيادة سعد بن عبادة وسعد بن معاذ من قادة الأوس والخزرج كان لهما تأثير أكبر في السكان المحليْين. ولم يكونا أقلّ أهميّة من المهاجرين فيما يتصلّ بالخدمات التي قدّماها إلى المدينة، وحاربا معهم ببسالة في معارك بدر وأحد والأحزاب وحنين.

إن علاقة المؤاخاة التي أنشأها الأنصار مع المهاجرين كانت استثنائية، لا سيما الطريقة التي قدّموا فيها مساندتهم العاجلة لإرضاء الله التي لا نظير لها في التاريخ. ولو اقتصرت الدولة الإسلامية على المدينة لقلنا بيقين تام: إنهم سيتولون المنصب السياسي بعد وفاة الرسول، ولكن عندما دخل الكثير من العرب في الإسلام بعد فتح مكة تغيّرت الساحة السياسيّة جذريّاً، ففاقت درجة الثقة التي نالها المهاجرون تلك التي نالها الأنصار.

ومع ذلك كانت لا تزال ثمة فرصة أن يتقدّم الأنصار، ويتحدّوا قريشاً بفضل مشاعر الانتماء القبلي وروح المنافسة على خدمة الإسلام، لا سيّما أن تأثيرهم في المدينة كان كبيراً، مما جعلهم يثقون في قوتهم ثقة مفرطة. وإذا برزت هذه الحالة،

لا سمح الله، فسيحاول المنافقون استغلالها لصالحهم نظراً للظروف الاجتماعية السائدة في ذلك الوقت، ولكانت الحرب وحدها السبيل إلى حل نزاعاتهم، لذلك عندما شعر النبي ﷺ أن هذا الوضع المشؤوم قد يحدث، اتخذ القرار حالاً، فقال: «الأئمة من قريش»[1] لحسم هذا الأمر، وهو حي، في حضور سعد بن عبادة قائد الأنصار العظيم.

لذلك عندما كان قادة وسادة الأنصار يلقون خطبهم التحريضيّة في سقيفة بني ساعدة لإثبات جدارتهم في قيادة العرب، ذكّرهم أبو بكر بقرار النبي ﷺ المذكور سابقاً، فقال: «ولقدْ علمْتَ يا سعدُ أنّ رسول الله ﷺ قال وأنت قاعدٌ: قريشٌ ولاة هذا الأمر، فبرَّ الناس تبع لبرّهم، وفاجرهم تَبَعٌ لفاجرهم، قال: فقال له سعد: صدقت، نحنُ الوزراءُ وأنتم الأمراء»[2]

وفي رواية أخرى: «لم تعرف العربُ هذا الأمر إلّا لهذا الحيّ من قريش»[3].

لقد اتّضح للحاضرين بعد تحقّق سعد بن عبادة من صحة ذلك الأمر أنهم ضلّوا سواء السبيل في خضم النقاش، وأن السبيل الصحيح هو اختيار الحاكم من المجموعة التي نالت تأييد أغلبية الناس، ومَنْ وقع عليه الاختيار فسيكون خليفة المسلمين» وينبغي إطاعته، وهذا هو المسار الذي حدّده النبي ﷺ والذي ينبغي عدم الانحراف عنه، وقد تكوّنت الخلافة الراشدة بناءً على هذا القرار الذي أعلنه النبي ﷺ.

وعندما أذعن له قادة الأنصار قام عمر رضي الله عنه بالنظر إلى حساسيّة الموقف الذي نشأ في السقيفة بمبايعة أبي بكر خليفةً للمسلمين، وهو على يقين أن زعماء قريش لن يخالفوه في هذه الخطوة. بل على العكس سيقومون بمباركتها، وأوضح بعد ذلك سبب ذلك، وحذّر الجميع من اعتباره مخالفاً للمبدأ القرآني: ﴿وَأَمۡرُهُمۡ شُورَىٰ

(1) ابن حنبل، المسند، المجلد الثالث، 129، (رقم 12329).
(2) () المصدر نفسه، المجلد الأول، 5، (رقم 18).
(3) المصدر نفسه، المجلد الأول، 55، (رقم 6442).

﴿بَيْنَهُمْ﴾[1] فقال: فلا يغرَّن امرءاً أن يقول: إنّ بيعة أبي بكر كانت فلتةً فتمّت. وإنّها قد كانت كذلك إلا أنّ الله قد وقى شرّها، وليس فيكم مَن تنقطع الأعناق إليه مثل أبي بكر، فمن بايع رجلاً عن غير مشورة من المسلمين فإنه لا بيعة له هو، ولا الذي بايعه تغرّةً أن يقتلا»[2].

وعند موت أبي بكر رضي الله عنه تمتّع المهاجرون بثقة الناس، وبما أنه لم تقم أي قبيلة من العرب، ومنهم الأنصار، بمواجهة هذه المنزلة، استمرّوا في تولّي منصب السّلطة، ولم تدعُ الحاجة إلى اللجوء إلى عامة الناس لاختيار خليفة جديد، فعيّن قادةُ المهاجرين من قريش عمر خليفةً جديداً، وقَبل المهاجرون والأنصار كلاهما ذلك الاختيار، وبذلك تولّى عمر منصب الخلافة دون أي خلاف في الرأي وبما يتفق مع العرف الإسلامي السائد، وقال في ذلك ابن سعد: إن أبا بكر الصديق لما استعزّبه دعا عبد الرحمن بن عوف فقال: أخبرني عن عمر بن الخطاب، فقال عبد الرحمن: ما تسألني عن أمر إلا وأنت أعلم به مني، فقال أبو بكر: وإن، فقال عبد الرحمن: هو والله أفضل من رأيك فيه، ثم دعا عثمان بن عفّان، فقال: أخبرني عن عمر، فقال: أنت أخبرُنا به، فقال عثمان: اللهم علمي به أن سريرته خير من علانيته، وأنه ليس فينا مثله».

وذكر ابن سعد أن أبا بكر استشار جميع قادة الأنصار والمهاجرين البارزين إضافة إلى عثمان وعبد الرحمن، فقال: «وشاور معهما سعيد بن زيد أبا الأعور وأُسيد بن الحضير وغيرهما من المهاجرين والأنصار، فقال أسيد، اللهم أُعلِمْه الخيرة بعدك، يرضى للرّضى، ويسخط للسخط. الذي يسرّ خيرٌ من الذي يعلن، ولم يلِ هذا الأمر أخذ أقوى عليه منه»[3].

ويقول ابن سعد بعد ذلك أن بعض الناس خالفوا أبا بكر الرأي، لكنه قام باسترضائهم، ثم دعا عثمان، وقال: «اكتب: بسم الله الرحمن الرحيم، هذا ما عهد

---

(1) سورة الشورى، الآية: 38.

(2) البخاري، الجامع الصحيح، المجلد السادس، 2505، (رقم 6442).

(3) المصدر نفسه.

أبو بكر بن أبي قحافة في آخر عهده بالدنيا خارجاً منها، وعند أول عهده بالآخرة داخلاً فيها حيث يؤمن الكافر، ويوقن الفاجر، ويصدق الكاذب أني استخلفت عليكم بعدي عمر بن الخطاب، فاسمعوا له وأطيعوا»[1].

وقد ختمت الرسالة بختم أبي بكر، وبناء على أمر أبي بكر رافق كلٌّ من عمر بن الخطاب، وأُسيد بن سعيد عثمان الذي قرأ الرّسالة للناس: فقال: أتبايعون لمَنْ في هذا الكتاب؟ فقالوا: نعم»[2].

وقال ابن سعد: «فأقرّوا بذلك جميعاً، ورضوا به، وبايعوا، ثم دعا أبو بكر عمر خاليّاً، فأوصاه بما أوصاه به»[3].

وعندما جُرح ابن الخطاب جرحاً بليغاً، واقترب موته، لم يتغيّر الوضع السياسي، ولم يزل يتمتع المهاجرون بتفويض غالبيّة المسلمين، ولذلك كانت الحاجة ملّحَة ليقوم أغلب المسلمين باختيار حاكم وفق العرف الإسلامي، وقد سأل الناسُ الذين تولّوا مواقع المسؤولية عمرَ بن الخطاب كما روى ابن سعد، فقالوا: «ألا تعهد إلينا ألا تؤمّر علينا»[4]، بيد أن عمر بن الخطاب سلك مسلكاً آخر، فائتمن ستة زعماء بارزين عوضاً عن طلب مشورة أهل الشورى لتعيين الخليفة كما فعل أبو بكر، وقال: إني قد نظرت لكم في أمر الناس فلم أجد عند النّاس شقاقاً ألا أن يكون فيكم. فإن كان شقاق فهو فيكم، وإنما الأمر إلى ستة: إلى عبد الرحمن وعثمان وعلي والزبير وطلحة وسعد»[5].

ما كان يعنيه أن الناس كانوا ينظرون إليهم على أنهم خلفاء فقط. وإذا اتفقوا على قبول أحدهم كخليفة، فلم يكن يختلف معهم أحد في قرارهم، وأضاف: «قوموا فتشاوروا فأمّروا أحدكم عليكم»[6]. وبما أنه كان ثمة فرصة للكل أن يتسبّبوا

---

(1) المصدر نفسه، المجلد الثالث، 200.

(2) المصدر نفسه.

(3) المصدر نفسه.

(4) المصدر نفسه المجلد الثالث 342.

(5) المصدر نفسه، المجلد الثالث، 344.

(6) المصدر نفسه.

بالفوضى، أو يماطل هؤلاء الستة في هذا الأمر، فقد عيّن عمر بن الخطاب الأنصار أمناء وأوصياء عليهم لكونهم أقليّة، ولأنّهم لم يكونوا طرفاً في هذا الأمر كله، ويقول ابن سعد نقلاً عن أنس بن مالك: «أرسل عمر بن الخطاب إلى أبي طلحة الأنصاري قبل أن يموت بساعة، فقال: يا أبا طلحة كن في خمسين من قومك من الأنصار مع هؤلاء النفر: أصحاب الشورى، فإنّهم فيما أحسب سيجتمعون في بيت أحدهم، فقمْ على ذلك الباب بأصحابك، فلا تترك أحداً يدخل عليهم، ولا تتركهم يمضي اليوم الثالث حتّى يؤمّروا أحدهم»[1].

وقد أمرهم عمر رضي الله عنه في الكلمات التالية أوامرَ تتعلّق بقادة الأنصار: «أحضروا معكم من شيوخ الأنصار، وليس لهم من أمركم من شيء»[2].

ويقول ابن سعد: عندما اجتمعوا رأى عبد الرحمن بن عوف أنه يجب على ثلاثة منهم أن ينسحبوا لصالح الثلاثة الآخرين. فانسحب الزبير لصالح علي، وانسحب طلحة وسعد لصالح عثمان وعبد الرحمن، ثم طلب من عثمان وعلي أن يعطوه حق اتخاذ القرار إذا انسحب، وعندما وافقا على هذا الاقتراح، قال لعلي: «إن لك من القراية من رسول الله صلى الله عليه وسلم والقدم، والله عليك لئن استخلفت لتعدلّن، ولئن استُخلف عثمان لَتسمعَن ولتطيعن»[3].

وعندما وافق علي التفت إلى عثمان، وكرّر ما قاله، فقال بعد أن أظهرا موافقتهما: يا عثمان. ابسط يدك، فعندما فعل. أقسم علي رضي الله عنه والآخرون على مبايعته[4].

وثمة رأيان حول خلافة علي رضي الله عنه، إلا أن هذا الخلاف ليس خلافاً على أيّ

(1) المصدر نفسه، المجلد الثالث، 346.

(2) أبو محمد عبد الله بن مسلم بن قتيبة، الإمامة والسياسة، المجلد الأول (بيروت: دار المعرفة، دون تاريخ)، 28.

(3) ابن سعد، الطبقات الكبرى، المجلد الثالث، 339.

(4) المصدر نفسه.

مبدأ سياسي، لكنه خلاف على حرية اختيار المهاجرين قائدهم أو إجبارهم على ذلك.

لكننا لسنا بصدد هذا النقاش. لذلك حتى لو لم نتطرق إليه تبقى الحقيقة واضحة، وهي أن السلطة بقيت في عهد الخلفاء الراشدين بيد مَنْ حصل على تأييد غالبية المسلمين، كالمهاجرين، وأن الزعماء البارزين يختارون الحاكم، وهذه حقيقة، وهي أن قادة وزعماء مجموعة الأغلبية اختاروا الخلفاء الأربعة وفق هذا المبدأ، والفرق الوحيد أنهم عندما اختاروا عمر أنفذ أبو بكر هذا القرار، وعندما وجد عمر أن الخلاف قد ينشب بين الزعماء الستة، أوكل إليهم مسؤولية اختيار واحد منهم كخليفة للمسلمين.

(2) قانون البيّنة

وبما أن القرآن لم يقيّد المسلمين أبداً بتبني منهج محدّد في إثبات الجريمة، فمن المؤكَّد أن الجريمة تثبت في الشرع الإسلامي بما يتفق مع أدبيات القانون المعروفة عالّمياً التي يقرّها العقل والمنطق. فإذا وُظِّفت الأدلة التفصيلية الظرفية، والفحوصات الطبيّة، وتقارير ما بعد الوفاة، وبصمات الأصابع، وشهادة الشهود، واعترافات الجُناة، والقسم، وغيرها لإثبات الجريمة، فإن الشرع الإسلامي سيأخذ بذلك حتماً، ويشير النبي ﷺ إلى هذه الحقيقة في قوله:

«البيّنة على المدّعي، واليمين على المدّعى عليه»/ «البيّنة على مَنْ ادّعى، واليمين على من أنكر»[1].

ورواه ابن القيم بصيغة لغوية أخرى هي:

«البيّنة في كلام الله ورسوله، وكلام الصحابة اسم لكلّ ما يبيّن الحق،

(1) ، السُّفن، المجلد 3، 626، (رقم 1341).

فهي أعمّ من البيّنة في اصطلاح الفقهاء حيث خصّوها بالشاهدَين، أو الشاهد واليمين»[1].

وثمة استثناءان لذلك:

1 ـ إذا اتّهم أحد ما رجلاً عفيفاً ومستقيماً أو امرأة ذات سمعة حسنة بالزّنا. يؤكّد القرآن في هذه الحالة أن على المتهِم أن يأتي بأربعة شهود، وإلا فإن اتهامهم باطل، والدليل الظّرفِي والفحص الطبيّ لا أهميّة لهما في هذه المسألة، وإذا كان الشّخص فاسقاً، فإننا نأخذ بتلك الدلائل أمّا إذا كان ذا سمعة طيبة، فإنّ الإسلام يفضّل التكتّم على جريمته، وعدم التشهير به في المجتمع حتى لو كان يقدّم رِجلاً ويؤخّر أخرى، وتقتضي هذه المسألة توفّر أربعة شهود رأوا واقعة الزّنا بأم أعينهم، وإلا فإنّ مَنْ يتهم الآخرين بالزنا هو مذنب بارتكاب القذف، ويقول القرآن: ﴿وَٱلَّذِينَ يَرۡمُونَ ٱلۡمُحۡصَنَٰتِ ثُمَّ لَمۡ يَأۡتُواْ بِأَرۡبَعَةِ شُهَدَآءَ فَٱجۡلِدُوهُمۡ ثَمَٰنِينَ جَلۡدَةٗ وَلَا تَقۡبَلُواْ لَهُمۡ شَهَٰدَةً أَبَدٗاۚ وَأُوْلَٰٓئِكَ هُمُ ٱلۡفَٰسِقُونَ ۞ إِلَّا ٱلَّذِينَ تَابُواْ مِنۢ بَعۡدِ ذَٰلِكَ وَأَصۡلَحُواْ فَإِنَّ ٱللَّهَ غَفُورٞ رَّحِيمٞ﴾[2].

2 ـ إن الشرط الوحيد الذي ينصّ عليه القرآن لتطهير الدولة الإسلامية من مرتكبات الفاحشة اللواتي لم يهجرن الفحش رغم أنهن مسلمات، هو استدعاء أربعة شهود مؤهلّين للشهادة بأن تلك المرأة تمتهن الدّعارة وليس من الضروري في هذه الحالة أن يكونوا قد رأوا واقعة الزّنا بأم أعينهم، فإذا شهدوا بكامل المسؤولية أن تلك المرأة فاسقة في المجتمع، وقبلت المحكمة شهادتهم، تنزل بها أيّة عقوبة من العقوبات التي حدّدها القرآن على المجرمين الاعتياديين، وورد في القرآن:

﴿وَٱلَّٰتِي يَأۡتِينَ ٱلۡفَٰحِشَةَ مِن نِّسَآئِكُمۡ فَٱسۡتَشۡهِدُواْ عَلَيۡهِنَّ أَرۡبَعَةٗ

---

(1) ابن القيم، إعلام الموقعين عن رب العالمين، المجلّد، (بيروت: دار الجيل، 1973)، 90.
(2) سورة النور، الآيتان: 4 ـ 5.

مِّنكُمْۖ فَإِن شَهِدُواْ فَأَمْسِكُوهُنَّ فِي ٱلْبُيُوتِ حَتَّىٰ يَتَوَفَّىٰهُنَّ ٱلْمَوْتُ أَوْ يَجْعَلَ ٱللَّهُ لَهُنَّ سَبِيلًا﴾[1] و[2].

لم تأمر الشريعةُ المحكمةَ باتّخاذ أي إجراء آخر لإثبات الجريمة ما عدا هذين الاستثناءين، وفيما يتعلّق بالحدود أو الشهود على أي جريمة أخرى يُترك الأمر إلى القاضي في قبول شخص ما أو رفضه بوصفه شاهداً، وينبغي ألا يكون هناك تميز بين الرجل والمرأة في هذا الشأن، فإذا شهدت امرأة بأسلوب واضح وقطعي لا يمكن رفض شهادتها بحجة أنه لا يتوفّر رجل آخر أو امرأة أخرى ليشهدوا معها، وإذا أدلى رجل ما بشهادة غامضة ومبهمة لا تُقبل لمجرّد أنه رجل، وإذا رضيت واقتنعت المحكمة بما أدلى به الشهود، أو بأي دليل ظرفي، فلها كلّ السلطة في إعلان أن القضية قد حُسِمَ أمرها، وإذا لم تقتنع بالدلائل، فهي تملك سلطة رفضها، حتى لو شهد عليها عشرة رجال. ويملك القاضي حرية التصرّف، ما عدا المواضع التي استخدم فيها القرآن تعبير «منكم»، كالآية المذكورة سابقاً. وشهادة غير المسلم أيضاً، وهنا يجب أن نقرّ أن لفقهائنا رؤية مختلفة. كابن رشد الذي لخّص آراء الفقهاء في هذه المسألة في أطروحته المشهورة «بداية المجتهد»، على النحو الآتي: «واتفقوا على أنه تثبيت الأموال بشاهد عدْل ذكر وامرأتين لقوله تعالى: فرجل وامرأتان ممّنَ ترضون من الشهداء، واختلفوا في قبولهما في الحدود، فالذي عليه الجمهور أنه لا تُقبل شهادة النساء في الحدود لا مع رجل ولا مفردات، وقال أهل الظاهر، تقبل إذا كان معهن رجل، وكان النساء أكثر من واحدة في كل شيء على ظاهر الآية، وقال أبو حنيفة: تُقبل في الأموال وفيما عدا الحدود من أحكام الأبدان[3] مثل الطلاق والرجعة والنكاح والعتق، ولا تُقبل عند مالك في حكم من أحكام البدن، واختلف أصحاب مالك، في قبولهن في حقوق الأبدان المتعلّقة بالمال مثل الوكالات والوصيّة التي لا تتعلّق إلا بالمال فقط، فقال مالك وابن القاسم وابن وهب: يُقبل فيه شاهد وامرأتان، وقال أشهب وابن الماجشون:

---

(1) سورة النساء، الآية: 15.

(2) هن النساء المسلمات اللواتي يرتكبن الفاحشة بشكل اعتيادي.

(3) أحكام الأبدان تعني في لغة القانون المعاصرة الأحوال الشخصيّة. (المترجم).

لا يُقبل فيه إلا رجلان، وأما شهادة النساء مفردات أعني النساء دون الرجال، فهي مقبولة عند الجمهور في حقوق الأبدان التي لا يطلّع عليها الرجال غالباً مثل الولادة والاستهلال وعيوب النساء»[1].

وقد كان الفقهاء قد بنوا رأيهم على الآية القرآنية التالية: ﴿وَاسْتَشْهِدُوا شَهِيدَيْنِ مِن رِّجَالِكُمْ فَإِن لَّمْ يَكُونَا رَجُلَيْنِ فَرَجُلٌ وَامْرَأَتَانِ مِمَّن تَرْضَوْنَ مِنَ الشُّهَدَاءِ أَن تَضِلَّ إِحْدَاهُمَا فَتُذَكِّرَ إِحْدَاهُمَا الْأُخْرَىٰ﴾[2].

يرى الكاتب أن رأي الفقهاء هذا، فيما يتعلّق بشهادة النساء غير صحيح لسببين:

1 ـ لا علاقة للآية بتقديم الشهادة على حادثة ما، وإنما ترتبط ارتباطاً صريحاً بالشهادة على الوثائق، ويتضّح أن الوكالة الخارجية هي التي تختار الشهود في الحالة الثانية، أمّا في هذه الحالة فإن وجود الشهود في موقع الحادثة هو أمر غير جوهري. وإذا حرّرنا وثيقة أوقّعنا على اتفاق فإن اختيار الشهود يعود إلينا، بينما مَنْ يشهد واقعة الزّنا والسرقة أو الجرائم الأخرى فهو الشاهد المعوّل عليه، والفرق بين الحالتين واضح. فلا يمكن استنباط أي قانون يخصّ إحداهما بناءً على الأخرى.

2 ـ ليس لسياق الآية وأسلوبها علاقة بالقوانين ومحاكم الدولة القضائية، وهنا يمكن القول: ليس على المحكمة استدعاء شهود في الأسلوب المذكور سابقاً بعد تقديم المدّعي لدعوته القضائية، بل على العكس إن هذه الآية تخاطب مباشرةً الناس الذين اقترضوا وأقرضوا المال لأجل مُسمّى، وتحث على كتابة عقد بين الطرفين، ويجب استدعاء شهود صادقين ذوي سمعة طيبة يمكن الاعتماد عليهم لتجنب الخلاف والجدال أو الخسارة المالية، وينبغي أن تكون مشاركتهم الشخصية ومهنتهم ملائمة لأداء هذه المسؤولية بشكل مناسب، ويجب عدم النظر إلى هذه الآية على أنها تعني أنه يمكن إثبات دعوى قضائية

---

(1) ابن رشد، بداية المجتهد ونهاية المقتصد، المجلد 2، (بيروت: دار الفكر، دون تاريخ)،648.

(2) سورة البقرة، الآية: 282.

فقط في حال وجود رجلين اثنين أو رجل وامرأتين كشهود، وأكرّر أن هذه الآية هي هدي أو إرشاد للناس في قضاياهم الاجتماعية فقط، وتحثهم على الالتزام بها تلافياً لأي خلاف، ويجب اتّخاذ هذا الإجراء لمصلحتهم، ولذلك ورد في القرآن فيما يخصّ جميع هذه الأحكام ما يلي ﴿ذَٰلِكُمْ أَقْسَطُ عِندَ ٱللَّهِ وَأَقْوَمُ لِلشَّهَٰدَةِ وَأَدْنَىٰٓ أَلَّا تَرْتَابُوٓا۟﴾[1].

ويعلّق ابن القيم على هذه الآية بالأسلوب التالي:

«فهذا في التحمّل والوثيقة التي يحفظ بها صاحب المال حقّه لا في طريق الحكم وما يحكم به الحاكم فإن هذا شيء وهذا شيء»[2].

قامت عدة جهات في الوقت الراهن بتقديم حجّتين جديدتين لدعم رأي الفقهاء في شهادة المرأة، تقوم الحُجّة الأولى على ألفاظ: «أربعة شهداء» من الآية 24:4، «وأربعة منكم» من الآية 4:15 وبما أن كلمة «أربعة» مؤنثة فإنّ هذا العدد حسب قواعد اللغة العربية يقيّد معدوده بأن يكون مذكراً، لذلك فإن (أربعة شهداء) تعني بالضرورة أربعة رجال، ولا تشمل النساء، وتبدو هذه الحُجّة للوهلة الأولى مبنيّة على أساس قوي لكونها تتفّق مع قواعد اللغة العربية، إلا أن التفكير فيها يوضّح أنه لا أساس لها، فأيّ شخص مضطلع في اللغة العربية يعلم أن هذه القاعدة لا تعني أنه إذا كان العدد مؤنثاً (من الآية 10: 3) ينبغي بالضرورة أن يكون المعدود مذكرّاً، بل تقول أيضاً: إذا كان المعدود اسماً يستخدم للدلالة على المؤنث والمذكّر فإن العدد يكون بالضرورة مؤنثاً، ولذلك فإن عدد الأزواج (المعدود) في الآية التالية هو ثمانية وهي لفظة مؤنثة: ﴿ثَمَٰنِيَةَ أَزْوَٰجٍ ۖ مِّنَ ٱلضَّأْنِ ٱثْنَيْنِ وَمِنَ ٱلْمَعْزِ ٱثْنَيْنِ ۗ قُلْ ءَآلذَّكَرَيْنِ حَرَّمَ أَمِ ٱلْأُنثَيَيْنِ﴾[3].

---

(1) سورة البقرة، الآية: 282.

(2) ابن القيّم، إعلام الموقّعين، المجلد 1، 90.

(3) سورة الأنعام، الآية: 143.

وانظر في الآية التالية: ﴿مَا يَكُونُ مِن نَّجْوَىٰ ثَلَٰثَةٍ إِلَّا هُوَ رَابِعُهُمْ وَلَا خَمْسَةٍ إِلَّا هُوَ سَادِسُهُمْ﴾[1].

وكما هو الحال في (أربعة منكم) فإن معدود (ثلاثة) ومعدود (خمسة) تمّ تجاوزه/ حذفه لأنه واضح ويُقصد به النفر، وبما أن كلمة (نفر) تدلّ على المذكر والمؤنث فإن عددها في هذه الآية مؤنّث، ونجد على غرار هذه الأمثلة في الأحاديث التالية: «وطعام الاثنين يكفي الأربعة»[2]، و«إذا كان ثلاثة فلا يتناجَ اثنان دون واحد»[3] و«ما من مسلم يشهد له ثلاثة إلا وجبت له الجنة»[4] و«رُفع القلم عن ثلاثة: عن النائم حتى يستيقظ...»[5].

إن الأعداد (أربعة) و(ثلاثة) في هذه الأحاديث مؤنثة، ولا يمكن لأي شخص مطلّع على اللغة العربية الإصرار على أن معدود هذه الأعداد يدل على الذكور فقط، ولا يدل على الإناث.

أما الحُجّة الثانية فهي: بما أن الآية (2:282) المذكورة سابقاً تذكر أن المرأة قد تضلّ، وثمة شك في شهادتها، لذلك لا يمكن إقامة الحدّ في القضايا التي شهدت بها، بل تقام عقوبة التعزير وفق الألفاظ الآتية المنسوبة إلى النبيّ ﷺ: «ادرؤوا الحدود بالشّبهات»[6].

وتدل الأحاديث الآتية على المعنى ذاته: «ادرؤوا الحدود عن المسلمين ما استطعتم»[7] و«ادفعوا الحدود بالشّبهات»[8].

---

(1) سورة المجادلة، الآية: 7.

(2) الدارمي، السُّنن، المجلد 2، 136، (رقم2044).

(3) مسلم، الجامع الصحيح، المجلد 4، 1717، (رقم 2183).

(4) ، السُّنن، المجلد 3، 373، (رقم 1059).

(5) أبو داوود، السُّنن، المجلد 4، 139، (رقم 4398).

(6) ابن حجر، التلخيص الحبير، المجلد 4، 56.

(7) ، السُّنن، المجلد 4، 33، (رقم 1424).

(8) ابن ماجه، السّنن، المجلد 2، 850، (رقم 2545).

وإذا فكرنا قليلاً نجد أن هذه الحُجّة لا أساس لها من الصحة أيضاً للأسباب التالية:

1 ـ إذا ضلّت المرأة أثناء الإدلاء بشهادتها في قضيّة ما، وتوصّلت المحكمة إلى أن شهادتها مبهمة وغير واضحة فلها الحق في تجاهل هذه الشهادة ولكن كيف يمكن أن يصبح ذلك قانونا عاما، ويُتخلّى عن شهادة المرأة إلى الأبد، فإذا كان من المحتمل أن تضلّ المرأة أثناء الإدلاء بشهادتها فمن المحتمل أيضاً أن تشهد بكل وضوح ودقّة، ونحن نرجّح الاحتمال الثاني، وقد ذكر القرآن أن المرأة قد تشهد بارتباك وحيرة كمصادفة، وليس كحادثة عامة وأكيدة، فالاحتمال يبقى احتمالاً، وعلى أي أساس يُؤخذ به كقانون عام.

2 ـ لا يعني الحديث بأي شكل من الأشكال أنه إذا كانت هناك بعض الشكوك فلا ينبغي إقامة الحد، بل يعني فقط أنه لا يمكن إنزال أيّة عقوبة ولا تُستخدم لفظة (حد) هنا كمصطلح، بل تُستخدم بالمعنى الحرفي للكلمة الذي ظهر بعد وفاة الرسول، وما جاء عنه يقوم على منهج أدبيات القانون العالمي، فإذا لم تثبت الجريمة في حالة الشك فلا يمكن معاقبة المجرم، لذلك إذا رأى الناس أنه يجب إنزال عقوبة التعزير على أساس شهادة المرأة، فهذا يعني أن الجريمة مُثبتة في نظرهم، فكيف لا يُقام الحدّ؟ وإذا أكدوا أن شهادة المرأة تفسح المجال دائماً للشك فلا يمكن اعتبار الجريمة مثبتة، فعلى أي أساس يمكن إنزال عقوبة التعزير؟

ومن الواضح أنه لا يمكن اعتبار الجريمة ثابتة بنسبة 10 أو20 أو90 أو99 بالمئة، فهي إما ثابتة بنسبة 100/100 أو ليست ثابتة مطلقاً، لذلك فإن قبول الحالة بين وجود الدليل وبين عدم وجوده في الجريمة لا أساس لها من الصحّة وكذلك لا يمكن قبول إقامة الحد لأسباب محدّدة، وإنزال عقوبة التعزير لأسباب أخرى، ولا شك أن طبيعة الجريمة وظروف المجرم تؤثر على درجة العقوبة ويتضمّن هذا أن

درجة الدليل الذي هو أساس العقوبة هو شيء يرفضه المنطق السليم وتنكره الفطرة الإنسانية.

(3) الإسلام والدولة

(للاستزادة من الموضوع يراجع إلى فصل «الدولة الإسلامية:رؤية مضادة صفحة 201من الكتاب نفسه ومابعدها من الفصول)

يفهم عامة الناس أن مؤسّسي دولة الباكستان أرادوا أن يجعلوها دولة رفاهية ديمقراطية إسلامية، وقد استمرّ هذا التصوّر الذي يحملونه عن دولة الباكستان إلى أزمنة تالية، وحمل أنصار الثورة والتغيير الرؤية ذاتها وتوافق الغالبية العظمى من الجماهير على ذلك المفهوم والتصوّر.

ولا نجد صعوبة في فهم معنى ماهية دولة الرفاهية، وما يجب أن تكون عليه، لأن ثّمة أمثلة بارزة على دولة غربية ديمقراطية وُصفت بأنها دولة رفاهية، وهنا يبرز السؤال: ما الذي تعنيه الدولة الإسلامية بالتحديد؟ ويمكن رؤية أحد نماذجها في السعودية، والنموذج الآخر في حكم رجال الدين في إيران.

وإذا فهمنا الإسلام من مصادره المباشرة، فلا يُعدّ أي من هذين النموذجين صحيحاً. لذلك من الضروري أن نعرض شروط الإسلام فيما يتعلّق بنظام دولة المسلمين ليتمكّن الناس في ضوء ذلك من تقييم ما وعد به قادتهم وما اتخذوا من إجراءات، على النحو التالي:

1 ـ أولئك الذين يسمّون أنفسهم بالمسلمين، ويعدّون النبي ﷺ خاتم الأنبياء، وهم مواظبون على الصلاة، ويؤدّون الزكاة للدولة، ينبغي اعتبارهم مسلمين ومنحهم الحقوق التي يتمتّعون بها بمقتضى الشريعة في كلّ الظروف ممّا يعني أنهم لن يكونوا رعايا للملك، بل سيكونون مواطنين متساوين، وتعمل الدولة وأنظمتها على حماية أرواحهم وأموالهم وأعراضهم، ولا تفرض عليهم

أيّة ضريبة دون رضاهم إلا فريضة الزكاة، وإذا نشب خلاف حول أحوالهم الشخصية كالزواج والطلاق وتوزيع الميراث وغيرها. يُحلُّ وفق الشريعة الإسلاميّة، وينبغي توفير جميع التسهيلات الضرورية لصلواتهم وصيامهم وحجّهم وعُمرتهم.

ولا ينبغي إجبارهم بالقانون على الخضوع لأي حكم من أحكام الإسلام القطعية ما عدا الصلاة والزكاة، ويجب حكمهم بالعدل والإنصاف وفق مبدأ «وأمرهم شورى بينهم» وتدخّر الأصول والأموال العامة لتأمين الاحتياجات الجماعية، ولا يُستثمرها أصحاب الملكية الخاصّة، ويجب تطويرها لتلبية حاجات الناس غير القادرين على إعالة أنفسهم ماديّاً. وينبغي عند الوفاة تكفينهم، وتحضيرهم للدفن وفق الشعائر الإسلامية، ويُصلّى عليهم صلاة الجنازة، ويدفنون في مقابر المسلمين وفق ما جرت عليه عادة الدفن.

2 ـ تتولّى الحكومة مسؤولية تنظيم صلاة الجماعة وصلوات الأعياد، وتُؤدّى في الأماكن التي خصّصتها الدولة، وتكون منابرها مخصّصة للحكام الذين يقودون ويلقون خُطب تلك الصلوات، أو يتولّى هذه المسؤولية مَنْ ينوب عنهم، أو يمثّلهم، ولا يحق لأحد تنظيم تلك الصلوات داخل حدود الدولة منفرداً.

3 ـ تُخصّص مؤسسات إنفاذ القانون بشكل أساسي للأمر بالمعروف والنهي عن المنكر، ولذلك يجب اختيار أكثر الناس صَلاحاً كعاملين في تلك المؤسّسات ليحثوا الناس على الخير، وتحذيرهم من كلّ ما تراه البشرية شرّاً.

4 ـ ينبغي أن تلتزم الدولة بالقيام بالقسط، حتى فيما يتصلّ بأعدائها، وتنطق بالحق وتشهد به، ولا تتخذ أي إجراء يخالف العدل والإنصاف.

5 ـ إذا وقّعت الدولة معاهدة مع طرف ما ضمن نطاق نفوذها، أو خارجه، فينبغي الالتزام بها ما دامت المعاهدة قائم بمصداقية تامة شكلاً ومضموناً.

6 ـ إذا ارتكب المسلم أنه غير جدير بالتعاطف الناشئ من ظروفه الاجتماعية أو

الأسرية أو الشخصية، تُنزل به العقوبات التي حدّدها الله في كتابه لأولئك الذي اعتنقوا الإسلام طوعاً.

7 ـ تتولّى الدولة نشر الإسلام في كل بقاع الأرض، وإذا حاولت أي قوة في العالم إعاقة ذلك، أو اضطهاد المسلمين، فلا بد أن تحاول تذليل ذلك العائق حسب قدرتها، لإيقاف هذا الاضطهاد حتى لو اضطرت إلى استخدام السلاح.

بعض القضايا المهمة حول العقوبات الإسلامية

(للاستزادة من الموضوع يراجع إلى فصل «العقوبات الشرعية ص221 من الكتاب نفسه)

لقد قمت مسبقاً بتفصيل الشريعة التي أنزلها الله على عبادهُ فيما يتصل بالعقوبات في كتابي (ميزان) ويكشف هذا الكتاب أن الشريعة خصّصت خمس عقوبات لخمس جرائم فقط[1]، وتُركت عقوبات الجرائم الأخرى لتشريع حاكم الدولة، وتبرز هنا أربعة أسئلة حول المفاهيم السائدة في هذا الصدد:

1 ـ ألم تحدد الشريعة عقوبة شرب الخمر بثمانين جلدة؟

2 ـ أليس القتل عقوبة المرتد حسب الشريعة؟

3 ـ هل يمكن الدولة إنزال عقوبة الموت على الجرائم التي لم تحدد الشريعة عقوبتها؟

4 ـ هل يمكن إنزال عقوبة السجن بالمجرمين على الجرائم المذكورة في السؤال السابق؟

وأقدّم وجهة نظري بالتفصيل في هذه الأسئلة

_____

(1) المحاربة، القتل، الزّنا، السرقة، القذف.

(أ) -- عقوبة شرب الخمر

الإجابة على السؤال الأول هي أن عقوبة شارب الخمر قد حدّدها عمر ﵁ بثمانين جلدة، بعد استشارة أعضاء مجلس الشورى الخاص به بصفته خليفة أمّا في عهد الرسول فكان شارب الخمرة يُعاقب باللكم والرفس، أو الضرب بقماش مُلتف أو سعف نخيل مجدولة، وبعد الرسول أمر أبو بكر ﵁ بجلد شارب الخمرة أربعين جلدة، ثم زادها عمر ﵁ إلى ثمانين حين رأى إصرار الناس على شربها، يقول ابن رشد[1]:

«فعمدة الجمهور تشاور عمر والصّحابة لما كثر في زمانه شرب الخمرة وإشارة علي عليه بأن يجعل الحدّ ثمانين قياساً على حد الفرية، فإنه كما قيل عنه ﵁ إذا شرب سكر، وإذا سكر هذى، وإذا هذي افترى».

ويتضّح أن عقوبة شرب الخمر ليست حدا من الشريعة، لأن النظر إلى أي شيء كجزء من الشريعة هو امتياز مقصور على النبي ﷺ، وإذا فعل ذلك في مسألة معيّنة فلا يمكن لأبي بكر ولا عمر تغييره، ولو كانت هذه العقوبة جزءاً من الشريعة لما استبدل بها أبو بكر أربعين جلدة، ولما أضاف عليها عمر أربعين أخرى، وإذا كان النبي ﷺ قد عاقب هؤلاء المجرمين بالضرب فإنه لم يفعل ذلك من باب سن القوانين، بل بصفته حاكماً مسلماً، ولقد عاقب خلفاؤه هؤلاء المجرمين بجلدهم أربعين ثم ثمانين جلدة على التوالي بصفتهم حكاماً. لذلك نطمئن إلى القول أن عقوبة شرب الخمر ليست حداً[2]، بل هي تعزير[3]، يلجأ إليها برلمان الدول الإسلامية عند الحاجة إلى تشريع قانون بهذا الشأن.

(ب) -- عقوبة الرّدة

والإحالة على السؤال الثاني هي أن عقوبة الردة ظهرت بسبب سوء فهم

---

(1) ابن رشد، بداية المجتهد، المجلد 2، 332.

(2) العقوبة التي فرضها الله.

(3) العقوبة التي يشرّعها حكام الدولة الإسلامية.

الحديث الذي رواه ابن عبّاس على النحو التالي: «من بدّل دينه فاقتلوه»[1] ويرى فقهاؤنا أن هذا الحكم يمكن تطبيقه بشكل عام في كل زمان ومكان على كل مسلم ارتدّ عن دينه منذ عهد النبي إلى يوم القيامة، وهم يرون أن هذا الحديث يبيح عقوبة الموت على كل مسلم أصبحَ كافراً بكامل إرادته، والنقطة الوحيدة التي يختلفون عليها هي إذا كان من الممكن منح المرتد مهلة للتوبة، وإذا كان له ذلك فما مدة تلك المهلة، ويستثني الحنفيون النساء من هذه العقوبة، ويجمع الفقهاء خلافاً للحنفيين على معاقبة كل مرتد بالقتل سواء أكان رجلاً أم امرأة، وأرى أن رأي الفقهاء هذا غير صحيح، فإن الحكم الذي جاء به القرآن يُطبّق في حالات خاصّة وليس بشكل عام، ويقتصر ذلك على الناس الذين بُعثَ النبي إليهم لإتمام الحُجّة عليهم، ويستخدم القرآن كلمة المشركين) للدلالة عليهم، وسأوضح الآن هذا الرأي.

كل الناس في هذا العالم يدركون أن الله قد منحنا الحياة بهدف الاختبار، وليس لأنها حقٌّ لنا، وتنتهي بالموت عندما ينتهي هذا الاختبار كما قدّره الله الذي يحدّده مدة فترة الاختبار على أساس معرفته وحكمته، ويفقد مخاطبو الرسل المباشرون السابقون حقّهم في الحياة حالما يتجلّى لهم الحق تجلّياً نهائياً.

بحيث لا يكون لهم عذر في إنكاره إلا إذا كانوا معادين ومنكرين. فقد منحهم الله الحياة لاختبارهم، وبما أن الامتحان أصبح مكتملاً بعد إتمام الحُجّة عليهم، فإن قانون الله في هذا الصدد يقتضي ألا يكون لهؤلاء الناس حق في الحياة، وتُفرض عليهم عقوبة الموت التي تُنفذ بإحدى الطريقتين التاليتين.

1 ـ لا يمكن الرسول وصحابته بعد إتمام الحُجّة الحصول على السلطة السياسية في أرضهم فيغادرون قومهم ثم تنزل العقوبة الإلهية عليهم على شكل عواصف هائجة أو أعاصير ومصائب أخرى لتجتثهم اجتثاثاً كاملاً، وقد واجه هذا المصير المرعب قوم عاد وثمود وقوم نوح ولوط كما ورد في القرآن.

2 ـ يمكن أن يحصل الرسول وصحابته على السلطة في الأرض التي يغادرونها بعد إتمام الحُجّة على قومهم، ويخضعون الناس بالقوة، ويقتلونهم إذا رفضوا

---

(1) البخاري، الجامع الصحيح، المجلد 3، 1098، (رقم 2854).

الدخول في الإسلام، وكان هذا الأمر سائداً في عهد الرسول محمد ﷺ الذي أمره الله أن يعلن عن منح هؤلاء الناس بين المشركين الذين لم يدخلوا الإسلام حتى يوم الحج الأكبر (السنة التاسعة للهجرة) مهلة أخيرة في عرفات، وتنتهي هذه المهلة حسب ذلك الإعلان آخر يوم من شهر مّحرم، وعليهم خلال هذه الفترة الدخول في الإسلام، أو مواجهة الموت في نهايتها، وورد في القرآن:

﴿ فَإِذَا ٱنسَلَخَ ٱلْأَشْهُرُ ٱلْحُرُمُ فَٱقْتُلُوا۟ ٱلْمُشْرِكِينَ حَيْثُ وَجَدتُّمُوهُمْ وَخُذُوهُمْ وَٱحْصُرُوهُمْ وَٱقْعُدُوا۟ لَهُمْ كُلَّ مَرْصَدٍ ۚ فَإِن تَابُوا۟ وَأَقَامُوا۟ ٱلصَّلَوٰةَ وَءَاتَوُا۟ ٱلزَّكَوٰةَ فَخَلُّوا۟ سَبِيلَهُمْ ۚ إِنَّ ٱللَّهَ غَفُورٌ رَّحِيمٌ ﴾[1].

ويوضّح الحديث التالي هذا القانون كما يلي:

«أُمرت أن أقاتل الناس حتى يشهدوا أن لا إله إلا الله وأن محمّدا رسول الله، ويقيموا الصلاة، ويؤتوا الزكاة، فإذا فعلوا ذلك. عصموا مني دماءهم وأموالهم إلّا بحق الإسلام، وحسابهم على الله»[2] وينطبق هذا القانون المذكور سابقاً على المشركين الذين أتمّ عليهم النبي محمّد ﷺ الحُجّة وما عدا ذلك فليس له علاقة بأي شخص آخر أو قوم آخرين، حتى إن القرآن استثنى أهل الكتاب الذين كانوا في زمن النبي من هذا القانون، وحيثما ذكر القرآن عقوبة الموت على المشركين، جاورتها ألفاظ واضحة عن أهل الكتاب الذين ينبغي استثناؤهم ومنحهم المواطنة إذا دفعوا الجزية، وورد في القرآن:

﴿ قَٰتِلُوا۟ ٱلَّذِينَ لَا يُؤْمِنُونَ بِٱللَّهِ وَلَا بِٱلْيَوْمِ ٱلْءَاخِرِ وَلَا يُحَرِّمُونَ مَا حَرَّمَ ٱللَّهُ وَرَسُولُهُۥ وَلَا يَدِينُونَ دِينَ ٱلْحَقِّ مِنَ ٱلَّذِينَ أُوتُوا۟ ٱلْكِتَٰبَ حَتَّىٰ يُعْطُوا۟ ٱلْجِزْيَةَ عَن يَدٍ وَهُمْ صَٰغِرُونَ ﴾[3].

وتوجز المناقشة السابقة أحد القوانين الإلهية التي يتفرّع عنه بشكل طبيعي

---

(1) سورة التوبة، الآية: 5.

(2) مسلم، الجامع الصحيح، المجلد 1، 53، (رقم 22).

(3) سورة التوبة، الآية: 29.

قانون آخر يتّسم بالوضوح ذاته، وتُفرض كما ذكر سابقاً عقوبة الموت على المشركين إذا لم يدخلوا الإسلام بعد فترة محدّدة، ويتبعه أنه إذا ارتدّ شخص ما من المشركين بعد إسلامه فعليه مواجهة هذه العقوبة، رُوي عن النبي أنه قال ما معناه: اقتلوا مَنْ يرتد عن دينه»، ويصف الاسم الموصول (مَنْ) في الحديث السابق المشركين في عهد الرسول مثلما وصفتهم كلمة (الناس) في حديث ذُكر سابقاً وعندما حدّد القرآن أساس هذا القانون المذكور في هذه الأحاديث دعم هذا التحديدُ إلى ما تفرّع عن ذلك القانون، والخطأ الرئيسي الذي ارتكبه الفقهاء هو عدم إسناد الاسم الموصول (مَنْ) إلى أساسه في القرآن كما فعلوا مع كلمة الناس، فقاموا لتفسير الحديث بالمعنى المطلق بما يخالف السياق القرآني بدلاً من تفسيره في ضوء العلاقة التي تجمعه بالقرآن، لذلك يعتقدون أنه يمكن تطبيق الحكم الذي جاء في الحديث بشكل عام غير مشروط فأدخلوا عقوبة لا أساس لها في الشريعة في قانون العقوبات الإسلامية.

(ج) -- عقوبة الموت

الإجابة على السؤال الثالث هي تنزل عقوبة الموت بَمنْ يقتل نفساً، أو يعيث الفوضى في المجتمع، ولا تنزل بأي شخص آخر، وقد جاء في القرآن:

﴿مَن قَتَلَ نَفۡسَۢا بِغَيۡرِ نَفۡسٍ أَوۡ فَسَادٖ فِي ٱلۡأَرۡضِ فَكَأَنَّمَا قَتَلَ ٱلنَّاسَ جَمِيعٗا﴾[1].

هذا هو حكم القرآن، ولا يحق لأي فرد أو حكومة إسلامية تنفيذ عقوبة الموت على أي أحد ما عدا هذين الجرمين.

(د) ـ عقوبة السجن

وإذا أجبنا على السؤال الرابع قلنا إن عقوبة السجن هو عمل وحشي اخترعه الإنسان لنفسه، ولذلك ليس من المتوقّع أن يشمله قانون العقوبات في الدولة

---

(1) سورة المائدة، الآية: 32.

الإسلامية، ولا شك أن السجون المظلمة والزنزانات تحت الأرض وأبراج القلاع كانت موجودة دائماً في تاريخ الإنسان، ولا ننسى قصة سجن النبي يوسف التي وردت في كلٍّ من التوراة والقرآن، وتشهد كتابات المؤرخين على الموت المأساوي الذي حلّ بعالمي الإسلام العظيمين الإمام أبي حنيفة، والإمام ابن تيميّة اللذين ماتّا في المُعتقل، وينبغي أن نتذكر دائماً أن السجون قبل القرن الثامن عشر كانت تستخدم فقط كمراكز احتجاز مؤقته (lockup)، لاعتقال المجرمين خلال فترة الاستجواب والتحقيق قبل أن تنزل بهم عقوبة الجلد أو الإعدام أو غيرهما، وإن فكرة احتجاز المجرم خلف القضبان لسنتين أو أربع أو عشر كعقوبة على جريمته حصلت على القبول وتوطّدت كأسلوب عقابي في القرون الثلاثة الماضية، وأصبح الآن إجراءً شائعاً لمعاقبة المجرمين بهذه الطريقة.

على الرغم من أن العديد من المؤسسات المماثلة للسجون وُجدت في أوروبا في القرن الرابع عشر مثل: (Delle Stinche) في فلورنسة، فإن من المعتقد أن (The Walnut Street Jail) الذي أقيم في فيلادلفيا في عام 1970 هو أول سجن حديث، وما سبقه من السجون يمكن أن نجده في مقرّات و دور الإصلاح والتأديب في لندن (1557) وأمستردام (1596) وروما (1704) وغنت (1733)، وهي مدينة بلجيكية قديمة، لذلك ما إن دانت الهيمنة للحضارة الغربية حتى أنشأت السجون في كل أنحاء العالم، وتُسحق ذات الفرد في هذه المؤسسات الوحشيّة لشهور وسنين، بينما يقضي أبناؤه طفولتهم وهم يراقبونه بلا حول ولا قوة وهو يتحمل كربه غير مدركين مفهوم الجريمة والعقاب.

تنتهي عقوبة الجلد خلال زمن قصير، وتقطع اليدان مرة واحدة وإلى الأبد، وينهي الصلب حياة المجرم بعد عذاب عنيف، ويقطع الإعدام كل خيط يربطه بالعالم الخارجي، لكن السجن هو العقوبة التي تعذّب شخصية المرء الروحية تعذيباً متواصلاً ويصبح روتين حياته اليومي الذي هو حرية غير مشروطة للجميع معتمداً كليّا على الآخرين. فينام ويستيقظ وفق إرادتهم، ويجلس ويقف حسب توجيهاتهم، ويتحكمون بطعامه وشرابه. وحتى في المسائل الشخصية كقضاء الحاجة عليه أن يطلب الإذن منهم ويتوسّل لكأسٍ من الماء، أو رغيف خبز، أو بعثة

سيجارة. ويفقد احترامه في كثير من المواقف من أجل الحصول عليها، ويُحرم من عاطفة والديه ومحبتهما، ومن عاطفة زوجته وأطفاله، ويكبح رغباته التي لم يضع عليها الله أيّ قيد حتى في شهر رمضان، الذي يكون فيه ضبط النفس والسيطرة عليها هو الأساس، وفي المختصر إنه يواجه عذاب جهنم على الأرض، فلا هو حي ولا هو ميت.

ليس المذنب وحده من يكابد هذه العقوبة، وأسرته كلّها مضطرة أن تشاركه تلك المعاناة أيضاً، وزوجته أكثرهم تأثراً، ولا يدرك حجم المشاكل الأخلاقية والنفسية والاجتماعية والاقتصادية التي يواجهها الزوج في السجن إلا المرأة الوفيّة، ولن تكون معاناة أولاده أقلَّ حدّةً عندما يعلمون بالتعذيب والعذاب الذي يحلّ بوالدهم لسنوات طويلة، وكلّما رأى الأطفال أباهم المقيّد في غياهب السجن جاشت مشاعرهم وأفكارهم فكيف نتوقّع منهم امتلاك شخصية متوازنة؟ وبإمكانهم، وهم على حق أن يسألوا المجتمع عن الأسس الأخلاقية التي حرموا بناءً عليها من العاطفة الأبوية بعد أن باركهم الله بها.

ولنأخذ في الحسبان أن كل مجتمع يتمنى أن يعمد المجرم إلى تقويم سلوكه، وإصلاح خلقه بعد العقاب والتأديب، ولكن الطريقة الأنجح والأكثر فعالية لتحقيق هذا الغرض هي الصحبة والبيئة الملائمة، والأمر الغريب أن يبقى المذنب أثناء فترة العقوبة معزولاً عن الناس الذين يمكن أن يؤثّروا فيه تأثيراً إيجابيّاً. فلم تسنح الفرصة لأسرته وعشيرته ومجتمعه لإصلاحه وإعادة تأهيله، ولكنه، بدلاً من ذلك، يُعزل لسنوات في صحبة المجرمين الآخرين، وحتى لو أراد أن يصلح نفسه لما امتلك الفرصة المناسبة لذلك، بل من المتوقّع خلال فترة توقيفه أو حبسه أن يتعزّز ارتباطه بالمجرمين، ويصبح مصدراً لإثارة غرائزه الشريرة. وتتطوّر نزعاته الإجرامية حالما يبدأ بالنظر إلى كل شيء على هذا الأساس، وتزوّده تلك الصّحبة بفرصة غير محدودة لمناقشة أساليب خرق القانون والتخطيط له على أكمل وجه، وقد يقع فريسة عصابات المافيا الدوليّة، وتتحوّل إلى مصدر إلهام له في محاكاة السجّلات الإجرامية لعقولها المدبّرة.

وأيّ خير، بعد ذلك، ينتظره المجتمع من شخص انتهك القانون بمهارة فائقة؟! ويجب أن نتذكّر دائماً أننا نفتقر إلى الوسيلة التي نعرف بها متى يقرر المجرم أن يصلح سلوكه الشائن بعد عقوبة الجلد أو قطع اليد أو أي عقوبة أخرى، وهو أمر قد يحدث في أيّ وقت خلال حياته، ويقتضي الحس السليم تزويد المذنب بالفرصة المناسبة إذا عزم على إصلاح نفسه كي يعيش حياة مواطن قادر على تحمّل مسؤولياته، ولكن عقوبة السجن دون العقوبات الأخرى هي العقوبة التي يحدّد بها القانون الزمن الذي يجب على المذنب أن يتغيّر فيه فعلياً، ومع ذلك، فإنه لا يملك وسيلة التحقّق من ذلك.

وبالنظر إلى هذه التأثيرات السيّئة والعواقب الوخيمة. فإن قانون العقوبات الإسلامي لم يجز احتجاز المجرم في السجن لسنوات طويلة، على الرغم من أنه يتضمن على نحو ينبغي تفهّمه إجراءات وضع المجرم تحت الإقامة الجبرية أو نفيه مع أسرته إذا تطلّب الأمر.

(4) قانون الديّة

إن قانون الديّة المذكور في القرآن قد أثار بعض الأسئلة التي ظلّت موضوع نقاش محتدم في الوقت الراهن، وهي:

1 ـ هل حدّدت الشريعة مقدار الديّة؟ وهل دية المرأة تساوي نصف دية الرجل؟

2 ـ ما مفهوم الديّة؟ هل هي تعويض مالي عن الخسارة التي تكبدّها ورثة القتيل، أو الشخص المصاب نفسه؟ هل هي ثمن حياته، أو ثمن عضو من أعضاء جسده، أو شيء آخر إضافةً إلى ما ذُكر؟

إذا أردنا أن نجيب على السؤال الأول، فلا بد من الإمعان في الآيات القرآنية التالية:

﴿وَمَا كَانَ لِمُؤْمِنٍ أَن يَقْتُلَ مُؤْمِنًا إِلَّا خَطَـًٔا ۚ وَمَن قَتَلَ مُؤْمِنًا خَطَـًٔا فَتَحْرِيرُ رَقَبَةٍ مُّؤْمِنَةٍ وَدِيَةٌ مُّسَلَّمَةٌ إِلَىٰٓ أَهْلِهِۦٓ إِلَّآ أَن يَصَّدَّقُوا۟ ۚ فَإِن كَانَ مِن قَوْمٍ عَدُوٍّ لَّكُمْ

﴿وَهُوَ مُؤْمِنٌ فَتَحْرِيرُ رَقَبَةٍ مُّؤْمِنَةٍ وَإِن كَانَ مِن قَوْمٍ بَيْنَكُمْ وَبَيْنَهُم مِّيثَاقٌ فَدِيَةٌ مُّسَلَّمَةٌ إِلَىٰٓ أَهْلِهِۦ وَتَحْرِيرُ رَقَبَةٍ مُّؤْمِنَةٍ فَمَن لَّمْ يَجِدْ فَصِيَامُ شَهْرَيْنِ مُتَتَابِعَيْنِ تَوْبَةً مِّنَ ٱللَّهِ وَكَانَ ٱللَّهُ عَلِيمًا حَكِيمًا﴾(1).

إن بيت القصيد في هذه الآية هو «ديّة مسلّمة إلى أهله». والتحليل القواعدي الأنسب في رأي الكاتب هو اعتبار (ديّة) مبتدأ، خبره محذوف، وإذا أعدنا الخبر المحذوف تصبح الآية (عليه ديّة مسلمة إلى أهله...)، وقد وردت كلمة (دية) في الآيات السابقة كاسم نكرة، يحدّد معناها السياق الذي وقعت فيه واستعمالها اللغوي الشائع، ولنأخذ على سبيل المثال الآية: ﴿إِنَّ ٱللَّهَ يَأْمُرُكُمْ أَن تَذْبَحُواْ بَقَرَةً﴾(2)، فكلمة (بقرة) هم اسم نكرة، ولذا من المؤكّد أن الله أمر اليهود أن يذبحوا حيوانا يُسمّى في الاستعمال اللغوي الشائع في اللغة العربية بقرة، وإذا ذبحوا أي بقرة فقد نفّذوا بالتأكيد ذلك الأمر الإلهي. وبتعبير آخر إذا أخبرنا شخص على فعل شيء ورد في صيغة اسم نكرة، فهذا يعني ببساطة أنه قد أمَرنا باتّباع (المعروف) في هذا الصدد.

وبما أن الاسم النكرة يفيد العموميّة، فإن كل معنى مرتبط به هو معنى ضمني غير محدّد إلا إذا طرأ على السياق شيء يعوق ذلك وإن كلمة (دية) في الآية السابقة تعني شيئاً تُطلق عليه لفظة الدية في الاستخدام الشائع، والكلمة التي ترد في قوله تعالى: «دية مسلّمة إلى أهله» تعني أنه يجب إعطاء ورثة القتيل ما يسمّى بالعرف العام بالديّة، ووُصِفت بلفظة (معروف) في سورة البقرة التي ذكرت حكم الدية في حالة القتل العمد: ﴿فَمَنْ عُفِىَ لَهُۥ مِنْ أَخِيهِ شَىْءٌ فَٱتِّبَاعٌۢ بِٱلْمَعْرُوفِ وَأَدَآءٌ إِلَيْهِ بِإِحْسَٰنٍ﴾(3).

ويتضّح من الآيات المذكورة سابقاً من سورتي البقرة والنساء أنه يجب دفع الديّة وفق أعراف المجتمع وتقاليده سواء أكان القتل عمداً أم كان عن غير عمد، وقد التزم النبي في عهده بهذا الحكم القرآني باتباع (المعروف) السائد في المجتمع

---

(1) سورة النساء، الآية: 92.

(2) سورة البقرة، الآية: 67.

(3) سورة البقرة، الآية: 178.

العربي، وما ورد في الأحاديث هو تفسيرٌ لهذا المعروف في عهده، ويجب أن يكون من الواضح أنه ليس للنبي حكم يجبر المسلمين على اتّباعه. والمسألة المهمة التي تحتاج إلى تفسير تتعلّق بأعراف العرب الواقعية حول الديّة. وتكشف دراسة الشعر العربي الجاهلي ووصف المعارك بين القبائل العربية المختلفة أن ديّة الفرد الذي يرتبط بقبيلة ما برابطة الدم والنسب الصريح حُدِّدت بمقدار عشرة جِمال (إبل)، وديّة الحليف الموالي، ودية الخادمة هي نصف ذلك، ودية المرأة أيضا هي نصف دية الرجل.

وكتب مؤلف كتاب (الأغاني) في وصفه لأحداث المعارك بين قبائل الأوس والخزرج:

«وكانت دية المولى فيهم وهو الحليف خمساً من الإبل ودية الصريح عشراً»[1]، وقال الدكتور جواد علي: «وأما إذا كان القتيل حجّينا فتكون ديته نصف ديّة الصريح، وتكون ديّة المرأة نصف دية الرجل»[2].

وقد دفعت بعض القبائل ضعف مقدار الديّة كخدمة وفضل على القبائل الأخرى بينما طالبت قبائل بضعف المقدار المحدّد للديّة بسبب مكانتها الاجتماعية المرموقة، وكتب د.جواد علي في ذلك:

«روي أن الغطاريف وهم قوم الحارث بن عبد الله بن بكر بن يشكر كانوا يأخذون للمقتول منهم ديّتين، ويعطون غيرهم دية واحدة إذا وجبت عليهم. وكان لبني عامر بن بكر بن يشكر، وهم من الغطاريف أيضا، وقد عُرف عامر المذكور بالغطريف ديتان، ولسائر قومه دية، وورد أن بني الأسود بن رزن كانوا يُؤدُوْنَ في الجاهلية ديتين ديتين»[3].

---

(1) الأصفهاني، الأغاني، المجلد 3، (لبنان: دار الفكر للطباعة والنشر، دون تاريخ)، 41.

(2) د.جواد علّي، المفصل في تاريخ العرب قبل الإسلام، الطبعة الثانية، المجلده، (بيروت: دار القلم للملايين، 1986)، 592.

(3) المصدر نفسه، 593.

ويتابع قائلا: «ولم يكن هذا التحديد عن ضعف، وإنما هو رغبة بينهم في الإفضال على ذوي القتيل»[1].

وتسمّى الدية التي تدفع عند قتل الملك بدية الملوك، ومقدارها ألف ناقة، يقول قراد بن حنش الساردي في مدح بني فزارة[2]:

ونحن رهنا القوس ثمّة فؤديت　　بألف على ظهر الفزاري أقرعا

بعشر مئين للملوك سعى بها　　ليوفي سيّار بن عمر فأسرعا

وقد طرأ على هذا العرف تغيير جذري قبل ميلاد النبي ﷺ بسنوات قليلة، ويُروى أن عبد المطلب جدّ الرسول أقسم أن يضحيّ بأحد بنيه إذا رزقه الله بعشر بنين. وحين استجاب الله لرغبته، همّ بالوفاء بقسمه، فأجرى قرعة لاختيار واحدٍ منهم ليكون الأضحية، فوقعت القرعة على عبد الله، وعندما همّ عبد المطلب بذبحه أوقفه بعض الناس واقترحوا عليه أن يضحّي بجمل عوضاً عنه، ونوهّنا قبل ذلك أن مقدار الدية محدّد بعشر من الإبل، ولذلك أجريت قرعة جديدة باسم عبد الله والإبل العشر، ووقعت مجدّداً على عبد الله. وكرِّر ذلك حتى وصل عدد الجمال إلى مئة، فأعيد تحديد مقدار الدية بين العرب ولا سيّما قريشاً بمئة ناقة وفقاً للعادات والأعراف: يقول ابن عباس «كانت الديّة يومئذ عشراً من الإبل، وعبد المطلب أول مّن سنّ ديّة النفس مائة من الإبل فجرت في قريش والعرب مائة من الإبل»[3].

وكان زهير بن أبي سلمى قد ذكر[4] الدية في شعره في سياق مدحه السّيدين العربيين هرم بن سنان والحارث بن عوف لأنّها دفعا ثلاثة آلاف جمل كدية لإيقاف الحرب بين عبس وذبيان:

تُعض الكلوم بالمئين فأصبحت　　ينجّمها مَن ليس فيها بمجرم

---

(1) المصدر نفسه.

(2) البغدادي، خزانة الأدب، الطبعة الأولى، المجلون، (بيروت: دار الكتب العلميّة، 1998)، 349.

(3) ابن سعد، الطبقات الكبرى، المجلد 1، (بيروت: دار صادر، بدون تاريخ)، 89.

(4) البغدادي، خزانة الأدب، المجلد 3، 9.

ويتضّح من هذا الشاهد أن دية القتيل دُفعت على أقساط بعد الحرب وقد ورد في كتاب (الأغاني) ما يلي: «وكانت ثلاثة آلاف بعير في ثلاثة سنين»[1]، وأشار زهير إلى أن الجمال الصغيرة (إفال) كانت تدفع كدية[2]:

فأصبح يُحدى فيهم ن تلادكم مغانم شتى من إفال مُزنّم

ويقول الزوزني شارح المعلقات السبع في تحديد الـ (إفال) كدية:

«خصّ الصغار لأن الديّات تعطى من بنات اللبون والحقاق والأجذاع»[3].

وكان هناك دية للجرحى، وتبيّن دراسة الشعر الجاهلي أن كلمة (أوش) وكلمة (نذر) استخدمتا إلى جانب غيرهما للدلالة على هذا المعنى، وفق ما ورد في لسان العرب: «أصل الأرش الخدش ثم قيل لما يُؤخذ ديّة لها أرش، وأهل الحجاز يسّمونه النذر»[4].

لقد ذكرنا سابقاً أن هذا هو العرف السائد بين العرب الذي أخذ به النبي في عهده أثناء امتثاله لتعاليم القرآن، ولذلك واصل الأخذ به كما ورد في بعض الأحاديث فيما يتعلّق بأمور الديّة التي كانت موجودة قبل بعثته، ونقتبس قول ابن عباس للاستزادة من ذلك: «فجرت في قريش والعرب مائة من الإبل فأقرّها رسول الله ﷺ على ما كانت عليه»[5].

وفي حديث آخر، يقدّمه علماء اللغة لتقوية معنى كلمة (معلقة) التي وردت بألفاظ مختلفة قليلاً في كتاب (المسند) لأحمد بن حنبل على النحو الآتي:

«كتب بين قريش والأنصار كتاباً، فيه المهاجرون من قريش على رباعتهم يتعاقلون بينهم معاقلهم الأولى»[6].

---

(1) الأصفهاني، الأغاني، المجلد العاشر، 297.

(2) البغدادي، خرافة الأدب، المجلد الثالث، 9.

(3) الزوزني، شرح المعلقات السبع، الطبعة الأولى، (لاهور: دار النشر الكتب الإسلامية، دون تاريخ)، 80.

(4) ابن منظور، لسان العرب، الطبقة الأولى، (بيروت: دار صادر، بدون تاريخ)،246.

(5) ابن سعد، الطبقات الكبرى، المجلد الأول، 89.

(6) ابن منظور، لسان العرب، المجلد 11، 462.

وعلى العكس من ذلك فإن العرف الذي ساد في اليمن أن يقوم الحاكم بتحديد مقدار الديّة لأنواع القتل والإصابات المختلفة. لكن عندما أصبحت اليمن جزءاً من الدولة الإسلامية في عهد النبي ﷺ أرسل إلى ولاة اليمن رسالة حدّد فيها مقدار الديّة ذاته المفروض في منطقة سيطرته، ويقول الدكتور جواد علي عن هذا التقليد السائد بين العرب: «وقد عُرفت الدية عند العرب الجنوبيين كذلك، ولم تحدّد في القوانين، وإنما تُرك أمر مقدارها إلى الملك»[1].

وتنصّ الرسالة التي كتبها النبي ﷺ إلى أهل اليمن على ما يلي: «إنّ من اعتبط مؤمناً قتلاً عن بيّنة، فإنه قَوَدٌ. إلا أن يرضى أولياء المقتول. إن في النفس الدية مائة من الإبل،[2] وفي الأنف إذا أُوعب جدعه الدية، وفي اللسان الدية، وفي الشفتين الدية، وفي البيضتين الدية، وفي الذّكر الدية، وفي الصُّلب الدية، وفي العينين الدية، وفي الرِّجل الواحدة نصف الدية[3] (وفي اليد نصف الدية) وفي المأمومة ثلث الدية، وفي الجائعة ثلث الدية، وفي المُنقّلة خمس عشرة من الإبل، وفي كل اصبع من أصابع اليد والرجل عشر من الإبل، وفي السِّن خمس من الإبل، وفي الموضِحَة خمس من الإبل وإن الرجل يُقتل بالمرأة، وعلى أهل الذهب ألف دينار»[4].

وقد تبين بعد هذا التفسير لقانون الديّة أن الإسلام لم يحدّد مقداراً معيّناً للديّة، ولم يلزمنا بالتفريق بين الرجل والمرأة، أو بين العبد والحرّ أو بين المسلم وغير المسلم في هذا الشأن.

كان قانون الدية ساري المفعول في أرض العرب قبل الإسلام، وأمرنا

(1) د.جواد علي، المفصل المجلد 5، 593.

(2) يكشف القليل من التفكر أن ينسب الدية المذكورة في هذه الرسالة هي الكلمة الأخير فيما يتعلّق بالعدل والإنصاف، وينبغي أن يأخذ حكامنا مأخذ الاعتبار عند سن القوانين في هذا المجال.

(3) أخذت هذه الكلمات من نص حديث آخر ورد في سُنن النسائي الذي دُوّنت فيه هذه الرسالة انظر النسائي، المجتبى من السَّنن، المجلّد 8، 58 (رقم 4854).

(4) النسائي، المجتبى من السنن، المجلّد الثامن، 57، (رقم 4853).

القرآن بدفع الدية بما يتفق مع هذا القانون فقط في حالتي القتل العمد وغير العمد، وأصبح بهذا الحكمِ القرآنيّ قانوناً دائماً في كل الأزمان والمجتمعات، إلّا أن مقدارها ونوعيتها والشؤون الأخرى المرتبطة بها التي لم يذكرها القرآن تركت لأعراف المجتمع وعاداته، وقد حدّد الرسول وخلفاؤه الراشدون جميع المسائل المتعلّقة بالديّة بما يتفّق مع عادات المجتمع وتقاليده في عهدهم التي تعود أصولها إلى الظروف الاجتماعية والتقاليد الثقافية للعرب التي وضعتها كتب الأحاديث والفقه أيضاً موضع النظر والاعتبار، ودارت عجلة الزمن وانحط منذ ذلك الوقت خلال أكثر من أربعة عشر قرنا، وشرعت صروف الدهر، ظهور مجتمعات وانهيار مجتمعات أخرى، وطرأ على الظروف الاجتماعية والتقاليد الثقافية تغييرات جذرية، لذلك دفع الديّة الآن على شكل إبل، كما أن تحديد مقدار الديّة على هذا الأساس ليس بخطوة حكيمة، فقد تغيّرت طبيعة (العاقلة)[1]. وظهرت أنواع للقتل عن غير عمد لم يكن من الممكن تخيّلها سابقاً.

إننا نعلم أن هدي القرآن الإلهي ينطبق على كلّ الأزمنة والمجتمعات. لذلك أمرنا أن نتبع (المعروفِ) في هذا الصّدد الذي يتغيّر مع مرور الوقت، وينبغي على كلّ مجتمع بفضل هذا الحكم القرآني أن يذعن لتقاليده، وبما أنه لا يوجد مسبقاً في مجتمعنا قانون يتعلق بالدية فيمكن لمَن يتولّى سلطة شؤون الدولة أن يستمر في تطبيق تقاليد العرب المذكورة سابقاً، أو ليسنّ قانوناً جديداً في هذا الشأن، ومهما كان الإجراء الذي اتّخذه، إذا قبل المجتمع هذا التشريع فإنه سيحلُّ محلّ (المعروف)، ومن الواضح أنه يمكن لأولئك الذين يتولّون السلطة في أي مجتمع أن يعيدوا النظر في القوانين القائمة على المعروف واضعين نصب أعينهم مصلحة الجماهير، ويقول ابن عابدين الفقيه الحنفي المشهور:

«اعلمْ أن المسائل الفقهية إمّا أن تكون ثابتة بصريح النص وهي الفصل الأول وإما أن تكون ثابتة بضرب اجتهاد ورأي، وكثير منها ما يبنيه المجتهد على ما كان في عُرف زمانه بحيث لو كان في زمان العرف الحادث لقال بخلاف ما قاله أولاً،

---

[1] العاقلة هي القرابة من جهة الأب الذين يشتركون في دفع دية القتيل.

ولهذا قالوا في شروط الاجتهاد: إنه لابدّ فيه من معرفة عادات الناس، فكثير من الأحكام تختلف باختلاف الزمان لتغيّر عرف أهله أو بحدوث ضرورة أو فساد أهل الزّمان بحيث لو بقي الحكم على ما كان عليه أولا للزم منه المشقة والضرر بالناس، ولخالفَ قواعد الشريعة المبنية على التخفيف والتيسير ودفع الضرر والفساد»[1].

لننظر الآن في السؤال الثاني، وهو ما طبيعة الدية؟ ثمة رأيان في هذه المسألة تنظر الفئة الأولى من علماء الدين إلى الديّة على أنها القيمة المالية للحياة البشرية، بينما ترى مجموعة أخرى أنها تعويض مالي عن الخسارة المالية التي أوقعها المجرم بأسرة القتيل.

ويرى كاتب المقال أن الرأيين كليهما غير صحيحين، فالأول قائم على اعتقاد خاطئ، فحالات القتل في المجتمع العربي الجاهلي كانت تُسوّى عن طريق الثأر، والقصاص، والديّة على التوالي، وكان الثأر في مقدّمة الأهداف التي سعي إليها العرب، إذا كانوا يعتقدون أن روح القتيل تتحوّل إلى طائر يرفرف بعيداً في القفار، وإذا لم يُؤخذ بثأره يظل يصرخ: اسقوني، اسقوني، وبعضهم كان يعتقد أن شخص القتيل فقط يظلّ حياً في قبره إذا لم يُؤخذ بثأره، وإذا لم يقع الانتقام على القاتل فإن روحه تموت ويهبط الظلام على قبره، ولذلك فضلوا الثأر، وقبلوا القصاص عندما لم يجدوا بدّاً منه متجاوزين عن الديّة، وتقول أم شملة في ذلك[2]:

فيا شملُ شمّرْ واطلبِ القوم بالّذي   أصبتْ ولا تقبلْ قصاصاً ولا عقلاً

ويحث عباس بن مرداس عامر شيخ قبيلة قضاعة على الثأر قائلاً[3]:

ولا تطمعَنّ ما يعلفونك إنهم   أتوك على قرباهم بالمُثمَّل

إن قسوة قلوبهم في هذه المسألة حتى بعد اعتناقهم الإسلام يمكن تلمّسها

(1) ابن عابدين، الرسائل، الطبعة الأولى، (دمشق: المكتبة الهاشميّة، 1325 AH)، 125.

(2) التبريزي، شرح ديوان الحماسة لأبي تمام، المجلد 1، 290.

(3) ابن سيدة، المحكم والمحيط الأعظم، الطبعة 1، المجلد 10، (بيروت: دار الكتب العلميّة، 2000) 347.

في الأبيات التالية لمسوربن زيادة عندما قدّم له والي المدينة سعيد بن العاص سبع ديات على مقتل أبيه[1]:

أبعد الذي بالنعف نعف كويكب	**رهينة رمس ذي تراب وجندل**
أُذكّر بالبُقيا على من أصابني	**وبقياي أني جاهد غير مُؤتلي**
فإن لم أنل ثأري من اليوم أو غد	**بني عمّنا فالدهر ذو متطوّل**
فلا يدعني قومي ليوم كريهة	**لئن لم أَعجل ضربةً أو أُعجَّل**
أنختم علينا ككل الحرب مرّة	**فنحن منيخوها عليكم بكلكل**
يقول رجال ما أُصيب لهم أب	**ولا من أخ أقبلْ على المال يُعقل**

وكانوا يعتقدون لسبب تحجرّ أفئدتهم أن قبول الدية عار، وتعدل عندهم بيع دم القتيل، يقول ربيعة بن عبيد شاعر قبيلة بني نصر[2]:

أذؤاب إني لم أهبك ولم أقم	**للبيع عند تحضُّر الأجلاب**

ويتضّح أن هذه الأبيات الانفعالية لا علاقة لها بطبيعة الديّة الجوهريّة. إنها تُعتبر فقط أقوالاً عاطفية تتعلّق بخسارة أشخاص أعزّاء، ويصادف المرء كثيراً من هذه المواقف في حياته، والذين حاولوا أن يتحققوا من ماهيّة الدية من تلك الأقوال فقط يستندون إلى الفهم اللغوي، ولم يفهموا على الأرجح أن الحياة الإنسانية وأعضاء الجسد الإنساني لا تقدّر بثمن، ولا يمكن لأم أو أب أو أخ أو ابن أن يرضى مهما كانت الظروف بالدية بحجّة أن القيمة المالية للقتيل سواء أكان ولداً أم أخّا أو أبا هي القيمة التي نالها فعلاً، وإذا قُبل هذا الرأي، فإن النتيجة كما هو واضح أن المجتمع لن يستفيد أبداً من الذريعة النفعية التي بُني عليها القانون نفسه.

أما فيما يتعلّق بمَنْ يعتبرون الدية تعويضاً ماليّاً عن الخسارة الاقتصادية التي لحقت بأولياء القتيل، فيجب أن يدركوا أن قيمة الشيء الجوهرية يجب أن تكون موجودة في كل جزء صغير أو كبير من الأجزاء التي يتكوّن منها، وإذا ألقينا نظرة خاطفة على قانون الديّة نكتشف أنها لم تكن تُعطى في حالة القتل فقط، بل في

(1) التبريزي، شرح ديوان الحماسة لأبي تمام، المجلد الأول، 83 ـ 84.

(2) التبريزي، شرح ديوان الحماسة لأبي تمام، المجلد 1، 349.

حالة فقدان أيّ عضو من أعضاء الجسد كالأنف أو الأذن أو العين أو الأسنان، ومن الواضح أن خسارة هذه الأعضاء لا تسبّب أي خسارة اقتصادية للشخص المصاب أو لعائلته، فما الضّرر المالي الذي يترتّب على فقدان إصبع قدم أو يد أو حتى سن من الأسنان، إن هذا التناقض الداخلي في فذلكات هذا الرأي إلى جانب أسباب أخرى كفيل بإثبات أنه مغالطة.

وبما أن كلا الرأيين عن طبيعة الدية غير صحيحين. فما هي وجهة النظر الصحيحة؟

للإجابة على هذا السؤال من المهم أن نعود إلى تقاليد العرب القديمة حتى نجد الحل.

نجد في الشعر الجاهلي الكثير من الأمثلة التي تتناول موضوع الديّة، لأن وقائع القتل كاتب شائعة في المجتمع العربي القديم حيث كانت موضوعات الثأر والقصاص والدية تُنظم شعراً، واعتادواعلى التشكيك في كرامة مَن يقبل الدية، وحرّ ضوه على الثأر، وإضافة إلى هذه الأموال الانفعالية نجد العديد من الأمثلة التي تتعامل مع هذا الموضوع بجديّة أكبر، والتي تكشف مفاهيمهم عن طبيعة الديّة الفعليّة بوضوح.

وتكشف دراسة متأنيّة أنهم أستخدموا كلمة (غرامة) أو كلمة (مَغرم) في هذه الأمثلة التي تعني (عقوبة) حرفيّاً.

وإذا كانت هذه الكلمات تدل في اللغة الإنكليزية على فرض غرامة على الجاني كعقوبة على جريمته، فإنها تدلّ في اللغة العربية على المعنى نفسه، ونوّهنا سابقاً إلى أن الشعراء العرب قد استخدموا هذه الكلمة في الأمثلة التي تحدثوا فيها عن فحوى الديّة، كما قال زهير[1]:

ينجّمها قوم لقوم غرامة ... ولم يهريقوا بينهم ملء محجم

(1) البغدادي، خزانة الأدب، المجلد 3، 10.

واستمرّ مفهوم الدية هذا إلى وقت لاحق، وقال في ذلك العُجير السلولي الشاعر الأموي[1]:

يسرّك مظلوماً ويرضيك ظالماً ويكفيك ما حملته عند مَغرم

ويتضّح في الختام أن الديّة ليست تعويضاً مالياً عن الخسارة الاقتصاديّة، وليست قيمة حياة الإنسان المالية، بل هي بطبيعتها عقوبة مفروضة على المجرم بدلاً عن القصاص في حالة القتل العمد، وفي جميع حالات القتل غير العمد.

---

(1) الجاحظ، البيان والتبيين، (بيروت: دار مصعب، بدون تاريخ)، 121.